●収録内容一覧

■2025年度中学受験用

白百合学園中学校

7年間(＋3年間HP掲載)スーパー過去問

入試問題と解説・解答の収録内容

2024年度	算数・社会・理科・国語	実物解答用紙DL
2023年度	算数・社会・理科・国語	実物解答用紙DL
2022年度	算数・社会・理科・国語	実物解答用紙DL
2021年度	算数・社会・理科・国語	
2020年度	算数・社会・理科・国語	
2019年度	算数・社会・理科・国語	
2018年度	算数・社会・理科・国語	
2017～2015年度(HP掲載) 「カコ過去問」 （ユーザー名）koe （パスワード）w8ga5a1o	問題・解答用紙・解説解答DL **◇著作権の都合により国語と一部の問題を削除しております。** ◇一部解答のみ（解説なし）となります。 ◇９月下旬までに全校アップロード予定です。 ◇掲載期限以降は予告なく削除される場合があります。	

～本書ご利用上の注意～　以下の点について，あらかじめご了承ください。

★別冊解答用紙は巻末にございます。実物解答用紙は，弊社サイトの各校商品情報ページより，一部または全部をダウンロードできます。

★編集の都合上，学校実施のすべての試験を掲載していない場合がございます。

★当問題集のバックナンバーは，弊社には在庫がございません（ネット書店などに一部在庫あり）。

JN049227

合格を勝ち取るための
『スーパー過去問』の使い方

本書に掲載されている過去問をご覧になって，「難しそう」と感じたかもしれません。でも，多くの受験生が同じように感じているはずです。なぜなら，中学入試で出題される問題は，小学校で習う内容よりも高度なものが多く，たくさんの知識や解き方のコツを身につけることも必要だからです。ですから，初めて本書に取り組むさいには，点数を気にしすぎないようにしましょう。本番でしっかり点数を取れることが大事なのです。

過去問で重要なのは「まちがえること」です。自分の弱点を知るために，過去問に取り組むのです。当然，まちがえた問題をそのままにしておいては意味がありません。

本書には，長年にわたって中学入試にたずさわっているスタッフによるていねいな解説がついています。まちがえた問題はしっかりと解説を読み，できるようになるまで何度も解き直しをしてください。理解できていないと感じた分野については，参考書や資料集などを活用し，改めて整理しておきましょう。

このページも参考にしてみましょう！

◆どの年度から解こうかな　「入試問題と解説・解答の収録内容一覧」

本書のはじめには収録内容が掲載されていますので，収録年度や収録されている入試回などを確認できます。

※著作権上の都合によって掲載できない問題が収録されている場合は，最新年度の問題の前に，ピンク色の紙を差しこんでご案内しています。

◆学校の情報を知ろう!!「学校紹介ページ」

このページのあとに，各学校の基本情報などを掲載しています。問題を解くのに疲れたら息ぬきに読んで，志望校合格への気持ちを新たにし，再び過去問に挑戦してみるのもよいでしょう。なお，最新の情報につきましては，学校のホームページなどでご確認ください。

◆入試に向けてどんな対策をしよう？「出題傾向＆対策」

「学校紹介ページ」に続いて，「出題傾向＆対策」ページがあります。過去にどのような分野の問題が出題され，どのように対策すればよいかをアドバイスしていますので，参考にしてください。

◇別冊「入試問題解答用紙編」

本書の巻末には，ぬき取って使える別冊の解答用紙が収録してあります。解答用紙が非公表の場合などを除き，（注）が記載されたページの指定倍率にしたがって拡大コピーをとれば，実際の入試問題とほぼ同じ解答欄の大きさで，何度でも過去問に取り組むことができます。このように，入試本番に近い条件で練習できるのも，本書の強みです。また，データが公表されている学校は別冊の１ページ目に過去の「入試結果表」を掲載しています。合格に必要な得点の目安として活用してください。

本書がみなさんの志望校合格の助けとなることを，心より願っています。

株式会社　声の教育社　編集部

白百合学園中学校

所在地	〒102-8185 東京都千代田区九段北2-4-1
電　話	03-3234-6661
ホームページ	https://www.shirayuri.ed.jp
交通案内	JR・地下鉄各線「飯田橋駅」，地下鉄各線「九段下駅」より徒歩10分

くわしい情報はホームページへ

トピックス

★2020年度入試より，インターネット出願になりました。
★海外帰国生入試では，英語のかわりにフランス語を選択することができます。

創立年 明治14年　｜　女子校　｜　高校募集なし

応募状況

年度	募集数	応募数	受験数	合格数	倍率
2024	60名	292名	259名	114名	2.3倍
2023	60名	306名	264名	126名	2.1倍
2022	60名	332名	294名	117名	2.5倍
2021	60名	335名	292名	124名	2.4倍
2020	60名	373名	312名	110名	2.8倍
2019	60名	311名	271名	130名	2.1倍
2018	60名	256名	224名	113名	2.0倍

2024年春の主な他大学合格実績

＜国公立大学・大学校＞
東京大，京都大，北海道大，東北大，東京外国語大，千葉大，横浜国立大，東京医科歯科大，東京農工大，防衛医科大，東京都立大

＜私立大学＞
慶應義塾大，早稲田大，上智大，国際基督教大，東京理科大，明治大，青山学院大，立教大，中央大，法政大，学習院大，津田塾大，東京女子大，日本女子大，東京慈恵会医科大，順天堂大，昭和大，東京医科大，日本医科大

学校説明会・公開行事等日程（※予定）

【学校説明会】※要予約
①７月６日　14：00～15：30
②10月26日　14：00～15：30
③11月16日　９：30～12：00
④12月７日　14：00～15：30
＊②～④の内容は同一で，学園生活の紹介のほか，次年度入試について説明いたします。
＊③では，説明会終了後に校内見学会も実施いたします(希望者対象)。

【海外帰国生対象学校説明会】※要予約
７月27日　14：00～15：30
＊学校説明会②の後にも，海外帰国生対象の説明会を行います。

【海外帰国生対象オンライン個別相談会】※要予約
８月24日　13：00～15：00

【学園祭】※要予約
10月５日・６日　９：00～15：30
＊事前申込制で，必ず受験生と保護者ご一緒にお越しください。

2025年度入試情報

試験日時：２月２日　７：30～８：00受付
筆記試験：８：30～９：10　国語(40分，100点)
　　　　　９：20～10：00　算数(40分，100点)
　　　　　10：10～10：40　理科(30分，75点)
　　　　　10：50～11：20　社会(30分，75点)
面　　接：11：35～　保護者１名同伴，７分程度
＊面接は参考程度で合否には関係しません。
合格発表：２月２日　20：00～(HP)

編集部注一本書の内容は2024年6月現在のものであり，変更されている場合があります。正式な情報は，学校のホームページ等で必ずご確認ください。

算数　出題傾向＆対策

◆基本データ（2024年度）

試験時間／満点	40分／100点
問題構成	・大問数…５題 　応用問題５題 ・小問数…11問
解答形式	解答らんには必要な単位などが印刷されている。また，考え方・計算を書くスペースが設けられており，これも採点の対象と考えられる。
実際の問題用紙	Ｂ４サイズ
実際の解答用紙	Ｂ４サイズ

◆過去７年間の出題率トップ５

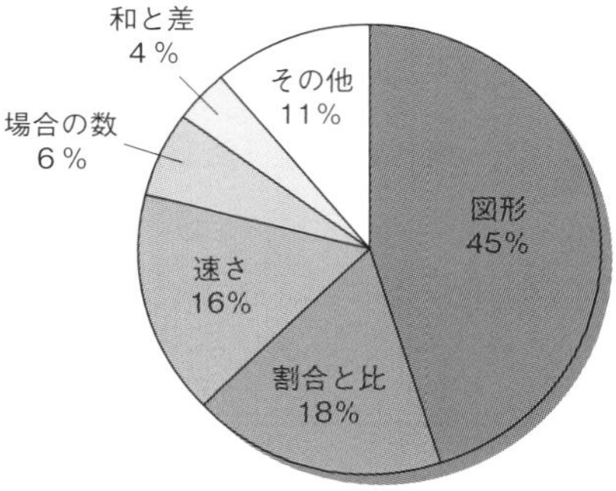

※　配点（推定ふくむ）をもとに算出

◆近年の出題内容

【 2024年度 】			【 2023年度 】		
大問	1	仕事算	大問	1	売買損益
	2	周期算		2	速さと比
	3	立体図形－表面積，体積		3	平面図形－相似，辺の比と面積の比
	4	平面図形－図形の移動，面積		4	時計算
	5	速さと比		5	立体図形－表面積

◆出題傾向と内容

本校の算数は，計算問題や応用小問はなく，**すべて応用問題**という構成になっています。また，**ひと通り解答するのに無理のない問題量**です。内容的に見ると，総問題数が少ないわりに各分野からまんべんなく出されており，複数の分野を組み合わせた問題も多く見られます。

図形では，角度，辺や周の長さ，辺の比，面積，面積比，体積などが出題されますが，ほとんどは基本的な考え方をふまえたうえで，応用力をためすものとなっています。なかでも，平面図形では相似比と面積比の利用，図形の回転移動，立体図形では回転体の体積，立体の切断などに要注意です。また，水の深さの変化とグラフをからめた問題が出されたこともあり，グラフをかかせる設問もときおり見られます。

そのほかでは，数の性質（倍数・約数の利用など），規則性，場合の数などが出題されます。特殊算では，旅人算，つるかめ算，ニュートン算などが見られます。

◆対策～合格点を取るには？～

本校の問題は，どれも**基本的な解法を段階的に用いれば攻略できるもの**です。地道な学習の効果が実を結ぶオーソドックスな問題ばかりですから，意欲を持ってはげみましょう。

具体的な学習ポイントとして，大きなウェイトをしめる図形は特に力を入れてください。なかでも，相似については基本を徹底して身につけ，応用力を養うことが大事です。また，立体の切断は，類題をこなしていなくては，なかなかイメージがつかめないものです。初歩の段階では，模型や身の回りのものを利用して実際に切断し，明確なイメージをつかむ練習も効果的です。

数の性質に関しても，基本をおさえるとともに，数多くの問題演習を行いましょう。数列の規則性を見つける問題は，直感で計算式が立てられることもありますが，それにたよらず，地道に解法のパターンを身につけて確実に自分のものにしておきましょう。場合の数では，公式が使えない複雑な問題が多いため，樹形図などを用いて，最後までミスをしない集中力・注意力を養い，スピードアップをめざしてください。

算数 出題分野分析表

分野		2024	2023	2022	2021	2020	2019	2018
計算	四則計算・逆算							
	計算のくふう							
	単位の計算							
和と差	和差算・分配算							
	消去算							
	つるかめ算							○
	平均とのべ							
	過不足算・差集め算							○
	集まり							
	年齢算							
割合と比	割合と比				○	○		
	正比例と反比例							
	還元算・相当算							
	比の性質			○				○
	倍数算							○
	売買損益		○				○	
	濃度			○				
	仕事算	○						
	ニュートン算							
速さ	速さ							
	旅人算						○	○
	通過算							
	流水算							
	時計算		○			○		
	速さと比	○	○		○		○	
図形	角度・面積・長さ	○		○	◎	◎	○	◎
	辺の比と面積の比・相似		○	○	○	○	◎	◎
	体積・表面積	○	○					
	水の深さと体積							
	展開図							○
	構成・分割							
	図形・点の移動	○				○	○	
表とグラフ								
数の性質	約数と倍数							
	N進数							
	約束記号・文字式							
	整数・小数・分数の性質				○			○
規則性	植木算							
	周期算	○						
	数列							
	方陣算							
	図形と規則						○	
場合の数				○	○	○		
調べ・推理・条件の整理						○		○
その他								

※ ○印はその分野の問題が１題，◎印は２題，●印は３題以上出題されたことをしめします。

社会 出題傾向＆対策

◆基本データ（2024年度）

試験時間／満点	30分／75点
問題構成	・大問数…３題 ・小問数…35問
解答形式	用語の記入が大部分をしめている。そのほかに，択一式だけでなく複数選択する記号の問題や，短文記述も出されている。
実際の問題用紙	Ｂ５サイズ，小冊子形式
実際の解答用紙	Ｂ４サイズ

◆過去７年間の分野別出題率

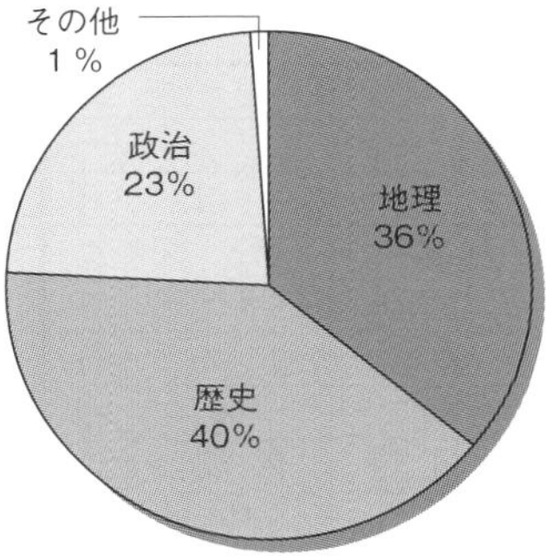

※　配点（推定ふくむ）をもとに算出

◆近年の出題内容

【 2024年度 】			【 2023年度 】		
大問	1	〔地理〕 地形図を題材とした問題	大問	1	〔地理〕 各都道府県の特色
	2	〔歴史〕 各時代の歴史的なことがら		2	〔歴史〕 宗教を題材とした問題
	3	〔政治〕 予算を題材とした問題		3	〔政治〕 成人年齢を題材とした問題

◆出題傾向と内容

本校の社会は，**試験時間に対して解答記入箇所が多く，ボリュームたっぷり**です。したがって，すばやく問題を読み，きかれていることに対して要領よく的確に解答を書くことが要求される試験といえそうです。

地理では，地形や気候などの自然条件と，産業や社会生活との関連を問うものが目立ちます。このことは，地域をしぼった出題の場合はもちろん，全国を対象にしたものや，外国の問題の場合にもあてはまります。

歴史では，一つあるいは複数の時代をあつかった総合問題が出される場合と，分野別（外交史や文化史が多い）の通史として問われる場合とがあります。史料・地図・図版を使った問題もよく見られます。

政治では，日本国憲法の条文に関することや，政治のしくみに関することがよく問われています。災害や総選挙，少子高齢化，地方分権，都政など，時事的なことがらも出されています。

◆対策～合格点を取るには？～

まずは教科書をしっかり読み，地図帳，年表なども活用しながら，ノートにきちんとまとめておくことが大切です。

地理では，日本の各地方の自然の特色と産業との関係についてしっかりとおさえてください。特に，地図はいつも広げておくようにしてください。

歴史では，自分で年表をつくるのがよいでしょう。大和朝廷あたりから平安・鎌倉・室町・江戸の各時代についてはしっかりと理解し，明治・大正・昭和までの時代の流れをおさえてください。そのうえで各分野別のおもな動きをまとめましょう。

政治では，日本国憲法の基本的な内容をしっかりおさえることが大切です。特に，基本的人権，三権のしくみは重要です。また，国際政治では，日本と関係の深い国について，ひと通りまとめておきましょう。さらに，時事的なことがらもおさえておく必要があります。日ごろから新聞・テレビなどを見て，できごとの内容，影響，問題点などをまとめておきましょう。

社会 出題分野分析表

分野	年度	2024	2023	2022	2021	2020	2019	2018
日本の地理	地図の見方	○			★			
	国土・自然・気候	○	○	○	○	○	○	○
	資源							★
	農林水産業		○	○	○		○	○
	工業	○		○	○			○
	交通・通信・貿易					○		
	人口・生活・文化		○		○	★	○	○
	各地方の特色	○		★		○	★	
	地理総合	★	★		★	★		★
世界の地理			○					
日本の歴史 時代	原始～古代	○	○	○	○	○	★	○
	中世～近世	○	○	○	○	○	○	○
	近代～現代	○	○	○	○	○	○	○
日本の歴史 テーマ	政治・法律史							
	産業・経済史							
	文化・宗教史							
	外交・戦争史							
	歴史総合	★	★	★	★	★	★	★
世界の歴史								
政治	憲法							
	国会・内閣・裁判所	○	○	○	○	○		
	地方自治	○	○		○			★
	経済		○	○				
	生活と福祉			○		○		
	国際関係・国際政治				○			
	政治総合	★	★	★	★	★		
環境問題		○		○				
時事問題			○		○	○	★	★
世界遺産			○			○		○
複数分野総合								

※ 原始～古代…平安時代以前，中世～近世…鎌倉時代～江戸時代，近代～現代…明治時代以降
※ ★印は大問の中心となる分野をしめします。

理科 出題傾向＆対策

◆基本データ(2024年度)

試験時間／満点	30分／75点
問題構成	・大問数…５題 ・小問数…25問
解答形式	記号選択と用語・計算結果の記入がほとんどだが，短文記述やグラフの完成，作図も出題されている。記号選択は，択一式だけでなく複数選ぶものもある。
実際の問題用紙	Ｂ５サイズ，小冊子形式
実際の解答用紙	Ｂ４サイズ

◆過去７年間の分野別出題率

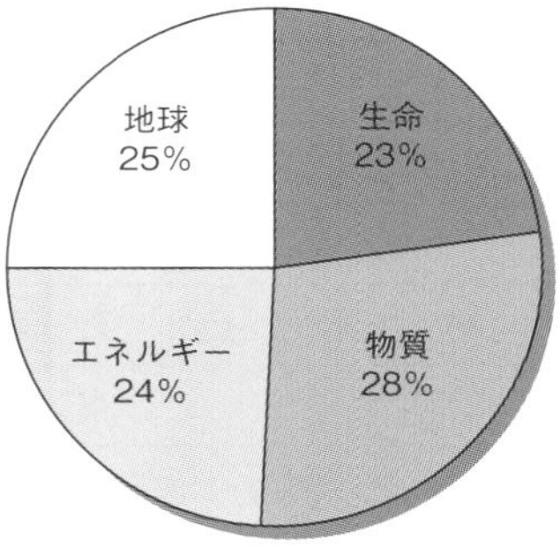

※　配点(推定ふくむ)をもとに算出

◆近年の出題内容

【 2024年度 】			【 2023年度 】		
大問	1	〔エネルギー〕ふりこ，音	大問	1	〔エネルギー〕力のつり合い
	2	〔地球〕地震		2	〔地球〕星の動き方
	3	〔地球〕潮の満ち引き		3	〔生命〕昆虫，進化
	4	〔物質〕ものの溶け方		4	〔物質〕水溶液の性質
	5	〔生命〕消化，血液循環		5	〔物質〕固体と液体の体積変化

◆出題傾向と内容

「生命」「物質」「エネルギー」「地球」から各１～２題ずつ出題されており，**バランスのとれた構成**になっています。内容は基本的なことがらを問うものが多く出されていますが，実験・観察をもとにした出題が目立つので注意が必要です。

「生命」では，植物，動物についての出題が多く見られますが，人体，生物と環境についても出題されています。

「物質」からは，水溶液の性質，気体の発生と性質などが取り上げられています。水溶液の性質にからめた出題が多いのが特ちょうです。

「エネルギー」では，電気回路，光の進み方と鏡，音・熱の伝わり方，浮力と密度などの問題が見られ，各単元からまんべんなく出されています。

「地球」からは，天体とその動き，流れる水のはたらき，地層，地震，火山などが取り上げられています。

◆対策～合格点を取るには？～

本校の理科は，実験・観察・観測をもとにした問題が中心となっています。したがって，**まず基礎的な知識を早いうちに身につけ，その上で，問題集で演習をくり返すのがよいでしょう。**

「生命」は，身につけなければならない基本知識の多い分野です。動物やヒトのからだのつくり，植物のつくりと成長などを中心に，ノートにまとめながら知識を深めましょう。

「物質」は，気体や水溶液，金属などの性質を中心に学習するとよいでしょう。また，中和や濃度，気体の発生など，表やグラフをもとに計算させる問題にも積極的に取り組みましょう。

「エネルギー」では，電気回路，物体の運動，力のつり合いなどさまざまな問題にチャレンジしましょう。また，エネルギー問題についての出題もありますから，日ごろから興味を持つことが大切です。

「地球」では，太陽・月・地球の動き，季節と星座の動きがもっとも重要なポイントです。天気と気温・湿度の変化，地層のでき方などもきちんとおさえておきましょう。

理科　出題分野分析表

分野		2024	2023	2022	2021	2020	2019	2018
生命	植物			★		★		
	動物		★				★	★
	人体	★						
	生物と環境				★			
	季節と生物							
	生命総合							
物質	物質のすがた		★				★	
	気体の性質					★		
	水溶液の性質		★	★	★	★		★
	ものの溶け方	★		○	★		★	
	金属の性質							
	ものの燃え方							
	物質総合							
エネルギー	てこ・滑車・輪軸		○					
	ばねののび方		○					
	ふりこ・物体の運動	○						★
	浮力と密度・圧力		○					○
	光の進み方						★	
	ものの温まり方					○		
	音の伝わり方	○					○	
	電気回路			★				
	磁石・電磁石	○						
	エネルギー総合	★	★	★	★	★		
地球	地球・月・太陽系	★				★	★	★
	星と星座		★					
	風・雲と天候				★			
	気温・地温・湿度							
	流水のはたらき・地層と岩石				★			
	火山・地震	★		★		★		
	地球総合							
実験器具								○
観察								
環境問題					○			
時事問題								○
複数分野総合								

※ ★印は大問の中心となる分野をしめします。

国語　出題傾向＆対策

◆基本データ(2024年度)

試験時間／満点	40分／100点
問題構成	・大問数…２題 　文章読解題２題 ・小問数…13問
解答形式	記号選択，本文中のことばの書きぬき，記述問題などバラエティーに富んでいる。記述問題には，字数制限が設けられている。
実際の問題用紙	Ｂ５サイズ，小冊子形式
実際の解答用紙	Ｂ４サイズ

◆過去７年間の分野別出題率

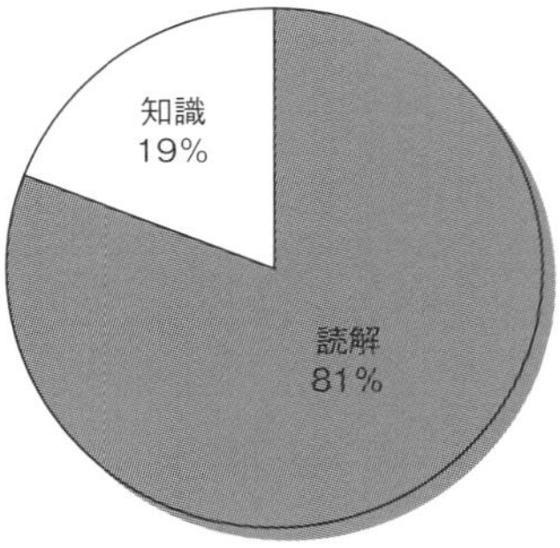

※　配点(推定ふくむ)をもとに算出

◆近年の出題内容

【 2024年度 】			【 2023年度 】		
大問	一	**〔説明文〕** 内山節『内山節著作集14』(約2800字)	大問	一	**〔説明文〕** 港千尋『芸術回帰論』(約2000字)
	二	**〔小説〕** 下村湖人『次郎物語』(約3700字)		二	**〔小説〕** 太宰治「角力」(約2500字)

◆出題傾向と内容

読解問題の文章が長めで，受験生よりも年上の人を対象に書かれたもの(したがって，文章の内容がやや高度)がよく取り上げられる傾向にあります。そのため，ある程度読書に慣れていないと，読みこなすのに苦労するかもしれません。すばやく読み取り，てきぱきと問題を解き進めないと，時間切れになってしまうおそれがあります。ジャンル別で見ると，１題が説明文・論説文，もう１題が小説・物語文という組み合わせになっています。

設問内容を見ると，説明文・論説文では，論旨の展開を正しく理解しているかどうかをためすもの，小説・物語文では，状況や動作・行動，登場人物の性格などとからめ，心情を問うものが中心となっています。さらに，大意，指示語の内容，接続語や副詞の補充なども見られます。

知識問題は，漢字の書き取り，慣用句・四字熟語の完成などが出題されています。ただし，問題量は多くありません。

◆対策～合格点を取るには？～

本校の国語は，読解力と表現力をみる問題がバランスよく出題されていますから，**まず読解力をつけ，その上で表現力を養う**ことをおすすめします。

読解力をつけるためには読書が必要ですが，長い作品よりも短編のほうが主題が読み取りやすいので，特に国語の苦手な人は短編から入るとよいでしょう。

次に表現力ですが，これには内容をまとめるものと自分の考えをのべるものとがあります。内容をまとめるものは，数多く練習することによって，まとめ方やポイントのおさえ方のコツがわかってきます。自分の考えをのべるものについては，問題文のどの部分がどのように問われるのかを予想しながら文章を読むとよいでしょう。そうすれば，ある場面での登場人物の気持ちなどをおしはかることが自然とできるようになります。答えに必要なポイントをいくつか書き出し，それらをつなげるような練習を心がけたいものです。

なお，ことばのきまり・知識に関しては，参考書を１冊仕上げましょう。漢字や熟語については，同音(訓)異義語やその意味などについても辞書で調べ，用法もあわせ，ノートにまとめておいてください。

国語 出題分野分析表

分野		年度	2024	2023	2022	2021	2020	2019	2018
読解	文章の種類	説明文・論説文	★	★	★	★	★	★	★
		小説・物語・伝記	★	★	★	★	★		★
		随筆・紀行・日記						★	
		会話・戯曲							
		詩							
		短歌・俳句							
	内容の分類	主題・要旨		○	○				
		内容理解	○	○	○	○	○	○	○
		文脈・段落構成							
		指示語・接続語	○	○	○	○	○	○	○
		その他	○	○	○	○	○	○	○
知識	漢字	漢字の読み							
		漢字の書き取り	○	○	○	○	○	○	○
		部首・画数・筆順							
	語句	語句の意味	○	○	○	○	○	○	
		かなづかい							
		熟語			○				
		慣用句・ことわざ				○			○
	文法	文の組み立て							
		品詞・用法		○				○	
		敬語							
	形式・技法								
	文学作品の知識								
	その他								
	知識総合								
表現	作文								
	短文記述								
	その他								
放送問題									

※ ★印は大問の中心となる分野をしめします。

2025 年度 中学受験用

白百合学園中学校

7 年間スーパー過去問

をご購入の皆様へ

お詫び

本書、白百合学園中学校の入試問題につきまして、誠に申し訳ございませんが、以下の問題は著作権上の都合により掲載することができません。設問と解説、解答は掲載してございますので、ご必要とされる方は原典をご参照くださいますよう、お願い申し上げます。

記

2020 年度　国語　一　の問題文

以上

株式会社　声の教育社　編集部

2024 年度 白百合学園中学校

【算　数】(40分)〈満点：100点〉

1　ある工事現場から，3台のダンプカーA，B，Cで土砂《どしゃ》を運びます。すべての土砂を運ぶには，Aだけでは12時間，Bだけでは6時間，Cだけでは9時間かかります。

この土砂を，はじめは3台で1時間15分，次にBだけで45分，その後はAとCで1時間45分運び，残りの土砂はすべてCだけで運びました。このとき，次の問いに答えなさい。

(1)　Aが運んだ土砂の量は，土砂全体の何％にあたりますか。

(2)　すべての土砂を運び終えるまでにかかった時間を求めなさい。

(3)　3台のダンプカーA，B，Cが運んだ土砂の量の比を，もっとも簡単《かんたん》な整数比で答えなさい。

2　3種類の数字0，2，4を下のように，ある規則にしたがって左から順に並べます。

2，0，2，4，0，2，0，2，4，0，2，0，2，4，0，…

このとき，次の問いに答えなさい。

(1)　はじめから数えて534番目の数字を答えなさい。

(2)　全部で2024個の数字が並んでいるとき，その中に0は何個あるかを求めなさい。

(3)　0，2という数字の並びが211回あり，一番右の数字が4であるとき，並んでいる全数字の真ん中の数字を答えなさい。

3　底面が1辺3cmの正方形で高さが2cmの直方体の形をした金属を積み重ね，下の図のような立体をつくりました。

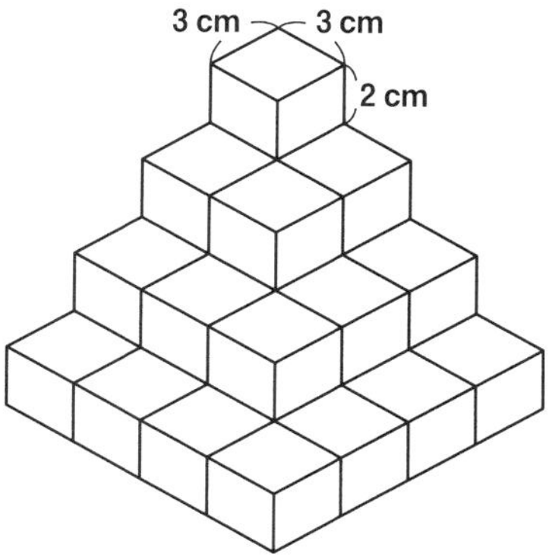

このとき，次の問いに答えなさい。

(1)　この立体の表面積は何cm^2ですか。

(2)　この立体の重さは何kgですか。ただし，この金属の重さは1cm^3あたり6.5gとします。

4　次の図のように，直線 l 上に図形**A**，**B**をおきます。**A**は横の長さが３cm である長方形で，**B**はたての長さが**A**と等しい長方形から直角三角形を切り取った図形です。**A**はこのまま動かさないで，**B**だけを秒速１cm の速さで l にそって矢印の方向に動かすとき，下の問いに答えなさい。

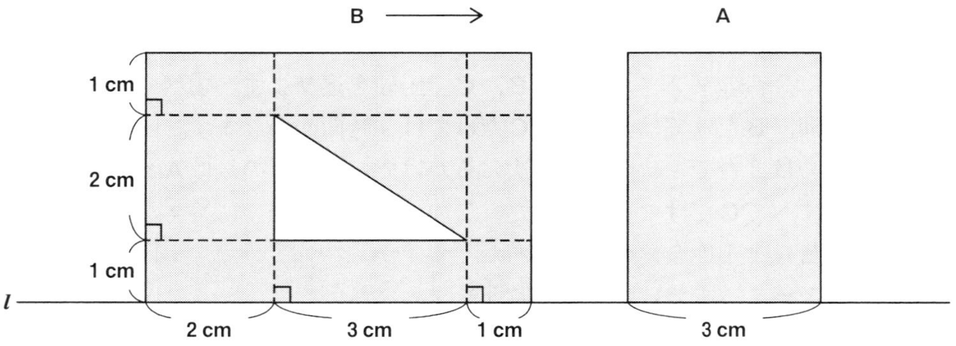

(1)　**A**と**B**が重なり始めてから4.5秒後に，２つの図形が重なっている部分の面積を求めなさい。

(2)　次に，**A**と**B**を上の図の位置にもどし，**A**の長い方の辺が l に重なるように右にたおしました。**B**だけを秒速１cm の速さで同じように動かしたとき，２つの図形が重なっている部分の面積がもっとも大きくなるのは，重なりはじめてから何秒後ですか。また，そのときの２つの図形の重なっている部分の面積を求めなさい。

5　九段さんと飯田さんが別々の車で同時に地点**A**を出発し，14時に地点**B**で待ち合わせることにしました。九段さんは時速 90km で運転していましたが，14時よりかなり早く着くことが分かりました。そこで，地点**B**の５km 手前で10分間用事を済ませ，その後は時速 80km で運転したところ，13時50分に地点**B**に着きました。また，飯田さんは時速 60km で運転したところ，14時５分に地点**B**に着きました。地点**A**から地点**B**までの距離《きょり》は何 km ですか。

【社　会】（30分）〈満点：75点〉

1　次の地形図についての会話文を読み，あとの問いに答えなさい。

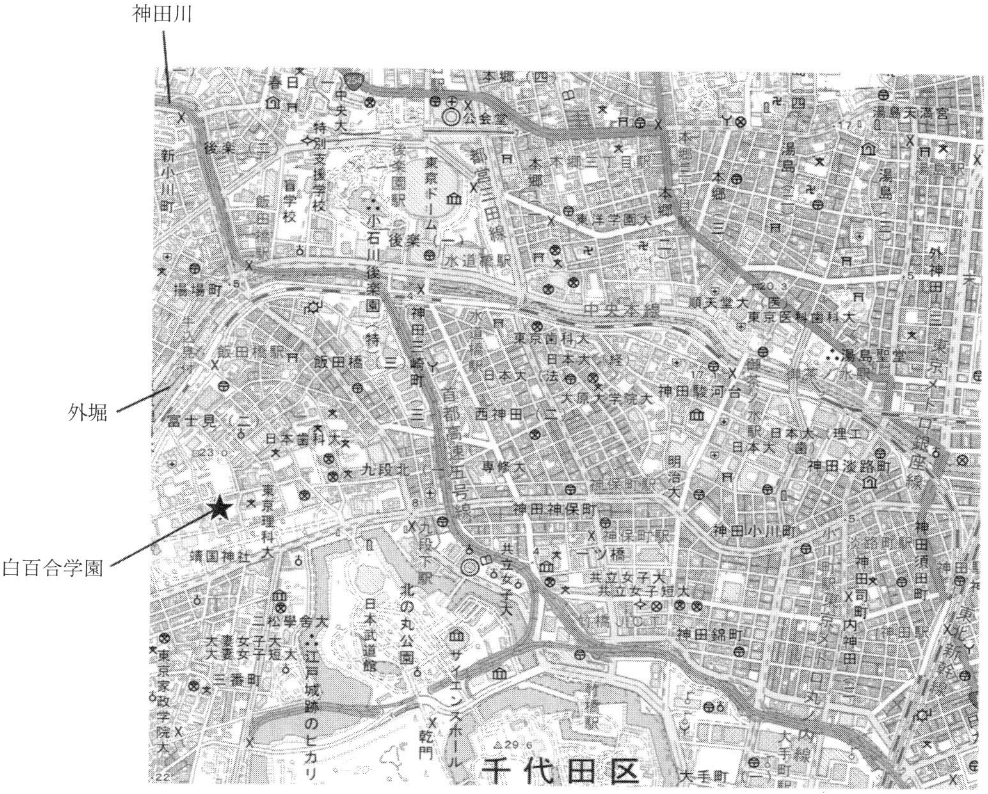

（2万5千分の1地形図「東京首部」より一部加工）

九 段 さ ん：①千代田区にある白百合学園の周辺はどのような特徴がある地域なのだろう。

百合子さん：きっと自然的な特徴も，社会的な特徴もたくさんあるはずよ。調べてみましょう。

九 段 さ ん：まずは地形図をみてみよう。白百合学園があるのは，靖国神社の近くの★がついているところね。千代田区にはたくさんの学校があることがわかるね。

百合子さん：★から東に350mくらい進むと丁字路《ていじろ》があって，そこを道なりに北の方向へ歩いていくと（ あ ）駅の西口に着くわ。駅近くの交差点には（ い ）があるから，落とし物をしたときはここでたずねることもできて安心だね。

九 段 さ ん：そうだね。＜A写真＞をみると，（ い ）の向かい側には牛込御門跡《うしごめごもんあと》があるよ。これは江戸城を守るためにつくられた見付《みつけ》だから，昔から重要な場所だったことがうかがえるね。

百合子さん：では，駅から外堀に沿って東側にいきましょう。少し進むと「揚場《あげば》町」のところで，外堀と北側から流れて来る川が合流しているね。

九 段 さ ん：この川は神田川よ。合流地域周辺の地形図と＜B写真＞から，[　X　]ことがわかるね。

百合子さん：これは慢性化した交通渋滞を解消するために，1960年代から開通していったの。1964年に開催された（ う ）に向けて，一部の建設が急ピッチでおこなわれたのは有名な話よね。

九 段 さ ん：さて，もう一度地形図をみてみよう。「揚場町」から東に進むと，国指定特別史跡の（ え ）があるね。ここは1629年に，②水戸徳川家が中屋敷を造営《ぞうえい》するときにつくった庭園なんですって。

百合子さん：私たちが普段何気なくみているものには，色々な歴史がつまっているのね。ところで，この地域は自然的な特徴はあるのかしら。

九 段 さ ん：地形図と＜**C**写真＞を照らし合わせてみよう。水道橋駅から御茶ノ水駅に向かう途中に坂があるね。

百合子さん：ということは，水道橋駅は低地で，御茶ノ水駅は台地上にあると考えられるわね。でも，そのような地形の特徴があるならば，御茶ノ水駅周辺を流れている川が台地を分断するように流れているのは不自然よね。

九 段 さ ん：これは江戸時代の初期に③仙台藩伊達家によって開削《かいさく》されたといわれているよ。

百合子さん：九段さんは歴史にくわしいのね。御茶ノ水駅から南西方向に進んでいくと，神保町駅があるよ。神保町といえば古本の街として知られているね。

九 段 さ ん：あれ？　＜**D**写真＞をみると，古本屋は左側に集中していることがわかるね。

百合子さん：町の地図をみてみると，お店の入り口の多くは北側にあるよ。その理由は［　　**Y**　　］。

問１　文中の（あ）～（え）にあてはまる語を答えなさい。

問２　＜**A**＞～＜**D**＞の写真として適当なものを次の**ア**～**エ**から１つずつ選び，記号で答えなさい。

ア

イ

ウ

エ

問３　下線部①に関連して，千代田区と接している区の組み合わせとして正しいものを，次の**ア**

〜**エ**から１つ選び，記号で答えなさい。

ア．文京区・台東区・中央区・港区・新宿区

イ．文京区・台東区・江東区・渋谷区・新宿区

ウ．豊島区・墨田区・中央区・港区・新宿区

エ．豊島区・墨田区・江東区・渋谷区・新宿区

問４　文中の **X** にあてはまる文を考えて答えなさい。

問５　下線部②について，

⑴　この藩は現在の何県にあたるか答えなさい。

⑵　⑴で答えた県について説明しているものを，次の**ア**〜**オ**から２つ選び，記号で答えなさい。

ア．この県にある磐梯《ばんだい》山は，湖沼などの自然豊かな風景がみられる。

イ．この県にある銅山は江戸時代から開発が始まったが，明治時代に公害が発生した。

ウ．この県では，水はけのよさを利用したメロンの栽培がさかんである。

エ．この県の伝統的工芸品としてだるまが生産されている。

オ．この県には，国立の研究機関や大学などの研究学園都市がある。

⑶　⑴で答えた県には人工的につくった鹿島港があります。この港について述べた次の文中の（お）〜（こ）にあてはまる語を答えなさい。

> この地域は東京に近いこと，広大な（ お ）を確保しやすいこと，豊富な（ か ）力を得やすいこと，さらに流域面積が日本一の（ き ）川や，日本で２番目の大きさの湖である（ く ）などの水資源があるという点において，工業立地の条件としては非常に恵まれていた。そこで大型船舶にも対応できる，掘込式港湾《ほりこみしきこうわん》の建設が始まった。
>
> 現在は臨海工業地帯として発達しており，（ け ）化学コンビナートでは化学薬品や（ け ）化学関連製品を生産し，鉄鋼コンビナートでは自動車車体に使用される薄板などを生産している。そのため，鹿島港で取り扱う輸入品として最も貨物量が多いのは，鉄の主な原料である（ こ ）である。

問６　下線部③について，

⑴　この藩は現在の何県にあたるか答えなさい。

⑵　⑴で答えた県について説明しているものを，次の**ア**〜**オ**から２つ選び，記号で答えなさい。

ア．この県では，東北の三大祭りのひとつである竿燈《かんとう》まつりがおこなわれている。

イ．この県の伝統的工芸品として，こけしが生産されている。

ウ．この県には日本三景のひとつである宮島がある。

エ．この県の北部には北上川，南部には阿武隈川が流れている。

オ．この県の干拓地は米の単作地帯であったが，近年では畑作への転作が進んでいる。

問７　文中の **Y** にあてはまる文を考えて答えなさい。

2 2024年に，新紙幣《しへい》の発行が予定されています。

日本における貨幣《かへい》の歴史に関する次の文を読み，あとの問いに答えなさい。

①貨幣がない時代，人々は欲しいものがあるときには，物々交換をして暮らしていました。しかし，物々交換には不便な点があるため，誰もが欲しがり保存が効く②米や布などが貨幣のように使用されるようになっていきました。

日本において最古の金属の貨幣と考えられているのが，③天武天皇の在位中につくられたとみられる（ あ ）です。④708年になると，有名な（ い ）がつくられました。（ い ）は貴族や役人の給料の一部のほか，平城京遷都《せんと》の際に，動員された人々に賃金として支払われたとみられています。以後，⑤平安時代にかけて，（ い ）も含む皇朝十二銭《こうちょうじゅうにせん》と呼ばれる12種の貨幣がつくられました。

⑥12世紀中頃になると，宋銭が日本に多く流入するようになりました。⑦室町時代も同様に明銭が貨幣として流通する状態が続き，長い間，全国で統一的に使われる日本独自の貨幣がつくられることはありませんでした。

16世紀中頃になると，金銀の採掘《さいくつ》がさかんになり，金山や銀山を手に入れた⑧戦国大名によって，金貨や銀貨がつくられるようになりました。⑨豊臣秀吉の時代には，⑩（ う ）金山や（ え ）銀山が直接支配され，大判・小判などの統一的な貨幣が発行されました。なかでも「天正長大判」は日本で最大の貨幣として知られています。この大判は，恩賞用などの目的に用いられることが多かったようです。

⑪関ヶ原の戦いに勝利した徳川家康は，貨幣制度の統一に着手し，全国で使うことのできる金・銀貨を発行しました。また，⑫3代将軍の時代には，宿場での少額貨幣の必要性が増したため，銅銭「寛永通宝」がつくられました。

日本が開国し，諸外国と貿易を開始するようになると，⑬大量の金貨が海外へ流出する事態が発生し，日本経済の混乱を招きました。時代が⑭明治へ移り，1871年の新貨条例の制定によって「円」が誕生しました。⑮西南戦争の際には，戦費を調達するために紙幣が大量に刷《す》られ，激しいインフレがおこりました。その後，通貨の価値を安定させるため，日本銀行が設立されることになります。⑯日清戦争の際には，日本で初めて「軍票《ぐんぴょう》」が発行されました。これは，戦地での物資調達などをまかなうために政府によって発行されたお札の一種です。軍票は，日露戦争，⑰日中戦争，太平洋戦争など，対外戦争の度に発行されました。

⑱第二次世界大戦後，戦前の肖像の人物は，GHQの指示によって，聖徳太子を除いて全て使えなくなり，代わって⑲明治期の政治家の肖像が使用されました。⑳1980年代におこなわれた改刷以降は，㉑文化人も肖像に登場するようになり，現在にいたっています。

問１ 下線部①について，ある遺跡が発見されて，日本に旧石器時代が存在することが証明されました。その遺跡とは何ですか。

問２ 下線部②について，右の写真は，米作りが開始されたころ，稲作に使用された石器です。これを何といいますか。

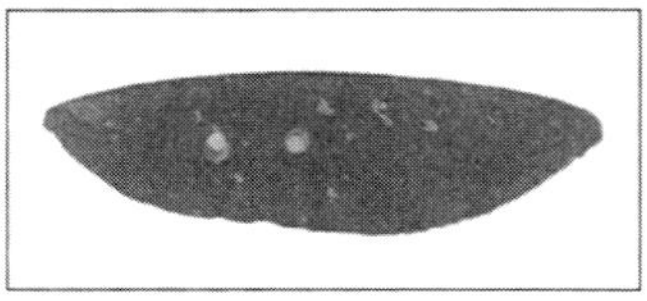

問３ 下線部③について，

(1) 文中の（あ）にあてはまる語を答えなさい。

(2) 天武天皇に関するできごととして最も適切なものを，次の**ア**～**エ**から１つ選び，記号で答えなさい。

ア．天智天皇が亡くなったあと，天智天皇の子である大友皇子と戦い，勝利した。

イ．天武天皇の在位中，唐と新羅の連合軍と戦い，敗れた。

ウ．天武天皇の在位中，日本最初の法典や戸籍の作成をおこなった。

エ．仏教の力で国を治めるため，金銅の大仏と東大寺をつくらせた。

問4　下線部④について，

(1)　文中の(い)にあてはまる語を答えなさい。

(2)　(い)と同じく８世紀初めにつくられた大宝律令についての文として誤っているものを，次の**ア**～**エ**から１つ選び，記号で答えなさい。

ア．中臣鎌足の子である藤原不比等らが編さんしたと考えられている。

イ．全国が国・郡・里に分けられ，国司・郡司・里長がおかれた。

ウ．戸籍と税の台帳がつくられ，６歳以上の男子のみに土地が割りあてられた。

エ．成年男子には，税として地方の特産物のほか，都での労役または代わりの布を課せられた。

問5　下線部⑤について，

(1)　平安時代には，仮名文字の女流文学の発展や寝殿造の屋敷など，日本風の文化が栄えました。中国文化の影響が少なくなった背景を，関連人物の名前をあげて説明しなさい。

(2)　紀貫之らが編さんした和歌集を何といいますか。

問6　下線部⑥について，宋との貿易を拡大するため大輪田泊を整備した人物は誰ですか。

問7　下線部⑦について，次の**ア**～**エ**のできごとを時代の古い順に並べかえなさい。

ア．正長の土一揆が発生した。

イ．明との間に国交が開かれた。

ウ．２つの朝廷が対立し，約60年間争いが続いた。

エ．京都の東山に銀閣がつくられた。

問8　下線部⑧について，戦国大名がつくった貨幣として「甲州金」がよく知られています。この貨幣をつくらせた戦国大名を，次の**ア**～**オ**から１つ選び，記号で答えなさい。

ア．上杉氏　　**イ**．朝倉氏　　**ウ**．島津氏　　**エ**．武田氏　　**オ**．北条氏

問9　下線部⑨について，豊臣秀吉に関するできごととして，適切でないものを次の**ア**～**エ**から１つ選び，記号で答えなさい。

ア．安土城を拠点として全国統一を進めた。

イ．「ものさし」や「ます」を統一し，全国の田畑の面積を調べた。

ウ．百姓や寺社から武器を取り上げ，兵農分離を進めた。

エ．明の征服を目指し，諸大名に命じて朝鮮に大軍を派遣した。

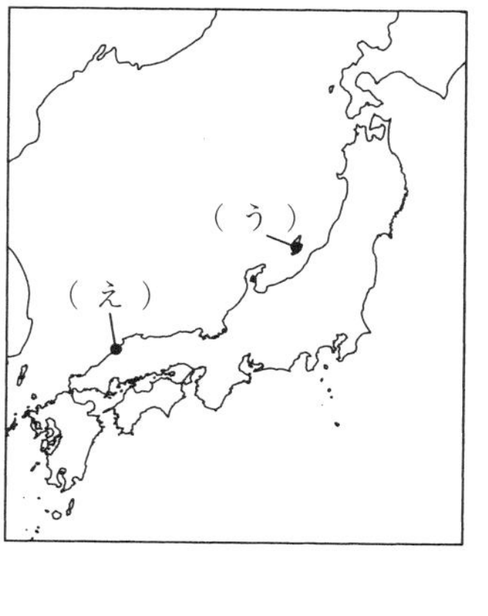

問10　下線部⑩について，右の地図をみて，文中の(う)と(え)にあてはまる地名を答えなさい。

問11　下線部⑪について，関ヶ原の戦いのあと徳川氏にしたがった大名はどのように呼ばれるようになりましたか。

問12　下線部⑫について，この時代に宿場での少額貨幣の必要性が増したのはなぜですか。その背景の一つと考えられる，３

代将軍が実施した「ある政策」の名をあげて説明しなさい。

問13　下線部⑬について，金貨流出の背景について説明した次の文を読み，文中の空らんにあてはまる語句の組み合わせとして適切なものを，下の**ア**～**エ**から1つ選び，記号で答えなさい。

> 　貿易開始当初，日本と欧米の間に下の図のような金銀の交換比率の違いがありました。これを知った欧米人は（　**X**　）を日本で（　**Y**　）と交換しました。その（　**Y**　）を欧米で（　**X**　）に交換すると，最初の（　**Z**　）倍の（　**X**　）を得ることができます。

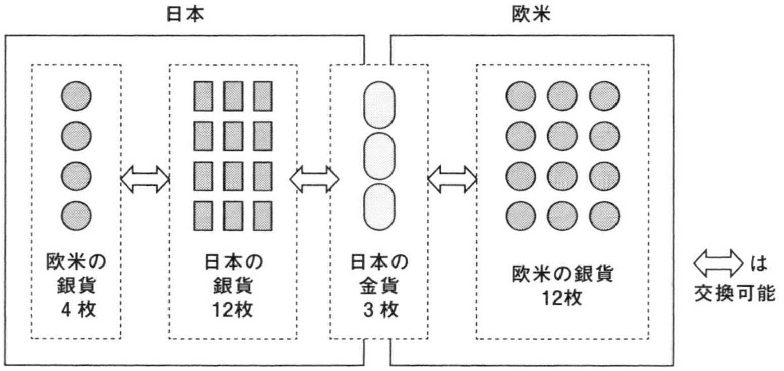

ア．**X**－金貨　**Y**－銀貨　**Z**－3
イ．**X**－銀貨　**Y**－金貨　**Z**－3
ウ．**X**－金貨　**Y**－銀貨　**Z**－4
エ．**X**－銀貨　**Y**－金貨　**Z**－4

問14　下線部⑭について，明治政府に関する文として適切なものを，次の**ア**～**エ**から1つ選び，記号で答えなさい。

ア．藩主に代わって県令を中央から派遣する版籍奉還がおこなわれた。
イ．地租改正に反対する一揆がおこったため，政府は地租を引き下げた。
ウ．大日本帝国憲法が制定されると，伊藤博文が初の内閣を組織した。
エ．自由民権運動に対し，政府は治安維持法を定めて取り締まった。

問15　下線部⑮について，不平士族たちにおされて西南戦争の中心となった人物は誰ですか。

問16　下線部⑯について，日清戦争の講和条約により日本がゆずり受けた後，三国干渉により返還することになった地域を，右の地図中の**ア**～**カ**から1つ選び，記号で答えなさい。

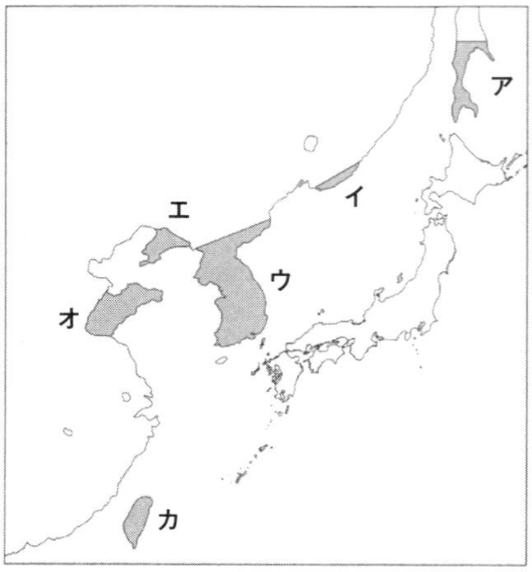

問17　下線部⑰について，次の**ア**～**エ**のできごとを時代の古い順に並べかえなさい。

ア．柳条湖事件が発生した。
イ．日本軍がハワイの真珠湾を奇襲攻撃し，マレー半島に上陸した。
ウ．日本が国際連盟を脱退した。
エ．アメリカ軍が広島と長崎に原子爆弾を投下した。

問18　下線部⑱について，1951年に日本が48カ国との間で調印し，独立を取り戻した条約を何といいますか。

問19　下線部⑲について，右の写真は，戦後に発行された5百円札です。欧米への使節団の全権大使をつとめたことで知られるこの人物は誰ですか。

問20　下線部⑳について，1980年代におこったできごととして正しいものを，次の**ア**～**エ**から1つ選び，記号で答えなさい。

ア．ベルリンの壁が崩壊した。

イ．大阪万博が開催された。

ウ．阪神淡路大震災が発生した。

エ．京都議定書が採択された。

問21　下線部㉑について，「天は人の上に人を造らず人の下に人を造らずといへり」という有名な一節から始まる著書で知られる人物は誰ですか。

3　次の文を読み，あとの問いに答えなさい。

国の予算案をまとめるのは，内閣のしごとです。**a**各府省庁の必要な費用をまとめて予算案ができあがると，閣議で決定され，国会に提出されます。国会では，まず（　1　）で審議された後，（　2　）の審議にまわされます。（　1　）と（　2　）の意見が異なった場合には（　1　）の意見が優先されます。

国の予算は，4月1日から始まるので，それに間に合うように**b**毎年1月に召集される国会で審議されます。令和5年度の予算の特徴は，（　3　）関係費が大幅に伸びたこと，**c**少子化対策のための子育て支援や，**d**脱炭素社会を実現するための費用が盛り込まれたことです。「**e**地方公共団体間の格差を小さくするために，国から支給するお金」も増やされています。

この結果，令和5年度の予算は，過去最大となり，初めて114兆円を超えました。このため，消費税の増税の必要も唱えられています。消費税は，税を負担する人と税を納める人が異なる（　4　）の一種です。**f**現在の税率は10％ですが，外食やお酒を除く食料品については8％になっています。

問1　文中の（1）～（4）にあてはまる語を答えなさい。

問2　文中の下線部**a**のしごとを主におこなうのは，何省ですか。

問3　文中の下線部**b**の国会を何といいますか，漢字4字で答えなさい。

問4　文中の下線部**c**などのしごとを総合的におこなうために，2023年4月に発足した国の行政機関は何ですか。

問5　文中の下線部**d**について，次の問いに答えなさい。

①CO_2をはじめとする温室効果ガスの「排出量」と，森林などによる「吸収量」とをつり合わせて，全体としてゼロにすることが目指されていますが，これをカタカナで何と呼びますか。

②次のグラフは，各国のCO_2排出量の変化をあらわしたものです。**A**・**B**の国名を書きなさい。

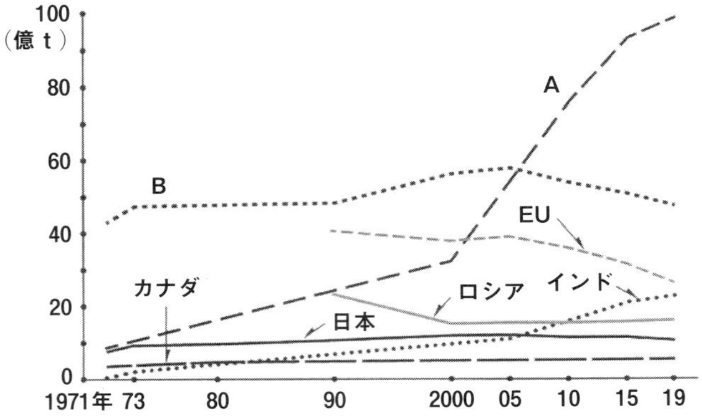

「エネルギー・経済統計要覧」

問 6　文中の下線部 **e** を何と呼びますか。

問 7　文中の下線部 **f** の理由を説明した文として最もふさわしいものを，次の**ア**～**エ**から１つ選び，記号で答えなさい。

ア．所得の高い人に多くの税を負担してもらうため。

イ．所得の低い人の税負担が重くなるのを防ぐため。

ウ．大企業に多くの税を負担してもらうため。

エ．生活に欠かせない食料品店を守るため。

【理　科】（30分）〈満点：75点〉

1　ふりこと音について，**問1**～**問3**に答えなさい。

問1　細くてじょうぶな糸におもりをつけて**【図1】**のようなふりこを作りました。ふりこの長さを変えて，おもりの重さ，ふりこのゆれの中心からの角度などの条件はできるだけ同じになるようにして10往復するのにかかる時間を調べたところ**【表】**のような結果になりました。

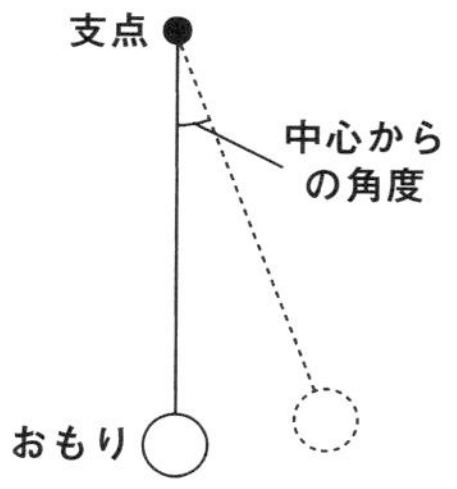

【図1】

【表】

ふりこの長さ〔cm〕	10	20	25	40	50	80	100
10往復の時間〔秒〕	6.3	9.0	10.0	12.7	14.2	17.9	20.1

(1)　ふりこの長さとは，どこからどこまでの長さのことですか。**【例】**にならって解答欄《らん》の図にかきなさい。

【例】　ばねののび

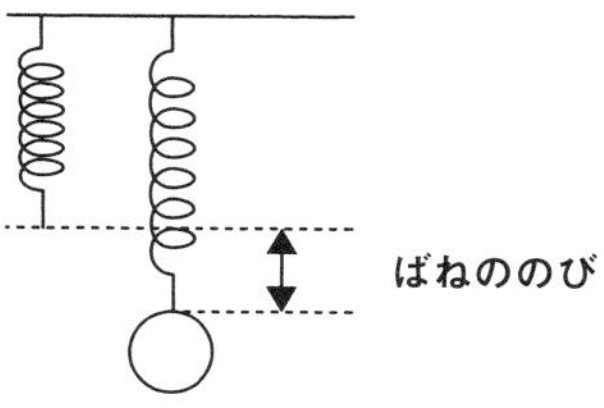

(2)　次の文章は，ふりこについてかかれています。(①)～(⑤)，および(⑦)，(⑧)にあてはまる語句を**(ア)**～**(セ)**から選び，記号で答えなさい。ただし，(⑦)はあてはまる記号をすべて答えなさい。記号はくり返し用いてもよいものとします。また，(⑥)はあてはまる整数を答えなさい。

実験で得られる結果は，はかり方や条件などのわずかな違《ちが》いから，いつでもまったく同じになるわけではなく，誤差がふくまれている。細かい注意点を確認しながら(①)回実験して，その結果を(②)することで，結果を真の値に近づけることができる。

この実験で10往復の時間をはかったのは，実際にかかった時間とはかった時間の誤差を考えると，片道や1往復では時間が(③)く誤差の割合が実際にかかった時間に対して(④)くなるからである。

ふりこの長さが長いほど往復にかかる時間は(⑤)くなる。往復にかかる時間が2倍になるのは，ふりこの長さが(⑥)倍になるときである。「往復にかかる時間」と「おもりの重さ」の間の関係について知りたい場合は(⑦)を一定にして調べればよい。「往復にかかる時間」は「おもりの重さ」に(⑧)。

(ア)　1　　**(イ)**　複数　　**(ウ)**　確信　　**(エ)**　平均　　**(オ)**　等し
(カ)　短　　**(キ)**　長　　**(ク)**　小さ　　**(ケ)**　大き
(コ)　おもりの重さ　　**(サ)**　ふりこの長さ　　**(シ)**　中心からの角度
(ス)　よらず一定である　　**(セ)**　よって変化する

問2　**【図2】**のように金属のかんにぴんとはった糸をはじいて音を出しました。音を出している糸を上から観察したところ，糸は**【図3】**のように動きました。

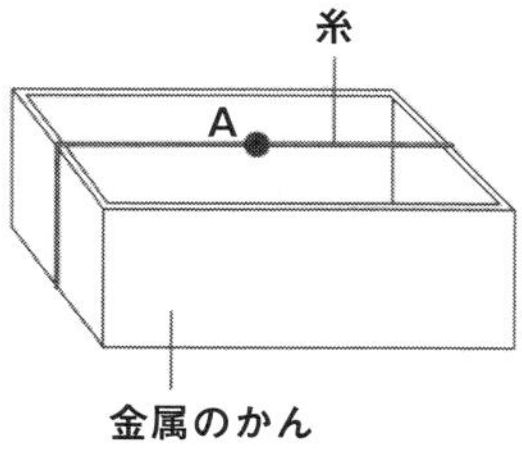

【図2】

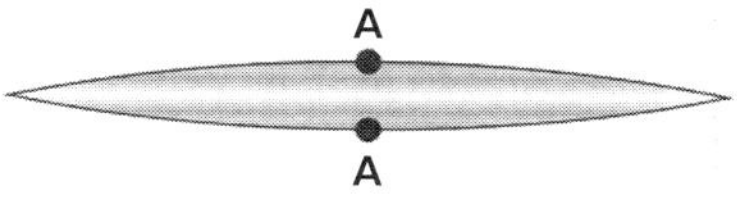

【図3】

(1)　音を出しているものの動きと音の伝わり方についてかかれている次の文章を読んで，(①)～(⑦)にあてはまる語句を答えなさい。

音を出している糸の中心の点**A**は，**【図 3】**のように音を出していないときの位置を中心に一定のはばで行ったり来たりする。この動きは**問 1**のふりこと似ている。糸をはじいた音は，糸の動きが(①)を伝わり，音を受け取る器官である耳の(②)を動かすことで聞こえる。**【図 4】**のような糸電話は音によってコップが(③)，それを糸が伝えるので，糸がたるんだ状態だと音が(④)，糸がぴんと張った状態だと音が(⑤)。糸の材質として，たこ糸，ゴム，細く固い針金を使った糸電話を作って比べた場合，最もよく音が伝わるのは(⑥)で，最も音が伝わらないのは(⑦)である。

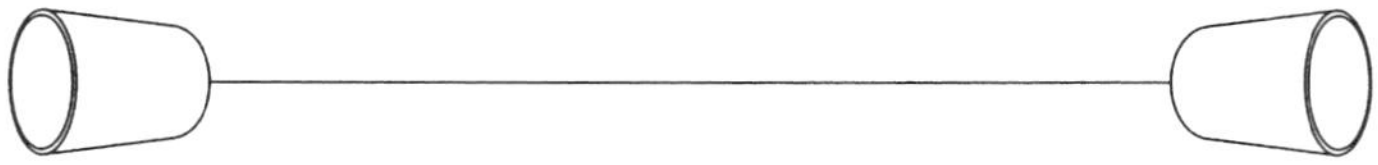

【図 4】

(2)　宇宙空間で**【図 5】**のような宇宙服を着て二人で船外活動をしていたところ，通信用ヘッドセットがこわれて声を伝えることができなくなってしまいました。そのことをいっしょに作業している仲間に声で伝える方法を考え，その方法で伝わる理由をふくめて答えなさい。ただし，こわれた機器を修理する方法はなく，予備の機器も持っていないものとします。

©JAXA

【図 5】

問 3　音を出すものとして，電磁石を利用したブザー(電磁ブザー)があります。**【図 6】**は電磁ブザーの模式図です。下の文章を読んで，(①)～(⑤)にあてはまる語句を，それぞれ**ア**，**イ**から選び，記号で答えなさい。

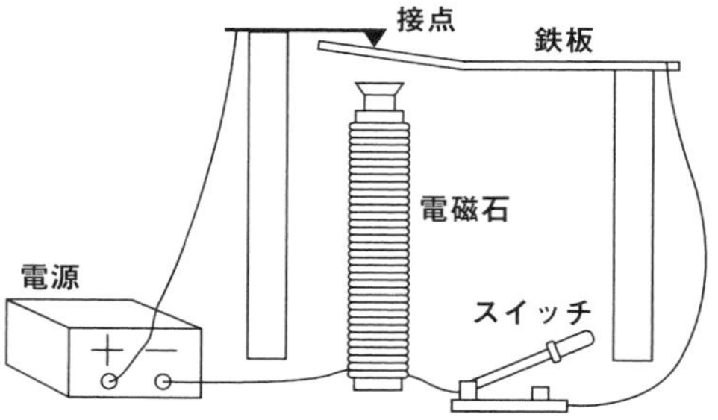

【図 6】

電磁ブザーのスイッチを入れると，電磁石に電流が流れ，鉄板が電磁石(①：**ア**．に引き寄せられる　**イ**．から遠ざかる)。すると，電磁石に電流が(②：**ア**．流れ続け　**イ**．流れなくなり)，鉄板は電磁石(③：**ア**．に引き寄せられたままになる　**イ**．からはなれる)。鉄板が電磁石(③)と接点と(④：**ア**．くっつく　**イ**．はなれる)ので，電磁石に電流が(⑤：**ア**．流れるように　**イ**．流れなく)なる。以上をくり返すことで，鉄板は**問 2**の**【図 3】**の糸と似た動きをすることになり，スイッチを入れている間は音を出し続ける。現在は電磁ブザーとは異なる仕組みで音を出すピエゾブザーもよく使われる。

2 地震《しん》について，**問１～問６**に答えなさい。

問１ 【**図１**】は地震計の模式図です。地震計のしくみの説明として正しいものを，次の(**ア**)～(**エ**)から１つ選び，記号で答えなさい。

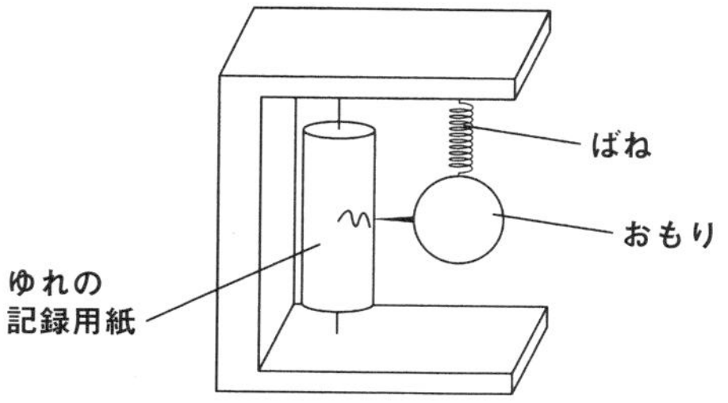

【**図１**】

(**ア**) 地震が起こると，おもりも記録用紙も地面とともに動く。

(**イ**) 地震が起こっても，おもりも記録用紙も動かない。

(**ウ**) 地震が起こると，おもりは地面とともに動くが，記録用紙は動かない。

(**エ**) 地震が起こると，記録用紙は地面とともに動くが，おもりは動かない。

問２ この地震計が設置してある場所が，地震によって下から上方向につき上げられたのか，もしくは，上から下に引っ張られたのかを正確に記録するためには，記録用紙を正しい向きに取り付ける必要があります。上につき上げられた記録を「**上**」とかいてある方にするには，次の(**ア**)，(**イ**)のうち，どちら向きに記録用紙を取り付けるのが適当ですか。記号で答えなさい。

(**ア**)

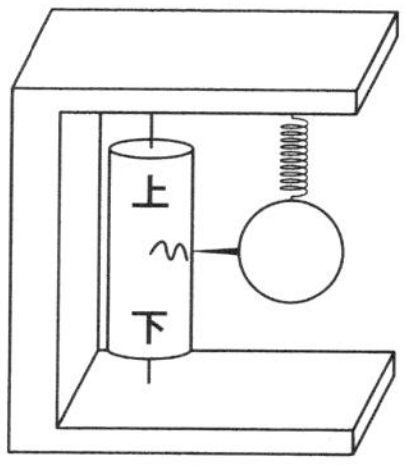

(**イ**)

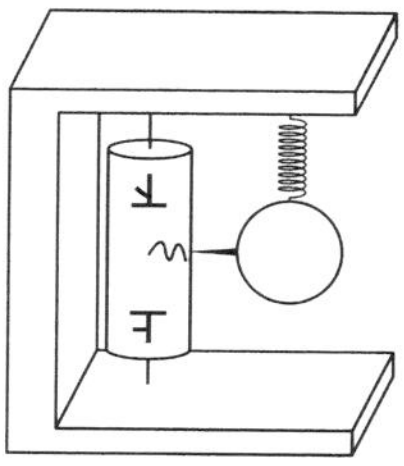

問３ この地震計のしくみと関係の深いものを，次の(**ア**)～(**エ**)から２つ選び，記号で答えなさい。

(**ア**) 綱《つな》引き　(**イ**) テーブルクロス引き　(**ウ**) 太陽光パネル　(**エ**) だるまおとし

問４ 【**図２**】は４か所の地震観測地点の震源（地震が起きた場所）からの距離と，地震が発生した時間を０秒としたときの，各地震観測地点で地震のゆれがいつどのように観測されたかを示しています。

地震のゆれは，波として伝わります。地震の波にはＰ波とＳ波の２種類があり，Ｐ波の方が伝わる速さが速い波です。【**図２**】の２つの直線(**ア**)，(**イ**)は，それぞれの地震観測地点にＰ波とＳ波が到《とう》達した時間を結んだものです。Ｐ波の到達時間を表す直線は(**ア**)，(**イ**)のどちらですか。また，Ｐ波の速さはおよそ秒速何kmですか。式と答えをかきなさい。答えは，小数第２位を四捨五入して小数第１位まで答えなさい。

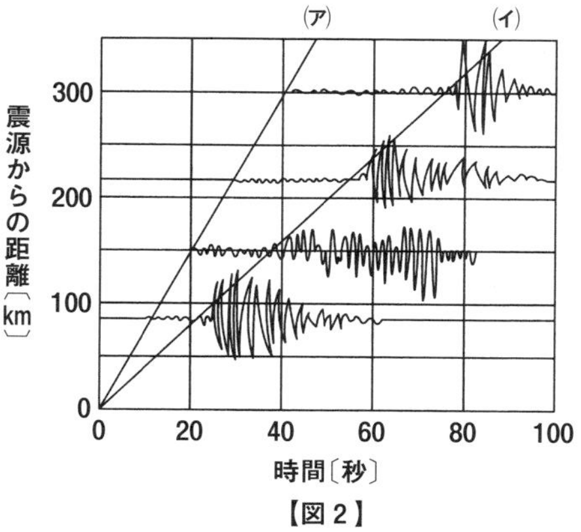

【**図２**】

問５ 【**図２**】のそれぞれの地震観測地点のＰ波とＳ波の到達時間の差を読み取り，震源からの観測地点の距離と，Ｐ波とＳ波の到達時間の差の関係を表すグラフを解答欄にかきなさい。点は●印ではっきりかき，原点を通り，すべての●に重なるか，最も近くを通る直線をフリーハンドでかきなさい。

問６ ある日，東京でＰ波が午前８時15分５秒に，Ｓ波が午前８時15分33秒に記録されました。

問５でかいたグラフから，この地震の震源は東京から約何 km はなれていると考えられますか。次の(ア)〜(エ)から１つ選び，記号で答えなさい。ただし，Ｐ波とＳ波は震源を同時に出発していると考えます。

(ア)　170 km　　(イ)　200 km

(ウ)　250 km　　(エ)　320 km

3　潮の満ち引き(海水面の変化)について，**問１**〜**問６**に答えなさい。

潮の満ち引きには，月の動きが大きく影響《えいきょう》しています。**【図１】**はある日の地球と月の位置を北極上空から見たようすを表し，**【図２】**はその日の東京(晴海)での潮の満ち引きのようすを表しています。

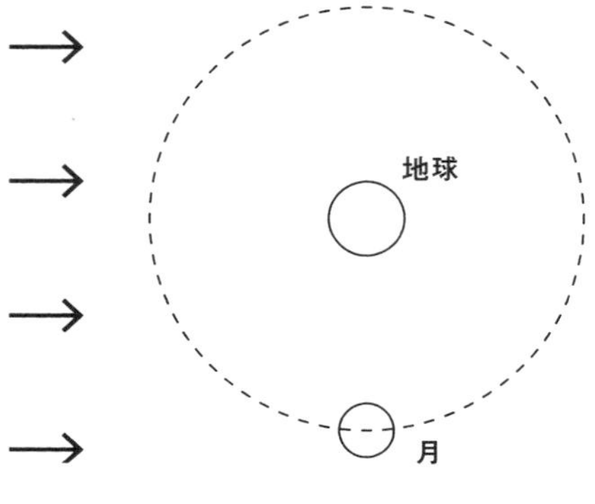

【図１】

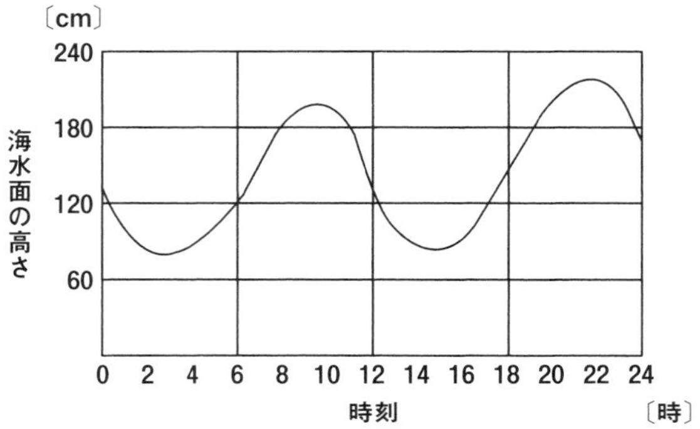

【図２】

問１　この日の月として適切なものを，次の(ア)〜(エ)から１つ選び，記号で答えなさい。

(ア)　満月　　(イ)　下弦《げん》の月

(ウ)　新月　　(エ)　上弦の月

問２　この日に月が南中するのは何時頃になりますか。次の(ア)〜(エ)から１つ選び，記号で答えなさい。

(ア)　午前０時　　(イ)　午前６時　　(ウ)　正午　　(エ)　午後６時

問３　地球の海水面は月から力を受けるので，月が南中した(その地点の海水面が月に最も近づいた)ときに，その地点の潮位(海水面の高さ)は満潮になると思われますが，実際には満潮の時刻は，月が南中する時刻から数時間遅《おく》れることが知られています。**【図２】**から読み取れる満潮時間の遅れは何時間ですか。次の(ア)〜(エ)から１つ選び，記号で答えなさい。

(ア)　２時間　　(イ)　４時間　　(ウ)　６時間　　(エ)　８時間

問４　**【図２】**から考えて，地球の表面の海水の状態を最も適切に表した図はどれですか。次の(ア)〜(エ)から１つ選び，記号で答えなさい。

(ア)

(イ)

(ウ)

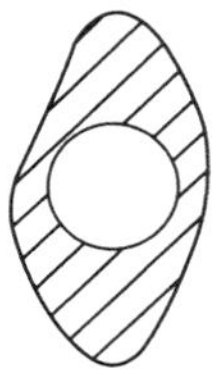

(エ)

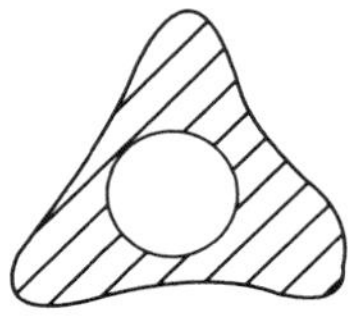

問５　月はいつも地球に同じ面を向けるように自転していることが知られています。これは月が地球の周りを公転する周期と月の自転周期が等しいからです。もし，月に海があったとした場合，月の潮位の１日の変化は地球の潮位の変化と比べて，どのような違いがあるか簡単に説明しなさい。

問６　潮の満ち引きと関係がある自然現象を，次の**(ア)**～**(エ)**から２つ選び，記号で答えなさい。

(ア)　ウミガメのふ化　　**(イ)**　黒潮のだ行

(ウ)　サンゴの産卵　　**(エ)**　エルニーニョ現象

4　次の文章を読んで，水へのもののとけ方や水溶《よう》液の性質について，**問１**～**問４**に答えなさい。計算問題で答えが割り切れない場合は，小数第２位を四捨五入して小数第１位まで答えなさい。

Ａさん，Ｂさん，Ｃさんは固体**(X)**を，Ｄさん，Ｅさん，Ｆさんは固体**(Y)**を先生からもらいました。６人は20℃・40℃・60℃のいずれかの温度の水への**(X)**と**(Y)**のとけ方を調べ，次のように話しています。用いたビーカーの重さは300ｇです。

Ａさん：20℃の水にとける**(X)**の限度の量を調べたら，とかした水の重さの35.9％だったわ。

Ｂさん：40℃の水200ｇにとける**(X)**の限度の量を調べたら，20℃の水200ｇにとける**(X)**の量より1.0ｇ多かったわ。

Ｃさん：60℃の水500ｇにとける**(X)**の限度の量を調べたら，40℃の水500ｇにとける**(X)**の量より3.0ｇ多かったわ。

Ｄさん：20℃の水100ｇに**(Y)**を少しずつとかしていったけれど，途《と》中でたくさん**(Y)**を入れてしまい，とけきらなくなってしまったの。そこで水を足していって，**(Y)**をとかしたら，ちょうどとけきるまでに，最初にあった量の２倍の水を足したわ。できた水溶液をビーカーごとはかったら，634.5ｇで，水溶液の温度は20℃だったわ。

Ｅさん：水を沸騰《ふっとう》させて冷ましたあと，目的の温度になったところで，**(Y)**がとける限度の量を調べたら115ｇで，そのときの水溶液のみの重さは315.0ｇだったよ。

Ｆさん：熱湯20ｇにその1.5倍の水を加えて，目的の温度の水をつくって，**(Y)**を少しずつとかしたよ。**(Y)**がとける限度の量になったときの，水溶液のみの重さは62.0ｇだったよ。

問１　**【表】**は，水100ｇにとける**(X)**と**(Y)**の量が水の温度によってどのように変わるかをまとめたものです。Ａさんたちの会話を参考にして，(**あ**)～(**か**)に適切な数字を答えなさい。

【表】

水の温度〔℃〕	0℃	20℃	40℃	60℃
(X)の量〔ｇ〕	35.7	(**あ**)	(**い**)	(**う**)
(Y)の量〔ｇ〕	5.7	(**え**)	(**お**)	(**か**)

問２　次の文章は，水溶液についてかかれています。

(X)，**(Y)**のように，決まった量の水にとける固体の量は決まっていて，固体の種類によって違います。水の量が多くなると，水にとける固体の量は(①)なります。また，水の温度が高くなると，一般的に水にとける固体の量は(②)なります。水溶液には，気体が水にとけたものもあります。例えば，塩酸や炭酸水です。塩酸は(③)が，炭酸水は(④)が水にとけています。これらの水溶液は，水の温度が高くなると，水にとける気体の量は(⑤)なります。

(1)　文章中の(①)～(⑤)にあてはまる語句を，それぞれ答えなさい。なお，同じ語句を何度使ってもかまいません。

(2)　文章中の下線のようになると考えた理由を，身近な例を用いて説明しなさい。

問３　(X)と(Y)が食塩かミョウバンのいずれかであるとすると，食塩はどちらですか。記号で答えなさい。

問４　**問３**のように考えたのはなぜですか。「温度」と「水にとける限度量」という言葉を使って答えなさい。

5　百合子さんと桜さんの会話を読んで，**問１～問６**に答えなさい。

百合子：今日はいい天気だね。きっと学校の花だんの植物も光合成を盛んに行っているね。

桜　：そうだね。光合成で植物がつくった養分はどうなるんだっけ？

百合子：(　①　)を通って運ばれるんだよ。(　①　)は，葉の維管束《いかんそく》では(②：表／うら)側にみられるよ。運ばれたあとは，成長に使われるほかに，例えばジャガイモにはでんぷんの形でたくわえられているよね。

桜　：そうだった。ジャガイモって食べる部分は(③：花／葉／くき／根／果実)なんだよね。

百合子：私，昨日のお昼ご飯に肉じゃがを食べたよ。今ごろ体の中で消化されているのかな？

桜　：ジャガイモにふくまれるでんぷんは，まず(　④　)という消化液によって麦芽糖に分解されて，お肉のタンパク質は a強い酸性の胃液で分解されたあと，小腸で(　⑤　)になって吸収されるんだよね。b脂肪《しぼう》は別の消化液で消化されるよ。百合子ちゃんが食べた肉じゃがはもう c体に吸収されたあとかもね。

百合子：吸収された栄養分は d血液によって運ばれるんだよね。

桜　：私，そもそも血液についてよく知らないな。図書館に行って調べてみようか。

問１　文章中の(①)～(⑤)にあてはまる語句を答えなさい。ただし，(②)，(③)は最も適切なものを選んで答えなさい。

問２　下線部**a**について，胃液がこのような性質をもつことには，どのような利点がありますか。簡単に説明しなさい。

問３　下線部**b**について，脂肪の消化に関係する消化液を２つ答えなさい。また，それぞれがつくられる場所を**【図１】**の**A～H**から選び，記号で答えなさい。

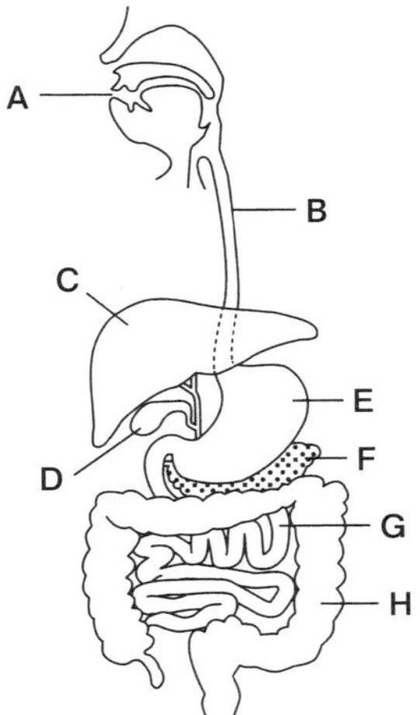

【図１】

問４　下線部**c**について，小腸のかべには多くのひだとじゅう毛があります。これは栄養分の吸収にどのような役割を果たしていますか。簡単に説明しなさい。

問５　下線部**d**について，**【図２】**は血液の流れる道すじを表したものです。

(1)　血液の流れる向きは(X)，(Y)のどちらですか。

(2)　酸素を多くふくむ血液が流れている血管はどれですか。**A～D**からあてはまるものをすべて選び，記号で答えなさい。

(3)　食後に養分を最も多くふくむ血管はどれですか。(ア)～(ク)から選び，記号で答えなさい。

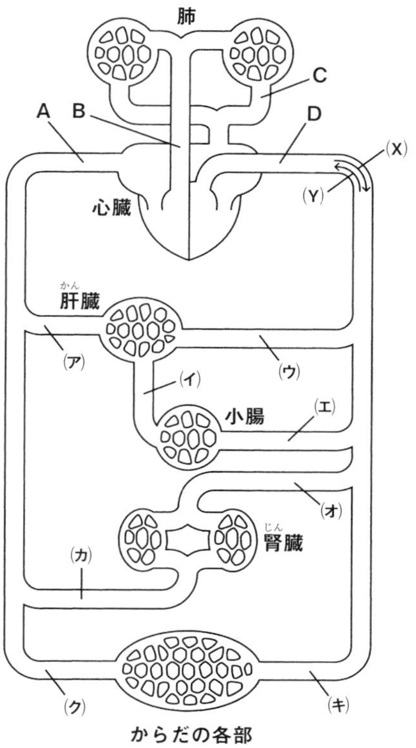

【図２】

百合子さんと桜さんは図書館に行き，血液について調べました。すると，赤血球と血しょうにふくまれる成分には４つのタイプがあり，これにより，**【表１】**のようなABO式血液型が決まることがわかりました。

【表１】

血液型	A型	B型	AB型	O型
赤血球表面の形	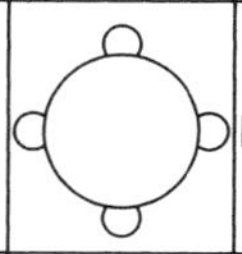	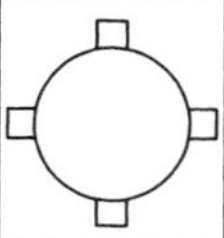		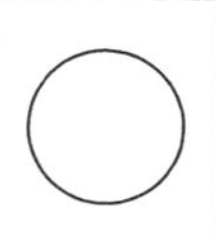
血しょう中の成分	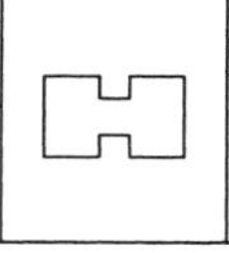	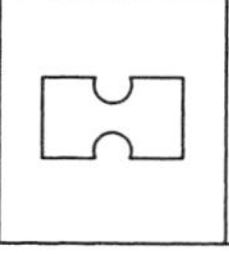	なし	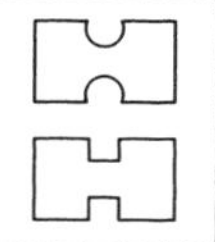

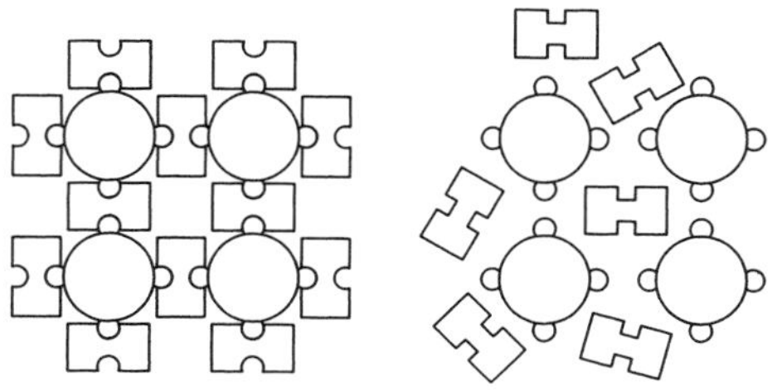

【図３】

桜　：赤血球表面の形と，血しょう中の成分の形がぴったり合うと，血液が固まってしまうけれど，形が合わなければ固まらないんだね(**【図３】**)。

百合子：つまり，A型の人の赤血球と，A型，または，AB型の人の血しょうを混ぜても血液は固まらないけれど，A型の人の赤血球と，B型，または，O型の人の血しょうを混ぜると固まってしまうということだね。だから，輸《ゆ》血は同じ血液型の人からもらった方がいいんだね。

問６　血液型の異なる４人(①～④)の赤血球と血しょうを混ぜた結果を**【表２】**に示しました。＋は血液が固まったことを，－は固まらなかったことを表しています。

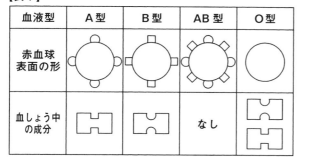

【表２】

		赤血球			
		①	②	③	④
血しょう	①	−	＋	＋	＋
	②	−	−	＋	（ア）
	③	−	−	−	−
	④	−	＋	＋	−

(1)　①の人の血液型は何ですか。

(2)　**【表２】**の(**ア**)には＋，－のどちらが入りますか。

分を情けなく思う気持ち。

ウ　母の言う通り、自分が一家をおちぶれさせた原因を作ったことに対して申し訳なく思う気持ち。

エ　子どもたちの気持ちに寄りそわない母に、自分が何を言ってもむだだとあきらめる気持ち。

オ　恭一や俊三が母に対してなかなか自分の意見を言えないでいることをじれったく思う気持ち。

問四　――線③「恭一は、考えぶかそうに次郎を見ているだけだった。」とありますが、この時の恭一の気持ちとして最も適切なものを、次の**ア**～**オ**の中から選び、記号で答えなさい。

ア　次郎に対する俊三の遠慮《りょ》のない発言を、いまいましく思っている。

イ　祖母や父からしいたげられている次郎に同情している。

ウ　もう次郎と一緒に祖母の家に住めなくなるのを悲しんでいる。

エ　兄として次郎にどうしてやればよいのか思いなやんでいる。

オ　次郎が去って、祖母の家に俊三と二人で残されるのを不安に思っている。

問五　――線④「精いっぱいの芸当」とありますが、恭一がこのような行動をとったのはなぜですか。「芸当」の内容を具体的に示しながら、六十字以内で説明しなさい。

問六　――線⑤「決して不幸ではなかった」とありますが、それはなぜですか。理由を八十字以内で説明しなさい。

お祖母さんのまえにすわって、
「さようなら、お祖母さん。」
と、ていねいにお辞儀《ぎ》をした。そして、脇腹に次《し》第にあたたまって行く万年筆の感触《しょく》を味わいながら、元気よくカバンを肩《かた》にかけた。
　本田の家を出てからの次郎の気持ちは⑤決して不幸ではなかった。俊亮は、自転車に壜詰めを結えつけて、それを押しながら家を出たが、町はずれまで来ると、次郎をいっしょにのせてペダルをふんだ。風は寒かったし、からだも窮屈《きゅうくつ》だったが、次郎は、父のマントをとおして、ふっくらした肉のぬくもりを感ずることができた。

（下村湖人『次郎物語』）

【注】
1 一尺…約三十センチメートル。
2 上がり框…玄関の上がり口（段差）につけられた踏《ふ》み板のこと。
3 白木のままの母の位牌…「位牌」は、亡くなった人の名前等を書いて、仏壇にまつる木の札のこと。「白木のまま」とは、位牌が仮の状態であるということ。
4 厨子…ここでは、先祖の位牌をまとめて入れてある箱形の仏具のこと。
5 お浜…乳母《うば》として次郎のことを育ててくれた女性。
6 とん狂…突然、その場にそぐわない調子はずれの言動をすること。
7 渋面…不愉快そうな顔つき。しかめっ面《つら》。

問一 〰〰線**A**「居ずまいを正し」、**B**「生返事」について、本文での意味として最も適切なものを、それぞれ**ア**～**エ**の中から選び、記号で答えなさい。

A 居ずまいを正し
ア 姿勢をまっすぐに直し
イ 居心地《いごこち》の悪さを振《ふ》り切り
ウ いすを正しい位置にもどし
エ 怒《いか》りの気持ちをおさえ

B 生返事
ア はっきりとした返事
イ 考えぶかそうな返事
ウ あいまいな返事
エ 相手を否定するような返事

問二 ――線①「店の品じゃおかしくはないかい。それに重たいだろうにね。」とありますが、これは、誰の、どのような意図を持った言葉ですか。最も適切なものを、次の**ア**～**オ**の中から選び、記号で答えなさい。
ア 祖母の、店の品をみやげに持って帰らせたら、次郎が正木家で笑いものになるのではないかと心配する言葉。
イ 俊亮の、次郎がみやげとして重たい壜詰めをたくさん持って帰らなければならないことを気づかう言葉。
ウ 祖母の、本当は次郎に数少ない店の品物をみやげとして持たせたくない、という思いをごまかす言葉。
エ 俊亮の、本当は次郎にみやげを持って帰らせたくないと思っている祖母に対する当てつけの言葉。
オ 祖母の、次郎にもっと品質のよいものをみやげとして持たせてやりたいという愛情のこもった言葉。

問三 ――線②「さすがにたまらない気持ち」とありますが、この時の俊亮の気持ちとして適切でないものを、次の**ア**～**オ**の中から一つ選び、記号で答えなさい。
ア 恭一の子どもらしく純粋《すい》な優しさが母に聞き入れられないことをかわいそうに思う気持ち。
イ 母が次郎に対して冷淡《たん》な扱《あつか》いをしているのを止められない自

がら、

「じゃあ、恭一、万年筆はせっかくお祖母さんに買っていただいたんだから、大事にしとくんだ。」

それから、お祖母さんのほうを見、少し気まずそうに、

「お母さん、では、行ってまいります。」

お祖母さんは、まだ袖を眼に押《お》しあてたまま、返事をしなかった。

「次郎ちゃん、今度はいつ来る？」

俊三は、重たそうに壜詰めをさげて部屋にはいって来た次郎を見ると、すぐ立って行ってたずねた。③恭一は、考えぶかそうに次郎を見ているだけだった。

「うむ――」

と、次郎はB生《なま》返事をしながら、壜詰めを【注2】上がり框《がまち》におくと、いそいで仏間のほうに行った。仏間には田舎《いなか》にいたころのぴかぴかする仏壇《だん》がそのまますえてあり、その中に、まだ【注3】白木《しらき》のままの母の位牌《いはい》が、黒塗《ぬ》りの小さな寄せ位牌の【注4】厨子《ずし》とならんで、さびしく立っていた。次郎はその前にすわると、眼をつぶって合掌《がっしょう》した。観音《かんのん》さまに似た母の顔が、すぐ浮《う》かんで来た。【注5】お浜《はま》のあたたかい、そして励《はげ》ますような眼が、それに重なって、浮いたり消えたりした。彼は悲しかった。つぶった眼から急に涙があふれて、頬を伝い、唇《くちびる》をぬらした。彼は、なんとなしに、この家の仏壇を拝むのもこれでおしまいだ、という気がしてならなかったのである。

「次郎ちゃん、父さん待ってるよっ。」

俊三が仏間にはいって来ていった。

次郎はあわてて涙をふいた。そして俊三といっしょに茶の間のほうに行きかけると、恭一が、足音を忍《しの》ばせるようにして、二階からおりて来た。彼は、俊三のほうに気をくばりながら、

「次郎ちゃん、ちょっと。」

と呼びとめた。

次郎が近づいて行くと、恭一は、梯子《はしご》段をおりたところで、自分のからだをぴったりと次郎のからだにこすりつけて、ふところにしていた右手を、すばやく次郎の左袖に突っこんだ。

次郎は、脇《わき》の下を小さなまるいものでつっつかれたようなくすぐったさを覚えた。彼はそれが万年筆であるということを、すぐさとった。そしてうれしいとも、きまりがわるいとも、こわいともつかぬ、妙《みょう》な感じに襲《おそ》われた。

「何してるの。」

と俊三がよって来た。

「くすぐってやったんだい。だけど、次郎ちゃんは笑わないよ。」

恭一はやっとそうごまかした。そして、顔をあからめながら、変な笑い方をしていた。これは、しかし、恭一にしては④精いっぱいの芸当だった。

俊三は笑わない次郎の顔を、心配そうにのぞいて、

「怒《おこ》ってんの、次郎ちゃん。」

次郎はますますうろたえた。が、こうした場合の彼のすばしこさは、まだ決して失われてはいなかった。彼は、恭一のほうにちょっと笑顔を見せたあと、いきなり俊三の脇腹をくすぐった。俊三は【注6】とん狂《きょう》な声をたてて飛びのいた。同時に恭一と次郎が、きゃあきゃあ笑いだした。

「何を次郎はぐずぐずしているのだえ。感心に仏様にごあいさつをしているのかと思うと、そんなところで、ふざけたりしていてさ。行くなら、さっさとおいで。」

お祖母さんの声が、するどく茶の間からきこえた。俊三は、口を両手にあてて【注7】渋面《じゅうめん》をつくった。恭一は心配そうに次郎の顔を見た。次郎は、しかし、ほとんど無表情な顔をして、茶の間に出て行き、

「ううん、色鉛《えん》筆で間にあわせるよ。」

「でも、次郎は万年筆なんかまだいらないだろう。」

「いらんかなあ。でも、次郎ちゃん、ほしそうだったけど。」

「あれは、何でも見さえすりゃ、ほしがるんだよ。ほしがったからって、いちいちやっていたら、きりがないじゃないかね。」

お祖母さんは、恭一に言っているというよりも、むしろ俊亮に言っているようなふうだった。

恭一は黙って俊亮の顔を見た。俊亮は、巻煙草の吸いがらを火鉢に突《つ》っこみながら、

「お前は、次郎にやってもいいんだね。」

「ええ……」

と、恭一は、ちょっとお祖母さんの顔をうかがって、あいまいに答えた。

「じゃあ、やったらいい。お前のは、また父さんが買ってあげるよ。」

お祖母さんは、ひきつけるように頰《ほお》をふるわせた。そして、急にA居ずまいを正しながら、

「俊亮や、お前は、あたしが次郎にやりたくないから、こんなことを言うとでもお思いなのかい。あたしはね、どの子にだって、いらないものを持たせるのは、よくないと思うのだよ。それに……」

俊亮は顔をしかめながら、

「ええ、もうわかっています。お母さんのおっしゃることはよくわかっています。しかし、私は、恭一のやさしい気持ちも買ってやりたいと思ったんです。次郎の身になったら、それがどんなにうれしいでしょう。兄弟《きょうだい》の仲がそうして美しくなれたら、万年筆一本ぐらい、いるとかいらないとか、やかましく言う必要もないじゃありませんか。」

お祖母さんは、恭一のやさしい気持ちを買ってやりたい、と言った俊亮の言葉には刃《は》向かえなかった。しかし、そのあとがいけなかった。次郎を喜ばせることは、お祖母さんにとっては、むしろ不愉《ゆ》快の種だったし、万年筆一本ぐらいどうでもいいようなふうに言われたのには、何としてもがまんがならなかった。

「ねえ俊亮や――」

とお祖母さんは声をふるわせながら、

「ほしがるものなら何でもやるがいい、と、お前がお考えなら、あたしはもう何も言いますまいよ。だけど、子供たちのさきざきのためを思ったら、ちっとは不自由な目を見せておかないとね。……何よりの証拠《こ》がお前じゃないのかい。一人息子《むすこ》で、あまやかされて育ったばかりに、お前も今のような始末になったんだと、あたしは思うのだよ。そりゃあ、悪かったのはあたしさ。あたしの育てようが悪かったればこそ、ご先祖からの田畑を売りはらって、こんな身すぼらしい商売を始めるようなことにもなったんだろうさ。だから、あたしは、罪ほろぼしに、孫たちだけでもしっかりさせたいと思うのだよ。それがあたしの仏様への……」

お祖母さんは、袖《そで》を眼《め》にあてて泣きだした。俊亮は、恭一と俊三とが、まん前にきちんとすわって、いかにも心配そうに自分を見つめているのに気がつくと、②さすがにたまらない気持ちになったが、あきらめたように大きく吐息《といき》をして、店のほうへ眼をそらした。

その瞬《しゅん》間、彼は、はっとした。【注1】一尺《しゃく》ほど開いたままになっていた襖《ふすま》のかげから、次郎の眼が、そっとこちらをのぞいていたのである。次郎の眼はすぐ襖のかげにかくれたが、たしかに涙《なみだ》のたまっている眼だった。

「次郎！」

俊亮は、ほとんど反射的に次郎を呼び、

「さあ、行くぞ。」

と、わざとらしく元気に立ちあがった。そしてマントをひっかけな

(2)「豊かさのなかの不安」とは、どのようなことですか。七十字以内で説明しなさい。

問七 ――線a～eのカタカナを漢字に直しなさい。

二 次の文章を読んで、後の問いに答えなさい。

恭一《きょういち》・次郎《じろう》・俊三《しゅんぞう》は三人兄弟《きょうだい》である。父の俊亮《しゅんすけ》のために一家は没《ぼつ》落し、よその地に引っ越《こ》していたが、兄弟のうち次郎だけが母のお民《たみ》の実家（正木《まさき》家）に身を寄せていた。次の文章は、休暇《か》中に父の実家（本田家）に遊びに来ていた次郎が、再び母の実家へ帰る直前の場面である。

「お祖母《ばあ》さん、次郎《じろう》ちゃんはもう帰るんだってさあ、まだ休みが二日もあるのに。」

俊三《しゅんぞう》が訴《うった》えるように言った。

お祖母さんは、しかし、それには答えないで、次郎のにこにこしている顔を、憎《にく》らしそうに見ながら、

「お前は正木《まさき》へ行くのが、そんなにうれしいのかえ。」

次郎の笑顔《えがお》は、すぐ消えた。彼《かれ》は黙《だま》って次の間から出て来た父の顔を見上げた。

「何か、おみやげになるものはありませんかね。」

俊亮《しゅんすけ》は、その場の様子に気がついていないかのように、お祖母さんに言った。

「何もありませんよ。」

と、お祖母さんは、きわめてそっけない。

「じゃあ、次郎、店に行って、壜《びん》詰《づ》めを三本ほど結《ゆわ》えてもらっておいで。」

次郎はすぐ店に走って行った。

「①店の品じゃおかしくはないかい。それに重たいだろうにね。」

お祖母さんは、店の壜詰め棚《だな》が、このごろ寂《さび》しくなっているのをよく知っていたのである。

「なあに――」

と、俊亮はいったん火鉢《ばち》のはたにすわって、ひろげたままになっていた手紙を巻きおさめながら、

「何か、次郎にやるものはありませんかね。」

「次郎に？　ありませんよ。」

「食べものでもいいんです。……もしあったら、お祖母さんからやっていただくといいんですが……」

お祖母さんは、じろりと上眼《うわめ》で俊亮を見た。それから、つとめて何でもないような調子で言った。

「飴《あめ》だと少しは残っていたかもしれないがね。でも、珍《めずら》しくもないだろうよ。毎日次郎にもやっていたんだから。」

俊亮は、もう何も言わなかった。そして、巻煙草《まきたばこ》に火をつけて、吸うともなく吸いはじめた。すると、その時まで黙っていた恭一《きょういち》が、お祖母さんのほうを見ながら、用心ぶかそうに、

「僕《ぼく》、次郎ちゃんに、こないだの万年筆やろうかな。」

「歳暮《くれ》に買ってあげたのをかい。」

と、お祖母さんは、とんでもないという顔をした。

「ええ。」

「お前、どうしてもいると言ったから、買ってあげたばかりじゃないかね。」

「僕、赤インキをいれるつもりだったんだけれど、黒いのだけあればいいや。」

「また、すぐ買いたくなるんじゃないのかい。」

（内山　節《たかし》『内山節著作集14』一部改）

【注】
1　三種の神器…家庭生活でそろえておくと便利な三種の品物のたとえ。
2　合理的…むだを省いて能率よく物事を行うさま。
3　動員…ある目的のためにものを集めること。
4　イデオロギー…歴史的・社会的に形成されるものの考え方。
5　観念…物事に対する考え。
6　一掃…すっかり払《はら》い除くこと。
7　資本投資…資金を事業などにつぎ込《こ》むこと。
8　雇用…やとうこと。
9　若干…少し。

問一　――線①「この変化」とありますが、それはどのような変化ですか。次の**ア**～**オ**の中から最も適切なものを選び、記号で答えなさい。

ア　地域での付き合いのために気が向かなくてもする買い物から、情報をもとにして欲《ほ》しいものを積極的に購入する買い物に変化したこと。
イ　少し高くて品質のよい物を選ぶ買い物から、同じ物なら一円でも安く買おうとする買い物に変化したこと。
ウ　地域の店とのつながりを大切にする買い物から、情報を比較《かく》して値段の安さを重視する買い物に変化したこと。
エ　何も考えずに家の近くでする買い物から、一番安い店を調べて遠くてもわざわざ出かけて行く買い物に変化したこと。
オ　近所の小さな商店に毎日のように行く買い物から、遠くのスーパーマーケットでたくさん買いだめをする買い物に変化したこと。

問二　――線②「広い意味のものがある」とありますが、それはどのような広告ですか。次の**ア**～**オ**の中から最も適切なものを選び、記号で答えなさい。

ア　店に置いてある商品だけを紹介《しょうかい》するのではなく、店にはないたくさんの種類の商品を紹介する広告。
イ　商品自体を紹介するのではなく、その商品の購入によってよりよい生活が送れるようになることを伝える広告。
ウ　説明がわかりやすく、幼い子どもから高齢《れい》者まで幅《はば》広い年代に商品の魅《み》力を伝えることができる広告。
エ　その商品を探している人だけでなく、あまり必要としていない人にもそのよさを伝えることができる広告。
オ　チラシだけでなく雑誌や映画などさまざまなものを使って、広い地域の人々に商品の品質や値段を伝える広告。

問三　本文中の【　】にあてはまる最も適切な言葉を次の**ア**～**オ**の中から選び、記号で答えなさい。

ア　生活　**イ**　効率　**ウ**　自由　**エ**　進歩　**オ**　人生

問四　本文中の［Ⅰ］・［Ⅱ］にあてはまる言葉を、次の**ア**～**オ**の中からそれぞれ一つずつ選び、記号で答えなさい。

ア　だから　**イ**　なぜなら　**ウ**　たとえば
エ　また　**オ**　だが

問五　――線③「本当の楽しさ」とありますが、たとえば「旅の準備」の「楽しさ」とはどのようなことですか。本文の内容にそって、具体的に五十字以内で答えなさい。

問六　〰〰線「豊かさのなかの不安」について、次の(**1**)・(**2**)の問いに答えなさい。

(**1**)　「豊かさのなかの不安」は、何によってもたらされたのですか。最も適切な言葉を、本文中から四字で抜《ぬ》き出して答えなさい。

なくなっていた。海外に行くときも最近では、ｃコウクウケンもホテルもインターネット予約で、旅行会社のｄマドグチに行くこともなくなった。

このことによって、旅は確かに気軽なものになっている。［Ⅰ］楽しくはなっていない。以前の旅には旅をつくっていく楽しさがあったが、いまでは商品を購入し使い捨てるように、旅を消費している。それがわかっているのにこのような旅のスタイルをとるのは、旅を準備する時間的、精神的な余裕《ゆう》がなくなっているからである。私たちが陥《おちい》っているある種の貧しさが、効率のよい旅の準備を求めさせ、旅をも消費のｅタイショウに変えてしまったと言えるのかもしれない。

インターネットの普及《ふきゅう》という文明の進歩は、旅の変化をみるかぎり、消費的世界の拡大のほうで機能してしまったのである。

現代文明は、たえず同じような現象を生みだしてきた。たとえば一九五〇年代の後半に入ると、日本の企《き》業は、いっせいに技術革新を開始している。戦前から引き継《つ》がれた古い生産方法を【注6】一掃《そう》し、新しい技術を導入した工場がこの頃から動きだす。

そのことによって、日本の製造業の生産効率は飛躍《やく》的に高まった。生産の増加が企業の利益を拡大し、その利益が人々の賃金を上昇《しょう》させるとともに【注7】資本投資をもふやし、それがまた生産を拡大していく。市場《しじょう》経済の発展のうえでは、この上ない好循環《じゅんかん》が成立したのである。

そして、それもまた進歩という観念と結びついていた。歴史の発展、経済や社会の進歩、そういった観念につき動かされながら、人々は技術革新や高度成長を実現させていった。

だがその開始から半世紀が過ぎたいまでは、私たちは別の領域にも視野をひろげなければならなくなっている。なぜなら、この過程をへて、私たちの労働が使い捨てられる商品のようになってしまったからである。終身【注8】雇《こ》用、安定雇用といった言葉は、現在では一部の部門でしか通用しなくなった。そして、いつでも解雇できるアルバイト、パートタイマーばかりがふえ、フリーター人口は二百万人を超えている。正社員として雇用されても、いつリストラのタイショウにされるかわからない。

人間の労働が、企業の発展のための消費材にすぎなくなってしまったのである。

それを可能にした大きな基盤《ばん》のひとつが、技術革新の結果生まれた単純《じゅん》労働のひろがりにあったことは間違いない。技術革新は、専門的な仕事の遂《すい》行能力を不必要にした。以前なら、どんな仕事でも一人前にこなせるようになるには、少なくとも数年の経験と相応の技術の修得が必要だったものが、いまでは【注9】若干《じゃっかん》のマニュアルを覚えればできるように変わっている。そのことが、不要になれば労働力を使い捨て、必要になれば補充《じゅう》するだけですむと考えるような企業を大量につくりだした。歴史の進歩であったはずの技術革新は、確かに企業を大きくし、市場経済を拡大した。その結果、私たちも、多くのものを消費し、子どもには膨《ぼう》大な教育費を投じ、気軽に海外旅行をするようになっている。だがその裏側では、自分自身の労働が消耗《もう》品、消費材のようになっていくという事態も進行していた。それが今日の「豊かさのなかの不安」、あるいは「豊かさのなかの安定感のなさ」を生みだす。

技術革新もまた現代文明の発展のひとつであるとするなら、この文明の発展は、人間が追いつめられながら多くのものを消費しつづける、という現実をつくったのである。［Ⅱ］消費はうさばらしにはなっても、そこに③本当の楽しさを感じることはない。現在の私たちは、このような時代としての「消費の時代」を問い直さなければならなくなっている。

2024年度 白百合学園中学校

【国　語】〈四〇分〉〈満点：一〇〇点〉

※字数制限がある問題は、「、」や「。」、カギカッコもすべて一字と数えます。

一　次の文章を読んで、後の問いに答えなさい。

日本で消費という言葉が肯定《こう》的な響《ひび》きを伴《ともな》って使われるようになったのは、一九六〇年頃《ころ》のことではなかったかと思う。一九五六年になると日本の経済は、敗戦後の混乱を終息させ、いわゆる戦後の高度成長を実現しはじめる。その変化が人々の生活におよびはじめたのが、一九六〇年前後であった。ちょうど、aレイゾウコ、テレビ、洗濯《たく》機が【注1】三種の神器《じんぎ》といわれた時代で、それらが家庭に入りつつあった。

その頃、スーパーマーケットも生まれている。それまでは商店と客とが、地域のつき合いをとおして買い物をするのが普通《ふ》だった。それがスーパーの登場によって変わった。情報を集め、一円でも安い物を買う、それが「賢《かしこ》い消費者」だと言われるようになった。このような買い物の仕方を、人間関係にしばられない【注2】合理的な買い物と呼んだのである。

①この変化とともに、「広告」が大きな役割をはたしていくようになる。広告は人々に、さまざまな商品が存在することを教えただけではなかった。その商品を購《こう》入することによって「より進んだ生活」が手に入ることを私たちに告げたのである。洗濯機を購入することによって女性が洗濯から解放され、その結果手にした自由な時間を有効に使うとき、進歩した女性の人生があらわれる、というように。だから広告には、狭《せま》い意味での広告と、②広い意味のものがある。狭い意味の広告は、単なる商品のbセンデン広告であるが、広い意味の広告は、雑誌や映画などさまざまなものを【注3】動員しておこなわれる。たとえば、一九六〇年頃にはアメリカのドラマがよくテレビで放映されていたけれど、人々はそれをみることによって、「豊かな生活」とは何かを伝えられたのである。大きな自家用車、豊富な食料、電気製品に囲まれた暮らし、……。

多くのものを消費する多消費型社会は、商品の需《じゅ》要や供給の増加によってのみ生まれたわけではなく、「進歩」という【注4】イデオロギーと結びつくことによって展開した。多消費によって豊かさと自由が得られるというイデオロギーを社会に定着させることによって、である。（中略）

消費の時代とは、単なる消費量がふえていく時代ではなかった。それによって、社会のさまざまな面が変わっていく時代でもあったのである。しかもこの動きは、「進歩」という【注5】観念と結びついて、戦後の日本では展開された。だからこそ私たちは最近にいたるまで、疑うことなく消費を拡大させてきたのではなかったのか。

そして、それゆえに今日の私たちは、多消費型社会への懐《かい》疑とともに、戦後的な【　　】観に対しても疑いをいだいている。

先日、ある旅館に電話で宿泊《はく》の予約を頼《たの》んだ。男の人がでてきて、ちょっとした会話の後に予約が成立した。そのとき、不思議に新鮮《せん》な気がした。なぜなのだろうと考えてみると、電話で会話をしながら予約をしたのが久しぶりだったのである。

一年の間には、私は少なくても五、六十日はホテルや旅館に泊《と》まっている。宿泊日数が百日を超《こ》える年もある。ところがこの数年、ほとんど電話で予約をしていない。いつの間にか、すべてインターネットでの予約に変わり、だから、予約するときに言葉が交《か》わされることも

2024年度

白百合学園中学校　▶解説と解答

算　数　（40分）<満点：100点>

解　答

1 (1) 25％　(2) 4時間30分　(3) 3：4：5　2 (1) 4　(2) 809個　(3) 0　3 (1) 528cm²　(2) 3.51kg　4 (1) $9\frac{1}{12}$cm²　(2) 6秒後，$9\frac{1}{3}$cm²　5 $76\frac{1}{4}$km

解　説

1 仕事算

(1) すべての土砂の量を12と6と9の最小公倍数の36とすると，A，B，Cが1時間に運ぶ量はそれぞれ，36÷12＝3，36÷6＝6，36÷9＝4となる。また，Aが運んだ時間の合計は，1時間15分＋1時間45分＝3時間だから，Aが運んだ量の合計は，3×3＝9とわかる。これは全体の量の，9÷36＝0.25，0.25×100＝25(％)にあたる。

(2) はじめの1時間15分で3台が運んだ量は，(3＋6＋4)×$1\frac{15}{60}$＝$16\frac{1}{4}$，次の45分でBが運んだ量は，6×$\frac{45}{60}$＝$4\frac{1}{2}$，その次の1時間45分でAとCが運んだ量は，(3＋4)×$1\frac{45}{60}$＝$12\frac{1}{4}$なので，これらの合計は，$16\frac{1}{4}$＋$4\frac{1}{2}$＋$12\frac{1}{4}$＝33とわかる。よって，残りの量は，36－33＝3だから，最後にCが運んだ時間は，3÷4＝$\frac{3}{4}$(時間)，60×$\frac{3}{4}$＝45(分)と求められる。したがって，すべての土砂を運び終えるまでにかかった時間は，1時間15分＋45分＋1時間45分＋45分＝4時間30分である。

(3) Bが運んだ時間の合計は，1時間15分＋45分＝2時間なので，Bが運んだ量の合計は，6×2＝12となる。よって，Cが運んだ量の合計は，36－(9＋12)＝15だから，A，B，Cが運んだ量の比は，9：12：15＝3：4：5と求められる。

2 周期算

(1) {2，0，2，4，0}の5個の数字がくり返し並んでいる。これを周期とすると，534÷5＝106余り4より，534番目の数字は周期の中の4番目の数字である4とわかる。

(2) 2024÷5＝404余り4より，2024番目までには404個の周期と4個の数字があることがわかる。0は1つの周期の中に2個あり，余りの4個の中にも1個あるから，0の個数は全部で，2×404＋1＝809(個)と求められる。

(3) 2，0，2，4，0／2，0，2，4，0／2，…のように，{0，2}の並びは1つの周期の中に1回と，周期と周期のつながりの部分に1回ある。よって，211＝106＋105より，211回目までには，＿＿の部分が106回と┈┈の部分が105回あることがわかる。つまり，211回目に{0，2}が並ぶのは106周期目で，106周期目には，2，0，2，4が並んでいる。すると，並んでいる数字は全部で，5×105＋4＝529(個)だから，真ん中の数字ははじめから数えて，(529＋1)÷2＝265(番目)になる。したがって，265÷5＝53より，真ん中の数字は，周期の中の最後の数字である0となる。

3 立体図形—表面積，体積

⑴　真上と真下から見ると1辺3cmの正方形が，$4\times4=16$(個)見えるから，これらの面積の合計は，$3\times3\times16\times2=288$(cm^2)となる。また，側面の4つの方向から見ると，たて2cm，横3cmの長方形が，それぞれ，$1+2+3+4=10$(個)見えるので，これらの面積の合計は，$2\times3\times10\times4=240$(cm^2)とわかる。よって，この立体の表面積は，$288+240=528$(cm^2)である。

⑵　直方体の形をした金属の個数は，上の段から順に，1個，$2\times2=4$(個)，$3\times3=9$(個)，16個だから，全部で，$1+4+9+16=30$(個)である。また，1個の体積は，$3\times3\times2=18$(cm^3)なので，この立体の体積は，$18\times30=540$(cm^3)とわかる。よって，この金属1cm^{3}あたりの重さが6.5gのとき，この立体の重さは，$6.5\times540=3510$(g)，$3510\div1000=3.51$(kg)となる。

4 平面図形—図形の移動，面積

⑴　Aのたての長さは，$1+2+1=4$(cm)である。Bを動かさずにAを左方向に動かして考えると，Aは4.5秒で，$1\times4.5=4.5$(cm)動くから，4.5秒後には右の図1のようになる。図1で，斜《しゃ》線《せん》部分の三角形の底辺は，$4.5-(1+3)=0.5$(cm)である。また，斜線部分の三角形の底辺と高さの比は3：2なので，高さは，$0.5\times\frac{2}{3}=\frac{1}{3}$(cm)となり，斜線部分の面積は，$0.5\times\frac{1}{3}\div2=\frac{1}{12}$(cm^2)と求められる。さらに，Bから切り取った直角三角形の面積は，$3\times2\div2=3$(cm^2)だから，★印の台形の面積は，$3-\frac{1}{12}=2\frac{11}{12}$(cm^2)となる。また，Aの面積は，$4\times3=12$(cm^2)なので，重なっている部分の面積は，$12-2\frac{11}{12}=9\frac{1}{12}$(cm^2)とわかる。

図1

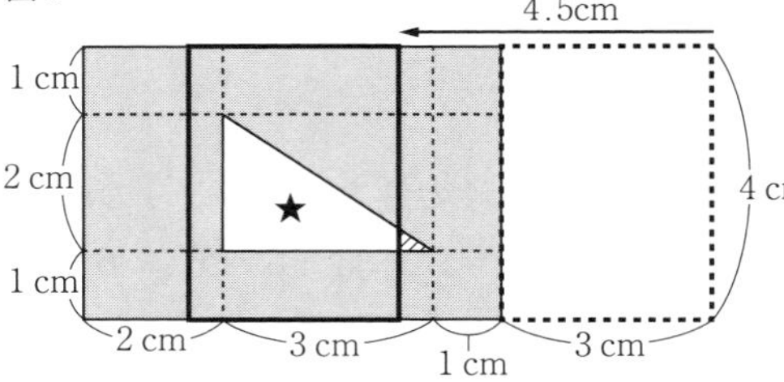

⑵　重なっている部分の面積が最も大きくなるのは，Aが右の図2のように動いたときである。図2で，Aが動いた長さは，$2+3+1=6$(cm)だから，このようになるのは，2つの図形が重なり始めてから，$6\div1=6$(秒後)である。また，斜線部分の三角形の底辺は，$2+3-4=1$(cm)なので，斜線部分の高さは，$1\times\frac{2}{3}=\frac{2}{3}$(cm)となり，斜線部分の面積は，$1\times\frac{2}{3}\div2=\frac{1}{3}$(cm^2)と求められる。よって，☆印の台形の面積は，$3-\frac{1}{3}=2\frac{2}{3}$(cm^2)だから，重なっている部分の面積は，$12-2\frac{2}{3}=9\frac{1}{3}$(cm^2)とわかる。

図2

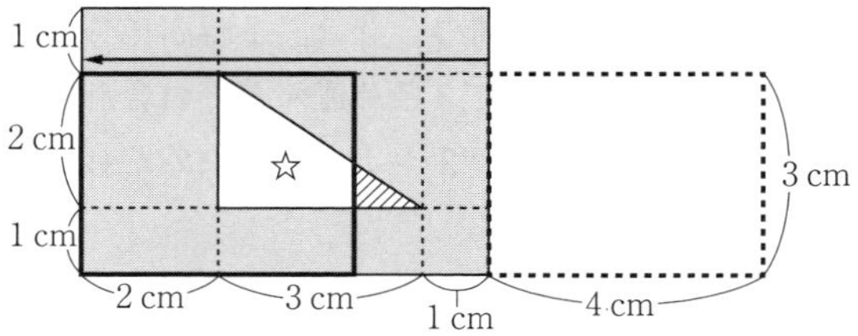

5 速さと比

2人の進行のようすをグラフに表すと，右のようになる。九段さんが最後の5kmを走るとき，時速90kmで走ると，$5\div90=\frac{1}{18}$(時間)，つまり，$60\times\frac{1}{18}=3\frac{1}{3}$(分)

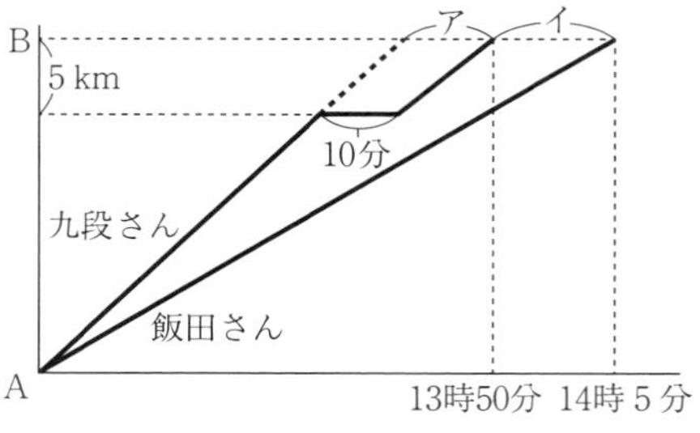

かかり，時速80kmで走ると，$5\div80=\frac{1}{16}$(時間)，つまり，$60\times\frac{1}{16}=3\frac{3}{4}$(分)かかる。したがってその差は，$3\frac{3}{4}-3\frac{1}{3}=\frac{5}{12}$(分)だから，アの時間は，$10+\frac{5}{12}=10\frac{5}{12}$(分)とわかる。また，イの時間は，14時５分－13時50分＝15分なので，アとイの時間の和は，$10\frac{5}{12}+15=25\frac{5}{12}$(分)と求められる。次に，時速90kmと時速60kmの速さの比は，90：60＝３：２だから，九段さんが時速90kmで走り続けたとすると，九段さんと飯田さんがAB間にかかる時間の比は，$\frac{1}{3}:\frac{1}{2}=2:3$となる。この差が$25\frac{5}{12}$分なので，比の１にあたる時間は，$25\frac{5}{12}\div(3-2)=25\frac{5}{12}$(分)となり，飯田さんがAB間にかかった時間は，$25\frac{5}{12}\times3=\frac{305}{4}$(分)と求められる。これは，$\frac{305}{4}\div60=\frac{61}{48}$(時間)だから，AB間の距離《きょり》は，$60\times\frac{61}{48}=\frac{305}{4}=76\frac{1}{4}$(km)とわかる。

社　会　(30分)＜満点：75点＞

解　答

1 **問１** **あ** 飯田橋　**い** 交番　**う** 東京オリンピック　**え** 小石川後楽園　**問２** **A** ア　**B** ウ　**C** エ　**D** イ　**問３** ア　**問４** (例) 神田川の上を首都高速道路(首都高速５号線)が通っている。　**問５** (1) 茨城　(2) ウ，オ　(3) **お** 工業用地　**か** 労働　**き** 利根　**く** 霞ヶ浦　**け** 石油　**こ** 鉄鉱石　**問６** (1) 宮城　(2) イ，エ　**問７** (例) 入口が南側にあると，直射日光で店の古本が傷んでしまうからだね

2 **問１** 岩宿遺跡　**問２** 石包丁　**問３** (1) 富本銭　(2) ア　**問４** (1) 和同開珎　(2) ウ　**問５** (1) (例) 菅原道真の進言で遣唐使が廃止され，中国の文化が入ってこなくなったこと。　(2) 古今和歌集　**問６** 平清盛　**問７** ウ→イ→ア→エ　**問８** エ　**問９** ア　**問10** **う** 佐渡　**え** 石見　**問11** 外様大名　**問12** (例) 参勤交代で多くの藩が街道を行き来するようになり，一行が宿場などで使う少額貨幣が大量に必要だったから。　**問13** イ　**問14** イ　**問15** 西郷隆盛　**問16** エ　**問17** ア→ウ→イ→エ　**問18** サンフランシスコ平和条約　**問19** 岩倉具視　**問20** ア　**問21** 福沢諭吉

3 **問１** **1** 衆議院　**2** 参議院　**3** 防衛　**4** 間接税　**問２** 財務省　**問３** 通常国会　**問４** こども家庭庁　**問５** ① カーボンニュートラル　② **A** 中国　**B** アメリカ　**問６** 地方交付税交付金　**問７** イ

解　説

1 **白百合学園周辺の地形図をもとにした問題**

問１ **あ** 地形図をみると，白百合学園(★)から東に350mくらい進むと丁字路《ていじろ》があり，それを北に向かって道なりに進むと，JRの「飯田橋駅」西口に着く。　**い** 駅近くの交差点には交番(X)があり，その向かい側は「牛込見付《うしごめみつけ》」である。　**う** 1964年，アジアで初めてとなる東京オリンピックが開催された。　**え** 「揚場《あげば》町」から東に進むと，「小石川後楽園」がある。これは会話文にもある通り，江戸時代初めに「徳川御三家」の１つである水戸藩(茨城県)の藩邸《はんてい》内につくられた築山泉水回遊式の日本庭園(大名庭園)で，1629年に完成した。現在，国の特別史跡および特別名勝

に指定されている。

問2　**A**　「交番の向かい側には牛込御門跡がある」といっているので，横断歩道の先に石垣が見える写真アが当てはまる。　**B**　外堀と神田川が合流するところなので，川面が見える写真ウが当てはまる。　**C**　「水道橋駅から御茶ノ水駅に向かう途中に坂がある」といっているので，坂を写した写真エが当てはまる。　**D**　古本屋街なので，書店の看板が見える写真イが当てはまる。

問3　千代田区は北から時計回りに，文京区・台東区・中央区・港区・新宿区の５つと境を接している(ア…○)。

問4　地形図と写真ウから，外堀と神田川の合流地域には，高架の首都高速道路(首都高速５号線)が通っていることがわかる。

問5　(1)　問１の「え」の解説を参照のこと。　(2)　茨城県は近郊農業がさかんで，メロンやはくさい・ピーマンの収穫《しゅうかく》量が全国一である(2022年)。また，県南西部には筑波研究学園都市であるつくば市がある(ウ，オ…○)。なお，アは福島県，イは栃木県，エは群馬県の説明。　(3)　**お，か**　県南東部の鹿嶋《かしま》市にある鹿島港は人工の掘込《ほりこみ》港で，広大な工業用地や豊富な労働力を得やすいことから，鉄鋼・石油化学の鹿島臨海コンビナートが造成された。　**き，く**　また，南部には日本最大の流域面積を誇《ほこ》る利根川が流れ，西部には琵琶湖(滋賀県)に次ぎ日本で２番目に面積が大きい霞《かすみ》ヶ《が》浦《うら》があり，工業用水を得やすい。　**け**　石油化学コンビナートでは，化学薬品や石油化学関連製品が生産されている。　**こ**　鹿島港は原油のほか，鉄鋼業の原料である石炭・鉄鉱石が輸入されているが，貨物量では石炭より鉄鉱石の方が多い。

問6　(1)　伊達《だて》家が治めた仙台藩(宮城県)は，東北地方では石高が最大であった。　(2)　宮城県北西部の大崎市は，伝統的工芸品の「鳴子こけし」の産地として知られる。また，県北東部には岩手県から続く北上川，県南東部には福島県から続く阿武隈《あぶくま》川が流れている(イ，エ…○)。なお，ア，オは秋田県，ウは広島県の説明。宮城県にある「日本三景」は松島。

問7　神保町の古本屋街(約130軒)は，その多くが東西にのびる靖国《やすくに》通りの南側に位置しているので，店の入り口は北側になる。その最大の理由は，直射日光で店の古本が劣化《れっか》するのを防ぐためである。

2　貨幣の歴史を題材にした問題

問1　岩宿遺跡《いせき》(群馬県)は，1946年に相沢忠洋《ただひろ》が発見した旧石器時代の遺跡。相沢は関東ローム層の中から打製石器を発見し，それにより日本にはないとされてきた旧石器時代の存在が明らかとなった。

問2　写真は弥生時代の「石包丁」と呼ばれる石器で，稲の穂《ほ》をつみ取るのに使われた。

問3　(1)　「富本銭」は，７世紀後半，天武天皇のときにつくられた日本最古の貨幣であるが，流通量はかなり限定的であったと考えられている。　(2)　天智天皇の死後，天皇の弟である大海人《おおあまの》皇子と天皇の子である大友皇子が皇位継承《けいしょう》をめぐって争った。壬申《じんしん》の乱(672年)と呼ばれるこの戦いで大海人皇子が勝利し，翌年に即位して天武天皇になった(ア…○)。なお，イの白村《はくすきの》江《え》の戦いは663年，ウの法典(近江令)と戸籍(庚午年籍《こうごねんじゃく》)の作成は天智天皇のとき，エの金銅の大仏と東大寺をつくらせたのは奈良時代の聖武天皇。

問4　(1)　「和同開珎《かいちん》」は，武蔵国秩父郡(埼玉県)から自然銅が献上されたことをきっかけに，708年につくられた貨幣である。その後，平安時代前半までに合わせて12種類の貨幣がつくられた(皇朝十二銭)。　(2)　律令制度の下で，6歳以上の男女に口分田が支給された(ウ…×)。

問5　(1)　平安時代後半，日本の風土や生活にあった国風文化が栄えた。これは894年に菅原道真の進言により遣唐《けんとう》使が廃止され，中国の文化が入ってこなくなったためである。　(2)　『古今和歌集』は，905年に醍醐《だいご》天皇の命により紀貫之《きのつらゆき》らが編さんした初の勅撰《ちょくせん》和歌集で，奈良時代の『万葉集』以後の約1100首が収められている。なお，貫之は『土佐日記』の作者としても知られる。

問6　平清盛は，大輪田泊(現在の神戸港の一部)を修築し，宋(中国)と民間貿易を積極的に行った。

問7　アの正長の土一揆は1428年，イの明《みん》(中国)と国交が開かれたのは1401年，ウの南北朝の争乱は1336～92年，エの慈照寺《じしょうじ》銀閣がつくられたのは1489年のことであるので，時代の古い順にウ→イ→ア→エになる。

問8　「甲州金」は，甲斐《かい》国(山梨県)の戦国大名である武田氏がつくらせた金貨である(エ…○)。なお，アの上杉氏は越後国(新潟県)，イの朝倉氏は越前国(福井県)，ウの島津氏は薩摩《さつま》国(鹿児島県)，オの北条氏(後北条氏)は相模《さがみ》国(神奈川県)の戦国大名。

問9　安土城を根拠地にしたのは織田信長である(ア…×)。

問10　**う，え**　佐渡金山(新潟県)と石見《いわみ》銀山(島根県)は，安土桃山時代に豊臣秀吉，江戸時代には徳川家康が直接支配した。

問11　関ヶ原の戦い(1600年)のあとに徳川氏に従った大名は「外様大名」と呼ばれ，徳川一族の親藩，古くからの家来である譜代大名より信頼度が低いため，江戸から遠い地方に配置された。

問12　江戸幕府の第3代将軍徳川家光は武家諸法度を改定し，大名統制策として参勤交代を制度化した。そのため，大名は江戸と領国の間を1年おきに往復しなければならず，諸藩の大名行列がひんぱんに街道を通るため，宿場などで使う少額貨幣が大量に必要になった。

問13　幕末の欧米諸国との貿易では，金銀の交換比率の違いが問題となった。日本では金銀の交換比率が金1＝銀5であったが，欧米では金1＝銀15であった。金貨1枚と交換できる銀貨の枚数に日本と外国では3倍の違いが出るため，来日した外国人商人は日本で銀貨を金貨に交換し，自国に帰って金貨を銀貨に交換することで大もうけした。そのため，日本国内の金貨が流出し，幕府は質の悪い万延小判をつくるなどして金貨の流出を防いだ(イ…○)。

問14　明治政府は1873年に地租改正を行い，地租として土地所有者に地価の3％を現金で納めさせた。しかし，各地で地租改正反対一揆がおこったため，1877年に政府は地租を2.5％に引き下げた(イ…○)。なお，アの県令の派遣は廃藩置県(1871年)による。ウの内閣制度の創設は1885年のことで，大日本帝国憲法発布(1889年)より前。エの治安維持法の制定(1925年)は大正時代。

問15　西南戦争(1877年)は，鹿児島の不平士族が西郷隆盛をおし立てておこしたもので，約8か月にわたる戦いのすえ政府軍に敗れ，西郷も自殺した。

問16　日清戦争(1894～95年)の講和条約(下関条約)では，日本は清(中国)から多額の賠償《ばいしょう》金や遼《リャオ》東《トン》半島(地図中のエ)と台湾などの領土をゆずり受けたが，三国干渉で遼東半島を清に返還した。なお，地図中のアは樺太《からふと》(サハリン)の南半分，イは沿海州，ウは朝鮮，オは山東半島，カは台湾。

問17　アの柳条湖《りゅうじょうこ》事件(満州事変の始まり)は1931年，イのハワイ真珠湾の米軍基地攻撃(太平洋戦争の始まり)は1941年，ウの日本の国際連盟脱退は1935年(脱退通告は1933年)，エの広島と長崎への原子爆弾投下は1945年のことであるので，年代順はア→ウ→イ→エになる。

問18　戦後，日本は連合国軍の占領下に置かれたが，1951年に連合国48か国とサンフランシスコ平和条約に調印することで，独立を回復することになった。

問19　写真の五百円札の肖像《しょうぞう》は，明治維新で活躍《かつやく》した公家出身の政治家岩倉具視《ともみ》である。

問20　アのベルリンの壁が崩壊《ほうかい》したのは1989年，イの大阪万博が開催《かいさい》されたのは1970年，ウの阪神淡路大震災《しんさい》が発生したのは1995年，エの京都議定書が採択《さいたく》されたのは1997年のことである(ア…○)。

問21　福沢諭吉は豊後《ぶんご》国中津藩(大分県)出身の思想家・教育者で，欧米の民主主義思想を日本に紹介し，『学問のすゝ《(す)》め』などを著した。また，諭吉は慶應義塾の創立者としても知られる。

3 国家予算についての問題

問1　**1，2**　予算案は内閣が作成して国会に提出するが，必ず衆議院から先に審議《しんぎ》することになっている(予算の先議権)。そして，衆議院で可決された後，参議院に送られる。　**3**　令和5年(2023年)度の予算は約114兆4千億円で，その特徴《とくちょう》は前年度に比べて防衛関係費の割合が約1.8倍に増えたことである。国際情勢の変化が予算にも影響《えいきょう》している。　**4**　消費税は商品を買ったりサービスを受けたりしたときにかかる税で，税の負担者と税の納入者が異なる間接税である。

問2　予算原案は財務省が作成し，閣議決定を経て国会に提出される。

問3　毎年1月に開かれる通常国会(常会)の会期は150日間で，予算の審議が中心になる。

問4　2023年4月，内閣府の下でこども家庭庁が発足した。少子化対策や子育て支援，子どもの貧困対策などの仕事を担当している。

問5　①　CO_2(二酸化炭素)などの温室効果ガスの排出量を削減《さくげん》する1つの方法として，排出量と吸収量をつり合わせ，その排出量を「実質ゼロ」におさえるという考え方があり，これを「カーボンニュートラル」という。たとえば，トウモロコシやサトウキビなど植物由来の燃料(バイオエタノール)を燃やすとCO_2を排出するが，その植物が成長する過程でCO_2を吸収するので，排出量は実質ゼロとみなされる。　②　**A**　世界の温室効果ガスの排出量は，中国(中華人民共和国)が世界の総量の約3分の1を占めて最も多い。　**B**　2番目に多いのはアメリカ(アメリカ合衆国)で，排出量はおおむね横ばいで推移している。

問6　地方交付税交付金は，税収の違いによって生じる行政サービスの地域間格差を小さくするため，国が地方公共団体に給付する補助金である。その使いみちは，地方の裁量に任される。

問7　消費税は収入(所得)に関係なく税率が一律なので，収入が少ない人ほど税負担が重くなる。現在の税率は10%であるが，特に食料品については低所得者の負担を軽減するため，8%(軽減税率)となっている(イ…○)。

理　科　(30分)＜満点：75点＞

解　答

図Ⅰ

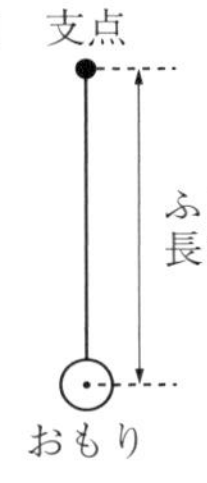

1　**問1**　(1)　右の図Ⅰ　(2)　①　(イ)　②　(エ)　③　(カ)　④　(ケ)　⑤　(キ)　⑥　4　⑦　(サ)，(シ)　⑧　(ス)　**問2**　(1)　①　空気　②　こまく　③　(例)　振動し　④　(例)　聞こえず　⑤　(例)　聞こえる　⑥　細く固い針金　⑦　ゴム　(2)　(例)　ヘルメットどうしを接触させると，空気の振動がヘルメットを通して相手に伝わるので，

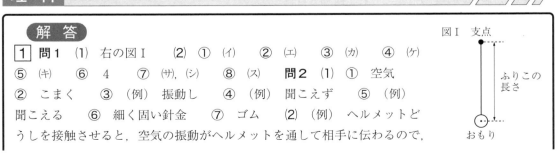

相手に声を伝えることができる。　**問3**　①　ア　②　イ　③　イ　④　ア　⑤　ア　**2**　**問1**　(エ)　**問2**　(イ)　**問3**　(イ), (エ)　**問4**　**記号**…(ア)　**式**…(例)　300÷40　**答え**…秒速7.5km

問5　右の図Ⅱ　**問6**　(ウ)　**3**　**問1**　(エ)　**問2**　(エ)　**問3**　(イ)　**問4**　(ウ)　**問5**　(例)　潮位は変化せず，常に潮位が高いところと低いところができる。　**問6**　(ア), (ウ)　**4**　**問1**　(あ)　35.9　(い)　36.4　(う)　37.0　(え)　11.5　(お)　24.0　(か)　57.5　**問2**　(1)　①　多く　②　多く　③　塩化水素　④　二酸化炭素　⑤　少なく　(2)　(例)　水をあたためると，水にとけきれなくなった空気の泡がでてくるから。　**問3**　(X)　**問4**　(例)　ミョウバンは温度が高くなると水にとける限度量が大きく増えるが，食塩ではほとんど増えないから。

5　**問1**　①　師管　②　うら　③　くき　④　だ液　⑤　アミノ酸　**問2**　(例)　食べ物といっしょに取りこんだ細菌を強い酸性の液で殺すことができる。　**問3**　(消化液，記号の順に)　たん汁，C／すい液，F　**問4**　(例)　小腸のかべの表面積を大きくして栄養分を効率よく吸収する役割。　**問5**　(1)　(X)　(2)　C，D　(3)　(イ)　**問6**　(1)　O型　(2)　＋

図Ⅱ

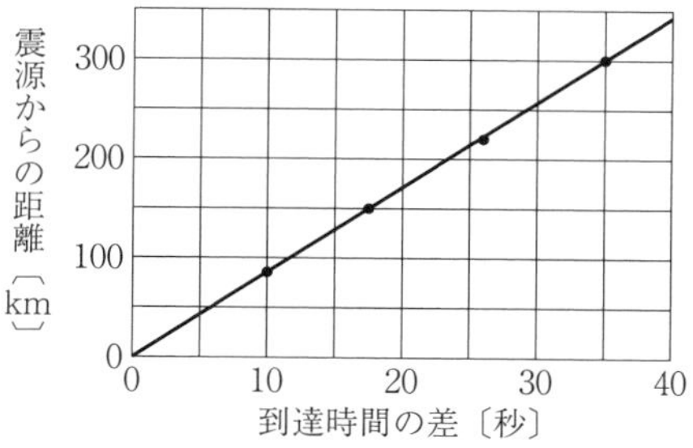

解　説

1　**ふりこ，音についての問題**

問1　(1)　ふりこの長さとは支点からおもりの重心までの長さのことをさす。　(2)　①～④　実験では，わずかな操作のちがいによって誤差が生じる。そのため，可能な場合は複数回実験をして，その結果の平均を求めることで，結果を真の値に近づけることができる。また，片道や１往復する時間を測定すると，測定した時間が短く，実際にかかった時間に対する誤差の割合が大きくなってしまう。そのため，10往復した時間を10で割って１往復の時間を求め，実際にかかった時間に対する測定の誤差を小さくするようにする。　⑤，⑥　表より，ふりこの長さが長いほど往復にかかる時間は長くなることがわかる。また，ふりこの長さが10cmと40cmのときなどを比べると，往復にかかる時間がおよそ２倍になるのは，ふりこの長さが４倍になるときである。　⑦　往復にかかる時間とおもりの重さの関係について知りたいときは，おもりの重さ以外の，ふりこの長さや中心からの角度などの条件をそろえて調べればよい。　⑧　ふりこでは，往復にかかる時間はふりこの長さによって決まり，おもりの重さや中心からの角度を変えても一定である。

問2　(1)　図２のような装置で糸をはじいて出した音は，糸の動き(振動《しんどう》)が空気に伝わり，空気が耳のこまくを動かすことで聞こえる。同様に，糸電話の場合は声の振動がコップに伝わり，糸がその振動を空気に伝える。そのため，たるんだ状態だと糸が振動しにくいので音が聞こえず，ぴんと張った状態だと振動しやすいので音が聞こえる。また，糸電話の糸の材質は，たこ糸などよりも金属のように固く細いものだと振動が伝わりやすく，ゴムのような材質のものだと振動が吸収されてしまい伝わりにくい。　(2)　宇宙空間には音を伝える空気がないので，そのまま声を出しても相手には伝わらない。しかし，ヘルメット(頭)どうしをくっつけた状態で声を出せば，ヘルメットの

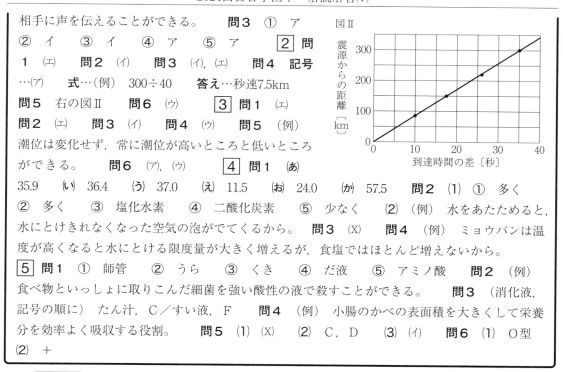

内側の空気の振動が，自分のヘルメットから相手のヘルメットに伝わり，相手に声を伝えることができると考えられる。

問3　図6の電磁ブザーのスイッチを入れると，電磁石に電流が流れて磁石になり，鉄板が電磁石に引き寄せられる。すると，鉄板が接点から離《はな》れるため電磁石に電流が流れなくなり，電磁石が磁石ではなくなる。その後，鉄板は磁石ではなくなった電磁石から離れて再び接点とくっつくので，電磁石に電流が流れるようになる。これをくり返すことで鉄板が振動して，スイッチを入れている間は音を出し続ける。

2 地震《じしん》についての問題

問1　物体に力がはたらかない，もしくは，はたらいた力がつり合っている場合には，静止しているものは静止し続け，動いているものはそのまま同じ速さで同じ向きに動こうとする。これを慣性の法則という。地震が起こると，図1のような地震計では，記録紙やそれを支えている台は地面とともに動くが，おもりは慣性の法則により静止したまま動かないため，記録用紙にゆれが記録される。

問2　地震によって下から上方向につき上げられたとき，おもりは動かないが，記録用紙は上につき上げられる。このとき，記録用紙には下方向にゆれが記録されるので，(イ)のように「上」とかいてある方を下向きに取り付けるのが適当である。

問3　テーブルクロスを勢いよくうまく引っ張ると，テーブルクロス上にある食器類は静止していてテーブルから落ちない。また，だるまおとしで，積み重ねただるまの一つを真横に勢いよくたたきうまく飛ばすと，たたかれただるまだけが抜《ぬ》けて，ほかのだるまは重なったまま下に落ちる。これらは，地震計と同じ慣性の法則を利用したものである。

問4　地震のゆれを伝える波は，P波の方がS波よりも伝わる速さが速いので，P波の到達《とうたつ》時間を表す直線は(ア)，S波の到達時間を表す直線は(イ)とわかる。また，P波が震源から300kmの地点に到達するのに40秒かかるので，その速さは，秒速，300÷40＝7.5(km)と求められる。震源から150kmの地点に到達した時間から，秒速，150÷20＝7.5(km)と求めることもできる。

問5　P波もS波も到達時間は震源からの距離《きょり》に比例しているので，P波とS波の到達時間の差も震源からの距離に比例する。図2から，P波とS波の到達時間のおよその差は，震源から85kmの地点で10秒，150kmの地点で18秒，220kmの地点で26秒，300kmの地点で35秒と読み取ることができる。これらを●印で打ち，その印(の近く)と原点(0の点)を通るように直線をかくと，解答のようなグラフになる。

問6　東京でのP波とS波の到達時間の差は，8時15分33秒－8時15分5秒＝28秒だから，問5でかいたグラフから，震源は東京からおよそ250km離れているとわかる。

3 潮の満ち引きについての問題

問1　図1で，地球から月を見ると右半分が光って見える。このような月を上弦《じょうげん》の月という。

問2　南中している上弦の月は向って右半分だけが光っており，このとき太陽は月の90度右側，つまり，真西の方向にある。よって，月がこの日に南中するのは，日がしずむ午後6時頃《ごろ》である。

問3　問2より，上弦の月が南中するのは18時頃だが，図2で18時以降に海水面が最も高くなるのは22時頃である。したがって，満潮時間は月が南中してから約4時間遅《おく》れるとわかる。

問4　図2では，満潮は1日に2回あり，その間隔《かんかく》は約12時間になっている。つまり，満潮をむかえた地点のちょうど反対側でも満潮をむかえていることになる。よって，地球の表面の海水の状態は(ウ)のように表される。

問5　月に海があった場合，地球の海水が月からの力を受けるように，月の海水も地球からの力を受ける。このとき，地球が南中した地点の潮位が満潮になると考えられるが，地球から見ると月はいつも同じ面を地球に向けて自転しているので，月から見た地球は決まったところからほとんど動かない。そのため，月の地球に面した場所の潮位が常に高く，潮位は時間が経っても変化しないと考えられる。

問6　ウミガメは卵が産み落とされてから約２か月後の大潮の日(潮位の変化が大きくなる日)にふ化するといわれている。これは生まれたカメが海に出るのに有利だからだと考えられている。また，サンゴは潮の干満の差が大きくなる満月の前後に産卵する。これは潮の流れを利用して，卵を遠くまで広げるためと考えられている。

4　もののとけ方や水溶液《すいようえき》の性質についての問題

問1　**(あ)**　Aさんの発言より，20℃のとき，とかした水の重さの35.9％が(X)のとける限度の量なので，(X)の水100ｇにとける限度の量は，100×0.359＝35.9(ｇ)である。　**(い)**　Bさんの発言より，40℃の水200ｇにとける(X)の限度の量は，$35.9\times\frac{200}{100}+1.0=72.8$(ｇ)だから，水100ｇの場合は，$72.8\times\frac{100}{200}=36.4$(ｇ)になる。　**(う)**　Cさんの発言より，40℃の水500ｇにとける(X)の限度の量は，$36.4\times\frac{500}{100}+3.0=185$(ｇ)だから，水100ｇの場合は，$185\times\frac{100}{500}=37.0$(ｇ)となる。　**(え)**　Dさんの発言より，20℃の水，100＋100×２＝300(ｇ)とビーカーの重さと(Y)の重さの合計が634.5ｇなので，300ｇの水にとかした(Y)は，634.5－(300＋300)＝34.5(ｇ)である。これより，20℃の水100ｇにとける(Y)の限度の量は，$34.5\times\frac{100}{300}=11.5$(ｇ)である。　**(お)**，**(か)**　Eさんの発言より，ある温度でとける(Y)の限度の量は，315.0－115＝200(ｇ)の水に対して115ｇなので，100ｇの水にとける量は，$115\times\frac{100}{200}=57.5$(ｇ)である。また，Fさんの発言より，20＋20×1.5＝50(ｇ)のある温度の水に，(Y)をとかしたところ，62.0－50＝12.0(ｇ)までとけたので，水100ｇにとける限度の量は，$12.0\times\frac{100}{50}=24.0$(ｇ)である。一般《いっぱん》に，固体は温度が高いほどとける量が多くなることから，(Y)は，40℃の水100ｇに24.0ｇ，60℃の水100ｇに57.5ｇとける。

問2　ふつう，固体は水の量が多いほど，また，水の温度が高いほどとける限度の量が多くなる。一方，塩化水素がとけた塩酸や，二酸化炭素がとけた炭酸(水)などの，気体がとけた水溶液は，水の温度が高くなるととける気体の限度の量が少なくなる。このことは，液体を加熱したさいのようすから確認することができる。たとえば，水をふっとうしない程度に加熱したさいに見られる小さな泡《あわ》は，もともと水にとけていた空気がとけきれなくなって出てきたものである。ほかにも塩酸を加熱すると，塩化水素がとけきれなくなって空気中で出てくるため，塩化水素のにおいが強くなることなどでも確かめられる。

問3，**問4**　水にとける限度の量は，ミョウバンでは温度が高くなると大きく増えるが，食塩ではほとんど変わらない。このことから(X)が食塩，(Y)がミョウバンとわかる。

5　ヒトの消化，血液循環《じゅんかん》，血液型についての問題

問1　①，②　植物が光合成でつくった養分は，師管を通してからだ全体に運ばれる。師管はくきでは維管束《いかんそく》の外側，葉の葉脈(維管束)ではうら側にある。　③　ジャガイモはふつう地下にある

くきの部分を食用にしている。　④　でんぷんは，だ液やすい液にふくまれるアミラーゼという消化こう素のはたらきで麦芽糖に変えられる。　⑤　タンパク質は，胃液やすい液などで分解され，最終的にアミノ酸になり，小腸で吸収される。

問２　胃液は塩酸がふくまれているので，強い酸性になっていて，消化に役立つだけではなく，食べ物といっしょに取りこんだ細菌《さいきん》を殺すはたらきもしている。

問３　脂肪《しぼう》は，Ｃの肝臓《かんぞう》でつくられるたん汁《じゅう》により細かいつぶにされ，Ｆのすい臓でつくられるすい液により脂肪酸とモノグリセリドにまで分解されたあと，小腸で吸収される。

問４　小腸の内部のかべはひだ状になっており，ひだにはたくさんのじゅう毛（じゅう突起《とっき》）がある。このようなつくりは，表面積を大きくして栄養分を効率よく吸収するのに役立っている。

問５　⑴　Ｄは大動脈で，心臓から全身へ向かう血液が流れる。よって，流れる向きは(X)になる。
⑵　肺で二酸化炭素を排出《はいしゅつ》して酸素を取り入れた血液は，Ｃの肺静脈，左心ぼう，左心室，Ｄの大動脈と流れ，全身に運ばれる。　⑶　食後には，小腸で吸収した栄養分を多くふくむ血液が(イ)の血管を通って肝臓に流れている。

問６　⑴　①の血しょうは，自身以外のどの赤血球と混ぜても固まるので，Ｏ型の血液だとわかる。　⑵　③の血しょうは，どの血液の赤血球と混ぜても固まらないのでAB型の血液である。すると，②と④はＡ型かＢ型の血液となるが，いずれの場合でも互《たが》いの赤血球と血しょうを混ぜると固まる。よって，(ア)には「＋」が入るとわかる。

国　語　(40分)　<満点：100点>

解　答

□一 **問１**　ウ　**問２**　イ　**問３**　エ　**問４**　Ⅰ　オ　Ⅱ　ア　**問５**　（例）　予約のために旅行会社へ行ったり，旅館の人と電話で話したりと，人と直に交わって旅をつくっていくこと。　**問６**　⑴　技術革新　⑵　（例）　技術革新によって労働力さえ消耗品と見なすようになった社会で，自分が使い捨てられることにおびえ，どんなに消費しても満たされなくなっていること。　**問７**　下記を参照のこと。　□二 **問１**　**A**　ア　**B**　ウ　**問２**　ウ　**問３**　オ　**問４**　エ　**問５**　（例）　次郎に万年筆を渡したことを，俊三にはくすぐったと言ってごまかすことで，祖母に知られないようにしようと考えたから。　**問６**　（例）　自分をきらう祖母からいやみを言われたときも父がかばってくれたこと，弟にしたわれていること，兄がこっそり万年筆をくれたことなど，みんなのやさしさが身にしみたから。

●漢字の書き取り

□一 **問７**　**a**　冷蔵庫　**b**　宣伝　**c**　航空券　**d**　窓口　**e**　対象

解　説

□一 **出典：内山 節《うちやまたかし》『内山節著作集14』**。一九六〇年頃《ころ》，肯定《こうてい》的に受けとめられていた消費が，多くの分野で拡大した結果，物だけでなく人でさえも消費材化したことについて筆者は説明している。

問１　「この」とあるので，前の部分に注目する。「戦後の高度成長」期のなかで登場したスーパーマーケットによって，「それまでは商品と客とが，地域のつき合いをとおして」するのがあたり前だった買い物が，「情報を集め，一円でも安い物を買う」，つまり「人間関係にしばられない合理的な買い物」に変化したと筆者は述べているので，ウが選べる。なお，アの「気が向かなくてもする」，イの「少し高くて品質のよい物を選ぶ」，エの「何も考えずに家の近くでする」，オの「買いだめをする」という内容は見られない。

問２　同じ段落の前半で，「広告は人々に，さまざまな商品が存在することを教えただけでは」なく，「その商品を購入《こうにゅう》することによって，『より進んだ生活』が手に入ることを私たちに告げた」と説明されている。つまり，「狭《せま》い意味での広告」は商品自体の紹介《しょうかい》を意味するが，「広い意味の広告」は「その商品」を手にした先に得られるよりよい生活について人々に知らせることを意味するのだから，イが正しい。

問３　一九六〇年頃，人々は「多消費によって豊かさと自由が得られるというイデオロギー」(＝生活が「進歩」するという主義・主張)のもと，疑いなく消費を拡大させてきたが，同じように「『進歩』という観念と結びつい」た企業《きぎょう》が「技術革新」を次々と実現させてきた結果，半世紀の過ぎた今日《こんにち》では「人間の労働」さえも「使い捨てられる商品のようになってしまった」(技術革新による「マニュアル」化で，替《か》えのきく単純労働がひろがったため)と，筆者は指摘《してき》している。戦後から続き，よしとされてきたその「進歩」観をあらためて問い直すべきではないかと筆者は疑問視しているのだから，エが合う。

問４　Ⅰ　以前は「電話」を使い，旅館の人との「ちょっとした会話」をはさみながら頼《たの》んでいた「宿泊の予約」も，「いつの間にか，すべてインターネット」で済ませられるようになった現状について，続く部分で筆者は「以前の旅には旅をつくっていく楽しさがあったが，いまでは商品を購入し使い捨てるように，旅を消費」するようになったと語っている。つまり，インターネットの登場によって「旅は確かに気軽なものになっ」たが「楽しくはなっていない」のだから，前のことがらを受けて，それに反する内容を述べるときに用いる「だが」があてはまる。　Ⅱ　問３でみたように，「進歩という観念」のもと次々と「技術革新」が進められた現代社会のなかで，人々は「多くのものを消費」し続ける一方，自らの労働もまた「使い捨てられる商品」のようになっている。そうした，一見「豊か」に見える「不安」な「現実」のなかで「私たち」は生きているので，「消費はうさばらしにはなっても」，それを「本当」に楽しめないのだと筆者は述べている。よって，前のことがらを理由・原因として，後に結果をつなげるときに用いる「だから」が合う。

問５　インターネットでの予約が普及《ふきゅう》する前の筆者は，旅館に宿泊の予約をするときも電話をしたり，海外に行くときにも旅行会社の窓口を訪《おとず》れたりと，担当の人たちとの「ちょっとした会話」をはさみながら「旅をつくっていく」プロセスを味わっていた。しかし，「進歩という観念」が浸《しん》透《とう》し，効率や合理性を求めることがよしとされた現代において，「旅を準備する時間的，精神的な余裕《よゆう》」が失われ，本来，そうしたもののなかにある「本当の楽しさ」が得られなくなってしまったことを，筆者は残念に思っているのである。筆者が，「人間関係」(人とのかかわり)に「旅の準備」の「本当の楽しさ」を感じていたことをふまえ，「旅行会社に行ったり，旅館の人と電話で話しながら予約したり，そんなふうに人とふれあって旅をつくること」のような趣旨《しゅし》でまとめる。

問６　(1)　これまでみてきたとおり，「進歩という観念」のもと企業が「技術革新」を進めてきた結果，人々は「多くのものを消費し，子どもには膨大《ぼうだい》な教育費を投じ，気軽に海外旅行」ができるといった，「豊かさ」の恩恵《おんけい》を受けたが，その反面，「自分自身の労働が消耗《しょうもう》品，消費材」になっていくという現実にも直面している。つまり，「技術革新」がこうした「豊かさのなかの不安」を生んだ原因だといえる。　(2)「不安」の原因と，その内容をおさえる。おおもとの原因は(1)でみたとおり，人間の労働を消費材にした「技術革新」にある。不安の具体的な内容は，「旅」のように，何もかも手軽な「消費」行動になって満たされず，自身の労働も消費材のように「使い捨てられる」おそれにとらわれていることである。これをふまえ，「技術革新が労働力まで消費材化してしまった社会では，自分自身が使い捨てられるおそれをかかえ，どんなにたくさん消費しても満足感が得られないこと」のようにまとめる。

問7　a　飲食物などを冷やしておく装置を備えた収蔵庫。　b　さまざまな手段で商品やサービスを広く知ってもらうために行う活動。　c　航空機に乗るための切符《きっぷ》。　d　来訪者に応接して，用件の取りつぎ，支払《しはら》いなどさまざまな事務処理を直接行うところ，その業務の担当者。　e　意識や行為《こうい》が向けられるものごと，相手。

二　出典：下村湖人《しもむらこじん》『次郎《じろう》物語』。亡《な》き母の実家（正木《まさき》家）で暮らす次郎が，遊びに来た父の実家（本田家）から帰る場面で，いやみを言い始めた祖母，無邪気《むじゃき》にしたってくれる弟，気づかってくれる父や兄のようすが描《えが》かれている。

問1　A「居ずまいを正す」は，“きちんとした姿勢に座《すわ》り直す”という意味。　B「生返事」は，はっきりしない返事。

問2「もう帰る」次郎に対し，祖母は「憎《にく》らしそうに」いやみを言ったり，おみやげとして「やるもの」などないと話したりしている。つまり，「店の壜詰《びんづ》め棚《だな》が，このごろ寂《さび》しくなっているのをよく知っていた」祖母は，「店の品じゃおかしくはないかい。それに重たいだろうにね」と言いながら，本心では気に入らない次郎に「店の品物」をやることを渋《しぶ》っているのである。よって，ウが選べる。

問3　おみやげに自分の「万年筆やろうかな」と言った恭一《きょういち》に対し，次郎を憎たらしく思っている祖母は何かと理由をつけてその申し出をはねつけようとしている。「恭一のやさしい気持ちも買ってやりたいと思った～やかましく言う必要もないじゃありませんか」と話しても，祖母はしまいには泣き出すばかりで，俊亮《しゅんすけ》はもはやあきらめるしかないと思うとともに，どうにもできない自分を情けなく思ったと考えられるので，ア，イ，エは正しい。また，一家が没落《ぼつらく》したために「ご先祖からの田畑を売りはらって，こんな身すぼらしい商売を始め」なければならなかったと涙《なみだ》ながらに訴《うった》える祖母に対し，その原因をつくった当事者である俊亮は申し訳なさを感じていると想像できるので，ウも合う。オのように，祖母に意見する役目を子どもたちに負わせようとはしていない。

問4　この後，恭一は次郎を呼びとめ，素早《すばや》く自分の万年筆をその「左袖《ひだりそで》に突《つ》っこん」でいる。つまり，恭一が「考えぶかそうに次郎を見てい」たのは，兄として弟にどうしてあげたらいいかを考えていたのだから，エがよい。「考え」ているようすと「万年筆」を次郎に渡《わた》す動作，この二点を反映しているのは，エのみである。

問5　問3でみたとおり，恭一が次郎に万年筆をあげたいと言ったことで祖母は俊亮を責め，興奮して泣き出している。次郎に何の説明もせず，その袖に恭一が万年筆を突っこんだのも，俊三《しゅんぞう》に「何してるの」と聞かれて「くすぐってやったんだ」とごまかしたのも，そんなさわぎを起こした祖母に知られまいとしたからだと考えられる。これをもとに，「万年筆を次郎にあげたことを祖母に知られないよう，くすぐったと言って俊三の関心をそらそうとしたから」のようにまとめる。

問６　本田の家には次郎をきらう祖母がいるが，次郎を気づかってくれる恭一，俊亮，「今度はいつ来る？」と無邪気に慕ってくれる俊三もいる。次郎をいつくしんでくれる人たちの存在をおさえ，「本田の家では自分をきらう祖母からきつくあたられたが，守ろうとしてくれた父，慕ってくる弟，祖母にないしょで万年筆をくれた兄，それぞれのやさしさが心にしみたから」のようにまとめる。

Dr.福井の

入試に勝つ！脳とからだのウルトラ科学

試験場でアガらない秘けつ

キミたちの多くは，今まで何度か模擬試験（たとえば合不合判定テストや首都圏模試）を受けていて，大勢のライバルに囲まれながらテストを受ける雰囲気を味わっているだろう。しかし，模擬試験と本番とでは雰囲気がまったくちがう。そういうところでも緊張しない性格ならば問題ないが，入試独特の雰囲気に飲みこまれてアガってしまうと，実力を出せなくなってしまう。

試験場でアガらないためには，試験を突破するぞという意気ごみを持つこと。つまり，気合いを入れることだ。たとえば，中学の校門前にはあちこちの塾の先生が激励《げきれい》のために立っている。もし，キミが通った塾の先生を見つけたら，「がんばります！」とあいさつをしよう。そうすれば先生は必ずはげましてくれる。これだけでもかなり気合いが入るはずだ。ちなみに，ヤル気が出るのは，TRHホルモンという物質の作用によるもので，十分な睡眠をとる，運動する（特に歩く），ガムをかむことなどで出されやすい。

試験開始の直前になってもアガっているときは，腹式呼吸が効果的だ。目を閉じ，おなかをふくらませるようにしながら，ゆっくりと大きく息を吸う。ここでは「ゆっくり」「大きく」がポイントだ。そして，ゆっくりと息をはく。これをくり返し何回も行うと，ノルアドレナリンという悪いホルモンが減っていくので，アガりを解消することができる。

よく「手のひらに“人”の字を書いて飲みこむことを3回行う」とアガらないというが，そのようなおまじないを信じて実行し，自分に暗示をかけてもいいだろう。要は，入試に対するさまざまな不安な気持ちを消し去って，試験に集中できるようなくふうをこらせばいいのだ。

Dr.福井（福《ふく》井《い》一成《かずしげ》）…医学博士。開成中・高から東大・文Ⅱに入学後，再受験して翌年東大・理Ⅲに合格。同大医学部卒。さまざまな勉強法や脳科学に関する著書多数。

2023 年度 白百合学園中学校

【算　数】（40分）〈満点：100点〉

1　ある花屋が原価1本200円の花を300本仕入れました。原価の4割の利益を見込《こ》んで定価をつけて販売したところ，1日目は仕入れたうちの25%が売れ残りました。このとき，次の問いに答えなさい。

(1)　1日目の売り上げ金額はいくらですか。

(2)　売れ残った花を，2日目には定価の2割引きで販売しました。そのうちの何本かは売れる前に枯《か》れてしまい販売できませんでしたが，枯れた花をのぞいたすべての花が売り切れました。この2日間で，仕入れに使った金額の27.4%を利益として得たとき，枯れた花は何本でしたか。

2　百合子さんは，右の図のような登山コースを2日間かけて往復することにしました。1日目は，**A**地点を午前8時に出発し，山頂で8分間休憩《けい》をとった後に**B**地点に向かったところ，正午ちょうどに**B**地点に到着しました。

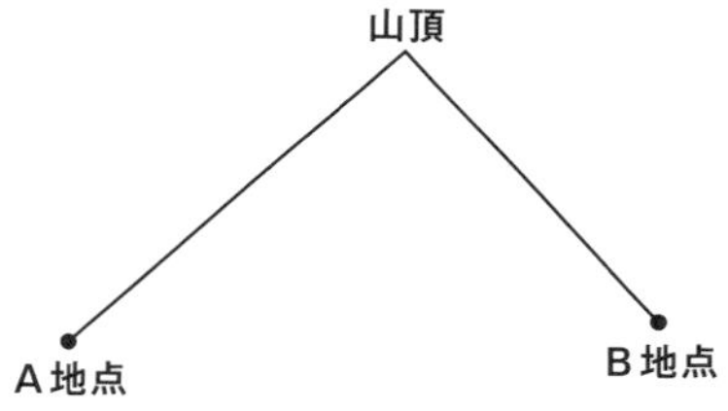

2日目は，午前8時に**B**地点を出発し，山頂で24分間休憩をとった後に**A**地点に向かったところ，正午ちょうどに**A**地点に到着しました。

百合子さんは2日間とも，上りは時速2.7km，下りは時速4.5kmで歩いたとき，次の問いに答えなさい。

(1)　**A**地点から山頂までの道のりは，**B**地点から山頂までの道のりよりどれだけ長いですか。

(2)　**A**地点から**B**地点までの道のりを求めなさい。

3　正六角形**ABCDEF**があり，辺**EF**上に点**G**があります。**AC**と**BE**の交点を**H**，**CG**と**BE**の交点を**I**とします。また，**I**は**HE**のまん中の点です。このとき，次の問いに答えなさい。

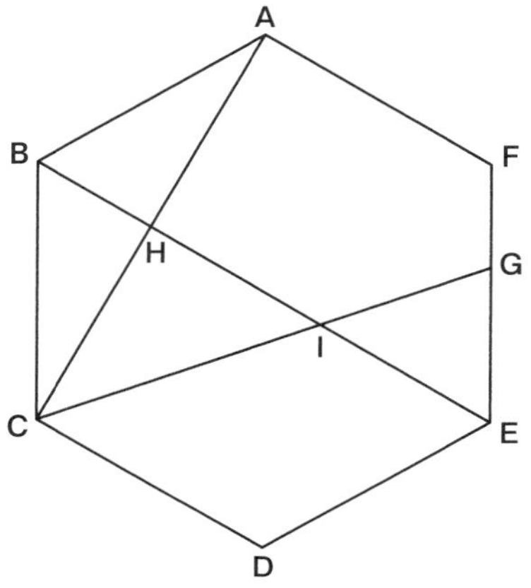

(1)　三角形**ABH**の面積は正六角形**ABCDEF**の面積の何倍ですか。

(2)　**EG**：**GF**を最も簡単な整数の比で表しなさい。

(3)　三角形**CHI**の面積は正六角形**ABCDEF**の面積の何倍ですか。

4　短針と長針がある普通の時計に，一定の速さで反時計回りに回る特別な針**A**を取り付けて，3本の針が回転する様子を観察しました。4時に針**A**と長針が重なっている状態から観察を始めたところ，長針と短針の作る角が初めて直角になるのと同時に，針**A**と長針が作る角が初めて180度になりました。このとき，次の問いに答えなさい。ただし，答えは整数か帯分数で答えなさい。

(1)　針**A**が一周するのに何分かかりますか。

(2)　図のように12と5の間にある針**A**が，初めて短針と長針の作る角度を2等分するのは4時何分ですか。

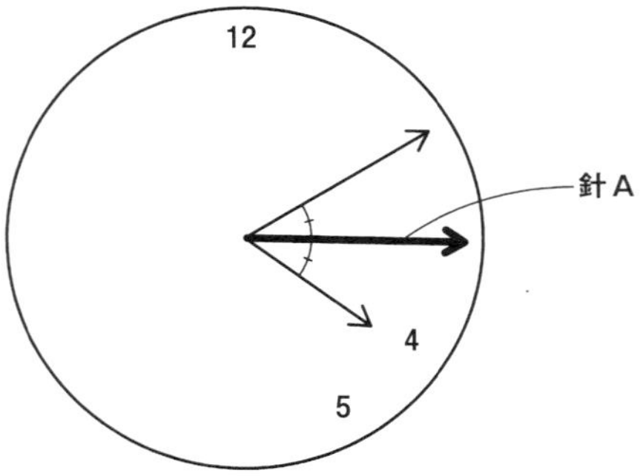

5　図のような三角柱**A**が2つと直方体**B**が1つあります。2つの三角柱**A**を組み合わせて作った立体の一部をくりぬき，直方体**B**をはめ込んだものが立体**C**です。直方体**B**はすきまなくはめ込まれています。下の図は，三角柱**A**，直方体**B**，立体**C**の見取り図です。また，この立体を真上から見た図が次のページの図1，この立体を右から見た図と左から見た図は同じで図2，真正面から見た図が図3です。ただし，長さの単位はすべてcmです。

このとき，立体**C**の表面積を求めなさい。

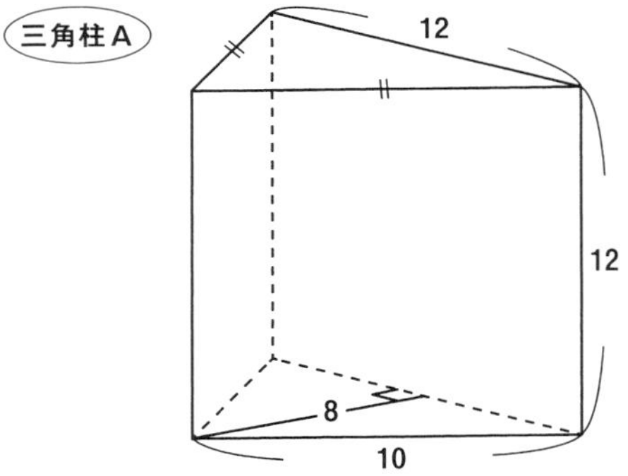

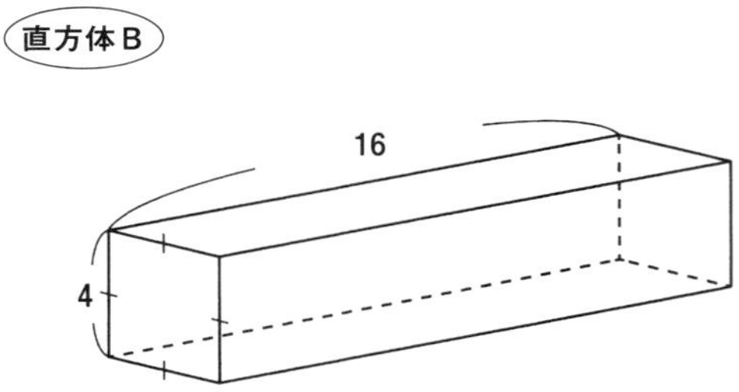

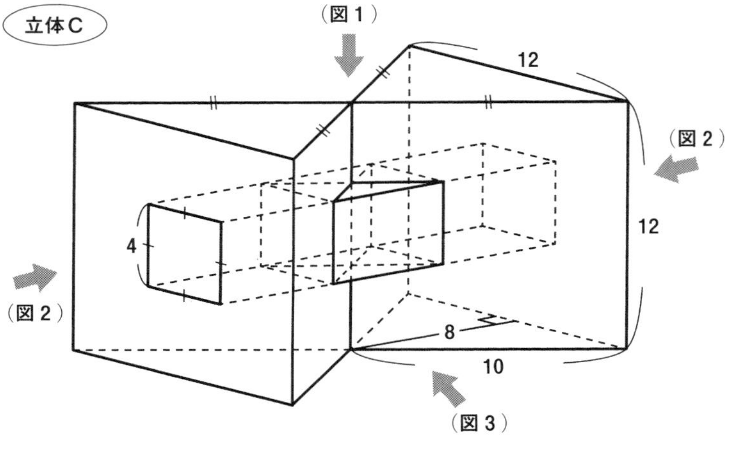

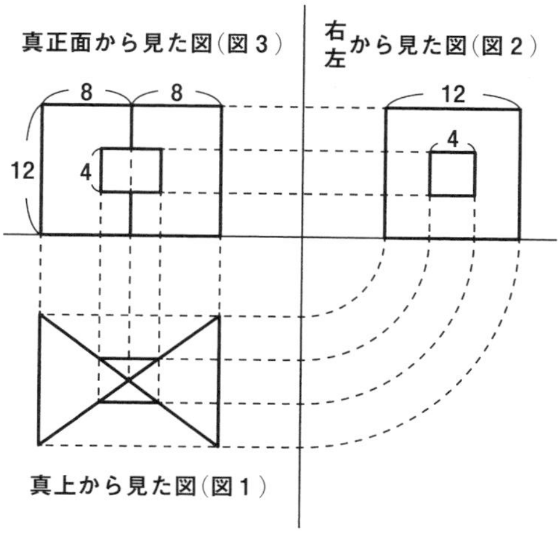
真正面から見た図(図3)
右
左
から見た図(図2)
8
8
12
4
12
4
真上から見た図(図1)

【社　会】（30分）〈満点：75点〉

1　次の**A～D**の文は，日本の島について説明したものです。これを読み，あとの問いに答えなさい。

A　近畿地方で最も大きい島です。この島の近くでは世界最大の渦潮を見ることができます。島内ではたまねぎの生産がさかんです。①1998年には本州四国連絡橋の１つである橋が開通し，この島と本州が結ばれました。

B　北陸地方にある島です。この島では長い期間にわたって金銀を産出しましたが，1989年に資源枯渇《こかつ》のため操業《そうぎょう》を休止しました。また，この島には全国各地から人々が移住してきたため，能や人形芝居など多くの伝統芸能が存在しています。

C　小笠原諸島に属している島です。緯度はハワイのホノルルと同程度，経度は琵琶湖と同程度のところにあります。北小島と東小島の２島があり，周囲は護岸《ごがん》のコンクリートで防護されています。

D　九州地方にある島です。この島には日本最大のロケット発射場があり，宇宙センター施設は観光スポットになっています。またこの島の隣には②世界自然遺産に登録されている屋久島があります。

問１　**A～D**の島名と，各島が属している都道府県名を答えなさい。

問２　(1)　下の写真は**A～D**のどの島で見られるものか，記号で答えなさい。

(2)　写真に見られる武器はどこから伝来したものですか。国名を答え，その国の場所を次の地図の**ア～エ**から１つ選び，記号で答えなさい。

（写真の一部を加工しています）

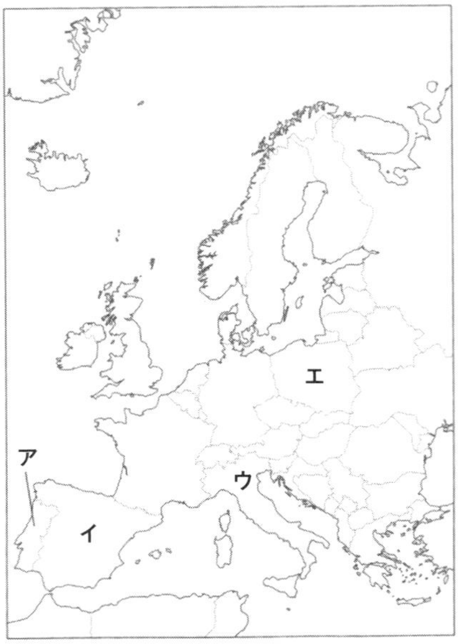

問３　次のページの雨温図は**A～D**のどの島のものか，記号で答えなさい。

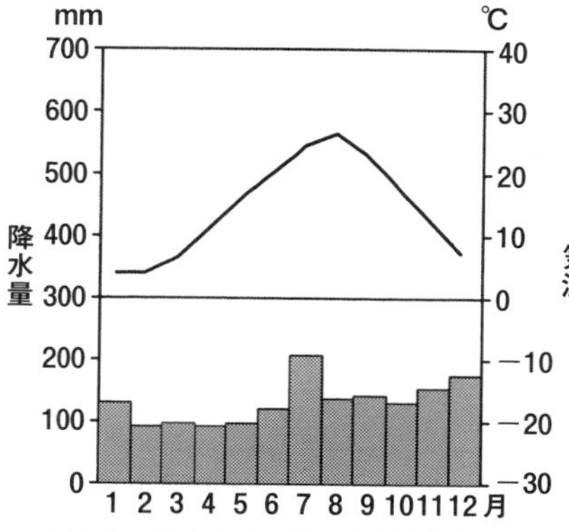

年平均気温14.1℃　年降水量1572.5mm

問4　(1)　**A**の島について，1995年1月17日に，この島およびその周辺でおこった大災害を何といいますか。

(2)　(1)の大災害について説明した文として誤っているものを，次の**ア**～**エ**から1つ選び，記号で答えなさい。

ア．多くの建物が倒壊《とうかい》し，火災が発生した。

イ．液状化現象がおこり，泥砂《でいさ》でおおわれる地域もあった。

ウ．津波により，沿岸部が大きな被害を受けた。

エ．断水や停電，電話の不通など，ライフラインも被害を受けた。

問5　(1)　下線部①について，1998年に開通した橋の名前を答えなさい。

(2)　本州四国連絡橋の開通によって人々の生活はどのように変化しましたか。交通手段に注目して，良くなった点と悪くなった点をそれぞれ説明しなさい。

問6　**B**の島で保護飼育がおこなわれている鳥の名前を答えなさい。

問7　**C**の島があることで日本の排他的経済水域は広がります。この範囲において沿岸国に認められていない権利を次の**ア**～**ウ**から1つ選び，記号で答えなさい。

ア．人工島をつくり，利用する権利。

イ．天然資源の探査，開発，保存をする権利。

ウ．他国が海底にパイプラインをつくることを禁止する権利。

問8　下線部②について，日本で世界自然遺産に登録されている場所を次の**ア**～**オ**から2つ選び，記号で答えなさい。

ア．平泉　　**イ**．知床　　**ウ**．日光

エ．紀伊山地　　**オ**．白神山地

問9　次の資料は，日本全国と**D**の島が属している県の田畑別耕地面積を示しています。この資料からわかる県の農業の特徴を，自然環境に注目して説明しなさい。

単位：ha

	計	田	畑
全国	4,349,000	2,366,000	1,983,000
Dの島がある県	112,900	35,200	77,600

（令和3年耕地及び作付面積統計より）

2 人々が何を信じ，何を考えてきたのかを知る上で，宗教は重要なテーマの一つです。日本と宗教の関わりに関する次の**A**～**D**の文を読み，あとの問いに答えなさい。

> **A** 仏教や儒教が伝来する前の古代の日本は，ありとあらゆる自然や自然現象に神が宿ると考え，①信仰の対象としました。まじないや儀式に関する出土品や記録も多く発見されています。②縄文時代の遺跡からは，（ 3 ）と呼ばれる土製の人形が多く出土しており，祈りやまじないのために用いられたとされます。中国の歴史書には，3世紀に（ 4 ）をおさめていた⑤女王が占いやまじないに優れていたと記されています。

問1 下線部①に関して，次の問いに答えなさい。

(1) 「信仰の対象と芸術の源泉」として，2013年に世界遺産リストに登録された日本の文化遺産は何ですか。

(2) 右の図は，(1)をモチーフに多くの浮世絵を描いた人物の作品です。この作品の作者を答えなさい。

問2 下線部②の説明として正しいものを，次の**ア**～**エ**から2つ選び，記号で答えなさい。

ア．日本最大級の縄文集落跡である吉野ヶ里遺跡では，大型竪穴住居跡が見つかっている。
イ．銅鏡や銅剣などがおさめられた墓があり，有力者がいたことがわかる。
ウ．住居の近くにつくられた貝塚などから，当時の人々の生活を知ることができる。
エ．季節の変化にあわせて，狩り・漁・採集などで食料を得て生活していたと考えられる。

問3 （3）にあてはまる語を答えなさい。

問4 （4）にあてはまる国の名を漢字4字で答えなさい。

問5 下線部⑤について，この女王がおさめた国やその時代について述べた文として誤っているものを，次の**ア**～**エ**から1つ選び，記号で答えなさい。

ア．この国の位置については，近畿説と九州北部説がある。
イ．この女王の時代，中国は3つの国に分かれていた。
ウ．女王は皇帝から「親魏倭王」の称号と，金印・銅鏡を授かったと伝えられる。
エ．この女王の名が刻まれた鉄製の武器が，九州・近畿地方の古墳から発見された。

> **B** 6世紀に伝来した仏教は，日本の政治や文化に大きな影響を与えました。（ 6 ）氏が仏教の受け入れをめぐる豪族同士の対立に勝利し，⑦聖徳太子（厩戸皇子）が政治に仏教を役立て，仏教を厚く保護したことは広く知られています。奈良時代には，災害や疫病などの社会不安に際し，仏教の力で国を守ろうと，⑧天皇が国分寺・国分尼寺や東大寺をたてさせました。平安時代のはじめには，⑨中国から帰国した僧によって新しい宗派が生まれ，貴族の間で流行します。しかしその後世の中が乱れてくると，⑩浄土信仰が広がっていきました。貴族の世から⑪武士の世へと社会が移り変わる時期には，新しい仏教が誕生しました。

問6 （6）にあてはまる一族の名前を答えなさい。

問7 次の文は，下線部⑦の人物がある国に送った手紙のはじめの部分を簡単にしたものです。この文から，この人物はどこの国（漢字1字）とどのような関係になることを望んでいたと考えられますか。簡単に説明しなさい。

> 太陽の昇《のぼ》る東方の国の天子が，手紙を太陽の沈む西方の国の天子に差し上げます，おかわりありませんか。

問8　下線部⑧について，この事業に力を尽くした僧で，諸国をまわって民衆に仏教の教えを説き，橋や用水路をつくった人物の名前を答えなさい。

問9　下線部⑨の1人，空海について述べた文として正しいものを次の**ア**～**エ**から1つ選び，記号で答えなさい。

ア．天台宗を開き，比叡山に延暦寺をたてた。

イ．天台宗を開き，高野山に金剛峯寺をたてた。

ウ．真言宗を開き，比叡山に延暦寺をたてた。

エ．真言宗を開き，高野山に金剛峯寺をたてた。

問10　下線部⑩について，次の問いに答えなさい。

(1)　当時の貴族の浄土信仰を象徴する建造物の写真を，次の**ア**～**ウ**から1つ選び，記号で答えなさい。

ア

イ

ウ

(2)　(1)の建造物をつくらせた人物の名前を答えなさい。

問11　下線部⑪に関する右の年表を見て，次の問いに答えなさい。

1167	平清盛が太政大臣となる
1185	(**X**)の戦いで平氏が滅びる
1192	源頼朝が征夷大将軍に任命される
1221	(**Y**)が幕府を倒すため兵を挙げる
1232	**Z** 御成敗式目が制定される

(1)　(**X**)にあてはまる地名を答えなさい。

(2)　(**Y**)にあてはまる人物の名前を答えなさい。

(3)　下線部**Z**の内容として誤っているものを，次の**ア**～**エ**から1つ選び，記号で答えなさい。

ア．諸国の守護の職務は，京都の御所の警備を御家人に催促《さいそく》することと，謀反《むほん》や殺人などの犯罪人の取りしまりに限る。

イ．20年間武士が実際に支配した土地は，その土地についての権利を認める。

ウ．地頭が荘園領主に年貢を納めない場合，領主から訴えがあれば，詳《くわ》しいことを調査し，不足分はすぐに納めなければならない。

エ．諸国の城は，修理するときも必ず幕府に届け出ること。城の新築はかたく禁止する。

(4)　下線部**Z**を制定した人物の名前を答え，制定の目的も説明しなさい。

C　キリスト教が日本に伝来したのは，16世紀半ばのことです。西洋との貿易による利益にひかれ，当時の大名の多くは外国船を歓迎しました。このとき船に同乗してきた宣教師たちによってキリスト教の布教も進みました。当時の権力者の一人(12)も，彼らを受け入れ，安土城下に神学校や教会の設立を許可しています。(12)は，キリスト教を保護する一方⑬仏教勢力には厳しい態度でのぞんだことでも知られています。その後，(　12　)の統一事業を引き継いだ人物も，はじめはキリスト教を認めていましたが，のちに国内統一のさまたげと考え，宣教師を国外に追放し布教を禁止しました。⑭江戸時代の初期，宣教師の渡来と布教は黙認されていましたが，信者の増大に伴って信仰が禁じられるようになりました。

問12　(12)にあてはまる人物の名前を答えなさい。

問13　下線部⑬について，その具体的なできごとを１つあげなさい。

問14　下線部⑭について，次の問いに答えなさい。

(1)　江戸時代初期に九州でおこったキリスト教信者や農民たちによる大規模な一揆を何といいますか。

(2)　キリスト教禁止の徹底と幕府による貿易の独占のため，「鎖国」と呼ばれる体制を固めた将軍の名前を答えなさい。

(3)　次の文**ア**～**エ**から，江戸時代について述べた文として誤っているものを１つ選び，記号で答えなさい。

ア．生類憐《しょうるいあわれ》みの令を定めた５代将軍の頃，元禄文化と呼ばれる町人中心の文化が栄えた。

イ．８代将軍は人々の意見を政治に取り入れるために目安箱を設け，その投書をもとに小《こ》石川養生所《いしかわようじょうしょ》や江戸町火消をつくった。

ウ．９・10代将軍に仕えた老中の田沼意次は，商工業者の組合を解散させることで経済を安定させようとした。

エ．15代将軍は，1867年に政権を朝廷に返上し，江戸幕府は滅亡した。

D　明治新政府は，⑮旧幕府軍との一連の戦いの最中に，天皇が神に誓うという形で政治の方針を示しました。その翌日には，キリスト教の禁止という内容を含む，庶民に対する決まりが発表されます。その後成立した⑯大日本帝国憲法では，条件つきで信教の自由が保障されましたが，明治政府は天皇を中心とする国家づくりを支えるため，神道を重視する方針をとっていました。

⑰第二次世界大戦後に制定された憲法では，信教の自由の保障や政教分離などが明記され，現在に至っています。

問15　下線部⑮について，次の問いに答えなさい。

(1)　この戦いを何といいますか。

(2)　次の**ア**～**エ**のできごとを時代の古い順に並べかえなさい。

ア．薩長同盟　　**イ**．日米修好通商条約の調印

ウ．王政復古の大号令　　**エ**．桜田門外の変

問16　下線部⑯の制定の中心となり，初代内閣総理大臣になった人物は誰ですか。

問17　下線部⑰について，次の問いに答えなさい。

(1)　次の文**ア**～**エ**から，第二次世界大戦について述べた記述として正しいものを１つ選び，記号で答えなさい。

ア．日本は第二次世界大戦に参戦したため，好景気となった。

イ．日本は，ドイツやイギリスと同盟を結んで参戦した。

ウ．日本は，燃料や物資を確保するため，シベリア出兵を実施した。

エ．戦争末期に，ソ連が満州や朝鮮へと侵攻した。

(2) 戦後におこった次の**ア**～**エ**のできごとを時代の古い順に並べかえなさい。

ア．第四次中東戦争の影響で，第一次石油危機がおこった。

イ．東京オリンピックが開催され，東海道新幹線が開通した。

ウ．日本とソ連の関係が改善され，日本が国際連合に加盟した。

エ．イラクがクウェートに侵攻し，湾岸戦争がはじまった。

3 次の文を読み，あとの問いに答えなさい。

2022年4月1日，改正（ 1 ）が施行され，成人年齢が18歳に引き下げられました。同日，改正 **a** 少年法も施行されました。これらに合わせて，18・19歳も **b** 裁判員に選任される対象になりました。

成人年齢の引き下げにより，18・19歳でも一人でローンの契約やクレジットカードの作成などができるようになる一方で， **c** 悪質商法のターゲットになるのではないかと心配されています。 **d** 地方公共団体には，被害の相談を受けたり情報提供をおこなったりする機関として（ 2 ）がおかれています。国にも **e** 消費者庁が設置されていますが，今まで以上に， **f** お金についての知識を身につけることが求められています。

問1 （1）・（2）にあてはまる語を書きなさい。

問2 下線部**a**について，法にふれた未成年の処分を，はじめに判断する裁判所の種類を書きなさい。

問3 文中の下線部**b**についての説明として誤っている文を，次の**ア**～**カ**より2つ選び記号で答えなさい。

ア．裁判員は，事件ごとに「くじ」で選ばれる。

イ．裁判員は，国民の義務として憲法に加えられた制度である。

ウ．原則として3名の裁判官と6名の裁判員が裁判をおこなう。

エ．裁判員は有罪か無罪かを決め，裁判官がどのような刑にするかを決める。

オ．裁判官と裁判員のそれぞれ各1名を含む過半数で決定する。

カ．裁判員が参加するのは，重大な刑事事件の第一審のみである。

問4 下線部**c**について，知り合いを勧誘《かんゆう》すると紹介手数料が得られるとうたって会員を集める方法は，何と呼ばれますか。

問5 下線部**d**の政治のしくみについて，次の問いに答えなさい。

(1) 地方議会が定める，その自治体のきまりを何といいますか。

(2) 都道府県知事に立候補できるのは，満何歳からですか。

(3) 人々の苦情や申し立てを聞いて調査し，行政に改善をうながす制度を何といいますか。

問6 下線部**e**の説明として正しいものを次の**ア**～**オ**から1つ選び，記号で答えなさい。

ア．経済産業省の下におかれている。

イ．総務省の下におかれている。

ウ．厚生労働省の下におかれている。

エ．法務省の下におかれている。

オ．内閣府の外局である。

問７　下線部 **f** について，いま，日本では物価の上昇が続いていて，その原因のひとつに円安があげられています。これに関して，次の問いに答えなさい。

(1)　物価が上昇し続けることを，カタカナの語で何といいますか。

(2)　円安の説明として正しい文は，次の**ア**・**イ**のどちらですか。記号で答えなさい。

ア．１ドル＝100円から，１ドル＝140円になった。

イ．１ドル＝140円から，１ドル＝100円になった。

(3)　円安が進んだときの説明として誤っている文を，次の**ア**～**エ**から１つ選び記号で答えなさい。

ア．日本国内のガソリン価格は上がると考えられる。

イ．日本へ旅行する外国人は増加すると考えられる。

ウ．日本車を輸入販売しているアメリカの会社は経営が苦しくなると考えられる。

エ．海外へ留学している日本人学生の生活は苦しくなると考えられる。

【理　科】（30分）〈満点：75点〉

1　太さが一様な棒，糸，ばね，おもりを用いて，力のつり合いについてさまざまな実験を行いました。実験に用いた白いおもりは重さ 10g で体積 4 cm^3，黒いおもりは体積 5 cm^3 です。おもりの重さに比べて棒，糸，ばねの重さは軽いため，無視してよいものとします。これについて，**問1**～**問8**に答えなさい。なお，重さの単位は本来（g重）ですが，ここでは（g）として表します。また，計算問題で答えが割り切れない場合は小数第2位を四捨五入して答えなさい。

【図1】のように，支点から左側に 2 cm の場所に白いおもりを3個，支点から右側に 5 cm の場所に黒いおもりを1個つり下げたところ，水平につり合いました。

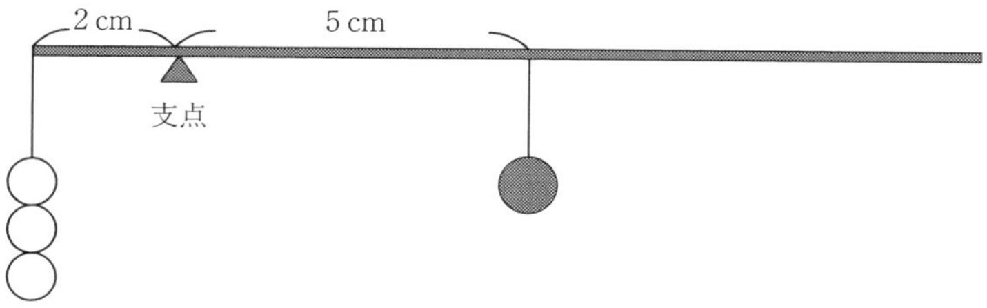

【図1】

問1　黒いおもりの重さは何 g ですか。

次に**【図2】**のように，黒いおもりを 1 cm^3 あたりの重さが 1.2g の食塩水の入ったビーカーの中に入れたところ，棒が傾《かたむ》いたため，右側の黒いおもりのついた糸を動かして，てこがつり合うところを探しました。黒いおもりがついた糸は**(あ)**，**(い)**のどちらの方向にも自由に動かせることとします。

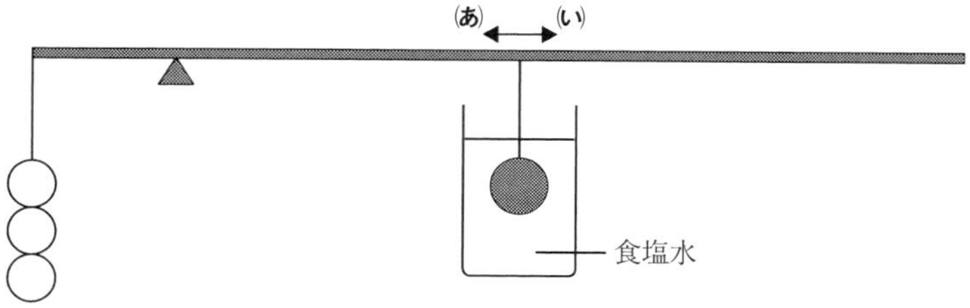

【図2】

問2　棒が傾いたのは，黒いおもりに浮《ふ》力がはたらいたからです。浮力について説明した次の文章を読み，(①)，(②)にあてはまる適切な語句を答えなさい。

浮力とは，液体中にある物体にはたらく（ ① ）向きの力であり，この力は，物体が押《お》しのけた（ ② ）分の液体の重さとして求めることができます。

問3　黒いおもりにはたらく浮力は何 g ですか。

問4　てこがつり合うには，黒いおもりがついた糸を**【図2】**の**(あ)**または**(い)**のどちらの方向に何 cm 動かせばよいですか。

ばねにおもりをつり下げないときの，ばねそのものの長さを自然長といいます。**【図3】**のように自然長 5 cm のばねを天井につるし，白いおもりを1個つり下げたところ，ばねののびは

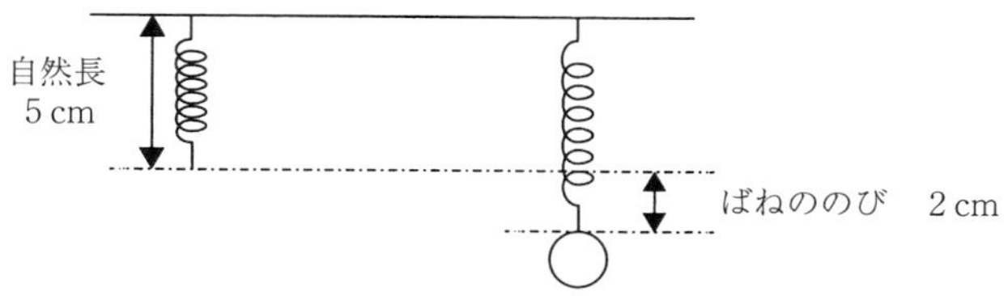

【図3】

2 cm となりました。

問 5　このばねに白いおもりを 2 個まとめてつり下げたとき，ばねの長さは何 cm になりますか。

問 6　ばねにつり下げる白いおもりを 0 ～ 3 個と変化させ，ばねの長さを測定し，その結果をもとに，横軸《じく》がばねにはたらく重さ(g)，縦軸がばねの長さ(cm)のグラフをかくことにしました。縦軸に目盛りをふり，おもりが 0 ～ 3 個のときのばねの長さにあたるところにそれぞれ●印をつけ，その●を結ぶ直線をかいて，解答欄《らん》のグラフを完成させなさい。直線はフリーハンドでかきなさい。

次に，**【図 4 】**のように，ばねにつるした 2 つの白いおもりを**【図 2 】**と同じ食塩水中に入れました。

問 7　白いおもり全体にはたらく浮力は何 g ですか。

問 8　ばね全体の長さは何 cm ですか。

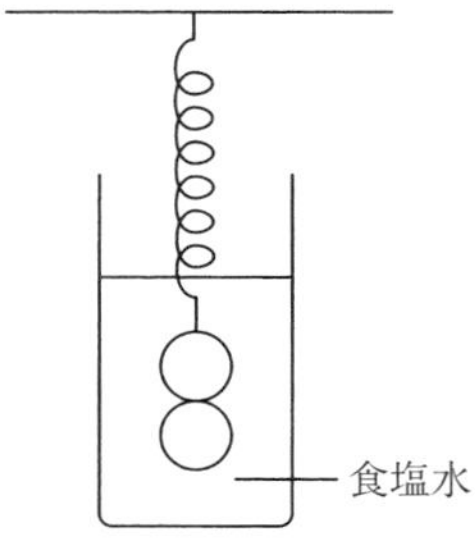

【図 4 】

2　**【図 1 】**の**(a)**は日本付近で星を観察するときの，観測地点の地平線をふくむ半球と地球全体との関係を表しており，また，**【図 1 】**の**(b)**はその半球部分を拡大したものです。このとき，**星 A** と**星 P** は地軸《じく》方向に，**星 B** は赤道方向にあるため，観測者には**星 A** の日周運動は**星 P** を中心にして**【図 1 】**の**(b)**の**(あ)**の線のように回転しているように見え，**星 B** は**【図 1 】**の**(b)**の**(い)**の線のように見えます。これについて，**問 1** ～**問 6** に答えなさい。

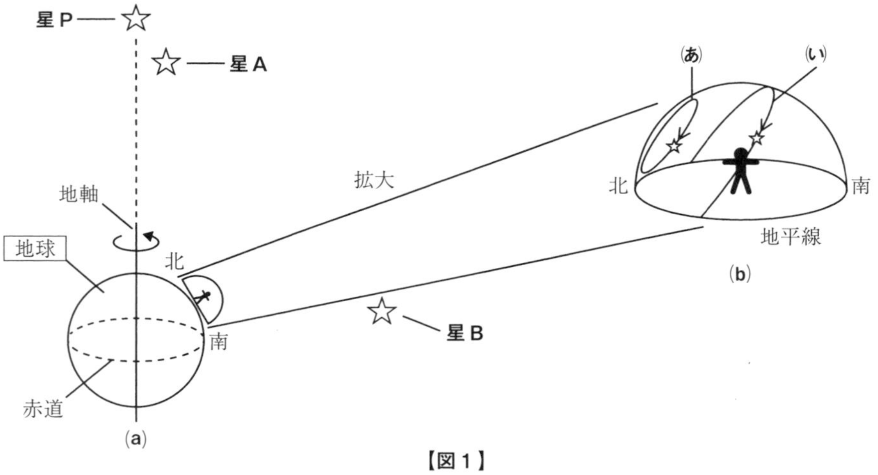

【図 1 】

問 1　**【図 2 】**は日本のある地点で観測した北の空の星の動きを表したものです。これについて，**(1)**，**(2)**に答えなさい。

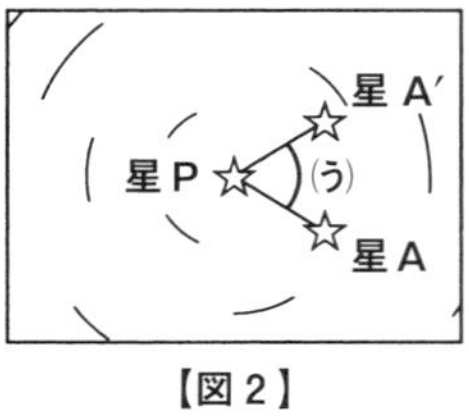

【図 2 】

(1)　**星 P** を何といいますか。

(2)　**星 A** が動いた角度**(う)**は60度，**星 A** を観測した時刻は午後 7 時でした。**星 A′** を観測した時刻を答えなさい。ただし，**星 A′** は，**星 A** が移動したものです。

問 2　**問 1** と同じ地点で，星の観測を続けました。これについて，**(1)**，**(2)**に答えなさい。

(1)　西の空の星の動きを表したものはどれですか。次の**(ア)**～**(オ)**から選び，記号で答えなさい。

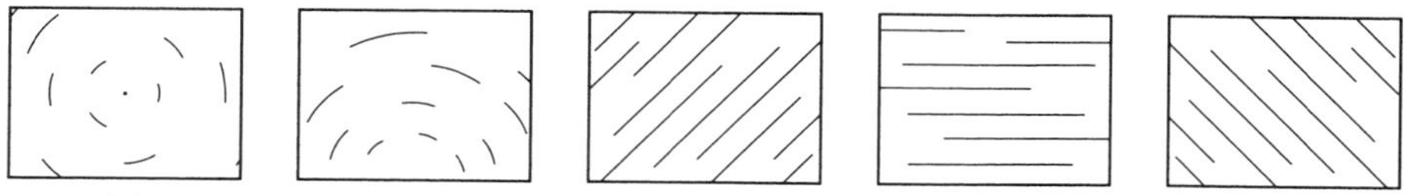

(ア)　(イ)　(ウ)　(エ)　(オ)

(2)　真上の空の星の動きを表したものはどれですか。**(1)**の**(ア)**～**(オ)**から選び，記号で答えなさい。

問３　星の観測を，北極付近と赤道付近で行うこととします。**【図１】**の**(a)**にならうと，北極付近は**【図３】**，赤道付近は**【図４】**のように表すことができます。これを参考にすると，北極付近と赤道付近，それぞれの地点での真上の空の星の動きを表したものはどうなると考えられますか。**問２(1)**の**(ア)**～**(オ)**からそれぞれ選び，記号で答えなさい。

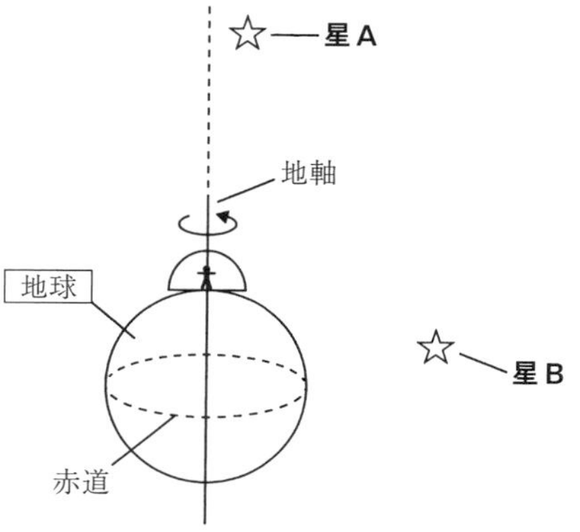

【図３】

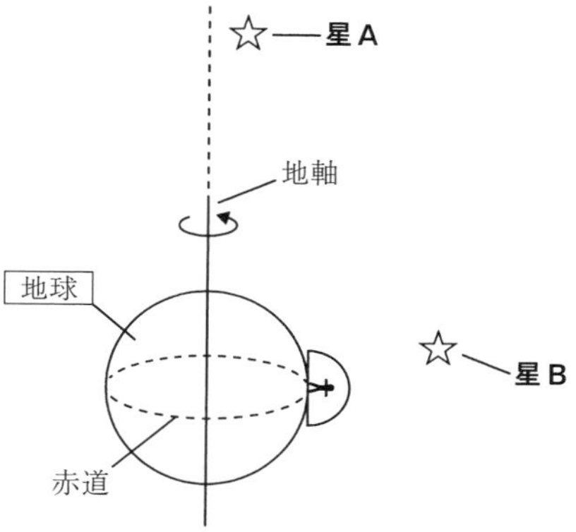

【図４】

【図５】は日本でオリオン座を午後９時から２時間ごとに観測して記録したものです。

問４　オリオン座は①と②のどちらに動いて見えますか。

問５　オリオン座が南中した時刻を答えなさい。

問６　**【図５】**のオリオン座の観測を，南半球のオーストラリア（南緯35度付近）で行うこととします。これについて，**(1)**～**(3)**に答えなさい。

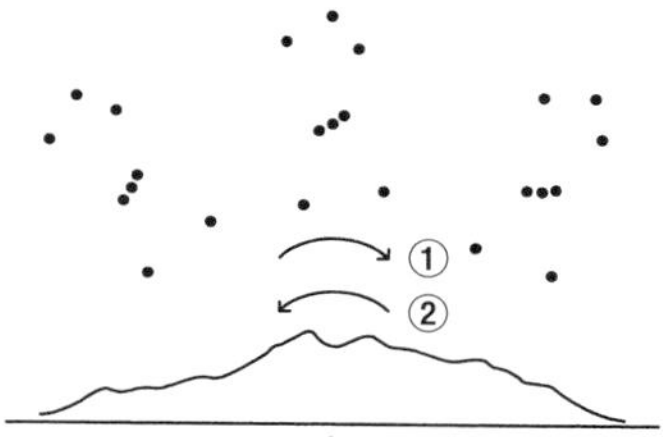

【図５】

(1)　どの方角の空を見れば，オリオン座が観測できますか。東，西，南，北から１つ選んで答えなさい。

(2)　観測を続けたとき，オリオン座はどちらに動くと考えられますか。時計回り，反時計回りのいずれかを答えなさい。

(3)　日本で観測したオリオン座を**【図６】**のように表すとき，オーストラリアで観測したオリオン座はどう見えますか。**【図６】**のように ◬ や ◎ のマークを用いて，解答欄に書きなさい。

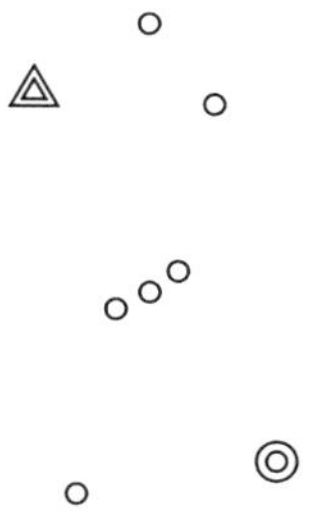

【図６】

3　昆《こん》虫に関する以下の文を読み，**問1～問5**に答えなさい。

(A)昆虫類は，甲《こう》かく類や多足類，クモ類などをふくむ多様な節足動物の中でも，とくに陸上で多種多様な進化をとげたグループです。2018年時点で確認されている昆虫は約100万種といわれており，これは(B)確認されている生物種の半分以上にもなります。

昆虫の中には，(C)身を守るために何かに姿を似せる「擬《ぎ》態」といわれる進化をとげたものが数多く知られています。例えば，シャクトリムシはシャクガ科のガの幼虫で，木の枝によく似た形をしています。その後さなぎを経て成虫になると，樹皮と同じような模様のはねをもつようになります。

また，2013年に国際連合食糧《りょう》農業機関が「食用昆虫類：未来の食糧と飼料への展望」という報告書を発表したことで，(D)昆虫は新たな食糧資源として注目を集めています。

問1　下線部(A)について，(1)～(3)に答えなさい。

(1)　次の(ア)～(カ)のうち，節足動物でないものを２つ選び，記号で答えなさい。

(ア)　イソギンチャク　　(イ)　フジツボ　　(ウ)　ムカデ

(エ)　ダンゴムシ　　(オ)　ミミズ　　(カ)　ザリガニ

(2)　次の(ア)～(エ)のうち，節足動物の説明として誤っているものをすべて選び，記号で答えなさい。

(ア)　からだが３つの節に分かれている。

(イ)　からだがじょうぶなからに包まれている。

(ウ)　あしにいくつかの節がある。

(エ)　気門で呼吸をする。

(3)　甲かく類，多足類，クモ類のうち，主に水中で進化をとげたグループはどれですか。

問2　下線部(B)の確認されている生物種として適切なものを，次の(ア)～(エ)から選び，記号で答えなさい。

(ア)　約90万種　　(イ)　約190万種　　(ウ)　約290万種　　(エ)　約390万種

問3　昆虫の成長過程では，シャクガのようにからだのつくりを大きく変えるものと，そうでないものがいます。これについて(1)，(2)に答えなさい。

(1)　シャクガのようにからだのつくりを大きく変える成長のしかたを何といいますか。

(2)　(1)で答えた成長のしかたとは異なる成長のしかたをする昆虫を，次の(ア)～(エ)から１つ選び，記号で答えなさい。

(ア)　カブトムシ　　(イ)　コオロギ　　(ウ)　アゲハチョウ　　(エ)　カ

問4　下線部(C)に関する次の文章を読み，(1)，(2)に答えなさい。

生物の「進化」とは，同じ種類の生物の集団が，子孫を残すことをくり返しているうちに集団としての性質が変わっていく現象のことをいいます。例えば，ウマは「進化」によってだんだん大型化したことが知られています。生物の「進化」は，「突《とつ》然変異」と「自然選択《たく》」の結果起こる，と説明することができます。「突然変異」とは，生物が子孫を残すときにさまざまな特徴《ちょう》の子どもが生まれることで，ある一定の確率で常に起こっています。「自然選択」とは，生育する環《かん》境の影響《えいきょう》などによって，生き残って子孫を残す個体が選ばれることを意味します。

例えば，シャクガは茶色い樹皮や木の枝がまわりにある環境で生育しています。シャクガが子孫を残すときには「 ① 」により，さまざまな色のものが一定数生まれます。例えば，緑色に生まれたシャクガの幼虫や成虫は，茶色い樹皮や木の枝の中では目立つため，鳥などの天敵に食べられてしまうという「 ② 」を受け，子孫を残すまで生きることができません。その結果，「 ① 」で緑色やその他の目立つ色に生まれたシャクガは増えず，シャクガは何世代も茶色のままになります。ここで環境が変わり，周りの木の樹皮や枝の色が緑になったとします。すると，「 ① 」で緑色に生まれたものは目立たなくなり，生き延びて緑色の子孫を残すようになるという「 ② 」を受けます。反対にこの環境では茶色いシャクガは幼虫も成虫も目立つこととなり，鳥などの天敵に食べられてしまうという「 ② 」を受け，子孫を残すまで生きることができません。これが続くと，シャクガは茶色から緑色へと「 ③ 」することになります。

(1) 文章中の「①」～「③」には，次の**(ア)**～**(ウ)**のいずれかの語句が入ります。あてはまる語句をそれぞれ選び，記号で答えなさい。

(ア) 進化　**(イ)** 突然変異　**(ウ)** 自然選択

(2) 「キリンの首はなぜあんなにも長く進化したのか」を説明する説はいくつもあり，正解はまだ分かりません。「突然変異」と「自然選択」の考え方を用いると，どのように説明することができると思いますか。キリンの首の進化の過程をあなたなりに考えて説明しなさい。

問５ 下線部**(D)**について，昆虫食は**【図１】**のSDGsの**17**のゴールのうちいくつかの目標達成に貢《こう》献《けん》することが期待されています。以下は昆虫食で期待されるコオロギについて説明した文章です。これを参考にすると，昆虫食はSDGsの**17**のゴールのどれにつながるといえると思いますか。**1**～**17**の番号から１つ選び，あなたがそう考えた理由を説明しなさい。

コオロギは，少ない資金で養殖《しょく》事業を始められるため，発展途《と》上国での養殖が増えている。また，多くの牧草と水が必要な牛の飼育に比べ少ない飼料と水で多くのタンパク質を得られるため，二酸化炭素の排《はい》出量が約1000分の１になるとの試算もある。

【図１】

4 水と６種類の水溶《よう》液(うすい塩酸，食塩水，炭酸水，うすいアンモニア水，砂糖水，石灰水)について，**問１**，**問２**に答えなさい。

問１ 次の(**1**)～(**5**)の水溶液の組み合わせのうち，下線の水溶液を判定するにはどのようにすればよいですか。その方法を下の①～⑥からそれぞれ選び，番号で答えなさい。また，その結果がどのようになるかも答えなさい。ただし，①～⑥は一度ずつしか使えません。

(**1**) 水と食塩水　(**2**) 水と炭酸水　(**3**) うすい塩酸とうすいアンモニア水

(**4**) 食塩水と砂糖水　(**5**) 食塩水と石灰水

① においをかぐ　② 赤リトマス紙を浸《つ》けてみる　③ 加熱する

④ 見た目　⑤ 二酸化炭素を通す　⑥ 電流を通す

問２ うすい塩酸を入れた試験管を２本用意し，一方にアルミニウムを入れると，全て溶《と》けてもう一方のうすい塩酸と区別がつかなくなりました。アルミニウムを溶かしたうすい塩酸が入っている試験管を判定するにはどのようにすればよいですか。**問１**の①～⑥から選び，番号で答えなさい。また，その結果がどのようになるかも答えなさい。

5 百合子さんは，オリジナルのろうそくを作るために，ロウを溶《と》かして液体の状態にして紙コップに入れておきました。しばらくして紙コップの中を見てみると，**【図１】**のように中央部分がへこんだ状態で固まっていました。

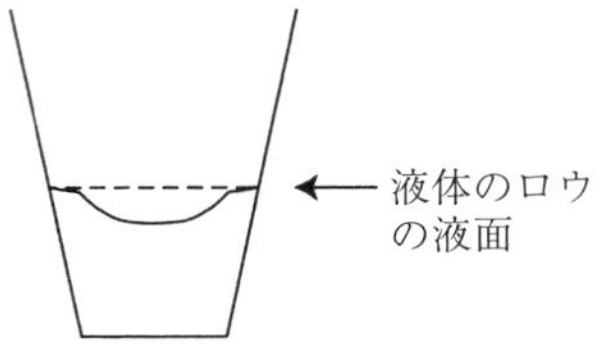

【図１】

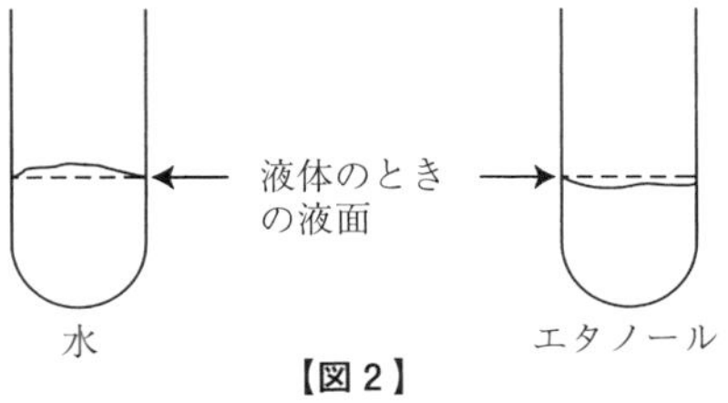

【図２】

他の液体も固体になると同じように固まるのかが気になり，実験してみることにしました。水と*エタノールをそれぞれ試験管に入れて冷やして固体にしたところ，水もエタノールも中央がへこむことなく固まっていましたが，両方とも**【図２】**のように液体のときと固体のときとでは体積が異なっていました。これについて，**問１**～**問６**に答えなさい。

＊消毒用エタノールの原液で，水がほとんどふくまれていない溶液

問１ ロウに関する次の文章の(①)～(③)にあてはまる語句を，それぞれ**ア**，**イ**から選び，記号で答えなさい。ただし，「密度」とは1 cm^3 あたりのものの重さのことです。

ロウは液体から固体に変化すると体積が(①　**ア**　大きく　**イ**　小さく)なるので，(②　**ア**　固体　**イ**　液体)の状態の方が密度が大きい。また，ロウが固体になると中央部分がへこんだ状態になるのは，(③　**ア**　内側　**イ**　外側)から固まりながら体積が(①)なるためである。

問２ 水に氷を入れるとどうなりますか。次の(**ア**)～(**ウ**)から選び，記号で答えなさい。

(**ア**) 浮《う》く　(**イ**) しずむ　(**ウ**) 中央部分にただよう

問３ 液体のエタノールに固体のエタノールを入れるとどうなりますか。**問２**の(**ア**)～(**ウ**)から選び，記号で答えなさい。

問４ **問３**の理由を「密度」という語句を用いて説明しなさい。

百合子さんは，液体と固体で体積が異なることを不思議に思い，理由を調べてみることにしました。すると，それぞれの「もの」をつくっているのは大きさの変わらない「つぶ」であり，体積の違《ちが》いはその「つぶ」のくっつき方やならび方の違いによることが分かりました。例えば，液体の様子を９個の「つぶ」を用いて図示すると**【図３】**のようになり，体積はこの「つぶ」が存在する範《はん》囲(点線で囲んだ部分)で表すことができます。

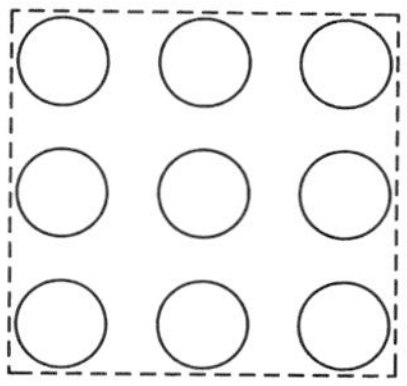

【図３】

問５　**【図３】**を参考に，固体のエタノールの体積の様子を，液体の体積との違いが分かるように９個の「つぶ」を用いて図示し，体積にあたる部分を実線で囲みなさい。図示にあたっては，解答用紙の＜参考**【図３】**＞と同じ大きさの「つぶ」を用いなさい。なお，解答欄の点線で囲まれた部分は液体のエタノールの体積を示しています。

問６　水は液体から固体になると，ロウやエタノールなど他の溶液とは異なり，体積が**【図２】**のように変化します。**【図３】**を参考に，固体の水の体積の様子を，液体の体積との違いが分かるように９個の「つぶ」を用いて図示し，体積にあたる部分を実線で囲みなさい。図示にあたっては，解答用紙の＜参考**【図３】**＞と同じ大きさの「つぶ」を用いなさい。なお，解答欄の点線で囲まれた部分は液体の水の体積を示しています。

問一 〰〰線**A**「微笑を禁ずることができなかった」、**B**「あながち不可能なことではない」、**C**「争われぬ」の意味として最も適切なものを、それぞれ**ア**〜**オ**の中から選び、記号で答えなさい。

A「微笑を禁ずることができなかった」

ア 誠二は、無理にでも笑顔を作らなければならなかった
イ 誠二は、友達の笑顔を見て、つい笑顔になってしまった
ウ 誠二は、つい笑顔になるのを抑《おさ》えることができなかった
エ 誠二は、友達が自分のことを笑うのを止めることができなかった
オ 誠二は、友達に笑われるのをがまんすることができなかった

B「あながち不可能なことではない」

ア もしかしたら不可能かもしれない
イ 決して不可能なことではない
ウ そんなことはできるはずがない
エ 決して可能なことではない
オ 必ずしも不可能なことではない

C「争われぬ」

ア 否定することができない
イ 有《う》無を言わせない
ウ これ以上争うことはできない
エ 争いをやめることはできない
オ 聞き捨てならない

問二 本文中の□にあてはまる語句を次の**ア**〜**オ**の中から一つ選び、記号で答えなさい。

ア 自分よりも強い兄を持った
イ 自分のせいで兄が辛《つら》い思いをした
ウ 自分が本当は強い兄を持っているのだ
エ 自分が頼みがいのない兄を持った
オ 自分が兄にうそをつかせてしまった

問三 ——線①「自尊心を傷つける」とありますが、誠二がこのように考えるのはなぜですか。三十字以内で答えなさい。

問四 ——線②「そう決心した」のはなぜですか。「そう」の指し示す内容を明らかにしながら、六十字以内で答えなさい。

問五 ——線③「太陽の光もないように思われた」とありますが、この表現から読みとれる誠二の気持ちを四十字以内で答えなさい。

問六 次の**ア**〜**キ**の中で、本文の内容と合っているものを二つ選び、記号で答えなさい。

ア 誠二は、本当は兄の方が自分よりも角力が強いと思っている。
イ 誠二の友達は、誠二は角力が弱く、負けたら泣くにちがいないと馬鹿にしている。
ウ 誠二は、信ちゃんこそが自分のことを理解してくれていると思っている。
エ 誠二が兄に二度目の勝負を持ちかけたのは、兄の汚《お》名をそそぐためである。
オ 誠二は、最初の勝負後に兄が笑っているのを見て、腹立たしく思った。
カ 誠二の兄は、二度目の勝負で誠二がわざと負けたことには気がついていなかった。
キ 誠二は、調子に乗っている兄を負かしてやろうとして二度目の角力を取った。

鋭《するど》さがあったのはC争われぬことだ。

　兄は「もうごめんだよ、若いものは勝ちに乗じて何回もやりたがるものだナア」とおかしみたっぷりに言った。誠二にはその言葉がまたこの上なく皮肉に聞こえたのであった。ムッとして「何でもいいからやりましょう」と鋭く言った。兄もさすがに真顔になって「それじゃあ！　やろう」と言って立ち上がった。あたりで見ていた誠二の友達はどっちが勝ってもいいような様子をして【注3】戯謔《ぎぎゃく》を言い言い、二人に声援《えん》をしていた。誠二が兄と取り組んでからはほとんど夢中と言ってよいくらいであった。ただ膝頭《ひざがしら》がガクガク震《ふる》えているのばかりが彼にはハッキリわかっていた。それでも「もういいだろう」ということが夢中になっている誠二の頭に浮かんできた。誠二はワザとゴロリと横になった。それは自分ながら驚くほど自然にころんだのだ。友達はこの意外な勝負を見てワッとばかり叫《さけ》んだ。それは兄をほめる歓《かん》声でなかった。

　誠二を罵《ののし》る叫びだった。兄は得意そうに微笑《ほほえ》んでいた。そうしてたおれている誠二の脚《あし》を彼の足先でちょっとつついた。

　誠二はだまって立ち上がった。彼の友達はがやがや騒《さわ》ぎだした。中にはこんな声もまじってあった。「そら見ろい、あのとおり誠ちゃんが負けるんだよ、誠ちゃんの兄さんがわざとさっきは負けてやったんだよ、誠ちゃんが泣くといけないからナ」「そうだとも一回で止《や》めとけばよかったのに、勝ったもんだから癖《くせ》にしてまたやったらこの始末さアハハハハハハハハハ」誠二はだまってこの話し声を聞いていた。誠二の心はこんどは淋しさを通りこして、取り返しのつかない侮《ぶ》辱《じょく》を受けて無念でたまらないような気がしてならなかった。兄の方を見た。兄はまだ喜んでいるようだ。誠二は兄のその喜んでいる様子を見てもチッとも嬉《うれ》しくはならなかった。自分にだまされて勝って喜んでいる兄を見てますます頼みがいのない兄だというなさけない思いがしてきた。

　アア負けねばよかった。また勝ってやればよかった。誠二には深い後悔《かい》の念が堪《た》えられないほどわき出たのであった。

　もう友達はだいぶ彼の家から帰っていった。兄も誠二の部屋から去った。誠二は後悔の念に満ちた心を持って部屋の窓から空を見上げた。どんより曇《くも》った灰色の空は低く大地を包んでいた。風もなかった。誠二には③太陽の光もないように思われた。

　誠二の肩《かた》をたたくものがある。信ちゃんであった。誠二のたった一人のホントの友達の信ちゃんであった。信ちゃんは快活に「今の勝負。ありゃあ君がわざと負けたのじゃないか」と言った。誠二はこれを聞いて嬉しくって嬉しくってたまらなかった。そして自分をホントに知ってくれる人は信ちゃんであると思った。誠二は急に顔に微笑を浮かべて信ちゃんの手を固くにぎりだまって頭を縦に振《ふ》ってみせた。信ちゃんは大得意になって「そうだろう、なんだかおかしいと思った。あんなにたやすく兄さんに負けはしまいと僕は思っていたんだ。だがなぜ兄さんに勝たせたんだい」と聞いた。それを聞いて誠二はハッとしたようにしてだんだん暗い顔色になってきた。

　やや沈黙《ちんもく》が続いた後信ちゃんは【注4】トンキョウな声を上げて「ハハアわかった、誠ちゃん君えらいネ、兄さんに赤恥《はじ》をかかせまいと思って負けたんだネ、そうだろう」と叫ぶように言った。誠二はそれに対して「ソウダ」と言うことがどうしてもできなかったのは無論である。

（太宰《だざい》　治『角力』一部改）

【注】

1　えばる…いばる。
2　嘲罵…あざけりののしること。
3　戯謔…たわむれおどけること。
4　トンキョウ…調子はずれなさま。

字以内で探し、抜《ぬ》き出して答えなさい。

問六　――線③「わたしたちが生きる世界には意外に灰色が多い」のはなぜですか。本文中の言葉を使って三十字以内で答えなさい。

問七　本文中の【　】にあてはまる最も適切な言葉を次の**ア**～**オ**の中から選び、記号で答えなさい。

ア　基本　**イ**　根本　**ウ**　消極　**エ**　客観　**オ**　対照

問八　――線④「人間は灰色をさらに評価することもできる」とありますが、それはなぜですか。本文中の言葉を使って四十字以内で答えなさい。

二

次の文章を読んで、後の問いに答えなさい。

誠《せい》二《じ》は快活に「案外弱いナア」と言った。もちろんそれは角力《すもう》で見《み》事《ごと》兄を負かした自分の強さを表現する一つの手段に過ぎなかった。

誠二は兄に勝ったという喜びよりも、今の勝負を見ている自分の友達の中で自分を常々そんなに強くない――むしろ弱い――と思っている友達がどんなにか「誠二は此頃《このごろ》メッキリ強くなった」ということに驚《おどろ》いているだろう、と思ってさえも**A**微笑《びしょう》を禁ずることができなかった。

誠二は何気なくホントに何気なく、自分に負けた兄の方を見た。おひとよしの兄は誠二を見てニヤニヤ笑いながら「負けたナア、ウム見《み》事《ごと》負けた、サアこんどからは誠ちゃんが【注1】えばるによいナ、羨《うらや》ましいナア」と高くしゃべってカラカラ笑った。誠二はニッコリともしなかった。誠二は淋《さび》しくなったからだ。誠二は兄のさっきの言葉を聞いているうちに、その兄の言葉のどこかに淋しさのあるのを知った。またその笑い声もあきらかにウソの笑い声であることも知った。それらを知った時に誠二は急に淋しくなったのだ。そしてそれは兄に対して済まない心からの淋しさではなかった。それと全然反対の［　　　　］という淋しさなのだ。

兄が自分より弱い、そして自分に負けてベソをかいているよ。誠二にはヤケに似た【注2】嘲罵《ちょうば》の心も起きてきた。しかし彼《かれ》の淋しさはだんだん深くなるばかりだ。頼みがいのない兄、たった一人でもいい自分をつまみ出せるような強い兄を持ちたい。彼はこんなことまで真《ま》面《じ》目《め》に考えてみるようになった。

誠二はこの間兄が村はずれの源《げん》太《た》に手ひどくたたかれて泣きはらしたような眼《め》をして紫《むらさき》にはれ上がった頰《ほお》を押《お》さえて父母に見つからぬように家の裏口からコッソリ入ってきたイヤな光景を思い浮《う》かべずにはいられなかった。兄がこんなだから僕《ぼく》まで友達に馬《ば》鹿《か》にされるのだ。自分より弱い兄を持っていることは誠二の①自尊心を傷つけるものだと考えたりした。

アア僕の兄が自分に勝ってくれたら。

アア僕の兄に自分が負けたら……誠二は自分より強い兄を要求する心から兄より弱い自分を要求する心に変わっていったのは無理もないことである。

誠二はこの弱い兄を自分より強くするのは到《とう》底不可能だと思った。しかし自分は兄より弱くなるのは**B**あながち不可能なことではないと思われた。

「もう一回兄と角力をとろう、そして自分は立派に兄に勝ちをゆずろう」誠二は②そう決心したのはそれからホンの少したってからのことであった。

誠二のその決心は頼みがいのない兄を持った自分の淋しさを癒《いや》そうとの考えからで決して兄が負けたから、こんどは自分が負けて兄の気持ちを悪くしたくないからでもまた兄に勝って失礼したのをおわびしたいからでもなかった。「兄さんもう一回やってみましょう」と何気なく誠二は言ったつもりであったろうが、その声にはなんとも言えぬ肌《はだ》色とはまた違った趣《おもむき》がある。引き締《し》まった画面の陰影《いんえい》が、人柄《がら》の深さを表すこともあるし、人生の時間を感じさせることもある。このように、わたしたちは灰色の無限の段階のなかに、光と影の戯《たわむ》れを見て楽しむことができる。

こうした感覚は実は昔から存在していたものだろう。都市のなかでいえば、日本や韓《かん》国の屋根瓦《やねがわら》がそうだ。グレー一色の世界に見えるが、実はそうではない。同じグレーでも濃淡《のうたん》があるし、また天気によっても色が違って見える。山村の瓦《かわら》と、漁村の瓦が違って見えるのは、環境だけでなく生活のせいもあるだろう。雲の色を **d** ハンエイして、夏の盛《さか》りには強く照り、雨が降ればしっとりと落ち着く。世界の建築のなかでも、これほど豊かな灰色をもった屋根はあまり見当たらない。

おそらく日本は灰色の美しさに目覚め、それを大切に育ててきた文化をもっている。伝統色と呼ばれる色名の体系を調べてみると、近代以前の日本には、特に灰色系に驚《おどろ》くほど多くの色名があったことがわかる。灰色も灰だけではないのだ。煤にも種類があるし、墨《すみ》にもいろんな墨がある。派手な色彩を控《ひか》え、微妙な明暗の変化を愛《め》でる。そのもっとも **e** センレンされた芸術のひとつが、茶の湯にちがいない。

わたしが好きな色のひとつに、その名が残されている。それは茶の芸術が完成された時代の **B** 名残《なご》りとも、また灰色の美学を表しているとも思える。利休鼠《りきゅうねずみ》というネズミ色である。【注2】千利休《せんのりきゅう》の名と鼠の組み合わせがいい。ネズミ色の服を着た人が、竹煤色《たけすすいろ》の小さな部屋で、灰色の茶碗を見つめている。日本の文化はそんな世界に、どんなカラフルな色にもまさる、最高の美を認めることもできるのである。

（港　千尋《ちひろ》『芸術回帰論』一部改）

【注】

1 煤けた…煤の色をした。「煤」とは煙《けむり》の中に含まれている黒い粉《こな》。

2 千利休…安土桃山時代に、日本の茶道を完成した人。

問一 ‖線**a**～**e**のカタカナを漢字に直しなさい。

問二 本文中の Ⅰ ～ Ⅲ にあてはまる言葉を、次の**ア**～**オ**の中からそれぞれ一つずつ選び、記号で答えなさい。

ア また　**イ** たとえば　**ウ** だから
エ だが　**オ** それとも

問三 〰線**A**・**B**の意味として最も適切なものをそれぞれ**ア**～**オ**の中から選び、記号で答えなさい。

A 「公共」

ア バリアフリーであること
イ 表立って目立っていること
ウ 大勢が使えるように広いこと
エ 各自が好きなように使えること
オ 社会の人々皆《みな》のものであること

B 「名残り」

ア 名誉《よ》が伝わるもの　**イ** 名前が記された資料
ウ 昔をなつかしむ気持ち　**エ** あるものが存在した跡《あと》
オ 代表的な文化

問四 ――線①「ある感情」の「ある」と同じ意味のものを次の**ア**～**オ**の中から選び、記号で答えなさい。

ア 勇気ある決断を下した。
イ 事あるごとに冗《じょう》談を言う。
ウ 校庭にある花壇《だん》を手入れした。
エ だれにでも欠点はあるものだ。
オ その男はある村にかくれていた。

問五 ――線②「ネズミ色の服を着た人が、煤けたような壁に囲まれて、灰色の茶碗を手にしている」ような世界を、日本文化ではどのようにとらえていますか。それがわかる表現を本文中から二十

2023年度 白百合学園中学校

【国　語】（四〇分）〈満点：一〇〇点〉

※字数制限がある問題は、「、」や「。」、カギカッコもすべて一字と数えます。

一　次の文章を読んで、後の問いに答えなさい。

彼《かれ》はネズミ色の服を着ていた。

こう書くと、誰《だれ》もが同じような色を想像する。実際には白いネズミや黒いネズミもいるのだが、色としてはグレーを考えるのがふつうだ。ネコ色という言葉がもしあったとしても、ひとつの色がみんなの頭に浮《う》かぶとは思えない。明るい色、暗い色、いろいろな茶色も含《ふく》まれるだろう。ネズミ色のほうは、ほとんど無彩《さい》色である。明度の違《ちが》いだけで彩《いろど》りのない色、灰色の世界である。

色の好みは人それぞれだが、色の感じ方には共通するものがある。暖色や寒色という言葉があるように、色に温度を結びつけたり、①ある感情を与《あた》える作用を認めたりする。どの文化でもたいがい赤は注意や警戒《かい》感を与えるし、青はその反対に沈《ちん》静をもたらす。ふたつの色をコン合して得られる紫《むらさき》は、日本でもヨーロッパでも昔はaコウキな色として、特別な階級の人々の服装に使われた。『源氏物語』が別名「紫の物語」と呼ばれたように、色が物語を象徴《ちょう》することさえある。

その点、ネズミ色はあまりいい意味をもたされていない。なにしろ世界中どこでも害獣《じゅう》と見なされているネズミの色なのだし、これを灰色と言い換《か》えても、否定的な意味に結びつく。②ネズミ色の服を着た人が、【注1】煤《すす》けたような壁《かべ》に囲まれて、灰色の茶碗《わん》を手にしているとしたら、ずいぶん地味で面白《おも》みのない世界を想像するのがふつうだろう。「灰色の世界」と聞けば、明るく楽しい世界の反対がイメージされるし、「グレーゾーン」と言えば、曖昧《あいまい》でどっちつかずと怪《あや》しまれる。

[Ⅰ] ③わたしたちが生きる世界には意外に灰色が多い。身のまわりに目を向けると、舗《ほ》装された道路、コンクリートの建物、さまざまな配管、電柱に電線……都市生活をとりまく環《かん》境の大部分はこの色で占《し》められている。A公共空間だけでなく、オフィスや自宅でも多くの製品にグレーが使われる。特別な意味をもたず、特別な感情にも結びつく必要がない場所では、グレーのほうがよい。

もし都市環境のあらゆる場所に鮮《あざ》やかな色がつけられていたら、わたしたちの感覚はマヒしてしまうだろう。[Ⅱ] 室内の灰色の部分を、すべて違う色に塗《ぬ》り替《か》えたら、bコンランと疲《ひ》労で仕事も勉強も手がつかなくなってしまうのではないだろうか。感覚と感情の安定を支えているのは、実は目立たない灰色のほうなのだ。

つまり灰色は【　　】的だから役立っているわけだが、④人間は灰色をさらに評価することもできる。そのひとつが白黒写真である。白黒写真は言うまでもなく、世界から彩度を差し引いて、明度だけで表現する。さまざまなグレーの段階だけで表現するのだから、正確に言えば、白黒ではなく、灰色写真である。だからモノクロームつまり「単色写真」とも呼ばれる。面白いことに人間は、彩りのないさまざまな明るさの灰色だけで表現された風景を見て、それを美しいと感じることができる。それにはいろいろな理由が考えられる。

そのひとつは色を差し引くせいで、わたしたちが光と影《かげ》に敏《びん》感になることだろう。[Ⅲ] cシンリョクの木々から色を差し引いたとたんに、木の葉の重なりの微妙《びみょう》な影に気がつく。初夏の海をモノクロームにすると、砂と波が織りなすパターンが見えてくる。

人間の顔もそうである。モノクロームで表現された人間の顔には、

2023年度

白百合学園中学校　▶解説と解答

算　数　(40分)<満点：100点>

解　答

[1] (1) 63000円　(2) 15本　[2] (1) 1.8km　(2) 12.6km　[3] (1) $\frac{1}{12}$倍　(2) 3：2　(3) $\frac{1}{8}$倍　[4] (1) $13\frac{1}{3}$分　(2) 4時$9\frac{111}{121}$分　[5] $970\frac{2}{3}\text{cm}^2$

解　説

[1] 売買損益

(1) 花1本の定価は，200×(1＋0.4)＝280(円)である。また，1日目に売れ残った本数は，300×0.25＝75(本)だから，1日目に売れた本数は，300－75＝225(本)となる。よって，1日目の売り上げ金額は，280×225＝63000(円)とわかる。

(2) 仕入れに使った金額は，200×300＝60000(円)であり，2日間でこの27.4％の利益があったので，2日間の売り上げ金額の合計は，60000×(1＋0.274)＝76440(円)となる。よって，2日目の売り上げ金額は，76440－63000＝13440(円)とわかる。また，2日目の花1本の売り値は定価の2割引きにあたる，280×(1－0.2)＝224(円)だから，2日目に売れた本数は，13440÷224＝60(本)と求められる。したがって，枯《か》れた花の本数は，75－60＝15(本)である。

[2] 速さと比

(1) 右の図のような位置にC地点をとり，AC間の道のりを求めればよい。1日目と2日目に歩いた時間の差は，休憩《けい》時間の差の，24－8＝16(分)であり，C地点とB地点の間の上りにかかった時間と下りにかかった時間はそれぞれ同じなので，AC間の上りと下りにかかった時間の差が16分とわかる。さらに，上りと下りの速さの比は，2.7：4.5＝3：5だから，AC間の上りと下りにかかった時間の比は，$\frac{1}{3}:\frac{1}{5}=5:3$となる。この差が16分なので，比の1にあたる時間は，16÷(5－3)＝8(分)となり，AC間の上りにかかった時間は，8×5＝40(分)と求められる。よって，AC間の道のりは，$2.7\times\frac{40}{60}=1.8$(km)である。

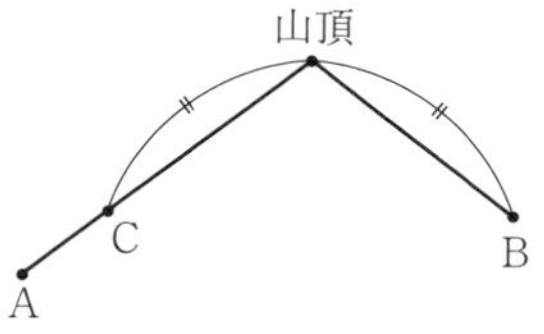

(2) C地点からB地点まで歩くのにかかった時間は，4時間－8分－40分＝3時間12分＝192分となる。また，C地点から山頂までと山頂からB地点まで歩くのにかかった時間の比は5：3だから，C地点から山頂まで歩くのにかかった時間は，$192\times\frac{5}{5+3}=120$(分)とわかる。よって，C地点から山頂までの道のりは，$2.7\times\frac{120}{60}=5.4$(km)なので，A地点からB地点までの道のりは，1.8＋5.4×2＝12.6(km)と求められる。

[3] 平面図形―相似，辺の比と面積の比

(1) 下の図で，三角形ABCの面積は正六角形の面積の$\frac{1}{6}$倍である。また，三角形ABHと三角形CBHは合同だから，三角形ABHの面積は正六角形の面積の，$\frac{1}{6}\times\frac{1}{2}=\frac{1}{12}$(倍)とわかる。

(2)　ADとBEが交わる点をOとすると，三角形ABHと三角形AOHは合同なので，BHとOHの長さは等しくなる。また，BOとEOの長さも等しいから，BH＝HO＝１とすると，BE＝（１＋１）×２＝４となる。よって，HE＝４－１＝３，HI＝IE＝３÷２＝1.5より，BH：HI：IE＝１：1.5：1.5＝２：３：３とわかる。次に，三角形BCIと三角形EGIは相似であり，相似比は，BI：EI＝（２＋３）：３＝５：３なので，BC：EG＝５：３となる。したがって，EG：EF＝３：５だから，EG：GF＝３：（５－３）＝３：２と求められる。

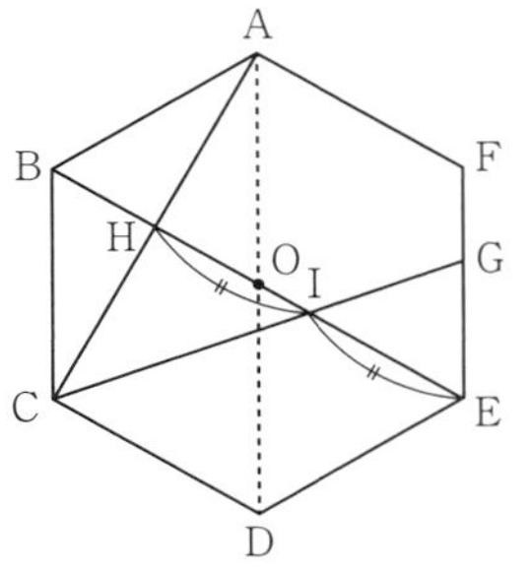

(3)　(1)より，三角形CBHの面積は正六角形の面積の$\frac{1}{12}$倍である。よって，三角形CBHと三角形CHIで，面積の比はBH：HIの比と等しくなるから，三角形CHIの面積は正六角形の面積の，$\frac{1}{12}\times\frac{3}{2}=\frac{1}{8}$(倍)とわかる。

4　時計算

(1)　長針は１分間に，360÷60＝６(度)，短針は１分間に，360÷12÷60＝0.5(度)動くから，長針は短針よりも１分間に，６－0.5＝5.5(度)多く動く。また，４時ちょうどに長針と短針が作る角の大きさは，360÷12×４＝120(度)なので，長針と短針が作る角が初めて直角になるのは，４時ちょうどから長針が短針よりも，120－90＝30(度)多く動いたときである。よって，30÷5.5＝$\frac{60}{11}$(分)より，その時刻は４時$\frac{60}{11}$分であり，そのとき右の図１のようになる。すると，長針と針Ａが$\frac{60}{11}$分で動いた角の大きさの和が180度だから，長針と針Ａが１分間に動く角の大きさの和は，180÷$\frac{60}{11}$＝33(度)とわかる。したがって，針Ａが１分間に動く角の大きさは，33－６＝27(度)なので，針Ａが一周するのにかかる時間は，360÷27＝$\frac{40}{3}$＝13$\frac{1}{3}$(分)と求められる。

図１　４時$\frac{60}{11}$分

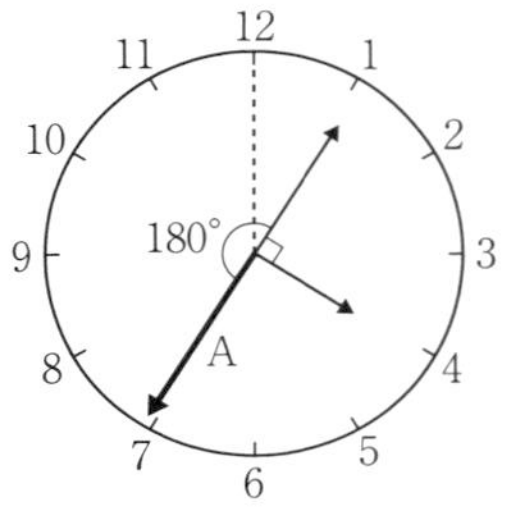

(2)　４時ちょうどから$\boxed{1}$分後に右の図２のようになったとすると，４時ちょうどから長針，短針，針Ａが動いた角の大きさはそれぞれ，$\boxed{6}$度，$\boxed{0.5}$度，$\boxed{27}$度になる。図２で，長針と針Ａが作る角(斜線《しゃせん》の角)の大きさは，360－($\boxed{6}$＋$\boxed{27}$)＝360－$\boxed{33}$(度)と表すことができる。また，12時と４時の目盛りが作る大きい方の角の大きさは，360－120＝240(度)だから，短針と針Ａが作る角(かげの角)の大きさは，$\boxed{27}$－240＋$\boxed{0.5}$＝$\boxed{27.5}$－240(度)と表すことができる。これらが等しいので，360－$\boxed{33}$＝$\boxed{27.5}$－240，$\boxed{27.5}$＋$\boxed{33}$＝360＋240，$\boxed{60.5}$＝600より，$\boxed{1}$＝600÷60.5＝$\frac{1200}{121}$＝9$\frac{111}{121}$(分)と求められる。よって，この時刻は４時9$\frac{111}{121}$分である。

図２　４時$\boxed{1}$分

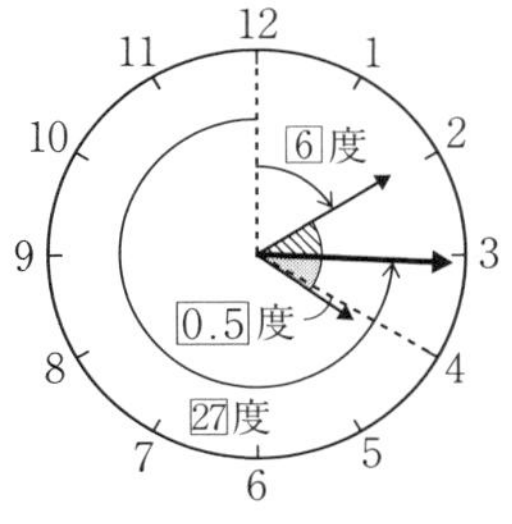

5　立体図形―表面積

真上から見ると下の図①のようになる。図①で，かげをつけた２つの三角形は相似であり，相似比は，12：４＝３：１だから，ア＝８×$\frac{1}{3}$＝$\frac{8}{3}$(cm)，イ＝10×$\frac{1}{3}$＝$\frac{10}{3}$(cm)となり，見取図は下の図②のようになる。図②で，真上と真下から見ると，底辺が12cmで高さが８cmの三角形が全部で

４個見えるので，これらの面積の和は，$(12\times 8\div 2)\times 4=192$(cm^2)となる。また，右と左から見ると１辺12cmの正方形が見えるから，これらの面積の和は，$12\times 12\times 2=288$(cm^2)とわかる。次に，図②のかげの部分は全部で４個あり，これらの面積の和は，$\left(12\times 10-4\times\frac{10}{3}\right)\times 4=\frac{1280}{3}=426\frac{2}{3}$(cm^2)となる。同様に，斜線部分も全部で４個あり，これらは，底辺が，$\frac{8}{3}\times 2=\frac{16}{3}$(cm)で高さが，$4\div 2=2$(cm)の三角形だから，その面積の和は，$\left(\frac{16}{3}\times 2\div 2\right)\times 4=\frac{64}{3}=21\frac{1}{3}$(cm^2)と求められる。さらに，太線で囲んだ部分は２個あり，これらの面積の和は，$\left(4\times\frac{16}{3}\right)\times 2=\frac{128}{3}=42\frac{2}{3}$(cm^2)とわかる。よって，立体Ｃの表面積は，$192+288+426\frac{2}{3}+21\frac{1}{3}+42\frac{2}{3}=970\frac{2}{3}$(cm^2)である。

図①

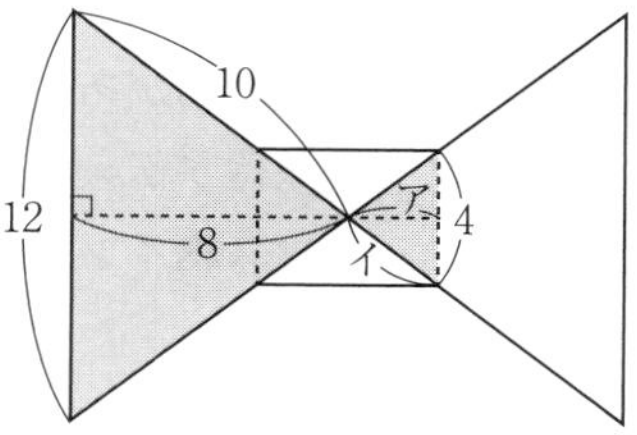

図②

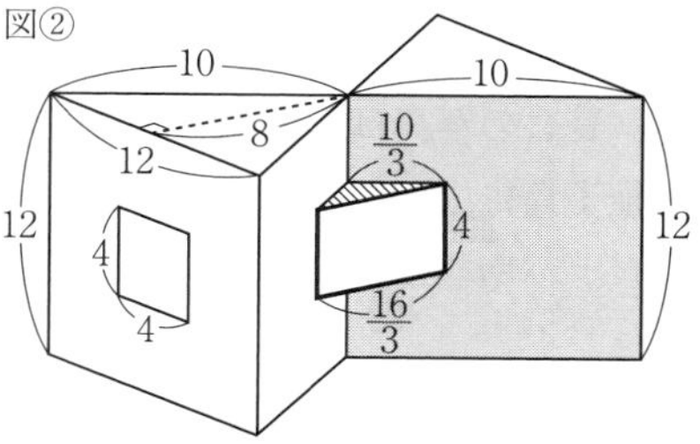

社 会 (30分) ＜満点：75点＞

解 答

1 **問１** **Ａ** 淡路島／兵庫県 **Ｂ** 佐渡島／新潟県 **Ｃ** 沖ノ鳥島／東京都 **Ｄ** 種子島／鹿児島県 **問２** (1) Ｄ (2) ポルトガル，ア **問３** Ｂ **問４** (1) 阪神・淡路大震災 (2) ウ **問５** (1) 明石海峡大橋 (2) **良くなった点**…(例) 本州へ自動車で通勤・通学できるようになった。(観光バスや自家用車で島を訪れる観光客が増えた。) **悪くなった点**…(例) 移動が容易になったので本州へ移住する人が増え，人口が減少した。(観光客の増加で自動車の騒音や排気ガス，ゴミの投棄が増え，生活環境が悪化した。) **問６** トキ **問７** ウ **問８** イ，オ **問９** (例) Ｄの島がある鹿児島県は火山灰土のシラス台地が広がっていて水もちが悪く，水田に適さないため，サツマイモや茶などの畑作がさかんである。
2 **問１** (1) 富士山 (2) 葛飾北斎 **問２** ウ，エ **問３** 土偶 **問４** 邪馬台国 **問５** エ **問６** 蘇我(氏) **問７** (例) 中国の隋と対等な立場で国交を開くこと。 **問８** 行基 **問９** エ **問10** (1) ア (2) 藤原頼通 **問11** (1) 壇ノ浦(の戦い) (2) 後鳥羽上皇 (3) エ (4) **人物**…北条泰時 **目的**…(例) 御家人どうしの土地の所有権や相続権をめぐる争いを公平に裁くため。 **問12** 織田信長 **問13** (例) 比叡山延暦寺の焼き打ち(石山本願寺との戦い) **問14** (1) 島原・天草一揆(島原の乱) (2) 徳川家光 (3) ウ **問15** (1) 戊辰戦争 (2) イ→エ→ア→ウ **問16** 伊藤博文 **問17** (1) エ (2) ウ→イ→ア→エ 3 **問１** **１** 民法 **２** 消費生活センター **問２** 家庭裁判所 **問３** イ，エ **問４** マルチ商法(連鎖販売取引) **問５** (1) 条例 (2) 30(歳) (3)

オンブズマン制度　**問6**　オ　**問7**　(1)　インフレーション　(2)　ア　(3)　ウ

解　説

1 日本の島を題材とした問題

問1　**A**　近畿地方にある淡路《あわじ》島(兵庫県)は，瀬戸内海の数ある島の中でも最も大きい。　**B**　佐渡《さど》島(新潟県)は江戸時代に天領(幕府の直轄《ちょっかつ》地)となり，多くの金や銀を産出した。　**C**　日本の最南端に位置する沖ノ鳥島(東京都)は，満潮時に大小2つの岩礁《がんしょう》が海面上に残るだけの島で，これが消失すると，周囲40万km^2の漁業水域と海底資源の採掘権を失うことになる。そのため，1987年に285億円の工費をかけて周囲をコンクリートで防護し，波によって侵食《しんしょく》されるのを防いでいる。　**D**　種子《たねが》島(鹿児島県)は戦国時代に鉄砲が伝来したところとして知られ，現在では国産ロケットの発射場である種子島宇宙センターがある。

問2　(1)　資料の写真は，鉄砲を構えている人物の銅像なので，Dの種子島があてはまる。　(2)　1543年，種子島に中国船が流れ着き，乗っていたポルトガル人により鉄砲が伝えられた。ポルトガルはヨーロッパ南西部にある国で，地図のアがあてはまる。なお，イはスペイン，ウはイタリア，エはポーランド。

問3　資料の雨温図は冬の降水量(積雪量)も多い日本海側の気候の特徴《とくちょう》を示しているので，日本海に位置するBの佐渡島になる。

問4　(1)　1995年1月17日，淡路島北部を震源とするマグニチュード7.3の兵庫県南部地震による阪神・淡路大震災が発生し，6千人を超《こ》える死者を出した。　(2)　この地震では，津波による被害はなかったので，ウが誤っている。

問5　(1)　1998年，本州と淡路島を結ぶ明石海峡《あかしかいきょう》大橋が完成し，1985年に開通していた淡路島と四国を結ぶ大鳴門《おおなると》橋を合わせた2つの橋により，本州と四国が淡路島を経由して陸続きになった。
(2)　それまで淡路島から本州や四国に渡る手段は船しかなかったが，本州四国連絡橋の開通によって，自動車で行き来できるようになった。これにより移動する時間が短縮され便利になったので，本州への生産物の輸送や通勤・通学がしやすくなった。一方，簡単に本州に行くことができるようになったため，若い人が都市部に流出して人口が減少した。また，観光客の増加で自動車の騒音《そうおん》や排気ガス，ゴミの投棄《とうき》などの問題が起こり，生活環境《かんきょう》が悪化した。

問6　佐渡島には，国の特別天然記念物に指定されているトキの保護センターがある。

問7　「排他的経済水域」は沿岸から200海里(約370km)以内の，領海の外側の水域が対象となり，水産資源や海底の地下資源を沿岸国が独占《どくせん》的に管理できる。ただし，非沿岸国の保護対象として，船による航行，上空の飛行，海底電線や海底パイプラインの敷設《ふせつ》がある。よって，ウがあてはまる。

問8　日本の世界自然遺産の登録地は，「白神山地」(青森県・秋田県)，「屋久《やく》島」(鹿児島県)，「知床《しれとこ》」(北海道)，「小笠原《おがさわら》諸島」(東京都)，「奄美《あまみ》大島，徳之島，沖縄島北部及《およ》び西表《いりおもて》島」(鹿児島県・沖縄県)の5件である。よって，イ，オの2つがあてはまる。

問9　資料の表を見ると，全国では田の面積が畑より多いが，Dの種子島が属する鹿児島県は逆に畑の面積の方が多いことがわかる。鹿児島県の大部分の地域にはシラスとよばれる火山灰土の台地が広がり，水もちが悪く稲作には適さないため，サツマイモや茶の栽培《さいばい》などの畑作がさかんなほか，肉用牛やにわとり，豚の飼養頭数も全国有数である。統計資料は『日本国勢図会』2022／23年版による。

2 各時代の日本の宗教を題材とした問題

問1 (1) 山梨県と静岡県にまたがる富士山は,「信仰の対象と芸術の源泉」として,2013年に世界文化遺産に登録された。 (2) 資料の絵は,葛飾北斎《かつしかほくさい》が描いた「富嶽《ふがく》三十六景」のうちの「神奈川沖浪裏《なみうら》」である。北斎は江戸時代後半の化政文化を代表する浮世絵師で,風景画では歌川広重と並び称される。

問2 縄文時代,人々は狩りや漁,採集による生活を営んでいた。また,その時代のゴミ捨て場である貝塚からは貝がらや魚・けものの骨,土器・石器・骨角器などが見つかり,当時の人々の生活のようすを知ることができる。よって,ウ,エの2つが正しい。アの吉野ヶ里遺跡(佐賀県)は弥生時代の遺跡。イの銅剣や銅鏡を副葬《ふくそう》品としておさめた墓は,弥生・古墳時代以降に見られる。

問3 この時代,土偶とよばれる土人形がつくられた。女性をかたどったものが多く,安産やえものが豊かであることを祈《いの》るまじないに用いられたと考えられている。

問4 中国の歴史書『魏志《ぎし》』倭人《わじん》伝には,3世紀の日本に邪馬台《やまたい》国とよばれる強い国があり,女王の卑弥呼がまじないを利用して政治を行っていたことや,239年に魏(中国)に使いを送り,皇帝から「親魏倭王」の称号と金印・銅鏡を授けられたことなどが記されている。

問5 この女王の名が刻まれた鉄製の武器は発見されていないので,エが誤っている。

問6 6世紀に仏教が伝来すると,それを受け入れようとする蘇我《そが》氏と,排斥《はいせき》しようとする物部氏が争い,蘇我氏が物部氏をほろぼして大きな権力をにぎった。

問7 聖徳太子(厩戸《うまやど》皇子)はおばにあたる推古天皇の摂政として天皇中心の政治を行い,607年には小野妹子を遣隋使として隋(中国)に派遣し,隋と対等な立場で国交を開こうとした。

問8 行基は,諸国をめぐって民間への布教を行うとともに,弟子たちを率いて橋やため池をつくるなどの社会事業も行った。聖武天皇が東大寺の大仏をつくるさいには弟子たちとともに協力し,のちに最高僧位の大僧正《そうじょう》に任じられた。

問9 空海は平安時代初め,留学僧として遣唐使船で唐(中国)に渡り,帰国すると高野山(和歌山県)に金剛峯寺《こんごうぶじ》を建てて真言宗を開いた。よって,エが正しい。詩文や文筆にもすぐれ,「弘法大師」の名でも知られる。なお,比叡《ひえい》山(滋賀県)に延暦寺を建てて天台宗を開いたのは最澄。

問10 (1) 写真アは平等院鳳凰《ほうおう》堂で,平安時代後半に流行した浄土教の本尊である阿弥陀仏をまつり,極楽浄土を再現するために建てられたものである。イは東大寺の南大門,ウは東大寺の正倉院。(2) この建物は藤原頼通《よりみち》が現在の京都府宇治市につくらせたもので,頼通は父の道長とともに藤原氏の全盛期を築いた。

問11 (1) 1185年,壇ノ浦の戦いで平氏は源氏にほろぼされた。 (2) 後鳥羽上皇は源氏の将軍が3代で絶えると,政治の実権を鎌倉幕府から朝廷の手に取りもどそうとして,1221年に承久の乱を起こした。しかし,源頼朝の妻で「尼《あま》将軍」と呼ばれた北条政子の演説などで結束を固めた幕府軍にわずか1か月で敗れ,上皇は隠岐《おき》島(島根県)に流された。 (3) 御成敗式目(貞永《じょうえい》式目)は,鎌倉幕府の第3代執権北条泰時が1232年に定めた初の武家法である。城の修理や新築を禁じたのは江戸幕府が定めた武家諸法度(1615年)なので,エが誤っている。 (4) 御成敗式目は源頼朝以来の先例や武家社会の慣習,道徳をもとに,御家人の権利と義務,領地の訴訟《そしょう》などについて定めたものである。

問12　織田信長は全国統一の妨《さまた》げになっている仏教勢力を抑《おさ》える一方，キリスト教を保護し，根《こん》拠《きょ》地として築いた安土城の城下にキリスト教の教会や学校を建てることを許した。

問13　信長は1571年，敵対する朝倉氏・浅井《あざい》氏に味方したとして，比叡山延暦寺を焼き打ちした。また，各地の一向一揆を抑えるため，その総本山である石山本願寺と11年間にわたり戦っている。

問14　(1)　島原・天草一揆(島原の乱)は，島原(長崎県)・天草(熊本県)の農民やキリスト教徒らが，天草四郎(益田時貞《ますだときさだ》)を首領として1637年に起こした一揆で，約３万7000人の一揆軍は原城に立てこもり，幕府軍に激しく抵抗した。　(2)　江戸幕府の第３代将軍徳川家光は，島原・天草一揆を平定すると，キリスト教禁止の徹底《てってい》と幕府による貿易の独占をはかるため，1639年にポルトガル船の来航を禁止して鎖国を完成させた。　(3)　老中の田沼意次は商人の財力を利用して幕府財政の再建をはかろうとし，株仲間(商工業者の同業組合)を奨励《しょうれい》した。よって，ウが誤っている。

問15　(1)　戊辰《ぼしん》戦争(1868～69年)は新政府軍と旧幕府軍との一連の戦いで，1868年１月の鳥羽・伏見の戦いに始まり，1869年５月の五稜郭《ごりょうかく》の戦いで旧幕府軍が降伏して終わった。　(2)　アの薩長同盟は1866年，イの日米修好通商条約の調印は1858年，ウの王政復古の大号令は1867年，エの桜田門外の変は1860年のできごとである。よって，年代順はイ→エ→ア→ウになる。

問16　伊藤博文は長州藩(山口県)出身の政治家で，1885年に内閣制度を創設してみずから初代内閣総理大臣になり，大日本帝国憲法の発布(1889年)にも貢献《こうけん》した。

問17　(1)　第二次世界大戦(1939～45年)の末期，ソ連が日ソ中立条約(1941年)を一方的に破棄して日本に宣戦布告し満州や朝鮮半島，樺太《からふと》(サハリン)，千島列島に侵攻《しんこう》した。よって，エが正しい。なお，アについて，日本国内では経済が低迷し，物資不足が深刻になった。イについて，日本が軍事同盟を結んだのは，ドイツとイタリア。ウについて，シベリア出兵はロシア革命に干渉するためで，1918～22年のできごと。　(2)　アの第一次石油危機は1973年，イの東京オリンピック開催は1964年，ウの日本の国際連合加盟は1956年，エの湾岸戦争は1991年のできごとである。よって，年代順はウ→イ→ア→エになる。

3　成人年齢の引き下げを題材にした問題

問１　**１**　2022年４月１日，改正民法が施行され，成人年齢がこれまでの満20歳から満18歳に引き下げられた。　**２**　地方公共団体には，消費者からの苦情処理や消費生活情報の収集・提供などの消費者保護施策を行う機関として，消費生活センターが置かれている。

問２　家庭裁判所は，少年犯罪や家庭内の問題を専門にあつかう裁判所である。

問３　裁判員になることは国民の義務ではない。また，裁判員裁判では，裁判官ばかりではなく，裁判員も有罪か無罪かの判断はもとより，有罪の場合の刑の種類や程度についても判断することになっている。よって，イ，エの２つが誤っている。

問４　会員が新規会員を勧誘《かんゆう》し，その新規会員がさらに別の会員を勧誘するということを繰《く》り返し，販売を拡大する形態をマルチ商法という。連鎖販売取引ともよばれ，勧誘方法に問題があることなどから，特定商取引法により規制されている。

問５　(1)　地方公共団体は，その地域だけに通用する規則として条例を定めることができる。
(2)　都道府県知事の被選挙権は，参議院議員と同じ満30歳以上である。　(3)　一部の地方公共団体では，市民の立場から行政や企業などを監視するため，オンブズマン(オンブズパーソン)制度が設けられている。

問6　消費者庁は，消費者に関する行政や消費生活に密接に関連する物資の品質表示などについての事務を行うことを目的として，2009年に設置された内閣府の外局である。

問7　(1)　貨幣価値が下がり，物価が引き続いて上昇する現象をインフレーションという。これとは反対に，物価が引き続いて下落する現象はデフレーションという。　(2)　円安とは，外国為替《かわせ》相場において円の価値が下がることで，１ドル＝100円から１ドル140円になるような場合をいう。(3)　円安は日本からの輸出が有利になるので，日本製品を輸入・販売するアメリカの会社は，日本製品を値下げすることで売り上げを伸ばし，利益を増やすことができる。よって，ウが誤っている。

理　科　(30分)＜満点：75点＞

解　答

[1]　**問１**　12g　**問２**　①　上　②　体積　**問３**　６g　**問４**　(い)(の方向に) 5cm　**問５**　9cm　**問６**　下の図Ⅰ　**問７**　9.6g　**問８**　7.08cm　[2]　**問１**　(1)　北極星　(2)　午後11時　**問２**　(1)　(オ)　(2)　(エ)　**問３**　**北極付近**…(ア)　**赤道付近**…(エ)　**問４**　①　**問５**　午後11時　**問６**　(1)　北　(2)　反時計回り　(3)　下の図Ⅱ　[3]　**問１**　(1)　(ア)，(オ)　(2)　(ア)，(エ)　(3)　甲かく類　**問２**　(イ)　**問３**　(1)　完全変態　(2)　(イ)　**問４**　(1)　①　(イ)　②　(ウ)　③　(ア)　(2)　(例)　気候が変化してえさとなる木が背の高いものばかりになると，突然変異で生まれたさまざまな首の長さのキリンの中で，首の長いキリンが多くのえさを取ることができて，生き残りやすくなるから。　**問５**　(例)　1／少ない資金で昆虫を養殖する仕事を始められるので，働く場所や仕事がなく貧困で苦しんでいる発展途上国の人々にも多くの仕事を与えられるから。　[4]　**問１**　(例)　(1)　③／水を蒸発させると食塩水は白い結しょうが残る。　(2)　④／炭酸水はあわが多く出ている。　(3)　②／アンモニア水で青色に変化する。　(4)　⑥／砂糖水は電流を通さない。　(5)　⑤／石灰水は白くにごる。　**問２**　(例)　③／液を蒸発させるとアルミニウムを溶かしたうすい塩酸は結しょうが残る。　[5]　**問１**　①　イ　②　ア　③　イ　**問２**　(ア)　**問３**　(イ)　**問４**　(例)　エタノールは液体から固体になると，重さは変わらないが体積が小さくなり，密度が大きくなるから。　**問５**　(例)　下の図Ⅲ　**問６**　(例)　下の図Ⅳ

図Ⅰ

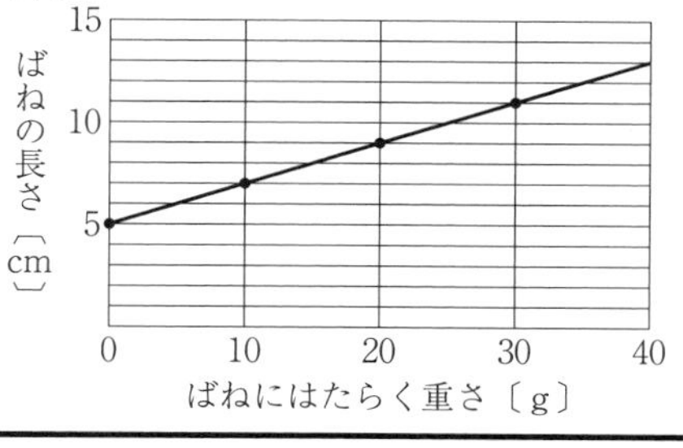

図Ⅱ

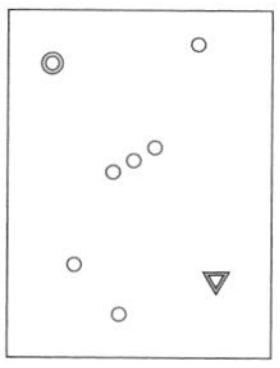

図Ⅲ

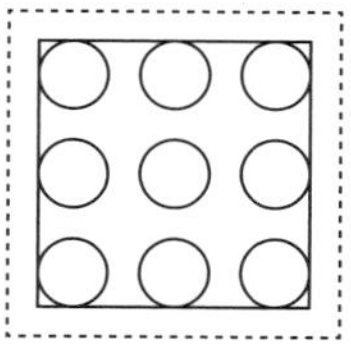

図Ⅳ

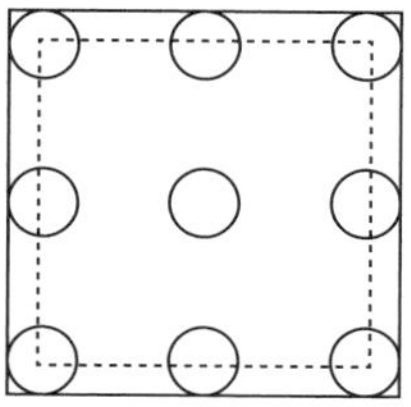

解　説

[1]　**力のつり合いについての問題**

問１　てこのつり合いは，(加わる力の大きさ)×(支点からの距離《きょり》)で求められるモーメントで考えることができ，左回りと右回りのモーメントが等しいときにてこはつり合う。ここで，支点の右側につるした黒いおもりの重さを□gとすると，棒の左はしに加わる力は，10×３＝30(ｇ)だから，30×２＝□×５より，□＝30×２÷５＝12(ｇ)と求められる。

問２　浮力《ふりょく》は，物体を水や食塩水などの液体に入れたときにはたらく上向きの力で，物体が液体を押《お》しのけた体積分の液体の重さと等しい大きさの力になる。

問３　黒いおもりが押しのけた食塩水の体積は５cm^3だから，黒いおもりにはたらく浮力の大きさは，1.2×５＝６(ｇ)である。

問４　黒いおもりがついた糸にはたらく力の大きさは，12－６＝６(ｇ)である。よって，てこがつり合うとき，支点から黒いおもりを動かした位置までの距離を□cmとすると，30×２＝６×□が成り立ち，□＝30×２÷６＝10(cm)となる。したがって，黒いおもりがついた糸を(い)の方向に，10－５＝５(cm)動かせばよい。

問５　ばねののびは，ばねに加わる力の大きさに比例する。図３で用いたばねは，自然長が５cmで，10ｇのおもりをつるすと２cmのびるから，白いおもりを２個，つまり，10×２＝20(ｇ)のおもりをつるしたときのばねの長さは，５＋２×$\frac{20}{10}$＝９(cm)と求められる。

問６　つるすおもりが３個，つまり，10×３＝30(ｇ)のおもりをつるしたときのばねの長さは，５＋２×$\frac{30}{10}$＝11(cm)である。よって，問５より，グラフは，解答の図Ⅰのように，縦軸《じく》に５cmごとに数字を書き，(ばねにはたらく重さ，ばねの長さ)＝(０，５)，(10，７)，(20，９)，(30，11)のところに●印をつけて直線で結んだものになる。

問７　白いおもり２個分の体積は，４×２＝８(cm^3)だから，おもり全体にはたらく浮力の大きさは，1.2×８＝9.6(ｇ)である。

問８　ばねに加わる力は，10×２－9.6＝10.4(ｇ)だから，ばね全体の長さは，５＋２×$\frac{10.4}{10}$＝7.08(cm)である。

2 星の動き方についての問題

問１　(1)　星Ｐは地軸の延長線上にあり，北の空での星の回転の中心になる星だから，北極星とわかる。　(2)　北の空の星は北極星を中心にして１時間に15度ずつ反時計回りに動いているから，星Ａ′を観察したのは，60÷15＝４(時間)より，午後７時＋４時間＝午後11時である。

問２　(1)　南の空を通る星は，東の地平線から出て，南の空を通り，西の地平線にしずむ。そのため，日本で西の空に見える星は，左上から右下に向かうように動いて見える。　(2)　観測者の真上の空に見える星は，東から西に向かって平行に動いているように見える。

問３　**北極付近**…北極付近では北極星が頭の真上にあるから，真上の空にある星は北極星を中心にして反時計回りに動くように見える。　**赤道付近**…赤道付近では真北の地平線上に北極星が見え，星は東の地平線から垂直にのぼり，西の地平線に垂直にしずむ。したがって，真上の空にある星は東から西に向かってまっすぐに動いているように見える。

問４，問５　日本でオリオン座を観測すると，左(東)から右(西)に向かって弧《こ》をえがくように動いて見える。そのため，図５の左側にあるオリオン座が午後９時に観測したものだとわかるので，南中したのは，午後９時＋２時間＝午後11時である。

問６　(1)　オリオン座は赤道のほぼ真上にある星座で，オーストラリア(南緯《い》35度付近)では，北の向きに見える。　(2)　南半球から見て北の空を通る星は，東の地平線から出て，北の空を通り，西の地平線にしずむ。そのため，観測者の右側(東)から左側(西)に反時計回りに動いて見える。

(3)　南半球で見る星座は，北半球で見える星座を上下左右に逆にした形に見える。よって，オリオン座は，図6を180度回転させた形に見える。

3 昆虫《こんちゅう》についての問題

問1　(1)　イソギンチャクはクラゲやサンゴのなかま(刺胞《しほう》動物)で，ミミズは輪の形をした節が並んだ細長いからだをした動物のなかま(環形《かんけい》動物)である。なお，フジツボは，海岸の岩などに付着しているエビやカニのなかまである。　(2)　からだが3つの節に分かれているのは甲かく類の特《とく》徴《ちょう》ではなく，昆虫の特徴である。また，甲かく類は生活する場所によって，呼吸する器官が異なり，陸上で生活するものは気管で，水中で生活するものはえらで呼吸するものが多い。　(3)　エビ，カニなど水中で生活する甲かく類は多くいるが，多足類，クモ類は基本的には陸上で生活している。よって，水中で進化したグループは甲かく類だといえる。

問2　昆虫の種類は，確認されている生物種の半分以上だから，確認されている生物の種類は，100万種以上，100万×2＝200万(種)以下である。よって，(イ)の約190万種が選べる。

問3　(1)　シャクガのように，幼虫から成虫になるときに，さなぎを経て，からだのつくりを大きく変える成長のしかたを完全変態という。　(2)　コオロギは成虫になるときにさなぎの時期がない。幼虫は脱皮をくり返して成虫になる。このような成長のしかたを不完全変態という。

問4　(1)　①　シャクガが子孫を残すときには，さまざまな色，つまり，さまざまな特徴のあるものが一定数生まれるから突然変異があてはまる。　②　周りの木の樹皮の色などの環境の影響《えいきょう》で生き残るかどうかが変わってくるので自然選択が選べる。　③　木の色などが緑色になった場合，生き残るためにシャクガは子孫を残すことをくり返して，からだの色を茶色から緑色へと変化させる必要がある。このように，集団として性質が変わっていく現象を進化という。　(2)　環境が変化したさいに，その環境に適応できたのが，突然変異で生まれたもののうち首の長いキリンだった理由を考えて書けばよい。解答例のほかにも，気候が変わり気温が上がったため，首を長くしてからだの表面積を増やした方が体温を下げやすく，生き残りやすいことなどがあげられる。

問5　SDGs(持続可能な開発目標)とは，2015年9月の国連サミットで，2030年までに達成すべき目標として立てられたもので，17のゴール・169のターゲットから構成されている。昆虫食としてコオロギを用いた場合の例から，昆虫食は，少ない資金で養殖《ようしょく》事業を始められるため，有力な産業が少ない発展途上《とじょう》国にとっては労働を増やし，貧困の解消につなげることができる。さらに，昆虫を食べることで，食料危機や，海や陸の生物の乱獲《らんかく》などを防ぐこともできるといえる。また，牛の飼育と比べると二酸化炭素排出《はいしゅつ》量を大きく減らすことができることから，地球温暖化の対策にもなると考えられる。

4 水よう液の性質についての問題

問1　(1)　加熱して水を全部蒸発させると，食塩水はあとに食塩の結しょうが残るが，水は何も残らない。また，食塩水は電気を通すが，水(蒸留水)は電気を通さない。　(2)　見た目はどちらも無色透明《とうめい》であるが，室温でおいておくと，炭酸水は溶《と》けきれなくなった二酸化炭素のあわが出てくる。水も溶けていた空気のあわが出てくることがあるが炭酸水よりも出る量が少ない。また，炭酸水は電気を通すが，水は電気を通さない。　(3)　赤色リトマス紙を浸《つ》けてもうすい塩酸では変化しないが，アンモニア水では青色に変化する。また，うすい塩酸もアンモニア水も鼻をつくにおいがするが，においは異なる。　(4)　加熱して水を全部蒸発させると，食塩水は食塩の結しょうができるが，砂糖水は砂糖がこげて黒くなる。また，食塩水は電気を通すが，砂糖水は通さない。

(5)　赤色リトマス紙を浸けても食塩水は変化しないが，石灰水は青くなる。また，二酸化炭素を通すと食塩水は変化しないが，石灰水は白くにごる。

問2　うすい塩酸にアルミニウムを溶かすと，水素が発生し，水に溶けやすい塩化アルミニウムができる。このとき，加熱して水を蒸発させると，塩酸では何も残らないが，アルミニウムを入れた方では，塩化アルミニウムの白い結しょうが残る。また，アルミニウムと反応すると，塩酸の性質が弱くなるため，においが弱くなる。

5　液体と固体の体積変化についての問題

問1　①　図1で，固体のロウは中央部分がへこんでいるので体積が小さくなったことがわかる。　②　液体から固体になっても重さは変化しないので，ロウは固体の方が1 cm^3あたりの重さ，つまり密度は大きくなっている。　③　中央部分がへこむのは，液体の外側から熱がうばわれて少しずつ固まっていくためである。

問2　水が固体になると体積が大きくなり，密度が小さくなるので，氷は水に浮《う》く。

問3，問4　エタノールが蒸発しないとすると，図2のように，液体から固体に変化すると体積は小さくなることがわかる。このとき重さは変わらないから，密度は固体のエタノールの方が液体のエタノールよりも大きくなる。したがって，液体のエタノールに固体のエタノールを入れると固体のエタノールはしずむ。

問5　エタノールのつぶの大きさは液体でも固体でも同じ大きさで，数も同じである。よって，エタノールは固体の体積の方が液体の体積よりも小さくなることから，解答の図Ⅲのように，エタノールの固体は，液体よりもつぶの間隔《かんかく》が小さくなると考えられる。

問6　水のつぶの大きさは液体でも固体でも同じ大きさで，数も同じである。よって，水は固体の体積の方が液体のエタノールの体積よりも大きくなることから，解答の図Ⅳのように，水の固体は，液体よりもつぶの間隔が大きくなると考えられる。

国　語　（40分）＜満点：100点＞

解　答

一　**問1**　下記を参照のこと。　**問2**　Ⅰ　エ　Ⅱ　ア　Ⅲ　イ　**問3**　A　オ　B　エ　**問4**　オ　**問5**　どんなカラフルな色にもまさる，最高の美　**問6**　(例)　目立たない灰色は感覚と感情の安定をもたらしてくれるから。　**問7**　ウ　**問8**　(例)　灰色は人を光と影に敏感にさせるため，我々は光と影の戯れを見て楽しめるから。　二　**問1**　A　ウ　B　オ　C　ア　**問2**　エ　**問3**　(例)　弱い兄を持ったために友達に馬鹿にされていると思っているから。　**問4**　(例)　もう一回兄と角力をとって，立派に兄に勝ちをゆずることで，頼みがいのない兄を持った自分の淋しさを癒そうと考えたから。　**問5**　(例)　兄にわざと負けたことで，取り返しのつかない侮辱を受けたことを深く後悔する気持ち。　**問6**　イ，カ

●漢字の書き取り

一 問1　a　高貴　b　混乱　c　新緑　d　反映　e　洗練

解説

一 **出典は港《みなと》千尋《ちひろ》の『芸術回帰論　イメージは世界をつなぐ』による。**灰色(ネズミ色)とは，どのような色であるかを解説している。

問1　a　家格や身分などが高く，気品があってとうといこと。　b　ものごとが入り乱れて整然としていないこと。　c　「新緑」は，初夏のころの，つややかな若葉の緑色のこと。　d　色などがうつり合って美しさやかがやきを増すこと。　e　あかぬけて上品で，優雅《ゆうが》なものにすること。

問2　Ⅰ　「ネズミ色はあまりいい意味をもたされていない」色であるのに，「身のまわりに目を向けると，わたしたちが生きる世界には意外に灰色が多い」という文脈である。前で述べられた内容と対照的な内容が後に続くので，前のことがらに対し，後のことがらが対立する関係にあることを表す「だが」があてはまる。　Ⅱ　「都市環境《かんきょう》」に「鮮《あざ》やかな色がつけられていた」場合に加えて，「室内の灰色の部分を，すべて違《ちが》う色に塗《ぬ》り替《か》えた」場合が並べられているので，ことがらを列挙する(並べ立てる)ときに用いる「また」があてはまる。　Ⅲ　「色を差し引くせいで，わたしたちが光と影《かげ》に敏感《びんかん》になる」ことの例として，「シンリョクの木々」や「初夏の海」から色を差し引いた場合が示されているので，具体的に例をあげるときに用いる「たとえば」があてはまる。

問3　A　「公共」は，社会一般《いっぱん》やおおやけのものであること。対義語は「私的」。　B　「名残《なご》り」は，あるものごとが過ぎ去ったり終わったりしたあとに，なおその気配やえいきょうなどが残っていること。

問4　ここでの「ある」は「感情」を修しょくする連体詞。同じ連体詞のオが選べる。なお，ア～エは，存在するという意味の動詞の「ある」。

問5　「ネズミ色」，つまり「灰色」の日本文化の中でのあつかいについては，本文の最後に注目して読み取る。「日本は灰色の美しさに目覚め，それを大切に育ててきた文化をもっている」ために，「ネズミ色の服を着た人が，竹煤色《たけすすいろ》の小さな部屋で，灰色の茶碗《ちゃわん》を見つめている」世界は，「どんなカラフルな色にもまさる，最高の美」であったと述べられている。

問6　「もし都市環境のあらゆる場所に鮮やかな色がつけられていたら，わたしたちの感覚はマヒしてしまうだろう」し，「室内の灰色の部分を，すべて違う色に塗り替えたら，コンランと疲労《ひろう》」を招くだろうと筆者は指摘《してき》している。このようになるのは，「感覚と感情の安定を支えているのは，実は目立たない灰色」だからであり，そのため「わたしたちが生きる世界」には「灰色」が多く用いられているのである。

問7　「灰色」についての一般的な受けとめ方として，「地味で面白《おもしろ》みのない」，「明るく楽しい世界の反対がイメージされる」，「曖昧《あいまい》でどっちつかず」，「目立たない」などがあげられている。こうした受けとめ方には，“引っこみがちで自分から進んでものごとをしない”という意味の「消極的」があてはまる。

問8　直後で筆者は，ひとつの例として「白黒写真」をあげ，「色を差し引くせいで，わたしたちが光と影に敏感になること」で「光と影の戯《たわむ》れを見て楽しむことができる」と述べている。灰色だけの写真でも「美しいと感じることができる」ことを示すことで，「さらに評価」できるというのである。

二　出典は太宰《だざい》治《おさむ》の「角力《すもう》」による。誠二《せいじ》は「兄」と角力をとり，勝ったことで感じてしまった淋《さび》しさを癒《いや》すために，もう一回「兄」と角力をとり，わざと負けてあげようと思った。

問1　**A**　「～を禁ずることができない」は，あることを“おしとどめることはできない”という意味。兄に角力で勝ったことで，友だちも「誠二は此頃《このごろ》メッキリ強くなった」と驚《おどろ》いてくれているのではないかと思うと，うれしくて笑顔《えがお》になるのをおさえきれなかったということである。

B　「あながち」は，絶対とまではいえないが，断定しきれないという気持ちを表す。　**C**　「争われぬ」は，“言い争いができないほど，はっきりとしている”という意味。

問2　直前の「兄に対して済まない心からの淋しさ」とは，「兄」に角力で勝ったことで，「兄」に恥《はじ》をかかせてしまったことを済まないと思って感じる淋しさである。しかし，誠二がここで感じている淋しさは「それと全然反対」の淋しさである。自分の兄は「頼《たの》みがいのない兄」であり，「自分をつまみ出せるような強い兄」を持っていないことに対する淋しさだと考えられる。

問3　「自尊心」は，自分のことを，大切で，すぐれた価値のある存在だと感じ取れる気持ちのこと。直前に「兄がこんなだから僕《ぼく》まで友達に馬鹿《ばか》にされるのだ」とあるように，「自分より弱い兄」の存在が，自分が馬鹿にされる原因なのだと思ってしまっている。

問4　「そう」が指し示す内容は，「もう一回兄と角力をとろう，そして自分は立派に兄に勝ちをゆずろう」である。なぜそうしようと決心したのかについては「頼みがいのない兄を持った自分の淋しさを癒そうとの考えから」であると語られている。

問5　「兄」にわざと負けたあと，誠二は友だちから「誠二を罵《ののし》る叫《さけ》び」を受けている。そのとき誠二は「淋しさを通りこして，取り返しのつかない侮辱《ぶじょく》を受けて無念でたまらないような気がして」いる。「自分をつまみ出せるような強い兄」を持っているような気持ちになれればという思いから，わざと「兄」に角力で負けてみたのだが，勝って喜ぶ「兄」のようすを見ても，「ますます頼みがいのない兄だ」という思いだけが強まる結果になり，「深い後悔《こうかい》の念」がわきあがったのである。「どんより曇《くも》った灰色の空」や「太陽の光もない」光景は，誠二の後悔の気持ちを暗示した情景描写《びょうしゃ》である。

問6　イ　二つ目の段落には，誠二が友だちから常々，角力が「弱い」と思われていたことが書かれている。また，兄との二回目の勝負の後でも，友だちは「そら見ろい，あのとおり誠ちゃんが負けるんだよ，誠ちゃんの兄さんがわざとさっきは負けてやったんだよ，誠ちゃんが泣くといけないからナ」と言っている。よって，正しい。　カ　二回目の勝負の後，兄は「得意そうに微笑《ほほえ》」み，しばらくその状態が続いている。つまり，兄は誠二にだまされて勝ったことに気づかずにいるものと考えられるので，合う。　なお，途中《とちゅう》まで，誠二は信ちゃんが自分の「たった一人のホントの友達」で，よき理解者だと考えているが，最後の段落で見当違いのことを言われ，言葉を返せずにいる。このことから，信ちゃんは誠二の本当の理解者だとは言い切れないことがうかがえるので，ウは正しくない。

Memo

Memo

2022年度　白百合学園中学校

〔電　話〕(03) 3234—6661
〔所在地〕〒102-8185　東京都千代田区九段北2—4—1
〔交　通〕東京メトロ各線—「九段下駅」より徒歩10分
JR中央線・東京メトロ各線—「飯田橋駅」より徒歩10分

【算　数】（40分）〈満点：100点〉

1　次の問いに答えなさい。

(1)　2022のように，4けたの整数で，千の位の数，百の位の数，十の位の数，一の位の数のうち3つが2である整数は全部で何個ありますか。

(2)　(1)で求めた整数のうち，3の倍数は何個ありますか。

2　平行四辺形**ABCD**の辺**AD**，**BC**をそれぞれ4等分した点をとり，下の図のように結びました。このとき，㋐と㋑の面積の比を最も簡単な整数の比で表しなさい。

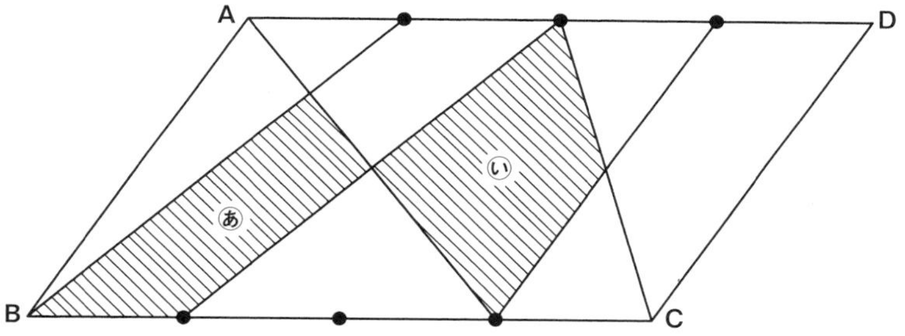

3　次の問いに答えなさい。

(1)　4％の食塩水210gと8％の食塩水を混ぜたところ，5％の食塩水になりました。8％の食塩水を何g混ぜましたか。

(2)　2つの容器**A**，**B**があり，**A**には9％の食塩水200g，**B**には4％の食塩水300gが入っています。いま，2つの容器からそれぞれ同じ量の食塩水を同時に取り出し，**A**から取り出した食塩水を**B**に，**B**から取り出した食塩水を**A**に移してよくかき混ぜたところ，2つの容器の食塩水の濃度《のうど》は同じになりました。**A**から取り出した食塩水は何gですか。

(3)　3つの容器**C**，**D**，**E**があり，**C**には9％の食塩水200g，**D**には4％の食塩水300g，**E**には食塩水が入っています。まず，**E**に入っている食塩水の半分の量を取り出し，**C**に移してよくかき混ぜたところ，6.6％の食塩水になりました。次に，**E**に残っている食塩水をすべて取り出し，**D**に移してよくかき混ぜたところ，4.5％の食塩水になりました。はじめに**E**に入っていた食塩水の量と濃度をそれぞれ求めなさい。

4　ある学校のサッカー部員が，2つのグラウンド**A**，**B**の整備《せいび》をしました。**A**は**B**の3倍の広さです。はじめに全員で**A**を1時間整備しました。その後，部員の人数を半分ずつに分けて，一方が**A**，もう一方が**B**の整備をしました。15分後に**A**の整備が先に終わったところでその日の作業を終え，**B**の残りの整備を次の日にすることにしました。2日目は部員の何人かで**B**の残りの整備をしたところ，42分かかりました。ただし，グラウンド整備をする1人あたりの仕事量は同じであるとします。

(1)　**A**全体の広さは，はじめの1時間で整備した部分の広さの何倍にあたりますか。

(2)　もし2日目に全員で**B**の残りの整備をしたとすると，何分かかりますか。

(3)　実際に，2日目に**B**の残りの整備をした部員の人数は何人ですか。ただし，サッカー部員の人数は50人以上60人以下です。

5　次の問いに答えなさい。ただし，円周率は3.14とします。

(1)　下の図は，円と正三角形を，正三角形の一辺が円の中心**O**を通るように重ねたものです。円の半径が3cmのとき，斜線《しゃせん》部の面積の和を求めなさい。

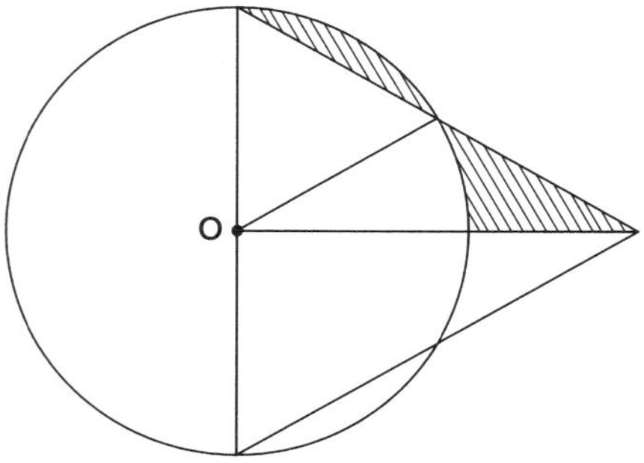

(2)　下の図において，**AC**と**BD**は垂直で，**AE**＝1.8cm，**BE**＝3.6cm，**CE**＝4.8cm，**DE**＝2.4cmです。円の面積が$36cm^2$であるとき，斜線部の面積の和を求めなさい。ただし，解答用紙にある図を用いて，考え方を説明しなさい。

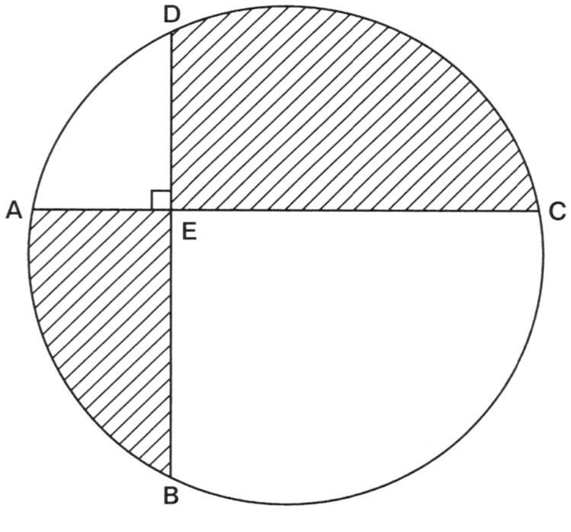

【社　会】（30分）〈満点：75点〉

1　次の地図を見て，北海道についてあとの文を読み，各問いに答えなさい。

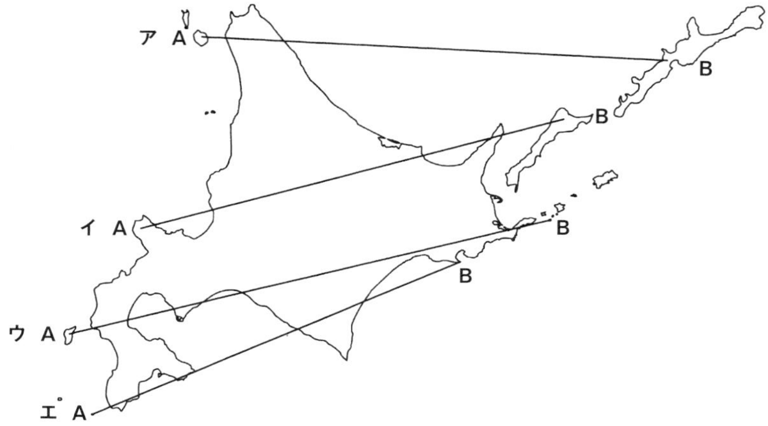

地点**A**の奥尻島から東に行くと，（　1　）半島がある。この半島の南には，日米和親条約で開港した（　2　）があり，現在でも観光地としてにぎわっている。（　1　）半島からさらに東へ進んでいくと **a** カルデラ湖の［　**X**　］や，2000年に噴火した（　3　）山がある。近年の（　3　）山は20～30年おきに噴火をくり返しているため，**b** 周辺住民の防災意識が高い。この地域は変動する大地との共生が評価され，2009年に世界ジオパークに登録された。（　3　）山から地点**B**に進んでいく途中で，北海道の先住民族である（　4　）民族のことばに由来する名前の都市 **c** 苫小牧の近くを通る。ここは工業などが発達している。そして，標高が高い山々がそびえる（　5　）山脈をこえると，**d** 広大な平野につながる。この平野は **e** 根釧台地とともに農業がさかんな地域となっているため，**f** 北海道は日本の中でも食料自給率が高い。釧路市には（　6　）海やベーリング海にサケなどをとりに行く（　7　）漁業の基地があり，また（　8　）条約に登録された **g** 釧路湿原がある。根釧台地から（　9　）半島に進むと，その向こう岸には，**h** 北方領土の１つである地点Bの（ 10 ）群島がある。

問１　文中の地点**A**と地点**B**を結んだ線として，正しいものを上の地図の**ア**～**エ**から１つ選びなさい。

問２　空らん（１）～（10）にあてはまる語・地名などを答えなさい。

問３　空らん［ **X** ］に入る湖の名前を次の**ア**～**エ**から１つ選びなさい。

ア．支笏湖《しこつこ》　　**イ**．阿寒湖《あかんこ》　　**ウ**．サロマ湖　　**エ**．洞爺湖《とうやこ》

問４　文中の各下線部について，次の問いに答えなさい。

(**a**)　カルデラ湖とはどのようにしてできた湖なのか，説明しなさい。

(**b**)　下線部**b**の地域でおこりうる災害について説明している①と②の文の正誤の組み合わせとして正しいものを，あとの**ア**～**エ**から１つ選びなさい。

①　火山灰が降り積もったところに雨が降ると，家屋が倒壊《とうかい》する。
②　大規模な火砕流が湖に流入すると，液状化現象がおこる。

ア．①　正　②　正　　**イ**．①　正　②　誤
ウ．①　誤　②　正　　**エ**．①　誤　②　誤

(c) 右のグラフは苫小牧市における産業別の製造品出荷額の割合を示したものです。グラフの①と②にあてはまる産業の組み合わせとして正しいものを，**ア**～**エ**から１つ選びなさい。

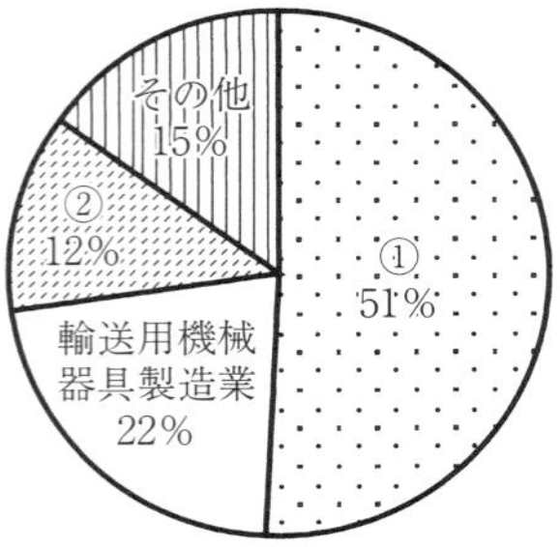

（苫小牧市統計書より作成）

ア．① 石油・石炭製品製造業
　　② パルプ・紙・紙加工品製造業
イ．① 石油・石炭製品製造業
　　② 金属製品製造業
ウ．① 金属製品製造業
　　② 石油・石炭製品製造業
エ．① 金属製品製造業
　　② パルプ・紙・紙加工品製造業

(d) 下線部**d**の平野の名前を答えなさい。

(e) 根釧台地の農業の特徴を，この地域の気候をふまえて説明しなさい。

(f) 食料自給率は，供給する食料のエネルギー量で計算する「カロリーベース」と，生産額で計算する「生産額ベース」があります。次の表の①と②のうち，カロリーベースを表しているのはどちらですか。

①

	自給率（%）
北海道	216
秋田	205
山形	145
青森	123
新潟	109

②

	自給率（%）
宮崎	284
鹿児島	275
青森	241
北海道	211
岩手	199

（農林水産省「都道府県別食料自給率」より作成）

(g) ここで繁殖《はんしょく》している鳥の名前を答えなさい。

(h) 日本の最北端の島の緯度を次の**ア**～**エ**から１つ選びなさい。

ア．北緯35度　**イ**．北緯40度　**ウ**．北緯45度　**エ**．北緯50度

問５ 下の表①と②は，ある農作物の全国に占める収穫量の割合を示しています。ある農作物とは何ですか。あとの**ア**～**カ**からそれぞれ選びなさい。

①

	割合（%）
北海道	63.1
佐賀	10.4
兵庫	7.5

②

	割合（%）
茨城	24.1
熊本	15.6
北海道	15.0
山形	7.2
青森	6.8

（『日本国勢図会 2021/22』より）

ア．ほうれんそう　**イ**．たまねぎ　**ウ**．ねぎ
エ．イチゴ　**オ**．メロン　**カ**．すいか

2 次の文を読んで，あとの各問いに答えなさい。

白百合学園には「制服」があります。「制服」は衣服の一つですが，私たちの生活に欠かせない「衣服」がどのように変化してきたのか，その歴史をひもといていきましょう。

まだ文字のない古い時代については，人々がどのような服装をしていたのかはっきりしません。ただ，①縄目の模様《もよう》の土器が残っていることから，織物がつくられていたことがわかります。（ ② ）時代の服装については，中国の「魏志倭人伝《ぎしわじんでん》」に記述があります。それによると，人々は布の真ん中に穴を開けてかぶる形の，貫頭衣《かんとうい》と呼ばれる簡素な服を着ていました。ただし，吉野ヶ里遺跡の墓からは，③貫頭衣とは異なる袖付きの絹織物の衣服も出土しています。

続く古墳時代には，④男性は幅広いズボンのようなものを，女性は裳《も》といわれる長いスカートのようなものを履《は》いていました。この頃に，⑤中国や朝鮮半島から渡ってきた人々により養蚕や機織《はたお》りの技術がもたらされています。

603年に制定された⑥冠位十二階では，身分によって服装が決められました。奈良時代に制定された⑦律令にも制服が定められています。この頃の服装には中国文化の影響が強く表れていました。それが大きく変わっていくのは⑧平安時代の中頃で，この頃から⑨日本独自の文化へと変わってきます。貴族の女性の正装である（ ⑩ ）に象徴されるような，⑪華やかな宮廷文化が栄えました。

⑫武士が政治を支配する時代に入ると，服装は動きやすく，質素なものに変わってきます。素材も絹よりも丈夫な麻が好まれるようになりました。⑬戦国時代を経て，江戸時代になると戦乱がおさまり，平和な世が続くなかで，人々は身分に応じて着物を楽しむようになります。江戸時代の中頃には商人達が経済力をつけ，⑭町人文化が最盛期を迎えました。友禅染《ゆうぜんぞめ》が誕生するなど，華麗な模様の着物が流行しましたが，江戸時代の後半になると⑮寛政の改革や天保の改革など贅沢《ぜいたく》品への規制が厳しくなりました。人々は裏地に絹を使うなど，目立たないようにおしゃれを楽しんだといいます。

明治時代になると，西洋の文化がもたらされ，洋服も入ってきました。洋服は，初め⑯政府高官やその夫人などごく一部の人に限られていましたが，やがて庶民にも広がってきます。⑰大正時代にはセーラー服が誕生し，白百合学園の制服もこの頃に定められました。女性はまだ和装の人も多く見られましたが，⑱関東大震災をきっかけに，動きやすい洋服が一気に広まったといわれています。昭和初期には⑲「モガ」と呼ばれる女性たちのような服装も見られましたが，⑳戦争が始まると，㉑モンペ姿が女性の普段着になります。このように，人々の服装は時代を象徴していることがよくわかります。

問１ 下線部①の時期の人々の生活の説明として正しいものを，次の**ア**～**エ**から２つ選びなさい。

ア．人々は子孫の繁栄を祈って土偶をつくった。

イ．人々は集落ごとにまとまって暮らし，たびたび戦争もおこっていた。

ウ．人々は竪穴住居に住み，狩りや漁をして暮らしていた。

エ．人々は石包丁などを使い，稲の穂を刈っていた。

問２ （②）にあてはまる語を答えなさい。

問３ 下線部③の記述から，社会にどのような変化がおこっていたと考えられますか。

問４ 下線部④はこの時代の出土品からわかります。それは何ですか。

問５ 下線部⑤のような人々を何と呼びますか。

問6　下線部⑥を制定した人物が建立した寺院名を答えなさい。

問7　下線部⑦について，701年に制定された律令を何といいますか。

問8　下線部⑧のできごととして正しいものを，次の**ア**～**エ**から1つ選びなさい。

ア．空海が真言宗を開いた。　**イ**．坂上田村麻呂が蝦夷を破った。

ウ．保元の乱で崇徳上皇が敗れた。　**エ**．藤原頼通が宇治に平等院鳳凰堂をつくった。

問9　下線部⑨の理由として考えられる外交面での変化とは何ですか。

問10　(⑩)にあてはまる語を答えなさい。

問11　下線部⑪の例として間違っているものを，次の**ア**～**エ**から1つ選びなさい。

ア．貴族は家族で行楽地に出かけるなど，さかんに旅をした。

イ．貴族は寝殿造と呼ばれる屋敷に暮らした。

ウ．貴族は宴《うたげ》を開き和歌を詠《よ》んだり，琵琶を弾いたりした。

エ．貴族の女性は『源氏物語』などの物語を楽しんだ。

問12　下線部⑫について，次の**ア**～**オ**のできごとを時代の古い順に並べかえなさい。

ア．後鳥羽上皇が北条義時を討とうとしたが，反対に幕府軍に敗れた。

イ．足利尊氏が後醍醐天皇の建武の新政を終わらせた。

ウ．源義経が兄の頼朝に討たれた。

エ．モンゴル軍が博多湾に襲来した。

オ．足利義政の後継者争いから応仁の乱がおこった。

問13　下線部⑬に活躍した人物の1人で，織田信長を倒したのは誰ですか。

問14　下線部⑭の説明として間違っているものを，次の**ア**～**エ**から1つ選びなさい。

ア．近松門左衛門によって人形浄瑠璃の傑作《けっさく》が書かれた。

イ．松尾芭蕉が優れた俳句をつくった。

ウ．葛飾北斎の『東海道五十三次』が人気を集めた。

エ．杉田玄白らにより『解体新書』が刊行された。

問15　下線部⑮をおこなった老中は誰ですか。

問16　下線部⑯について，政府高官が夫人を同伴して，たびたび舞踏会に参加しましたが，その舞台となった洋館を何といいますか。

問17　下線部⑰に人々に影響を与えた「民本主義」を唱えた学者は誰ですか。

問18　下線部⑱がおこった年月日を西暦で答えなさい。

問19　下線部⑲の写真としてふさわしいものを，次の**ア**～**ウ**から選びなさい。

ア

イ

ウ

問20　下線部⑳について，次の**ア**～**エ**のできごとを時代の古い順に並べかえなさい。

ア．日本軍がハワイの真珠湾を攻撃した。

イ．日中戦争が始まった。

ウ．満州事変がおこった。

エ．東京大空襲がおこった。

問21　下線部㉑の時期に，節約などを呼びかけるため，さかんに使われた標語（スローガン）をひとつ答えなさい。

3　次の文を読んで，あとの各問いに答えなさい。

新型コロナウイルスの流行は，社会がかかえるさまざまな問題を浮かび上がらせました。世界の国々と日本とでは，医療《りょう》体制ばかりでなく①国のしくみや政治，社会と個人のありかたがちがうことに気づいたかたも多いでしょう。中国での感染が広がった頃には，マスクが不足しました。中国で生産されている工業部品の輸入もストップしてしまい，②海外の工場の生産や輸入に頼ってきた日本の産業を見直す必要が唱えられました。入管法（③出入国管理及び難民認定法）に基づき，一部の国・地域に滞在歴のある外国人の入国を制限した時期もありました。

日本のなかでは，働き方や④教育などについて，社会の変化が大きく加速されたといわれています。一方で，⑤環境問題についての取り組みは後退してしまった面があります。また，緊急事態宣言で人の動きが制限されて，飲食店や⑥観光業は大きな打撃を受け，これらへの出荷量が激減すると，⑦農業や漁業も大きな影響を受けました。日本の経済が悪化すると，⑧いろいろな格差が浮かび上がりました。⑨政府は新型コロナウイルスの感染防止やワクチンの接種，給付金などさまざまな対策をおこないましたがこれらが国の財政圧迫につながることが心配されています。

問1　下線部①について，国のしくみは，大統領がいるアメリカ型と，内閣総理大臣（首相）がいるイギリス・日本型に大きくわけられます。

(a)　内閣が議会から誕生し，議会に対して責任を持つイギリスや日本のしくみを何といいますか。

(b)　(a)のしくみで，内閣の政治のやり方に反対が強くなると，議会（日本では衆議院）は何という決議をおこなうことができますか。

(c)　現在のアメリカ大統領の名前を書きなさい。

問2　下線部②について，日本の工業では1980年代から海外の工場への生産移転が進みました。この現象を何といいますか。

問3　下線部③に関して，出入国在留管理庁は，何省の下におかれていますか。

問4　下線部④に関わる仕事をしている省について，次の問いに答えなさい。

(a)　省の名前を書きなさい。

(b)　この省のもとには，国宝の保存や美術館や博物館に関わる仕事をしている機関がおかれています。その機関の名前を書きなさい。

問5　下線部⑤について，どのような点で，環境への取り組みが後退してしまったと考えられますか。新型コロナウイルスが流行し始めてからの身の回りの生活の変化を考えて，説明しなさい。

問6　下線部⑥について，日本の観光は，近年「訪日外国人」への売り上げに頼ってきました。「訪日外国人」のことをカタカナの語で何といいますか。

問7　下線部⑦を第一次産業とよびますが，果物農家がジャムやジュース等をつくって売るなど，生産から販売までおこない収入を増やそうとする動きがおこっています。これを何といいますか。

問8　下線部⑧について，次の各問いに答えなさい。

(**a**)　コロナと女性の問題について説明した文として誤っているものを，次の**ア**～**オ**から１つ選びなさい。

ア．緊急事態宣言で学校が休校になり，子供の世話をするため休んだり仕事をやめたりしたのは，女性の方が多かった。

イ．デパートや飲食店など接客の仕事は女性の方が多いので，緊急事態宣言の影響で収入が減った女性が多かった。

ウ．リモートワークや時短で，仕事と家事や育児の両立がしやすくなった女性が大きく増えた。

エ．もともと，パートタイムや派遣労働など，正社員ではない労働者は女性の方が多かったので，経済の悪化で失業したのは女性の方が多かった。

オ．介護や看護など，エッセンシャルワーカーとしてコロナに直面する仕事にたずさわっている人は女性の方が多く，負担も増加した。

(**b**)　(**a**)にみられるような女性の現状を調査し，性別に関係なく活動できる社会の実現のために，内閣府におかれた会議を何といいますか。

問9　右のグラフは，2020年度当初の国の予算を表したものです。これをみて，下線部⑨について，次の問いに答えなさい。

(**a**)　下線部⑨の費用は，グラフの**A**に分類されます。これを，何関係費といいますか。

(**b**)　国の借金が増えると，グラフの**B**も増加していくことになります。**B**にあてはまる語を答えなさい。

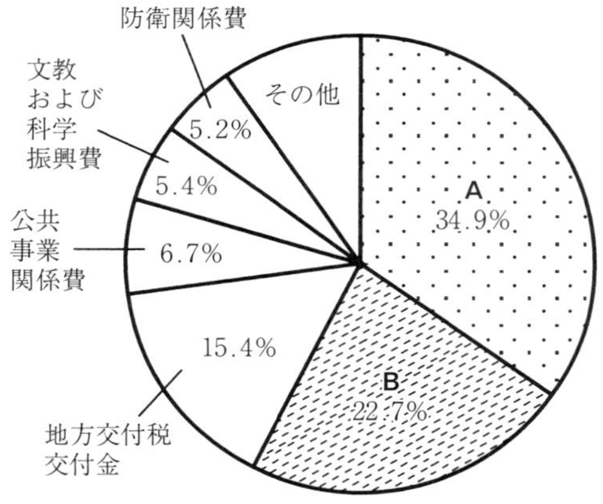

【理　科】（30分）〈満点：75点〉

1　電気について，**問1～問9**に答えなさい。

乾《かん》電池の数と流れる電流の大きさについて調べるために，**【図1】**のような回路をつくり，**【図2】**の電流計を回路に組みこんで電流を測定しました。乾電池の数は**【図1】**のようなつなげ方で1個，2個，3個と変えていき，豆電球の代わりにLED（発光ダイオード）を使った回路でも電流の大きさを測定しました。それぞれの回路に流れた電流の値は【表】のようになりました。

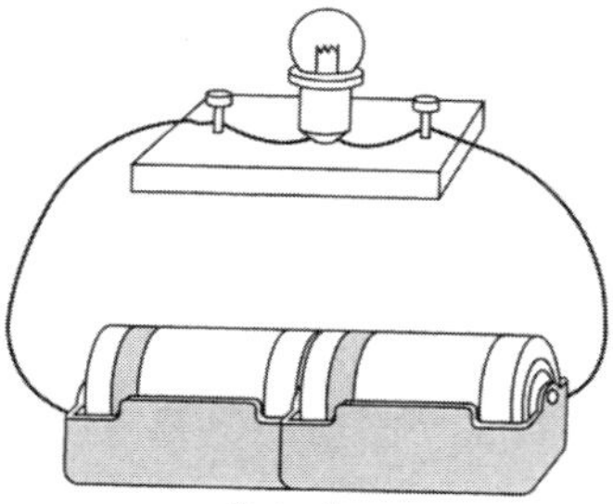

【図1】

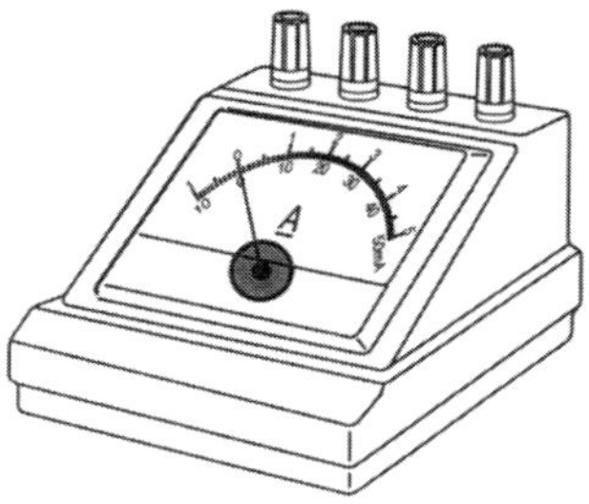

【図2】

【表】

乾電池の個数〔個〕		0	1	2	3	4
電流〔mA〕	豆電球	0	195	285	338	390
	LED	0	0	0.1	7.2	16.1

問1　次の文は電流計の使い方について説明したものです。

電流の大きさを表す単位には，「A」が使われる。電流計は，回路に（ ① ）つなぎになるようにつなぐ。電流計は電流が流れやすい構造になっているので，乾電池だけをつないだり，回路に（ ② ）つなぎになるようにつないだりすると，大きな電流が流れ，電流計が壊《こわ》れることがある。電流計の＋端子《たんし》に乾電池の（ ③ ）極側につながっている導線をつなぐ。電流計の－端子は50mA，500mA，5Aがあるので，最初は（ ④ ）電流がはかれる（ ⑤ ）Aの端子につなぐ。めもりを読みとるときには最小めもりの $\frac{1}{10}$ のめもりまでの数値を読みとる。**【図3】**は豆電球かLEDを使って今回測定した結果のひとつである。この結果は（ ⑥ ）の結果であり，電流計の（ ⑦ ）Aの－端子を使用している。

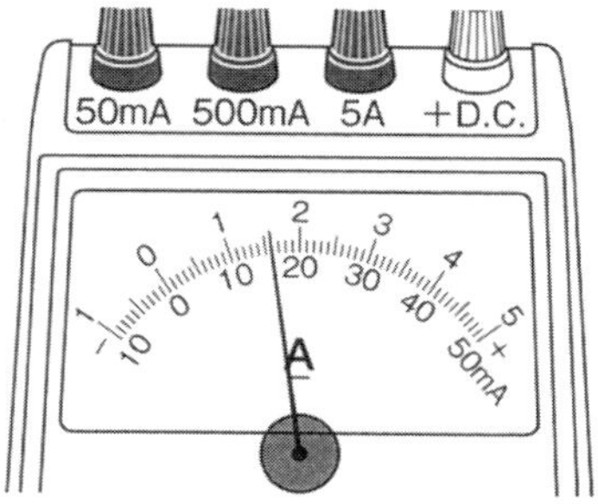

【図3】

(1)　文中1行目にある，電流の大きさを表す単位「A」の読み方を答えなさい。

(2)　文中の(①)～(⑤)，(⑦)にあてはまる語句または数字を次の**(ア)**～**(コ)**から選び，記号で答えなさい。ただし，記号は何度同じものを使っても良いものとします。また，(⑥)には「豆電球」または「LED」のどちらかの語句を答えなさい。

(ア)　直列　　**(イ)**　並列　　**(ウ)**　＋　　**(エ)**　－

(オ)　最も小さい　　**(カ)**　中間の　　**(キ)**　最も大きい　　**(ク)**　50m

(ケ)　500m　　**(コ)**　5

問 2　実験で得られる測定値には誤差があります。そのことも考えたうえで，グラフが全体として直線のような変化を表しているのか，曲線のような変化を表しているのか，変化のようすを大まかに判断します。【表】の結果から，横軸《じく》に乾電池の個数をとり，縦軸に豆電球を流れる電流の大きさをとったグラフをかきます。グラフに線を引いたときの形に一番近いものを，次の(ア)～(エ)から選び，記号で答えなさい。

(ア)
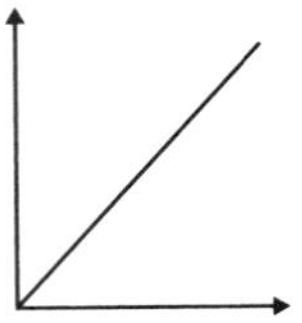

(イ)
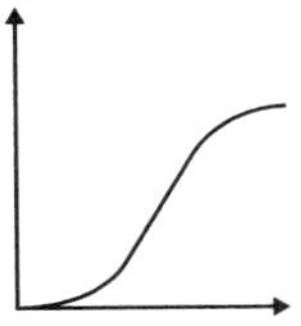

(ウ)
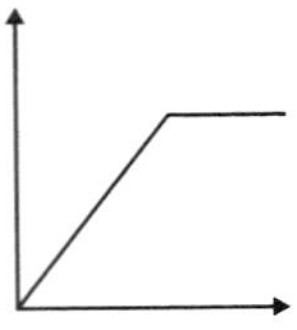

(エ)
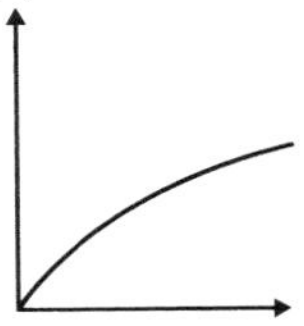

問 3　【表】の結果から，乾電池の個数とLEDを流れる電流の関係を表すグラフを解答欄《らん》にかきなさい。グラフの縦軸のめもりと単位はかかれていないので，わかりやすいグラフになるように自分で値を決めて数値をかき，単位もかきなさい。また，点を●印ではっきりかきなさい。

問 4　次の文は，実験の結果をふまえて，豆電球とLEDのちがいについてまとめたものです。文中の(①)，(②)，(④)～(⑦)にあてはまる語句を下の(ア)～(ケ)から選び，記号で答えなさい。ただし，記号は何度同じものを使っても良いものとします。また，(③)には０～４のうちあてはまる数字を答えなさい。

豆電球を流れる電流は，乾電池の数が増えると(①)。豆電球の明るさは，乾電池の数が増えると(②)。LEDは乾電池を(③)個以上つなげないと電流が流れない。これは，LEDはある程度以上の電流を流すはたらきがあるときにだけ電流を流す性質があることを示す。電流が流れているとき，乾電池の数が増えると，LEDの明るさは(④)。豆電球とLEDを比べると，(⑤)の方が電流の値が小さい。電流がたくさん流れる(⑥)は光の他に熱が出るが，(⑤)はほとんど熱が出てこない。(⑤)の方が電気の使用量が(⑦)くなるので，電気を効率良く使うことができる。

(ア)　小さくなる　　(イ)　変わらない　　(ウ)　大きくなる
(エ)　暗くなる　　(オ)　明るくなる　　(カ)　豆電球
(キ)　LED　　(ク)　少な　　(ケ)　多

問 5　電池についての次の文を読んで(①)，(②)にあてはまる語句を，下の(ア)～(カ)から選び，記号で答えなさい。

乾電池は，中にある物質が変化することで電気を発生させる。使い切りの乾電池は中にある物質が変化し終わるともう使えない。充《じゅう》電池は(①)エネルギーを使うことで，電気を発生させたときの変化と(②)変化を起こし，くりかえし使えるようになっている。

(ア)　熱　　(イ)　電気　　(ウ)　光
(エ)　力　　(オ)　同じ　　(カ)　逆の

問 6　光電池についての次の文を読んで(①)，(②)にあてはまる語句を，下の(ア)～(エ)から選び，記号で答えなさい。

光電池は，LEDと同じダイオードでできている。LEDは(①)を(②)に変える装置で，光電池は(②)を(①)に変える装置である。

(ア) 熱　(イ) 電気　(ウ) 光　(エ) 力

問7　発電機についての次の文を読んで(①)，(②)にあてはまる語句を，下の(ア)～(エ)から選び，記号で答えなさい。

発電機はモーターと同じ構造である。モーターは(①)を(②)に変える装置で，発電機は(②)を(①)に変える装置である。

(ア) 熱　(イ) 電気　(ウ) 光　(エ) 力

問8　乾電池，光電池，発電機のうち，回路に組み込むだけでは電気を取り出せないものがあります。そのため使いたいときに電気を利用できるように，電気をためる装置であるコンデンサー(蓄《ちく》電器)などを組み合わせることがあるものはどれですか。次の(ア)～(ウ)からすべて選び，記号で答えなさい。

(ア) 乾電池　(イ) 光電池

(ウ) 発電機

問9　太陽電池の短所の１つは，天候の影響《えいきょう》を受けることです。その短所を解決する方法として，宇宙に発電ステーションをつくるという考えがあります。宇宙に太陽光発電ステーションをつくることに限らず，何か新しいことをするときには，実際にやってみなければわからないこともありますが，それをすることの長所と短所を考えられる限り挙げ，判断することになります。宇宙に太陽光発電ステーションをつくった場合の長所と短所を，天候の影響を受けないこと以外でそれぞれ１つずつ挙げなさい。参考として，地球に届く太陽エネルギーは，**【図４】**のようになっています。

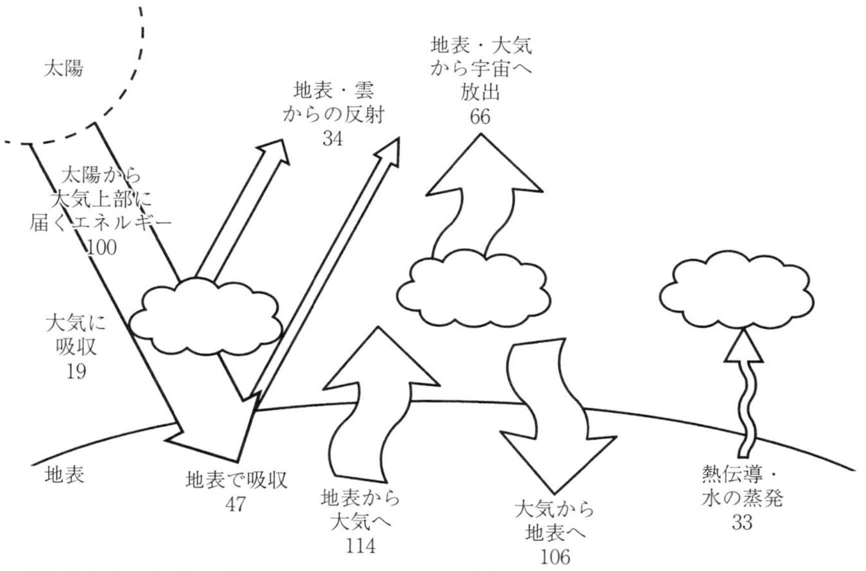

※太陽から地球が受ける全エネルギーを100とした数字

【図４】

2　最近，私たちはアルコールを使って消毒をしたり，石けんで手を洗ったりすることが習慣になっています。消毒には，アルコールのほかに，次亜《あ》塩素酸ナトリウムを主成分とする塩素系漂白剤《ひょうはくざい》を用いることもあります。消毒や手洗いに用いるものについて，**問１～問４**に答えなさい。

問１　アルコールの一種であるエタノールを**【図１】**のような器具を用いて燃やす実験を行ったところ，エタノールは燃えつきてなくなり，集気びんの内側が白くくもりました。また，集気びんを振《ふ》ると石灰水が白くにごりました。

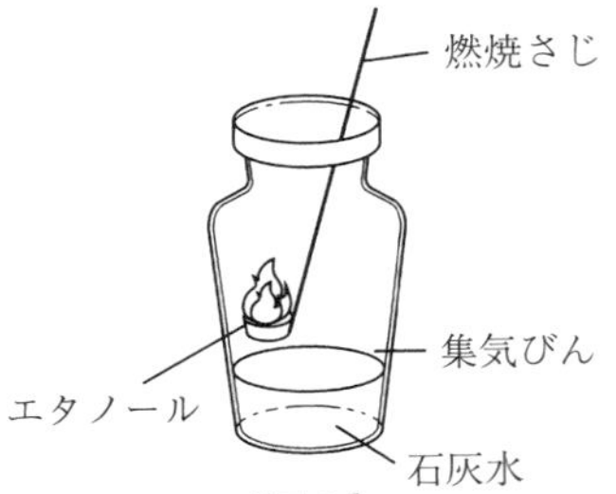

【図１】

(1)　実験後，集気びんの内側が白くくもったのは，何が発生したからですか。

(2)　石灰水が白くにごったことから，何の気体が発生したことがわかりますか。

(3)　**(2)**の気体を発生させる別の方法を，次の**(ア)**～**(エ)**から選び，記号で答えなさい。

(ア)　亜鉛《あえん》にうすい塩酸を反応させる。

(イ)　ベーキングパウダーと食酢を反応させる。

(ウ)　塩化アンモニウムと水酸化カルシウムを混ぜたものを加熱する。

(エ)　二酸化マンガンとオキシドールを反応させる。

(4)　エタノールを燃やしているとき，集気びんにガラス板でふたをすると，燃えつきる前に火が消えてしまいました。それはなぜですか。簡単《かんたん》に説明しなさい。

(5)　**【表】**は，ある細菌《きん》にいろいろな濃《こ》さのアルコールを使って除菌し，細菌を死滅《めつ》させるのに必要な時間を測定した結果です。この結果から，アルコールの濃さと除菌効果の関係についてわかることは何ですか。簡単に答えなさい。

【表】

アルコールの濃さ〔%〕	30	40	50	60	70	80	90	100
死滅させる時間〔分〕	35	7	1	0.8	0.55	0.3	0.55	70

（参考：厚生労働省（新型コロナウイルスの消毒・除菌方法について），日本食品洗浄剤衛生協会（エタノールの除菌効果）の web ページより作成）

問２　ある市販《はん》の塩素系漂白剤は，主成分の次亜塩素酸ナトリウムが濃さ６％で含まれていますが，使用する際は濃さを0.05％にうすめて使用するよう，商品にかかれています。この濃さの単位の「％」は，液体全体の体積に対する次亜塩素酸ナトリウムの体積の割合を表しています。

(1)　0.05％にうすめた液を 1.5L つくるには，もとの漂白剤が何 mL 必要ですか。

(2)　使用する際の濃さをあやまって0.08％にうすめた液を 100mL つくってしまいました。0.05％にするには，水を何 mL 加えれば良いですか。

問３　手洗いによく使う石けんには，界面活性剤《ざい》が含《ふく》まれています。界面活性剤には油汚《よご》れを落とす洗浄《じょう》作用があり，次の文はその洗浄作用についてまとめたものです。

界面活性剤は，水になじみやすい親水《しんすい》性の部分と油になじみやすい親油《しんゆ》性の部分をもっている。水中で，<u>界面活性剤はこの（ ① ）性の部分が油汚れをとり囲み，（ ② ）性の部分が外側に並ぶため</u>，油汚れが水中に分散していく。

(1)　文中の（①），（②）にあてはまる語句を答えなさい。

(2)　文中の下線部の状態を解答欄《らん》に図示しなさい。なお，界面活性剤は**【図２】**のように示すこと。

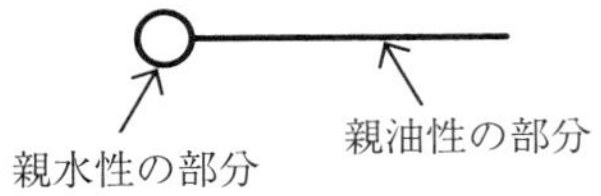

【図２】

問４　アルコール，塩素系漂白剤をそれぞれ水でうすめた水溶《よう》液と石けんを水にとかした水溶液をリトマス紙につけたところ，アルコールは何も変化がなく，塩素系漂白剤と石けんは赤色リトマス紙が青色に変わりました。

(1) 塩素系漂白剤は，ある性質をもつ液体を混ぜると塩素が発生して危険であるといわれています。混ぜてはいけないのはどのような性質をもつ液体ですか。簡単に答えなさい。

(2) アルコール，塩素系漂白剤，石けんにあてはまる特徴《ちょう》を次の**(ア)**～**(オ)**からそれぞれすべて選び，記号で答えなさい。ただし，記号は何度同じものを使っても良いものとします。

(ア) 水溶液は中性である。

(イ) 水溶液は酸性である。

(ウ) 水溶液はアルカリ性である。

(エ) 脱《だっ》色作用がある。

(オ) 引火性がある。

3 次の**A**～**H**は，それぞれ異《こと》なる植物についてかかれています。これについて，**問1**～**問7**に答えなさい。

A 関東では，２月頃《ごろ》からこの植物の花粉が飛散し始め，３月頃に飛散のピークをむかえる。天気予報でも飛散量が話題となる。

B この植物は一年生のイネ科植物である。この植物の種子は，デンプンが多いので，バイオエタノールの原料にもなっている。

C この植物の花には，蜜《みつ》が多くふくまれ，上方の花びらだけに斑《はん》点がついている。

D この植物は，一年生のつる植物である。建物の外側に生育させることで，グリーンカーテンとして用いられる。

E 春が近づくと，天気予報でこの植物の開花予報が聞かれる。靖國《やすくに》神社に東京の開花宣言のもとになる標本木がある。

F 冬ごしのときには，この植物の葉が地面に張りついてロゼットと呼ばれる状態になる。種子は，風で散らされる。

G この植物は公害や火に強いため，街路樹としても使われている。秋になると，葉が黄色く色づく。

H この植物は，キャベツやダイコンと同じ科に属する。種子をしぼって油をつくる材料にされる。

問1 **A**～**H**に適切な植物を，次の〔植物群〕から選び，答えなさい。

〔植物群〕	アブラナ	イチョウ	エノコログサ	カエデ
	ゴマ	サクラ	サトウキビ	スギ
	タンポポ	ツツジ	トウモロコシ	ヒノキ
	ヘチマ			

A～**H**の植物を，次のようにさまざまな特徴《ちょう》でグループ分けしました。

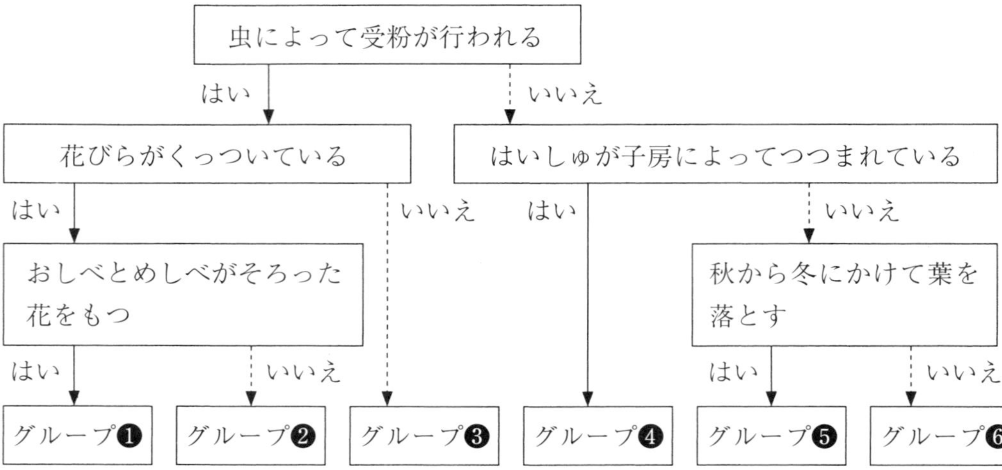

問 2　グループ❶～❻にあてはまる植物は何ですか。**A**～**H**からそれぞれすべて選び，記号で答えなさい。

問 3　グループの❹～❻の植物について，次の問いに答えなさい。

(1)　これらの植物の受粉のしかたは同じです。何によって受粉しますか。

(2)　これらの植物に共通する花の特徴は何ですか。説明しなさい。

問 4　**B**は，バイオエタノールとして利用されることで，化石燃料のかわりとなることが期待されています。しかし，**B**のバイオエタノールとしての利用が進むことで不足すると考えられているのは，どのようなことですか。

問 5　**D**のメモにあるグリーンカーテンには，暑さを和らげる効果があります。１つは，植物によって日差しがさえぎられるためですが，他にも植物が行っているある作用のために温度が下がるからです。何という作用ですか。

問 6　**F**のように，植物はさまざまな方法で冬ごしします。次の**(1)**～**(3)**の冬ごしが見られる植物を，下の**(ア)**～**(ケ)**からそれぞれすべて選び，記号で答えなさい。

(1)　木に冬芽をつくる。

(2)　地上のくきや葉はかれても，芽(地下けい)や根は残る。

(3)　種子を残して，芽やくき，根はかれてしまう。

(ア)　アサガオ　　**(イ)**　カエデ　　**(ウ)**　カキ　　**(エ)**　サクラ　　**(オ)**　ススキ
(カ)　チューリップ　　**(キ)**　ヒマワリ　　**(ク)**　モクレン　　**(ケ)**　ユリ

問 7　次の文は，**G**の葉が黄色くなる理由についてかかれています。文中の(①)，(②)にあてはまる語句を答えなさい。

秋になって気温が下がってくると，(①)があまりできなくなり，(①)を行う(②)が分解されて，黄色の色素が見えるようになるから。

4　発電方法やエネルギーについて，**問 1**～**問 4**に答えなさい。

問 1　日本における現在の主な発電方法は３つあります。それぞれの発電方法の名前を答え，長所と短所を次の**(ア)**～**(カ)**から１つずつ選び，記号で答えなさい。

(ア)　放射性廃《はい》棄《き》物の安全な処理が必要である。

(イ)　化石燃料枯渇《こかつ》の可能性がある。

(ウ)　少ない燃料で大量のエネルギーを取り出せる。

(エ)　河川本来のはたらきを損なう可能性がある。

(オ)　発電量の調整が容易である。

(カ)　ダムに自然にためられる水を利用するので，排《はい》出物がない。

問２　太陽光や地熱，風や水などのように，自然界に存在する環境や資源を利用するエネルギーのことを再生可能エネルギーといいます。再生可能エネルギーの１つである地熱発電についての次の文を読んで，(①)～(④)にあてはまる語句を下の(ア)～(キ)から選び，記号で答えなさい。

地球内部には大量の熱が生成され蓄《たくわ》えられているが，地球深部の熱源は現在の技術ではエネルギーとして利用できない。しかし，地表から数 km の比較《かく》的浅いところには(①)℃前後の「マグマだまり」があり，(②)がこれによって加熱され，高温の(③)や熱水となってたまることがある。地熱発電は，(④)を掘《ほ》って(③)や熱水を取り出してタービンを回して発電するというものである。

(ア)　10　　(イ)　100　　(ウ)　1000　　(エ)　地下水

(オ)　蒸気　　(カ)　石油　　(キ)　井戸

問３　**【図】**は日本で現在地熱発電を行っている地域(●)と地熱発電が計画されている地域(■)を表したものです。この**【図】**から，地熱発電所は北海道や東北，そして九州地方に集中していることがわかります。これらの地域に地熱発電所が集中している理由を簡単《かんたん》に答えなさい。

問４　地熱発電が盛んな国を次の(ア)～(オ)から２つ選び，記号で答えなさい。

(ア)　アイスランド　　(イ)　イギリス

(ウ)　フランス　　(エ)　ニュージーランド

(オ)　インド

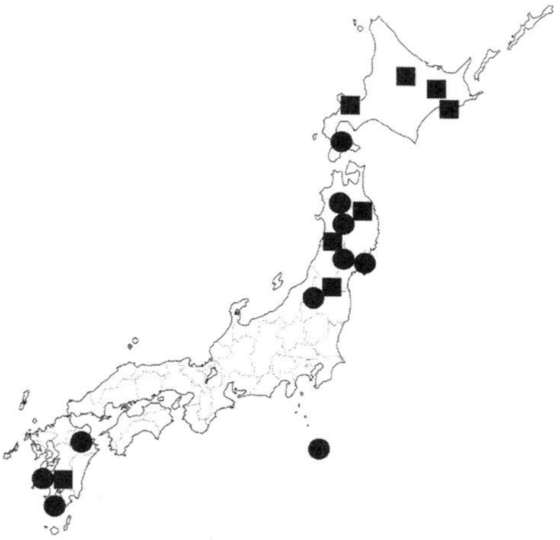

【図】

5　富士山は今から約300年前に噴《ふん》火し，現在まで静かな状態が続いていますが，地下深くでは今でもマグマが活動を続けていることがわかっています。そのため万が一，噴火しそうなとき，噴火が起こったときに備えて，「ハザードマップ」というものが各自治体で作られています。2021年３月に富士山の「ハザードマップ」が新しく改訂《かいてい》されました。これについて，**問１～問５**に答えなさい。

問１　ハザードマップには火山の様々な噴火現象について説明した用語が出てきます。次の(1)～(3)の火山現象を説明した文にあてはまる語句を，下の(ア)～(カ)から選び，記号で答えなさい。また，それぞれの火山現象が起こりやすい火山の名称《しょう》を下の(キ)～(ケ)から選び，記号で答えなさい。

(1)　高温の溶《よう》岩が斜《しゃ》面を流れ，家や道路をうめ，近くの木々を燃やす。流れの速さは人が歩く程度なので，余裕《ゆう》を持って逃げることができる。

(2) 高温の岩石・火山灰・火山ガスの混合物が斜面を高速で流れ下り，巻き込まれると死亡する場合がある。自動車よりも速く流れるので，早めに避《ひ》難する必要がある。

(3) 噴火時に火口から放り飛ばされる直径数cm以上の岩の破片や軽石のことをいう。大きなものが当たると，家は壊《こわ》れ，けがをしたり死ぬこともある。

〔語句〕

(ア) 融雪《ゆうせつ》型火山泥《でい》流　(イ) 溶岩流　(ウ) 土石流

(エ) 岩なだれ　(オ) 火砕《かさい》流　(カ) 噴石

〔火山の名称〕

(キ) 雲仙《ぜん》普賢岳《ふげんだけ》　(ク) 木曽御嶽《おんたけ》山　(ケ) 伊豆大島(三原山)

問2 ハザードマップについて述べた次の(ア)〜(ウ)の文のうち，間違《ちが》っているものを選び，記号で答えなさい。

(ア) ハザードマップは過去の噴火の調査をもとに作られるので，これから起こる噴火を正確に予測できる。

(イ) 今後の調査で過去の噴火についての新しい情報が得られれば，ハザードマップの被《ひ》害想定地域の範囲《はんい》は変わる可能性がある。

(ウ) ハザードマップは，どの範囲に噴火の危険性が及ぶのかを把握《はあく》できるので，自治体が避難計画を立てる上では有用なものである。

問3 **【図】**は富士山のハザードマップにある降灰《こうはい》の予測データです。東京にある気象庁に積もる降灰の厚さはどれ位になりますか。次の(ア)〜(エ)から選び，記号で答えなさい。

(ア) 2cmから10cm

(イ) 10cmから30cm

(ウ) 30cmから50cm

(エ) 50cm以上

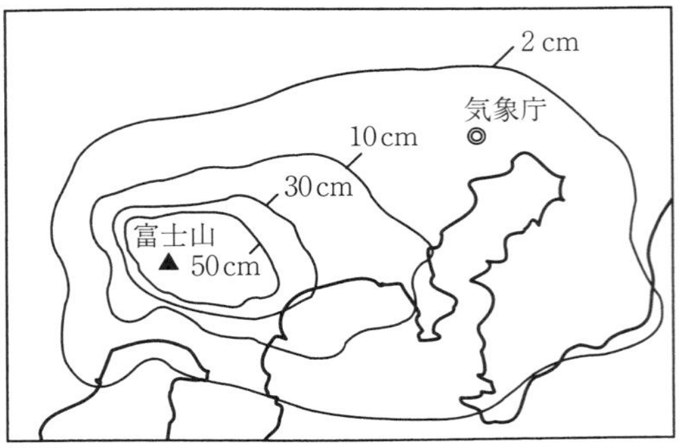

【図】

問4 **【図】**のように降灰の予測範囲は富士山の東側にかたよって広がっています。これについての次の文を読んで，(①)，(②)にあてはまるものを下の(ア)〜(オ)から選び，記号で答えなさい。

降灰の範囲は，噴火が起こったときの風向きで変わるので，実際の降灰の範囲は富士山の東側に広がった分布になるとは限らない。例えば噴火が富士山山頂付近から小規模の噴煙《ふんえん》を放出するようなタイプであった場合，火山灰は(①)付近の影響を強く受けるので，そのときの風下方向に降灰の範囲が広がる。しかし，江戸時代の宝永噴火と同じような大規模の噴火が起こった場合，噴煙は富士山の上空高くまで上がり，上空の(②)風の影響を強く受ける。従って，このような大規模噴火による降灰は富士山の東側に多く積もる可能性が高くなる。

(ア) 標高0m　(イ) 標高約4000m　(ウ) 標高約10000m　(エ) 偏《へん》西　(オ) 貿易

問5 富士山から東京の気象庁までの直線距離《きょり》は約100kmあります。富士山の噴火が起こると，どれ位の時間で気象庁まで火山灰が到達すると考えられますか。次の(ア)〜(ウ)から選び，記号で答えなさい。ただし，火山灰は秒速10mの風に乗って運ばれるものとします。

(ア) 約3時間後　(イ) 約12時間後　(ウ) 約2日後

イ　備前焼のような、伝統的で高価な物なら考えられないが

ウ　備前焼のような、伝統的で価値を認められている物なら納得《なっとく》できるが

エ　備前焼のような、伝統的で盛《さか》んに作られている物ならありえないが

問四　――線③「絶品」の「絶」と同じ意味の「絶」を含《ふく》む熟語を次の**ア**～**オ**の中から一つ選び、記号で答えなさい。

ア　絶交　**イ**　気絶　**ウ**　絶食　**エ**　断絶　**オ**　絶景

問五　――線④「減ってしまった」とありますが、「減ってしまった」のはなぜですか。本文中の言葉を使って五十字以内で答えなさい。

問六　――線⑤「なんとかできんの？　なんとかせんと」とありますが、真里亜は何をどうしたいと思っているのですか。簡潔に答えなさい。

問七　――線⑥「大叔父がぱっと破顔した」とありますが、このときの大叔父の心情として最も適切なものを次の**ア**～**エ**の中から選び、記号で答えなさい。

ア　真里亜が一緒に鶴海なすの種を採りたいと突《とつ》然申し出たことにおどろいた。

イ　若くて目のいい真里亜が作業を手伝ってくれると聞いて安心した。

ウ　真里亜が種を採って選りわける作業を手伝うと言ってくれたことに喜んだ。

エ　若い真里亜が鶴海なすの種採りをすることに少し不安を感じて戸惑《まど》った。

問八　――線⑦「どんな顔をしていいのかわからなくなって目をふせた」とありますが、このときの真里亜の複雑な心情を五十字以内で説明しなさい。

大叔父は真里亜に、鶴海なすの種を見せてくれた。

初日に芽を見たときも、あまりに小さくて驚《おどろ》いたが、種はもっと小さい。不用意に息を吐《は》けばたやすく吹《ふ》き飛んでしまいそうな、この一粒《つぶ》がすべてのはじまりだなんて、見れば見るほど不思議だった。茎《くき》を伸ばし、根を張り、葉や花をつけ、やがて実を結ぶ、その茎も根も葉も花も実も、必要な全部がこのちっぽけな種の内側に詰《つ》めこまれているのだ。

種を採るための株は、他品種との交雑を避けるため、離《はな》れた場所に植えるらしい。なった実は黄色くなるまで完熟させ、陰《かげ》干しする。十分に熟していないと発芽しないのだ。そうして採った種を、さらに念を入れてからからに乾《かわ》かして、粒が大きく色が濃《こ》いものを選《よ》りわける。

「こんな細けぇもんじゃけん、目が疲《つか》れる。根気もいる。でも、せっかく親父《おやじ》から引き継《つ》いだ種じゃ。できる限り、続けようと思うとる」

手のひらにのせた種に大叔父が目を落とした。時代の流れなどとうそぶいてはいても、あきらめたわけではないようだ。真里亜はほっとして口を開いた。

「今年の種は、うちも一緒《しょ》に採らせてもらっていい?」

⑥大叔父がぱっと破顔した。

「マリーちゃんに手伝《つだ》うてもろたら、【注8】でぇれぇ助かるが」

もともと細い目が、しわとほとんど同化してしまいかけている。真里亜までなんだかうれしくなってきた。

「任せて。うち、目はいいし、根気もけっこうあるから」

言ったそばから、自分でもちょっとびっくりした。任せて、だなんて、人生ではじめて使うせりふだ。

「そりゃ、ありがてぇ。頼もしいのう」

頼もしい、も人生ではじめて言われた。

⑦どんな顔をしていいのかわからなくなって目をふせた真里亜に、大叔父が手をさしのべた。小さな小さな茄子の種を、真里亜の手のひらにそっとのせてくれた。

（瀧《たき》羽《わ》麻子《あさこ》『女神のサラダ』所収「茄子と珈琲《コーヒー》」より）

【注】

1 備前焼…岡山県備前市一帯で焼かれた陶器。
2 ハウス…野菜を栽培するビニールハウス。
3 畔…田と田との間に土を盛り上げて境としたもの。
4 在来種…他の地方の作物と交わらず、ある地方だけに長年栽培された品種。
5 ぎょうさん…たくさん。
6 自嘲…ここでは、自分の物を価値のないものだと見下げて言うこと。
7 チェーン店…商品やお店の外観、サービス内容を統一して、各地にたくさんの同じ店を出しているお店。
8 でぇれぇ…とても。

問一 ==線部**a**・**b**のカタカナを漢字に直しなさい。

問二 ――線①「釘を刺され」とありますが、「釘を刺す」の意味として最も適切なものを次の**ア**～**エ**の中から選び、記号で答えなさい。

ア 間違《ちが》いの起こらないよう、前もって注意する。
イ 言いつけどおりに行動することを約束させる。
ウ 相手が何か失敗するのではないかと心配する。
エ 約束を守らなかったことを、きつく叱《しか》る。

問三 ――線②「備前焼ならともかく」をわかりやすく言いかえたものとして最も適切なものを次の**ア**～**エ**の中から選び、記号で答えなさい。

ア 備前焼のような、伝統的で手軽に買える物ならあたりまえだがしたりできるかと真里亜は気がかりだったが、話題は田畑にまつわる事柄《がら》に終始した。大叔父もあえて妻の話は避《さ》けているのかもしれない。話せば当然思い出すし、思い出せば恋《こい》しくなる。真里亜の祖父もそうだった。おじいちゃんの前でおばあちゃんの話はしないように、と両親から①釘《くぎ》を刺《さ》され、子ども心にも気を遣《つか》ったものだ。

大叔父から聞いた中でとりわけ印象的だったのは、茄子《なす》の話である。

「鶴海の茄子は、伝統野菜に指定されとるんよ」

②備前焼ならともかく、野菜にもそんな重々しい冠《かんむり》がつくなんて知らなかった。後からインターネットで調べたところ、古くから栽培《さいばい》されてきた【注4】在来種の野菜を指すようだ。県内では、瀬戸内《せとうち》市のかぼちゃや美作《みまさか》市の蕪《かぶ》なんかも認《にん》定されている。

しかしながら、伝統と名のつくものにありがちなことに、鶴海なすもaサッコンは衰《すい》退の一途《と》をたどっているという。

「味は③絶品なんじゃけど、育てづれぇからな。なにかと手がかかるし、色が薄《うす》くて見栄《ば》えも悪い。近頃《ごろ》は品種改良が進んで、きれいで育てやすい茄子が【注5】ぎょうさんあるけぇ」

聞いているうちに、おぼろげな記憶《おく》がよみがえってきた。

いつだったか、親戚の子どもたちとともに、真里亜も畑で茄子をもがせてもらったことがあった。大叔父の家でもらう茄子はいつだってとびきりおいしかったから、さぞかし立派な実だろうとわくわくしていたのに、現物はbブカッコウで色つやもぱっとせず、内心がっかりした。他の子たちも、「まずそう」「ぶさいく」と無遠慮《りょ》に文句を並べていた。が、おとなたちは訳知り顔で、「食べてみてのお楽しみじゃ」と諭《さと》した。確かに彼《かれ》らの言うとおりだった。美しいとはいえない茄子は、焼いて食べればとろりとやわらかく、抜《ばつ》群に味わい深かった。

大叔父が若かった頃には、地区一帯でさかんに栽培されていた鶴海なすだが、もはや扱《あつか》う農家は二、三軒《けん》にまで④減ってしまったという。

「え、それだけ？」

真里亜はぎょっとした。大叔父が頭を振《ふ》る。

「時代の流れじゃけ、しかたねぇが」

時代の流れ――なんだかいやな響《ひび》きだ、と真里亜は思う。どこかで似たようなことを聞いた覚えがある、とも。

そうだ、アルバイト先の、あの古ぼけた喫茶《きっさ》店だ。

営業後の薄暗い店内で、店長もそう口にした。こんな時代の流れに取り残されたような店、と彼《かの》女らしくもない【注6】自嘲《ちょう》じみた調子で。

「だめだよ」

とっさに、真里亜は大叔父に言い返した。

古くさく、はやっているとはいえないあの喫茶店が、真里亜は好きだった。世界中に支店を広げるような店ではないけれど、それでも愛してくれる地元客がいた。流行の【注7】チェーン店にとってかわられて、悲しかった。口惜《くや》しかった。

「⑤なんとかできんの？　なんとかせんと」

真里亜の勢いに気圧《けお》されたのか、大叔父はぽかんとしている。

「なくなっちゃったらさびしいよ。もったいないよ。あの茄子、おいしいのに」

真里亜はさらに言い募《つの》った。

「ああ、さびしいのう」

大叔父がふっと目を細めた。

「茄子は他にもあるけん、なくなっても別に困らん。困らんけど、さびしいのう」

喫茶店も、備前焼も、そういう意味では同じかもしれない。かわりになるカフェも、陶《とう》器も、世の中には数えきれないほどある。でも、なくなったらさびしい。なくしてしまうのは、もったいない。

「じゃけぇ、じいちゃんもいろいろがんばってみとる」

イ　リママメは、食害者であるナミハダニの匂《にお》いに誘われて集まったチリカブリダニを活性化させる物質を出す。

ウ　リママメは、ナミハダニにかじられると、ナミハダニの捕食者であるチリカブリダニを誘い寄せる化学物質を出す。

エ　リママメは、ナミハダニの糞の匂いに似た物質を出すことで、捕食寄生者であるチリカブリダニを誘い寄せる。

問五　――線③「敵の敵」にあたるものを、本文中から抜《ぬ》き出して答えなさい。

問六　本文中の「リママメ」を用いた実験と「ナズナ」を用いた実験は、それぞれどのようなことを確かめるための実験ですか。次の**ア**～**カ**の中からそれぞれ最も適切なものを選び、記号で答えなさい。

ア　落葉広葉樹林では、植物と植食者とその捕食者の三者が複雑に関係し合っているということ。

イ　植物が自分の身を守る方法には様々な種類があり、決して食われっぱなしではないということ。

ウ　植物も、遺伝子組み換えをすれば、自分の身を守るための効果が上がるということ。

エ　植物の天敵である植食者は、植物の葉っぱの香りに引き寄せられるということ。

オ　植食者の天敵を呼び寄せる物質が多いほど、強く身を守ることができるということ。

カ　植物自身が、積極的に自分の身を守るための物質を出しているということ。

問七　本文の内容に合うものを次の**ア**～**オ**の中から一つ選び、記号で答えなさい。

ア　植物食のダニであるチリカブリダニと肉食のダニであるナミハダニは、両者とも温室植物の大害虫である。

イ　温帯に生息する昆虫は、幼虫の時は植物の敵だが、成虫になると植物を守る味方へと変化する。

ウ　植物は、食害者によって呼ぶべき天敵が異なるため、同一の植物が食害する相手によって異なる化学物質を出す。

エ　遺伝子操作をしたナズナでは、アオムシの死亡率が上がり、アオムシコマユバチの死亡率が下がった。

オ　自然界には多くの化学情報が飛び交っており、それらを把握《はあく》することで、私たちは生態系を守ることができる。

二

次の文章を読んで、後の問いに答えなさい。

大学生の真里亜《まりあ》は、岡山県備前《びぜん》市鶴海《つるみ》地区で農業を営む大叔父《おおおじ》（祖母の弟）の家を時々訪《おとず》れている。大叔父の家には親戚《せき》の拓海《たくみ》が同居しており、拓海はそこから【注1】備前焼の仕事場に通っている。

　翌週から翌々週にかけて、真里亜はさらに三度、大叔父の家を訪れた。

　いずれも平日の昼間だったので、拓海は仕事で留守だった。真里亜が訪ねていくと、大叔父はたいてい田畑か【注2】ハウスにいた。モグラやネズミが田んぼの【注3】畦《あぜ》に開けた穴を補修したり、畑に残った枯《か》れ葉や古株《ふるかぶ》を除《の》けて土を耕したり、真里亜も見よう見まねで手伝った。

　話し相手になってほしいと拓海には頼《たの》まれたけれども、じっくり会話する機会はほとんどなかった。作業の合《あい》間に、ぽつりぽつりと雑談《なぐさ》をかわす程度だ。もしも大叔母《おば》の話になったら、うまく慰《なぐさ》めたり励《はげ》まう一方にはナミハダニにかじられたリママメの葉っぱが置かれました。するとチリカブリダニは、今度は五一対一の割合でかじられた葉っぱのほうを選んだのです。ここでかじられた葉っぱから出されているチリカブリダニの【注5】誘《ゆう》引物質については、いくつかの可能性が考えられます。そこで、かじられた葉っぱ、ナミハダニそのもの、ナミハダニの糞《ふん》の三者について、さきと同じY字迷《めい》路の実験をおこなったところ、かじられた葉っぱそのものに【注6】誘因性があることが明らかとなりました。つまりリママメは、ナミハダニにかじられるとチリカブリダニを誘引するSOS物質を出していると考えられます。そして、実際にその物質の化学式も明らかにされています。

以上のことは、「③敵の敵は味方」の関係を植物が積極的に利用していることを意味します。植物はまさにだまって食べられているわけではありません。かじられると、植食者の天敵を積極的に呼んで敵を**c**タイジしてもらっているというわけです。最近では同じ研究グループが、ナズナとアオムシ、アオムシに卵を産みつけて【注7】ふ化した幼虫がアオムシを食って育つ捕食寄生者のアオムシコマユバチ、の三者を対象にした実験をおこなっています。これによると、遺伝子組み換《か》えをしてSOS物質をつくる酵《こう》素を増やしたナズナは、アオムシにかじられたときに、より多くのアオムシコマユバチを呼び寄せること、その結果、遺伝子組み換えをしたナズナではアオムシの死亡率が上がることが明らかになりました。SOS物質の量的効果が確認《にん》されたわけです。

また、これも驚《おどろ》くべきことですが、同一の植物が、食害する相手によってまったく異なった化学物質＝SOS信号を出すことがわかっています。食害者によって呼ぶべき天敵が違《ちが》うからです。

〈中略〉

このように、自然界では私たちが感知できないところで多くの化学情報が飛び交《か》っていることになります。植物の種数とそれを加害する昆虫の多様さを考えると、その情報量は想像を絶するものに違いありません。このように人が感知することのできる情報は、生態系のなかではほんの一部に過ぎないこと、五感以外のものがたくさん機能している事実を私たちは謙虚《けんきょ》に受け止めるべきだと思います。

（江崎保男《えざきやすお》『生態系ってなに？』一部改）

【注】
1 鬱閉…森林で、隣《とな》り合う樹木の茂《しげ》った枝や葉がたがいに接して、すき間がなくなった状態。
2 植食者…生物界で、植物を餌として食べる生物。
3 捕食者…生物界で、他種の生物をつかまえて食べる生物。
4 Y字型の試験管…下図参照。
5 誘引…誘い入れること。
6 誘因…ある作用をひき起こす原因。
7 ふ化…卵がかえること。

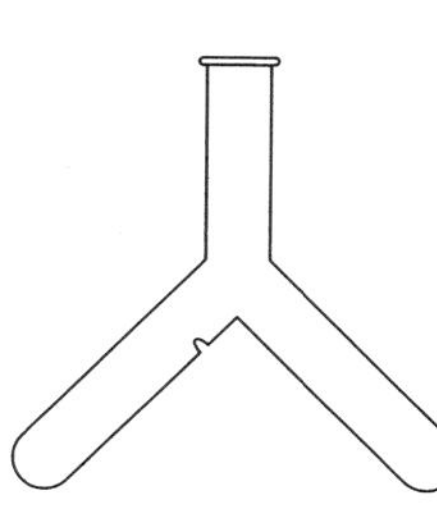

問一 ═線部**a**～**c**のカタカナを漢字に直しなさい。

問二 ……で囲まれた段落を読み、「鳥の繁殖期」が「初夏」である理由を、「樹木」、「イモムシ」という言葉を使って八十字程度で説明しなさい。

問三 ――線①「このように、植物が昆虫に食われないように防御している」とありますが、その防御方法を五十字以内で簡潔に答えなさい。

問四 ――線②「もっと積極的に防衛している」とありますが、たとえば「リママメ」は、どのように防衛しているのですか。次の**ア**～**エ**の中から最も適切なものを選び、記号で答えなさい。

ア リママメは、チリカブリダニにかじられると、チリカブリダニの天敵であるナミハダニを誘い寄せる香りを出す。

二〇二二年度 白百合学園中学校

【国　語】〈四〇分〉〈満点：一〇〇点〉

※字数制限がある問題は、「、」や「。」、カギカッコも一字と数えます。

一　次の文章を読んで、後の問いに答えなさい。

ブナ林などの落葉広葉樹林では、初夏にいっせいに開葉が起こります。一般《ぱん》には芽吹《ぶ》きと呼んでいる現象ですが、枯《か》れ木とみえた樹木に青々とした葉が大量につくことにより、冬の間は数十メートルさきまで見通せた林内がこのあと急速に【注1】鬱閉《うっぺい》し、五メートルのさきがみえない状況《きょう》に変化します。そして、この開葉とともに、葉っぱには大量のイモムシが現れます。彼らは柔《やわ》らかくて栄養に富んだ若葉を好んで食うのです。イモムシの量も中途《と》半端《ぱ》ではありませんので、これをめがけて多くの小鳥が集まってきます。冬の間は、a ミキや枝でそれぞれの得意な方法を駆《く》使して餌《えさ》をとっていた連中が、みな葉っぱに集中するのですが、このなかには、樹をつつくしか b ノウがないと思われているアカゲラなどのキツツキも含《ふく》まれます。温帯において、なぜ鳥の繁殖《はんしょく》期が初夏なのかに関しては、この時期が森のイモムシに代表されるように、ヒナの餌がもっとも豊かな時期であり、これにあわせて繁殖を開始するように鳥たちが進化してきたからだと考えられています。

さて、樹木の葉っぱはイモムシに食われっぱなしであるかのように、私たちは考えがちですが、植物も食われないように防御《ぎょ》しているのだということが知られています。樹木の葉っぱは開葉後急速に堅《かた》くなっていきますが、これは水分含《がん》量が減っていくためです。同じことは、庭木でも簡単に観察できますが、柔らかいのは本当にわずかの期間です。また、葉っぱは堅くなると同時に窒《ちっ》素の含有量を減らしていきます。窒素は生物にとって重要な栄養源ですので、このことは葉っぱが昆《こん》虫の餌としての価値を急速に下げていくことを意味しています。そして、葉っぱはタンニンに代表される毒物をためるようになります。タンニンというのは渋柿《しぶがき》のあの渋みですが、これは一度味わってみる価値があるというもので、私も子供のころ、一度だけ経験し、それ以降は渋柿に手を出さないようにしているほど強烈《れつ》なものです。

①このように、植物が昆虫に食われないように防御していることは、生態学者には比較《かく》的知られた事実だったのですが、この一五年ほどの間に、②もっと積極的に防衛していることが明らかになってきました。それは、植物が葉っぱを【注2】植食者にかじられると、植食者の天敵を呼んでいるという事実です。実験がおこなわれたのは、温室植物と、その大害虫であるナミハダニと、【注3】捕《ほ》食者のチリカブリダニの三者関係についてです。ダニにはいろいろなダニがいて、このように植物食のダニと肉食のダニもいるわけです。

さて、実験は、【注4】Y字型の試験管を用いておこなわれました。捕食者であるチリカブリダニを試験管の一つの端《はし》に位置させ、そのまま進むと分岐《き》にさしかかりどちらかの道(試験管)を選ばざるを得ないという設定です。第一の実験では、分岐の一方からは空気、もう一方からはナミハダニの餌となるリママメという植物の葉っぱの香りが流れてくるしくみに設定しました。すると、チリカブリダニは五四対二六の割合でリママメの香りのほうを選びました。これは、チリカブリダニからするとリママメのあるところ、餌のナミハダニがいるからだと解釈《しゃく》されます。

第二の実験では、片方にはリママメのかじられていない葉っぱ、も

2022年度
白百合学園中学校 ▶解説と解答

算　数　(40分)　<満点：100点>

解　答

[1] (1) 35個　(2) 15個　[2] 5：6　[3] (1) 70g　(2) 120g　(3) **量**…600g, **濃度**…5％　[4] (1) 1.125倍　(2) 15分　(3) 20人　[5] (1) 2.355cm^2　(2) 16.2cm^2

解　説

[1] 場合の数

(1) 右の㋐～㋓の4つの場合がある。㋐の場合，□にあてはまる数字は0と2を除いた8個ある。また，㋑，㋒，㋓の場合，それぞれ□にあてはまる数字は2を除いた9個ある。よって，全部で，$8+9\times3=35$(個)とわかる。

㋐	□222
㋑	2□22
㋒	22□2
㋓	222□

(2) 3の倍数は各位の数字の和が3の倍数になる。よって，㋐の場合，□にあてはまる数字は{3，6，9}の3個ある。また，㋑，㋒，㋓の場合，それぞれ□にあてはまる数字は{0，3，6，9}の4個ある。よって，全部で，$3+4\times3=15$(個)と求められる。

[2] 平面図形─辺の比と面積の比，相似

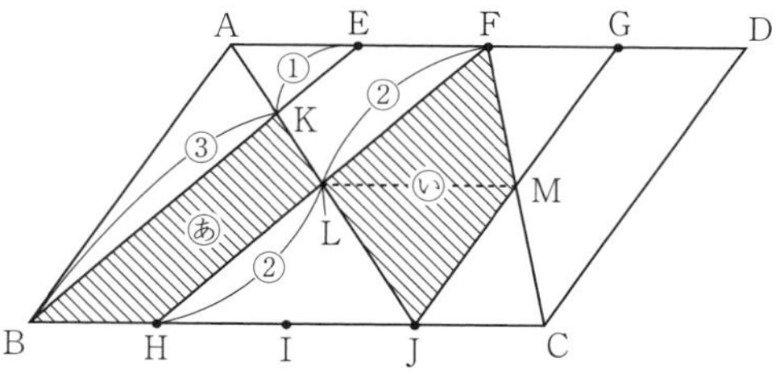

右の図で，三角形AKEと三角形JKBは相似であり，相似比は，AE：BJ＝1：3だから，EK：KB＝1：3となる。また，三角形ALFと三角形JLHは合同である。よって，図のように，EK＝①，KB＝③とすると，FL＝LH＝(①＋③)÷2＝②となる。すると，あの面積は平行四辺形EBHFの面積の，$\frac{3+2}{3+1+2+2}=\frac{5}{8}$(倍)になることがわかる。さらに，平行四辺形EBHFの面積は平行四辺形ABCDの面積の$\frac{1}{4}$倍なので，平行四辺形ABCDの面積を1とすると，あの面積は，$1\times\frac{1}{4}\times\frac{5}{8}=\frac{5}{32}$となる。次に，三角形FMGと三角形CMJは合同だから，FM：MC＝1：1であり，三角形FLMと三角形FHCは相似とわかる。このとき，相似比は1：2なので，面積の比は，$(1\times1):(2\times2)=1:4$になる。同様に考えると，三角形JLMと三角形JAGの面積の比も1：4になる。さらに，三角形FHCと三角形JAGの面積はどちらも，$1\times\frac{1}{2}\times\frac{3}{4}=\frac{3}{8}$だから，三角形FLMと三角形JLMの面積はどちらも，$\frac{3}{8}\times\frac{1}{4}=\frac{3}{32}$と求められる。したがって，いの面積は，$\frac{3}{32}\times2=\frac{3}{16}$なので，あといの面積の比は，$\frac{5}{32}:\frac{3}{16}=5:6$である。

[3] 濃度《のうど》

(1) 8％の食塩水の重さを□gとして図に表すと，下の図1のようになる。図1で，ア：イ＝$(5-4):(8-5)=1:3$だから，混ぜた食塩水の重さの比は，$\frac{1}{1}:\frac{1}{3}=3:1$とわかる。よって，

□=210×$\frac{1}{3}$=70(g)と求められる。

(2) 同じになったときの濃度は，AとBの食塩水をすべて混ぜた食塩水の濃度と一致《いっち》する。(食塩の重さ)=(食塩水の重さ)×(濃度)より，はじめにAとBに含《ふく》まれていた食塩の重さの和は，200×0.09+300×0.04=30(g)とわかる。また，AとBの食塩水の重さの和は，200+300=500(g)だから，同じになったときの濃度は，30÷500×100=6(%)と求められる。よって，それぞれの容器から取り出した食塩水の重さを□gとして，Aのようすを図に表すと，下の図2のようになる。図2で，ウ：エ=(9−6)：(6−4)=3：2なので，混ぜた食塩水の重さの比は，$\frac{1}{3}$：$\frac{1}{2}$=2：3となる。この和が200gだから，□=200×$\frac{3}{2+3}$=120(g)とわかる。

図1

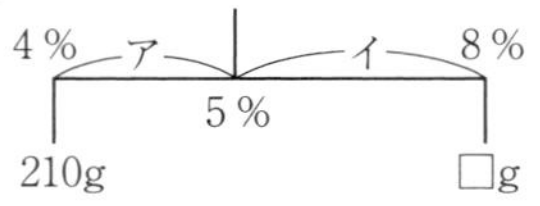

図2

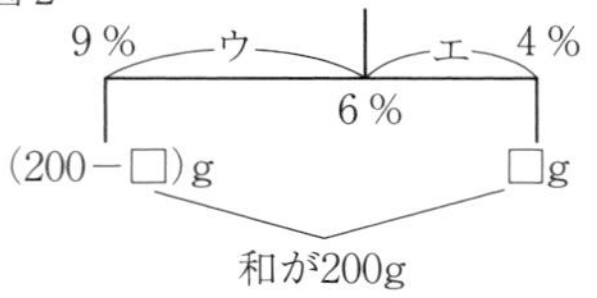

図3

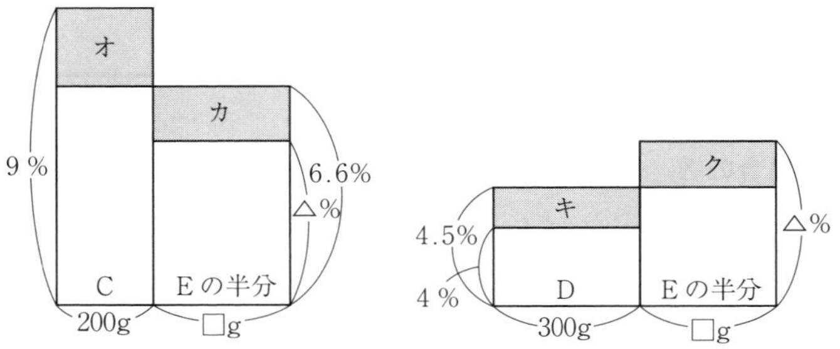

(3) EからCに入れた食塩水とEからDに入れた食塩水は，濃度も重さも同じものである。そこで，EからCとDに入れた食塩水の濃度を△%，重さを□gとして図に表すと，上の図3のようになる。図3で，オとカ，キとクの面積はそれぞれ等しい。さらに，オの面積は，200×(0.09−0.066)=4.8(g)，キの面積は，300×(0.045−0.04)=1.5(g)にあたるので，カの面積は4.8g，クの面積は1.5gとなり，カとクの面積の比は，4.8：1.5=16：5とわかる。よって，カとクのたての長さの比も16：5だから，右下の図4のように表すことができる。図4で，⑤+⑯=㉑にあたる濃度が，6.6−4.5=2.1(%)なので，①にあたる濃度は，2.1÷21=0.1(%)となり，△=6.6−0.1×16=5(%)と求められる。また，カの面積は4.8gだから，□=4.8÷(0.066−0.05)=300(g)とわかる。これはEの食塩水の半分の重さなので，Eに入っていた食塩水の重さは，300×2=600(g)，濃度は5%である。

図4

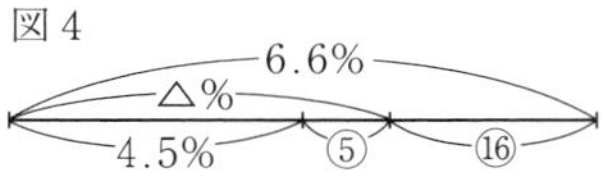

4 比の性質

(1) 部員全員で行うとき，1分間に整備できる広さを1とすると，はじめの1時間(=60分)でAを整備した広さは，1×60=60となる。また，人数を半分にすると，1分間に整備できる広さは$\frac{1}{2}$になるから，次の15分でAとBを整備した広さはそれぞれ，$\frac{1}{2}$×15=7.5になる。よって，A全体の広さは，60+7.5=67.5とわかる。これははじめの1時間で整備した広さの，67.5÷60=1.125(倍)である。

(2) Bの広さはAの広さの$\frac{1}{3}$だから，67.5×$\frac{1}{3}$=22.5とわかる。よって，Bの残りの広さは，22.5−7.5=15なので，これを全員で行うと，15÷1=15(分)かかる。

(3) 実際にはBの残りを整備するのに42分かかったから，全員で行ったときにかかる時間と実際にかかった時間の比は，15：42=5：14である。よって，全員の人数と実際に行った人数の比は，$\frac{1}{5}$：$\frac{1}{14}$=14：5とわかる。つまり，全員の人数と実際に行った人数の組は，(14人，5人)，(28人，

10人)，(42人，15人)，(56人，20人)，(70人，25人)，…となる。このうち条件に合うのは(56人，20人)なので，実際に行った人数は20人である。

5 平面図形―面積

(1) 下の図1で，同じ印をつけた部分の長さはすべて3cmである。よって，三角形OCBは正三角形だから，★印の部分とかげをつけた部分は合同になる。また，Aを中心とするおうぎ形ABCをかき，かげをつけた部分の下半分を矢印のように移動すると，斜線《しゃせん》部の面積の和は，下の図2の斜線部の面積と等しくなることがわかる。これは，半径が3cmで中心角が30度のおうぎ形なので，面積は，3×3×3.14×$\frac{30}{360}$=0.75×3.14=2.355(cm^2)と求められる。

図1

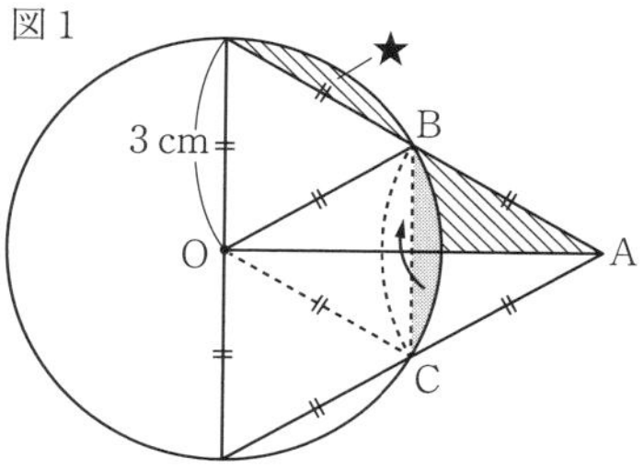

図2

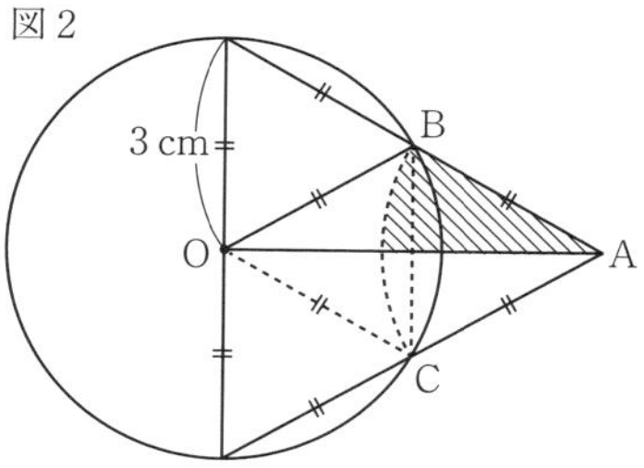

図3

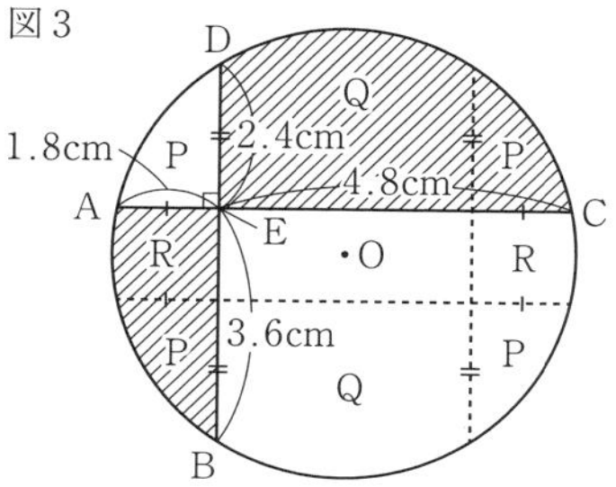

(2) 円の中心をOとする。Oを中心にして，直線AC，直線BDと点対称《てんたいしょう》の位置にある直線を引くと，上の図3のようになる。すると，同じ文字の部分はそれぞれ合同になる。また，中央の長方形は，たての長さが，3.6−2.4=1.2(cm)，横の長さが，4.8−1.8=3(cm)だから，面積は，1.2×3=3.6(cm^2)とわかる。さらに，円の面積は36cm^{2}なので，P4個，Q2個，R2個の面積の合計が，36−3.6=32.4(cm^2)になる。斜線部の面積の和はこの半分だから，32.4÷2=16.2(cm^2)と求められる。

社 会 (30分)＜満点：75点＞

解 答

1 **問1** ウ　**問2** **1** 渡島　**2** 函館　**3** 有珠　**4** アイヌ　**5** 日高　**6** オホーツク　**7** 北洋　**8** ラムサール　**9** 根室　**10** 歯舞　**問3** エ　**問4** (a)(例) 火山の噴火によって火口付近が落ちこんでできたくぼ地に，水がたまってできた湖。(b) イ　(c) ア　(d) 十勝平野　(e)(例) 夏に濃霧の発生する冷涼な気候のため，稲作や畑作ができず，牧草栽培などに適していたことから，大規模な酪農地帯となっている。　(f) ①　(g) タンチョウ　(h) ウ　**問5** ① イ　② オ　**2** **問1** ア，ウ　**問2** 弥生　**問3** (例) 人々の間に貧富や身分の差が生まれていた。　**問4** 埴輪　**問5** 渡来人　**問6** 法隆寺　**問7** 大宝律令　**問8** エ　**問9** (例) 遣唐使が停止されたこと。　**問10** 女房装束(十二単)　**問11** ア　**問12** ウ→ア→エ→イ→オ　**問13** 明智光秀　**問14** ウ　**問15** 松平定信　**問16** 鹿鳴館　**問17** 吉野作造　**問18** 1923(年)9(月)1(日)　**問19** イ　**問20** ウ→イ→ア→エ　**問21** (例) ぜいたくは敵だ(欲しがりません，勝つまでは)　**3** **問1** (a) 議院内閣制　(b) 内閣不信任決議　(c) (ジョー・)バイデン　**問2**　産業の空洞化　**問3**　法務省　**問4**　(a)　文部科学省　(b)　文化庁　**問5**　(例)　リモートワークやテレワークが定着したことにより自宅で冷暖房を使う時間が増え，節電の意識がうすれた。　**問6**　インバウンド　**問7**　六次産業化　**問8**　(a)　ウ　(b)　男女共同参画会議　**問9**　(a)　社会保障関係費　(b)　国債費

解　説

1　北海道の地理についての問題

問1　地点Aは奥尻《おくしり》島なので，ウがあてはまる。なお，アの地点Aは利尻島。

問2　**1**　奥尻島を東に行くと，北海道南部の渡島《おしま》半島がある。　**2**　渡島半島の南に位置し，1854年の日米和親条約により開港したのは，函館である。　**3**　地点Aと地点Bを結ぶ線上には，活火山の有珠《うす》山がある。20～30年おきに噴火をくり返していることから住民の防災意識が高く，2000年の噴火のさいには，直前に緊急《きんきゅう》火山情報が出されていたため，周辺の住民は避難《ひなん》を終えており，１人の死傷者も出さなかった。　**4**　アイヌは北海道の先住民族で，北海道にはアイヌ語に由来する地名が多い。苫小牧《とまこまい》については，「沼の・後ろにある・川」を意味する「トー・マコマ・ナイ」が語源だとする説がある。　**5**　苫小牧の東方で南北に連なるのは日高山脈で，北海道で唯一《ゆいいつ》の山脈である。　**6**，**7**　オホーツク海やベーリング海でかつてさかんに行われていた日本の漁業は，北洋漁業とよばれる。1970年代以降，ソ連(現在のロシア)やアメリカが自国の沿岸から200海里以内の海域での外国漁船の操業を制限するようになったため，日本の北洋漁業は厳しい環境におかれるようになった。　**8**　釧路《くしろ》湿原は1980年，日本で初めてラムサール条約の登録地となった。　**9**，**10**　根釧《こんせん》台地の東にあるのは根室半島で，その先には北方領土の歯舞《はぼまい》群島がある。

問3　有珠山のすぐ近くにはカルデラ湖の洞爺《とうや》湖があり，一帯は北海道有数の観光地となっている。なお，支笏《しこつ》湖はその少し東にあるカルデラ湖，阿寒湖は北海道東部にあるカルデラ湖。サロマ湖は，北海道北東部のオホーツク海沿岸にある潟《せき》湖である。

問4　(a)　火山の噴火により，火口付近が落ちこんでできたくぼ地をカルデラという。大量の火山灰や溶岩などが噴出したあと，地下のマグマだまりが空洞《くうどう》化し，火口部が落ちこんで形成される場合が多い。そのカルデラに水がたまってできたのが，カルデラ湖である。　(b)　火山の噴火によって山腹に火山噴出物が降り積もり，そのあとに雨が降ると，泥流《でいりゅう》が発生して家屋を倒壊《とうかい》させることがあるから，①は正しい。液状化現象とは，地震が起こったさい，埋《う》め立て地や，かつて低湿地であったような地盤《じばん》が地震の振動《しんどう》で水の中に砂が混ざった状態になり，地中の土砂が水とともに地表に噴《ふ》き出すなどする現象である。　(c)　苫小牧市は明治時代末期に製紙工場が建設されて以来，製紙・パルプ工業が地域を代表する産業であったが，1960年代以降，地域一帯が工業地域として開発され，重化学工業も発展した。特に石油備蓄基地となったことから，石油精製業などもさかんになった。現在は製造品出荷額では石油・石炭製品製造業が最も多くなっており，ついで輸送用機械器具製造業，パルプ・紙・紙加工品製造業の順となっている。　(d)　日高山脈の東に広がる十勝平野は畑作や酪農がさかんで，北海道を代表する農業地域となっている。　(e)　根釧台地は火山灰土におおわれた広大な台地で，沿岸部は泥炭地や湿地が多く，気候も冷涼で，夏に濃霧《のうむ》が発生することから日照不足にもなりやすい。そのため農業には適さず，未開の原野が広がっていたが，

第二次世界大戦後に開発が進められ，酪農地帯として生まれ変わった。　(f)　自給率とは消費量に対する生産量の割合で，農畜産物の生産がさかんな地域では高い数値になり，大都市のある地域では低い数値となる。２つの表のうち，①は米の生産量が多い都道府県が上位を占《し》めており，②は畜産のさかんな都道府県が多い。一般に，米などの穀物はカロリーは高いが，価格は比較《ひかく》的安い。これに対して，肉類などの畜産物はカロリーに比して価格の高いものが多い。以上のことから，①が「カロリーベース」で，②が「生産額ベース」であると判断できる。　(g)　タンチョウ(タンチョウヅル)は北海道東部で１年を通して生息する留鳥で，釧路湿原はその生息・繁殖《はんしょく》地として知られる。一時期，数を減らしたが，現在は特別天然記念物に指定され，生息数も回復してきている。(h)　日本の最北端は北方領土の択捉《えとろふ》島で，緯度は北緯45度33分に位置する。

問５　①はたまねぎで，収穫量は北海道が全国第１位，第２位が佐賀県，第３位が兵庫県となっている。特に，淡路島(兵庫県)がたまねぎの生産地として知られる。②はメロンで，鉾田《ほこた》市(茨城県)，八代《やつしろ》市(熊本県)，夕張市(北海道)，酒田市(山形県)などでの生産がさかんである。統計資料は『日本国勢図会』2021／22年版による。

2　各時代の衣服を題材とした問題

問１　縄目の模様の土器がつくられたのは縄文時代のことで，アとウがあてはまる。イとエは弥生時代のようす。

問２　『魏志倭人《ぎしわじん》伝』は３世紀の日本のようすについて記した魏(中国)の歴史書で，３世紀は弥生時代末期にあたる。

問３　それまでみんなが同じような衣服を着ていたのが，人によって着るものが異なるようになったのだから，人々の間に身分や貧富の差が生まれていたと考えられる。

問４　古墳からは，埴輪《はにわ》とよばれる素焼きの焼き物が出土する。埴輪には円筒《えんとう》埴輪と人や動物，家，船などをかたどった形象埴輪があり，人物埴輪からは当時の人々の服装などを知ることができる。

問５　４～７世紀にかけて，中国や朝鮮半島から日本に移り住んできた人々は渡来人とよばれ，漢字や儒教《じゅきょう》，仏教などのほか，養蚕や機織りなどの大陸の進んだ技術を日本に伝えた。

問６　603年に冠位十二階を定めたのは聖徳太子(厩戸《うまやと》皇子)で，仏教を厚く信仰した太子は，斑鳩《いかるが》(奈良県)に法隆寺を建てた。

問７　701年，唐(中国)の律令を参考に，刑部《おさかべ》親王や藤原不比等《ふひと》らが中心となってまとめた大宝律令が完成した。

問８　藤原頼通《よりみち》が宇治(京都府)に平等院鳳凰《ほうおう》堂を建てたのは，平安時代中期にあたる11世紀半ばのことである。アとイは平安時代初期，ウは平安時代後期のできごと。

問９　894年，菅原道真の進言を取り入れ，遣唐使が停止された。これによって中国文化が入らなくなり，平安時代中期以降，日本の風土や生活に合った国風文化が栄えることとなった。

問10　平安時代に広まった貴族の女性の正装は女房装束《にょうぼうしょうぞく》で，一般には十二単《ひとえ》とよばれる。

問11　平安時代の貴族は都で生活するのが一般的で，家族で行楽地に向かう旅行などは行わなかったと考えられるので，アが間違っている。

問12　アは1221年，イは1336年，ウは1189年，エは1274年と1281年，オは1467年のできごとである。

問13　1582年，天下統一を目前にした織田信長は，京都の本能寺に滞在《たいざい》中，家臣の明智光秀《あけちみつひで》の軍勢に襲《おそ》われ，自害に追いこまれた(本能寺の変)。

問14　『東海道五十三次』は歌川広重による浮世絵版画集であるから，ウが間違っている。葛飾北《かつしかほく》斎《さい》は，『富嶽《ふがく》三十六景』などの作品で知られる浮世絵師である。

問15　寛政の改革は，老中松平定信が18世紀末の1787～93年に行った幕政改革で，厳しすぎる政策が人々の反発を招いたこともあり，失敗に終わった。

問16　鹿鳴館《ろくめいかん》は，1883年に完成した官営の国際社交場で，外務卿《きょう》(現在の外務大臣)井上馨《かおる》による欧化政策の一環として東京・日比谷に建てられた。日本の政府高官が出席し，外国の大使・公使などを招いて毎晩のように西洋式の舞踏《ぶとう》会が開かれたが，あまりにも西洋のまねをしすぎると人々から非難された。

問17　大正時代，政治学者の吉野作造は「民本主義」を唱え，普通選挙制の実施や政党内閣制などを主張して，大正デモクラシーとよばれる民主主義を求める運動の理論的指導者となった。

問18　1923年９月１日，相模《さがみ》湾北部を震源とするマグニチュード7.9の大地震が発生し，それにともなう大火災により，東京や横浜を中心として多数の死者を出した。これが関東大震災で，現在，発生日の９月１日は「防災の日」とされ，全国の学校や施設などで避難訓練や防災訓練が行われている。

問19　「モガ」は，「モダン・ガール」を省略して生まれた造語である。昭和時代初期，最先端の流行の服を着て東京の銀座通りなどを自由に歩き回る女性たちを指した言葉で，写真のイがあてはまる。アは「もんぺ」とよばれる労働用の衣服を着た同じ時代の農村の女性たちで，第二次世界大戦中，もんぺは女性の標準服とされ，全国に普及《ふきゅう》した。ウは明治時代の上流階級の女性。なお，ウの写真の女性は大山捨松《すてまつ》(1860～1919年)で，岩倉使節団とともに渡米し，帰国後はともにアメリカに留学した盟友の津田梅子とともに女子教育の発展に力をつくした。

問20　アは1941年，イは1937年，ウは1931年，エは1945年のできごとである。

問21　第二次世界大戦中は，戦意の高揚《こうよう》や生活の統制などのため，政府の主導でさまざまな標語がつくられた。それらの中で特に節約をよびかけるねらいがあったものとしては，「ぜいたくは敵だ」「欲しがりません勝つまでは」「足らぬ足らぬは工夫が足らぬ」などがよく知られている。

3　新型コロナウイルス感染症《しょう》の拡大を題材とした問題

問１　(a)　内閣が議会の信任の上に成り立ち，行政権の行使にあたり議会に対して責任を負う制度は，議院内閣制とよばれる。　(b)　議院内閣制のもとでは，議会は内閣に対して不信任を決議できる。日本では衆議院がその権限を持っており，衆議院が内閣不信任を決議した場合，内閣は10日以内に衆議院を解散しない限り，総辞職しなければならない。　(c)　2020年11月に行われたアメリカの大統領選挙では民主党候補のジョー・バイデンが当選し，翌21年１月に第46代大統領に就任した。

問２　円高が進んだ1980年代以降，人件費の安い発展途上国などに生産拠点《きょてん》を移す日本企業が増えた。こうした動きは，国内の製造業の衰退《すいたい》につながることから「産業の空洞《くうどう》化」とよばれる。

問３　出入国在留管理庁は法務省の外局で，同じく法務省の機関であった入国管理局を前身として2019年に設立され，外国人の出入国や在留の管理，難民の認定などを行っている。

問４　(a)　教育に関わるしごとを担当する国の行政機関は文部科学省で，2001年の中央省庁再編のさい，文部省と科学技術庁が統合されてできた。　(b)　国宝の保存や美術館・博物館に関わるしごとを担当する行政機関は文化庁で，文部科学省の外局の１つである。

問５　新型コロナウイルスによる感染症の拡大をおさえるための対策として，人の移動を必要最小限にするため，会社に出勤せずに自宅などで仕事を行うテレワーク(リモートワーク)や，外出を避《さ》け，できるだけ自宅で過ごすようにする「ステイホーム」が推奨《すいしょう》された。こうした流れにより自宅で多くの時間を過ごす人が増えた結果，冷暖房を長時間使用したり，手洗いや入浴の回数が増えたりすることで，節電や節水への取り組みがおろそかになるような事例は，環境問題への取り組みが後退したといえる。

問６　「訪日外国人」は，インバウンドとよばれる。英語のインバウンドは本来，「外から内に入ってくる」という意味であるが，近年は日本を訪れる外国人のことを指すようになり，その数を増やすための政策が進められてきた。なお，これとは反対に，出国する日本人はアウトバウンドとよばれる。

問７　農業や漁業などの第一次産業にたずさわる人たちが協力し，食品の生産・加工から流通・販売までを手がけるようにする経営方法を六次産業といい，その多角的な取り組みは六次産業化とよばれる。第一次産業，第二次産業，第三次産業を組み合わせるという意味から生まれた言葉で，当初は「１＋２＋３」から六次とするという考え方であったが，近年はそれらの事業をより有機的に結びつけようとするねらいから，「１×２×３」と考えられるようになっている。「地産地消」はその代表的な取り組みで，地域の活性化や環境問題などにとって有意義な取り組みとして注目されている。

問８　(a)　リモートワークが可能な職種は限られており，自宅で仕事ができたとしても，学校や幼稚園・保育園が休校・休園になり子どもが１日中家にいるような場合，食事の世話など家事・育児の負担がかえって増えてしまうケースも少なくなかったから，ウが誤っている。　(b)　性別に関係なく活動できる社会の実現をめざした政策の提言を目的として，2001年，内閣府に男女共同参画会議が設立された。内閣官房長官を議長として，各省大臣，男女共同参画担当大臣，女性活躍《かつやく》担当大臣，学識経験者らで構成されている。

問９　(a)　近年の国の歳出のうち，最も大きな割合を占めるのは社会保障関係費である。なお，感染症対策は社会保障のうちの「公衆衛生・医《い》療《りょう》」にあてはまる。給付金の支給は「社会福祉」の一種と考えられる。　(b)　国の借金の多くは，国債の発行でまかなわれる。グラフ中のＢの「国債費」は，政府が過去に発行した国債についての利子の支払いや元金の返済のための費用で，近年はその額が増加して国の財政を圧迫《あっぱく》するようになっている。

理　科　(30分) ＜満点：75点＞

解　答

１　**問１**　(1)　アンペア　(2)　①　(ア)　②　(イ)　③　(ウ)　④　(キ)　⑤　(コ)　⑥　LED　⑦　(ク)　**問２**　(エ)　**問３**　(例)　右の図①　**問４**　①　(ウ)　②　(オ)　③　2　④　(オ)　⑤　(キ)　⑥　(カ)　⑦　(ク)　**問５**　①　(イ)　②　(カ)　**問６**　①　(イ)　②　(ウ)　**問７**　①　(イ)　②　(エ)

図①

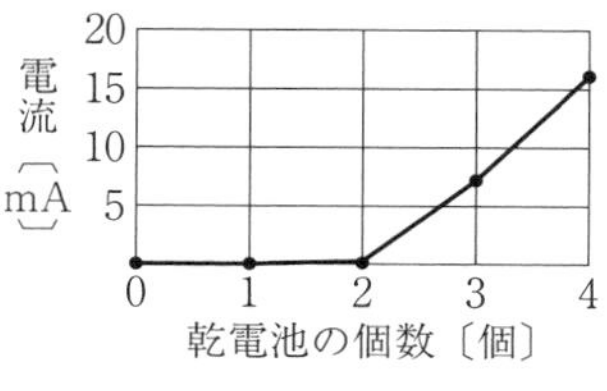

問8　(イ)，(ウ)　**問9**　**長所**…(例)　太陽から届くエネルギーのほぼすべてを利用できる。**短所**…(例)　修理や部品の交かんなどが簡単に行えない。　**2**　**問1**　(1)　水(水蒸気)　(2)　二酸化炭素　(3)　(イ)　(4)　(例)　集気びんの中の酸素が減ったから。　(5)　(例)　除菌効果が最大となるのは，アルコールの濃さが80％あたりである。　**問2**　(1)　12.5mL　(2)　60mL　**問3**　(1)　①　親油　②　親水　(2)　(例)　右の図②　**問4**　(1)　酸性の液体　(2)　**アルコール**…(ア)，(オ)　**塩素系漂白剤**…(ウ)，(エ)　**石けん**…(ウ)

図②
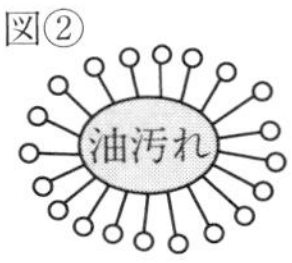

3　**問1**　**A**　スギ　**B**　トウモロコシ　**C**　ツツジ　**D**　ヘチマ　**E**　サクラ　**F**　タンポポ　**G**　イチョウ　**H**　アブラナ　**問2**　❶　C，F　❷　D　❸　E，H　❹　B　❺　G　❻　A　**問3**　(1)　風　(2)　(例)　花びらやがくがない。　**問4**　(例)　家畜の飼料　**問5**　蒸散　**問6**　(1)　(イ)，(ウ)，(エ)，(ク)　(2)　(オ)，(カ)，(ケ)　(3)　(ア)，(キ)　**問7**　①　光合成　②　葉緑体　**4**　**問1**　火力発電／**長所**…(オ)，**短所**…(イ)　水力発電／**長所**…(カ)，**短所**…(エ)　原子力発電／**長所**…(ウ)，**短所**…(ア)　**問2**　①　(ウ)　②　(エ)　③　(オ)　④　(キ)　**問3**　(例)　火山が多いから。　**問4**　(ア)，(エ)　**5**　**問1**　(1)　**語句**…(イ)，**火山**…(ケ)　(2)　**語句**…(オ)，**火山**…(キ)　(3)　**語句**…(カ)，**火山**…(ク)　**問2**　(ア)　**問3**　(ア)　**問4**　①　(イ)　②　(エ)　**問5**　(ア)

解　説

1　電気についての問題

問1　(1)　電流の大きさを表す単位「A」はアンペアという。　(2)　①　電流計は，はかりたい部分に対して直列につなぐ。　②　電流計をはかりたい部分に対して並列につなぎ，豆電球のような電気の流れをさまたげるものを通らない道すじにつなぐと，電流計に大きな電流が流れて壊《こわ》れるおそれがある。　③　電流計の＋端子《たんし》には，乾《かん》電池の＋極側につながっている導線をつなぐ。　④，⑤　電流計の－端子について，はじめは最も大きな電流をはかることのできる5Aの端子を使う。　⑥，⑦　図3の電流計が示す値は，5Aの端子を用いたとすると約1.6A，500mAの端子を用いたとすると約160mA，50mAの端子を用いたとすると約16mAと読み取れる。表を見ると，乾電池が4個のときのLEDに流れる電流が16.1mAなので，図3はこの結果のものとわかる。

問2　表より，乾電池の個数が0個から1個，1個から2個，…と増えたとき，電流の増加は順に，195－0＝195(mA)，285－195＝90(mA)，338－285＝53(mA)，390－338＝52(mA)としだいに小さくなっている。よって，(エ)のグラフが適する。

問3　表より，電流の最大値は16.1mAなので，グラフの縦軸《じく》の1めもりは5mAとすると，解答の図①のようなグラフがかける。

問4　①，②　表より，(直列つなぎの)乾電池の個数が増えると，豆電球を流れる電流が大きくなり，そのため豆電球の明るさも明るくなる。　③　LEDでは乾電池が1個のときには電流が流れず，2個でわずかに流れている。　④　LEDの場合も，乾電池の個数を増やして流れる電流を大きくしていくと，明るくなっている。　⑤　乾電池の個数が同じとき，LEDの方が豆電球より流れる電流が小さい。　⑥　豆電球を長時間つけていると，豆電球のガラス球が熱くなる。このことからわかるように，豆電球は点灯するとき，光のほかに熱を多く発生させる。　⑦

LEDは電気のほとんどを光に変えられるため熱をほとんど出さず，同じような明るさに点灯させるとき，豆電球に比べて電気の使用量が少なくてすむ。

問5　充《じゅう》電池は，外から電気エネルギーを加えることで，電気を発生させるときとは逆の変化を起こし，再び電池として使えるようなしくみになっている。

問6　LEDは，電流を流すと光るので，電気を光に変える装置である。一方，光電池は，光をあてると電流が発生するので，光を電気に変える装置である。

問7　磁石の力がはたらいている空間でコイルを回転させたり，コイルに囲まれた中で磁石を回転させたりすると，コイルに電流を流そうとするはたらきが発生する。この現象を利用して電気をつくるのが発電機である。つまり，力(運動)を電気に変えているといえる。一方，モーターは，電流を流すとコイルや磁石が回転する装置であり，このとき電気が力(運動)に変わっている。

問8　光電池は光があたっている間だけ，発電機は装置が動いている間だけ，電気が発生する。よって，回路に組みこんだだけでは電気を取り出せない場合がある。これらに対し，乾電池は回路に組みこめば電気を利用できる。

問9　**長所**…図4を見ると，太陽から届くエネルギーの一部が雲に反射されたり大気に吸収されたりしていることがわかる。よって，太陽光発電ステーションを宇宙につくれば，太陽から届くエネルギーのほとんどをむだなく利用できると考えられる。ほかに，太陽光発電ステーションを設置するには広大な敷地《しきち》を必要とするが，宇宙につくればその用意をしなくてすむ。　**短所**…宇宙に設置すると，壊れたときの修理や部品の交かんなどが簡単に行えないなど，施設《しせつ》の維持《いじ》に手間や費用が多くかかる。また，ステーションで発電した電気をどのようにして地上まで届けるかという問題がある。送電時に失われるエネルギーのことや，送電にかかる費用のことなどが課題になる。

2　消毒や手洗いに用いるものについての問題

問1　(1)　エタノールは炭素や水素を成分として含《ふく》むため，これが燃えると，水素が酸素と結びついて水(水蒸気)ができる。集気びんの内側が白くくもったのは，発生した水蒸気が集気びんにふれて冷え，細かい水てきになったからである。　(2)　エタノールが燃えると，エタノールに含まれている炭素が酸素と結びついて二酸化炭素が発生する。石灰水が白くにごったのは，この二酸化炭素の発生を示している。　(3)　(ア)では水素，(イ)では二酸化炭素，(ウ)ではアンモニア，(エ)では酸素が発生する。　(4)　集気びんにふたをすると，外から空気が入らなくなる。すると，集気びんの中の酸素が燃焼に使われて減り，酸素不足になって火が消える。　(5)　表を見ると，細菌《さいきん》を死滅《しめつ》させる時間が最も短いのは，アルコールの濃《こ》さが80％のときとわかる。よって，除菌効果が最大となるのは，アルコールの濃さが80％あたりであると考えられる。

問2　(1)　0.05％の液1.5L(1500mL)中に含まれる次亜《あ》塩素酸ナトリウムは，1500×0.0005＝0.75(mL)であり，この量の次亜塩素酸ナトリウムを含む6％の漂白剤《ひょうはくざい》は，0.75÷0.06＝12.5(mL)である。　(2)　0.08％の液100mL中に含まれる次亜塩素酸ナトリウムは，100×0.0008＝0.08(mL)で，これと同じ量を含む0.05％の液は，0.08÷0.0005＝160(mL)だから，160－100＝60(mL)の水を加えるとよい。

問3　(1)　界面活性剤は，油汚《よご》れになじみやすい親油性の部分が油汚れの方を向いた状態で油汚れを取り囲み，外側には親水性の部分が並ぶ。そのため，油汚れを界面活性剤が取り囲んだかたまりごと水中に散らばっていく。　(2)　界面活性剤を待ち針《ばり》にたとえると，たくさんの待ち針が油汚れにつきささって取り囲んだような図となる。

問４　⑴　塩素系漂白剤の水溶液《すいようえき》は，赤色リトマス紙を青色に変えるアルカリ性であるから，酸性の液体を混ぜると中和(反応)が起こり，そのときに塩素を発生すると考えられる。家庭用の洗剤には酸性のものも数多くあるため，塩素系漂白剤や酸性の洗剤にはたがいに混ぜないように注意書きがしてある。　⑵　アルコールは水溶液が中性で，引火性(火がつきやすい性質)があるため，火の近くで扱《あつか》わないようにする。塩素系漂白剤は水溶液がアルカリ性であり，名前の通り漂白するはたらき，つまり脱色《だっしょく》作用がある。石けんは水溶液がアルカリ性を示す。

３　いろいろな植物についての問題

問１　**A**　春先に花粉の飛散で話題となるのはスギやヒノキであるが，スギ花粉のピークは３月頃《ころ》，ヒノキ花粉のピークはそれより約１か月おくれて４月頃である。　**B**　バイオエタノールの原料になるイネ科の植物にはサトウキビやトウモロコシがある。サトウキビは糖を多く含む茎《くき》，トウモロコシはデンプンを多く含む種子が利用される。　**C**　ツツジのなかまの花は，上方の花びらだけに斑点《はんてん》がついていて，これが蜜《みつ》を多く含むことの目印となっている。　**D**　ヘチマは一年生のつる植物で，ツルレイシ(ゴーヤー)などとともにグリーンカーテンとして用いられる。　**E**　春先に天気予報で開花予報がなされているのはサクラである。東京の場合，靖國《やすくに》神社にあるソメイヨシノが標本木(観測する樹木)として決められている。　**F**　タンポポは，ロゼットで冬をこし，春になると開花する。その後，綿毛をつけた種子が風に運ばれて散る。　**G**　イチョウは，街路樹として各所に見ることができ，秋になると黄色く色づく。　**H**　アブラナは，キャベツやダイコンと同じなかま(アブラナ科)で，春に黄色い花をさかせる。種子からとれる油はナタネ油と呼ばれ，食用などに利用される。

問２　❶　虫媒《ちゅうばい》花(虫によって受粉が行われる)で合弁花(花びらがくっついている)，さらに完全花(おしべとめしべがそろった花をもつ)なのは，ＣのツツジとＦのタンポポである。　❷　虫媒花で合弁花だが，完全花ではないのはＤのヘチマである。ヘチマはお花とめ花に分かれて花をつける(単性花)。　❸　虫媒花であるが，合弁花ではないものはＥのサクラとＨのアブラナになる。これらは花びらが１枚ずつはなれている離弁《りべん》花である。　❹　虫媒花ではないのはＡのスギ，Ｂのトウモロコシ，Ｇのイチョウの３つだが，このうちはいしゅが子房《しぼう》につつまれている(被子《ひし》植物)のはトウモロコシである。　❺，❻　ＡのスギとＧのイチョウは，はいしゅがむき出しになっている(裸子《らし》植物)。秋から冬にかけて葉を落とすのはＧのイチョウ，秋になっても葉を落とさないのはＡのスギである。

問３　⑴　Ａのスギ，Ｂのトウモロコシ，Ｇのイチョウはいずれも風媒花で，花粉が風に運ばれて受粉する。　⑵　虫媒花はふつう虫を引きつけるための工夫として，色あざやかな花びらをもっていたり蜜を出したりするが，風媒花はそのような工夫が必要でないので，花びらやがくがなく，蜜も出さない花をつけるのが一般《いっぱん》的である。

問４　トウモロコシ(の種子)は，食糧《しょくりょう》として大量消費されているだけでなく，家畜《かちく》の飼料としても広く用いられている。そのため，バイオエタノールの原料に回されると，それだけ食糧や家畜の飼料が不足するおそれがある。

問５　植物が行う蒸散は，体内の水を水蒸気に変えるときに周りの熱をうばうので，周囲の温度を下げるはたらきがある。

問6 (1) カエデ，カキ，サクラ，モクレンは，冬芽(花や葉の芽)をつくって冬ごしする。　(2) ススキは地下の根やくきで，チューリップとユリは球根で冬をこす。　(3) アサガオとヒマワリは毎年，種子が発芽して成長し，種子ができるとかれる。冬の間は種子でこす。

問7 イチョウなどの葉にはもともと黄色の色素が含まれているが，気温が高い季節には光合成が行われる場所である葉緑体の中に緑色の色素が多く含まれているので，葉が緑色に見える。ところが，気温が下がってくると，光合成があまりできなくなり，葉緑体の中にある緑色の色素が分解されてしまうので，黄色の色素が目立つようになり，葉が黄色くなる。

4 発電方法やエネルギーについての問題

問1 近年，日本の総発電量の約4分の3は火力発電となっている。天然ガスなどの化石燃料を燃料としており，発電量の調整が容易であるが，地球温暖化をまねく二酸化炭素を大量に排出《はいしゅつ》する点が問題となっている。また，化石燃料には以前から枯渇《こかつ》のおそれが指摘《してき》されている。水力発電は，日本では古くから取り入れられている発電方法で，現在は総発電量の1割近くを占《し》めている。河川などの水を利用するため発電時に二酸化炭素を排出しないなどの利点があるのに対し，ダムの建設や，それによって流れ下る土砂のせき止めなどが原因となって，流域の環境《かんきょう》に悪影響《えいきょう》をおよぼすことがある。原子力発電は，かつては総発電量の約3分の1を占めていたが，2011年の福島第一原子力発電所の事故を受けて全発電所が稼働《かどう》停止し，一部は再開したものの，以前ほどの発電量にはいたっていない。燃料はウランなどの放射性物質であり，大規模発電を安定的に行え，二酸化炭素の排出もきわめて少ない。一方，放射性物質は生物に非常に有害であるため，特に使用済《ず》み燃料の安全な処理《しょり》という大きな課題が残されている。

問2 火山の地下にあるマグマだまりは1000℃にも達し，周辺の地下水がそれに加熱されることで，高温の蒸気や熱水となっていることがある。井戸を掘《ほ》ってこの蒸気や熱水を取り出し，発電に利用するのが地熱発電である。

問3 高温の蒸気や熱水はマグマだまりのあるあたり，つまり火山の周辺の地下に存在するので，地熱発電所は火山の周辺につくられるのがふつうである。

問4 地熱発電を盛《さか》んに行えるのは，火山が多くある地域である。国別では，アメリカ合衆国，インドネシア，フィリピン，トルコ，ニュージーランド，アイスランドなどが盛んである。

5 火山とハザードマップについての問題

問1 (1) 噴出《ふんしゅつ》した溶岩が流れているとき，それを溶岩流という。伊豆《いず》大島の三原山は，噴出する溶岩の粘《ねば》り気が比較《ひかく》的弱いため溶岩が流れやすく，直近の1986年の噴火ではふもとの集落まで溶岩流がせまった。　(2) 噴出した砕屑《さいせつ》物(火山灰や軽石など)や火山ガスなどが混合して斜面《しゃめん》を高速で流れ下る現象を火砕《かさい》流という。雲仙普賢岳《うんぜんふげんだけ》では1991年に大規模な火砕流が発生し，40名余りが犠牲《ぎせい》となった。　(3) 噴火により火口から飛び出てくる岩の破片《はへん》などを噴石と呼ぶ。御嶽《おんたけ》山(木《き》曽《そ》御嶽山)では2014年の突然《とつぜん》の噴火で多くの登山客が巻きこまれた。

問2 過去の噴火の調査により，噴火するときの傾向《けいこう》がわかり，ある程度の予測を立てることはできるが，将来起こる噴火が必ずしも予測通りになるとは限らない。つまり，予測は正確ではない。

問3 図で，気象庁は降灰が2cmの線と10cmの線の間にあるので，(ア)が適する。

問4 ① 富士山の高さは標高3776mなので，山頂付近から小規模の噴煙《ふんえん》を放出した場合は，標高約4000m付近の風の影響を強く受ける。　② 噴煙が上空高くまで上がると，火山灰は偏西《へんせい》風に流されて東側の広い範囲《はんい》に多く積もるようになる。

問５　10×60×60÷1000＝36より，秒速10mは時速36kmなので，到達《とうたつ》するのにかかる時間は，100÷36＝2.7…より，約３時間である。

国　語　（40分）＜満点：100点＞

解　答

一 **問１**　下記を参照のこと。　**問２**　（例）　初夏に樹木がいっせいに開葉するとともに，柔らかくて栄養に富んだ若葉にヒナの餌となるイモムシが大量に現れるため，この時期にあわせて繁殖を開始するように鳥たちが進化してきたから。　**問３**　（例）　葉っぱの窒素の含有量を減らして昆虫の餌としての価値を下げるとともにタンニンに代表される毒物をためる。　**問４**　ウ　**問５**　チリカブリダニ　**問６**　**リママメ**…カ　**ナズナ**…オ　**問７**　ウ　二 **問１**　下記を参照のこと。　**問２**　ア　**問３**　ウ　**問４**　オ　**問５**　（例）　育てづらいうえに見栄えも悪いので，品種改良が進んだきれいで育てやすい茄子を育てる農家が増えたから。　**問６**　（例）　鶴海なすがなくならないようにしたいと思っている。　**問７**　ウ　**問８**　（例）　人生ではじめて頼もしいと言われたことをうれしいと思うのと同時に，照れくささも感じている。

●漢字の書き取り

一 **問１**　a　幹　b　能　c　退治　二 **問１**　a　昨今　b　不格好(不恰好)

解　説

一 **出典は江崎保男《えざきやすお》の『生態系ってなに？―生きものたちの意外な連鎖《れんさ》』による。**植物が昆虫《こんちゅう》の食害からどのように身を守っているかを説明している。

問１　a　音読みは「カン」で，「幹線」などの熟語がある。　b　「能がない」は，それしか能力がない，ということ。　c　悪いものや害をおよぼすものをうちほろぼすこと。

問２　順を追って文章を読み，要点をとらえていく。初夏は落葉広葉樹林の樹木が「いっせいに開葉」する時期であり，この開葉とともに「葉っぱには大量のイモムシ」が現れる。このイモムシが「ヒナの餌《えさ》」であり，初夏はイモムシに代表される「ヒナの餌がもっとも豊かな時期」であるため，「これにあわせて繁殖《はんしょく》を開始するように鳥たち」は進化してきた。だから，鳥の繁殖期は初夏になったのである。

問３　植物が昆虫に食われないようにしていることをおさえる。一つは「生物にとって重要な栄養源」である「窒素《ちっそ》の含有量《がんゆうりょう》」を葉っぱから減らすことで，「昆虫の餌としての価値を急速に下げていくこと」である。餌としての価値が下がれば，食べられることは少なくなる。それとともに「タンニンに代表される毒物をためる」ことで，昆虫を遠ざけているのである。

問４　「植物が葉っぱを植食者にかじられると，植食者の天敵を呼んでいるという事実」があることを示したうえで，リママメという植物と，その大害虫，つまり植食者であるナミハダニ，さらにナミハダニの天敵で捕食者であるチリカブリダニを使った実験を紹介《しょうかい》している。この実験で「リママメは，ナミハダニにかじられるとチリカブリダニを誘引《ゆういん》するSOS物質を出している」ことがわかったのである。よって，ウがよい。なお，アは「チリカブリダニにかじられると」が正しくない。リマママメの植食者はナミハダニである。イは「チリカブリダニを活性化する物質」がふさわしくない。エは「ナミハダニの糞《ふん》の匂《にお》いに似た物質」があわない。

問５　ここでの「敵」とはリマママメの植食者であるナミハダニ。「敵の敵」はナミハダニを捕食するチリカブリダニのことである。

問６　「リマママメ」の実験では，「ナミハダニにかじられるとチリカブリダニを誘引するSOS物質を出している」，つまり，植物が「植食者の天敵を積極的に呼んで敵を退治してもらっている」ことがわかったのである。よって，カが正しい。「ナズナ」の実験の場合は，「遺伝子組み換《か》えをしてSOS物質をつくる酵素《こうそ》を増やしたナズナ」の場合，「アオムシの死亡率が上がる」結果になり，「SOS物質の量的効果が確認《かくにん》された」というのである。SOS物質が多いほど，身を守るための効果が高くなるということであり，オがよい。

問７　アは「植物食のダニであるチリカブリダニと肉食のダニであるナミハダニ」が正しくない。両者の関係は逆である。イは「成虫になると植物を守る味方へと変化する」がふさわしくない。ウは「同一の植物が，食害する相手によってまったく異なった化学物質＝SOS信号を出す」という本文の内容にあっている。エは「アオムシの死亡率が下がった」があわない。遺伝子操作によってSOS物質の量が増えることで「アオムシの死亡率が上がる」のである。オは「化学情報」を「把握《はあく》することで，私たちは生態系を守ることができる」が正しくない。「化学情報」について，筆者は「人が感知することのできる情報は，生態系のなかではほんの一部に過ぎない」と述べている。

二　**出典は瀧羽麻子《たきわあさこ》の『女神のサラダ』所収の「茄子《なす》と珈琲《コーヒー》」による。**大叔父《おおおじ》の農業の手伝いをすることになった真里亜《まりあ》は，伝統野菜として古くから栽培《さいばい》されてきた鶴海なすが時代の流れのなかで衰《すい》退《たい》し，栽培する農家も減っていることを教えられる。

問１　a　今日このごろ。　　b　見かけが悪いこと。

問２　「釘《くぎ》を刺《さ》す」は，“言いわけなどを後で言えないようにあらかじめ注意する”という意味。同じような意味の慣用句に「念をおす」がある。

問３　「鶴海の茄子は，伝統野菜に指定されとる」と大叔父が話していることに着目する。備前焼のように，「伝統的で価値を認められている物」ならわかるが，「野菜」にも「伝統」という「重々しい冠《かんむり》がつく」ということを，真里亜は意外に思っているのである。

問４　「絶品」の「絶」は，“すばらしい，すぐれている”という意味で使われている。同じ意味で使われているのはオの「絶景」。ほかの熟語は，“打ち切ったりやめたりする”という意味で「絶」が用いられている。

問５　減ってしまったのは「鶴海なす」を扱《あつか》う農家の数である。「鶴海なす」について大叔父は「味は絶品なんじゃけど，育てづれぇからな。なにかと手がかかるし，色が薄《うす》くて見栄《みば》えも悪い」と話している。そのように手間がかかる茄子を育てるよりも「品種改良が進んで，きれいで育てやすい茄子」を育てるほうが楽なので，多くの農家はそういった茄子を育てるようになってしまったのである。

問６　真里亜は鶴海なすのことを，自分がアルバイトしていた「古ぼけた喫茶《きっさ》店」に重ねて考えている。好きだった古ぼけた喫茶店が「時代の流れ」のなかで，流行のチェーン店にとってかわられたことを，真里亜は悲しく，そして口惜《くや》しく感じている。そんな喫茶店と同じように，鶴海なすが時代の流れのなかでなくなってしまわないようにしたいと思っているのである。

問7　「破顔」は，顔をほころばせて笑うこと。「マリーちゃんに手《て》伝《つど》うてもろたら，でぇれぇ助かるが」と話しているように，真里亜が手伝いを申し出たことを喜んでいるのである。

問8　問題文に「複雑な心情」とあるので，異なる複数の心情にふれて解答をまとめるようにする。大叔父に「頼《たの》もしい」と言われたときの表情である。「頼もしい，も人生ではじめて言われた」とあるように，うれしいと思うと同時に，なにか照れくさい気持ちになったために「どんな顔をしていいのかわからなく」なったのである。

Memo

Memo

2021年度　白百合学園中学校

〔電　話〕(03) 3234―6661
〔所在地〕〒102-8185　東京都千代田区九段北2―4―1
〔交　通〕東京メトロ各線―「九段下駅」より徒歩10分
JR中央線・東京メトロ各線―「飯田橋駅」より徒歩10分

【算　数】（40分）〈満点：100点〉

1　姉と妹は家から3.2km離れた駅まで徒歩で往復しました。姉が妹より家を5分遅れて出発したところ，妹が駅に到着する前に，駅から300mの地点で妹に追いつきました。また，姉が家に戻ったときには，妹はまだ家から700mの地点にいました。このとき，次の問いに答えなさい。

(1)　姉と妹の歩く速さの比を最も簡単な整数の比で答えなさい。

(2)　姉の歩く速さは毎分何mですか。

2　中学1年生全員に，赤，青，黄，緑の4色の中で最も好きな色をたずねました。

各色を選ぶ人数はすべて等しくなると予想していましたが，黄を選んだ人は学年全体の人数の $\frac{5}{16}$ となりました。また，赤を選んだ人は予想よりも3人少なく，青を選んだ人は予想の半分の人数となり，緑を選んだ人は予想よりも12人多くなりました。中学1年生全員の人数は何人ですか。

3　下の図のように，正方形ABCDの各辺のまん中の点を通る円 C_1 があり，さらにその4点を結んでできる正方形の，各辺のまん中の点を通る円 C_2 があります。円 C_1 の面積が $6.28cm^2$ であり，円 C_1 と円 C_2 の中心Oと点Dを線で結ぶとき，次の問いに答えなさい。ただし，円周率は3.14とします。

(1)　斜《しゃ》線部分の面積を求めなさい。

(2)　円 C_2 の面積を求めなさい。

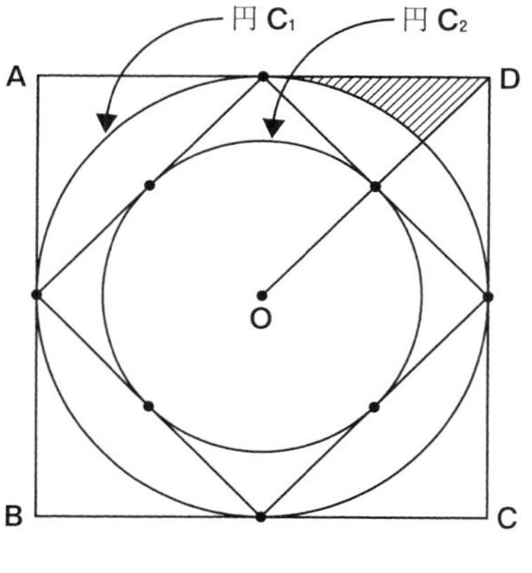

4　２，３，５，７のように，１とその数以外に約数をもたない数のことを素《そ》数《すう》といいます。このとき，次の問いに答えなさい。

(1)　50より小さい２けたの素数をすべて答えなさい。

(2)　(1)で答えた素数から異《こと》なる数を何個か選んでかけ算をします。たとえば，43と47を選んでかけ算をすると2021になります。かけ算の結果が2021より小さくなる場合は何通りありますか。

5　下の図のように，長方形の紙を **AB** を折り目として折り返したあと，**BD** を折り目として折り返しました。角**ア**は30°，角**イ**は60°，**AC**＝５cm，**EF**＝４cm であるとき，次の問いに答えなさい。

(1)　角**ウ**，**エ**の大きさを求めなさい。

(2)　斜《しゃ》線部分の面積と，もとの長方形の面積の比を最も簡単な整数の比で求めなさい。

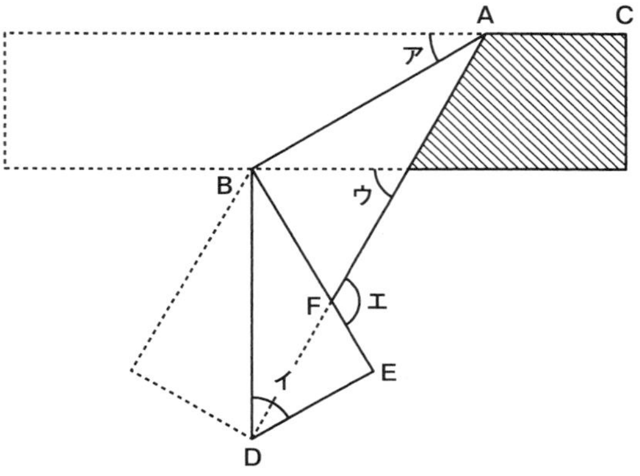

【社　会】（30分）〈満点：75点〉

1 　次の地図①～⑤の県について，あとの問いに答えなさい。地図はすべて上が北となっていますが，縮尺《しゅくしゃく》は同じではありません。一部の島は省略《しょうりゃく》しています。

①

②
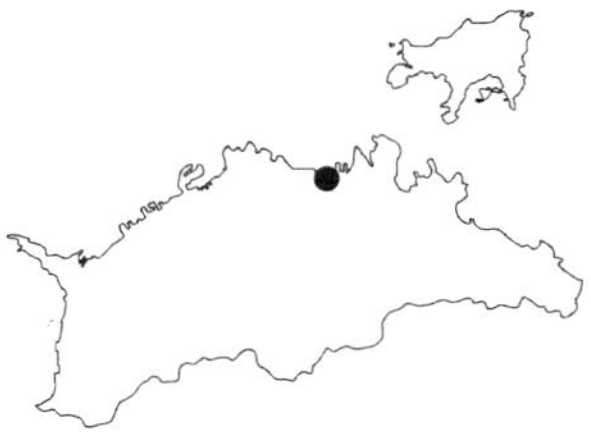

③

④

⑤

問1　地図①～⑤の県名を答えなさい。

問2　地図①～⑤のうち，海に面していない県をすべて選び，番号で答えなさい。

問3　地図①～⑤の県について説明している文を，次の**ア**～**オ**からそれぞれ1つずつ選び記号で答えなさい。

ア．この県は日本で最も面積が小さい県です。この県は金刀比羅宮《ことひらぐう》があり，昔から多くの人々が参拝《さんぱい》に訪れていました。

イ．この県は大都市に近いため，ネギやほうれん草などを生産する近郊農業がさかんです。2001年には3市が合併して，あらたな県庁所在地が誕生しました。

ウ．この県では自動車生産がさかんです。また古くから陶磁器の生産もさかんで，「せともの」という言葉は瀬戸焼に由来するといわれています。

エ．この県は高い山々が連なり，高原では高冷地農業がさかんです。1998年にはここで冬季オリンピックが開催され，交通網も整備されました。

オ．この県では地域の気候風土を生かした，ものづくりがさかんです。小千谷縮《おぢやちぢみ》や三条市の刃物など，数多くの工芸品が伝統的工芸品として指定されています。

問4　地図②について，●印の場所の気候の特徴を，20字以上30字以内で説明しなさい。

問5　地図③について，この県の北部から中部にかけて広がる平野を何といいますか。また，この平野を流れる，日本で最も長い川を何といいますか。

問6　地図④について，この地域では自然環境を保護するために，市民から寄付《きふ》をつのり，土地を買い取る動きがみられました。このような運動を何といいますか。

問7　地図⑤について，

(1)　この県の☆がついている半島にひかれている用水路の名前を答えなさい。

(2)　下の表は令和元年の「ある花」の出荷量が多い都道府県5位をあらわしています。この花の多くが地図⑤の☆がついている半島で栽培されています。ある花とは何ですか。

	都道府県	出荷量（千本）
1	地図⑤の県	473,300
2	沖縄県	252,600
3	福岡県	88,900
4	鹿児島県	79,900
5	長崎県	56,800

（農林水産省ホームページより）

2　次の地形図をみて，あとの問いに答えなさい。

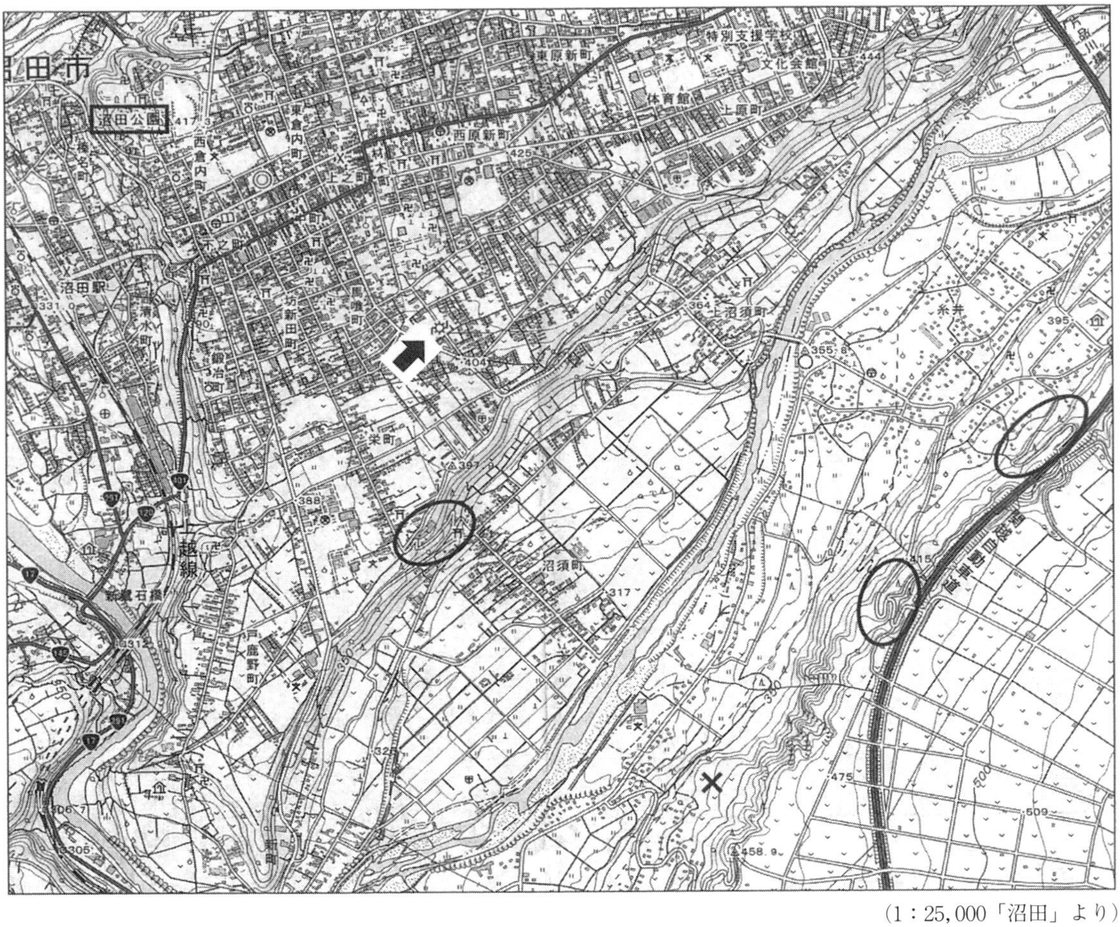

（1：25,000「沼田」より）

問 1　地形図を発行しているのは国土交通省の何という機関ですか。

問 2　この地形図にみられる，階段状の地形を何といいますか。

問 3　地形図の中にある×は標高何メートルですか。

問 4　この地形図について説明している**A**と**B**の文の正誤の組み合わせとして正しいものを，あとの**ア**～**エ**から1つ選び，記号で答えなさい。

（A．川の近くには水田が分布している。
B．関越自動車道より東側には果樹園が広く分布している。）

ア．A　正　B　正
イ．A　正　B　誤
ウ．A　誤　B　正
エ．A　誤　B　誤

問5　地形図中の矢印がさしている地図記号は何ですか。またその地図記号は沼田公園からみてどの方角にありますか。八方位で答えなさい。

問6　地形図中の，〇で囲った3カ所では，道路が曲がっています。その理由を答えなさい。

3　次の文を読み，下線部①～㉒について，あとの問いに答えなさい。

新型コロナウイルス感染症の世界的流行は，私たちの生活に大きな影響を与えています。医療の進んでいない昔の人々は現在の私たちよりもさらに困難な状況を生き抜いてきました。「病」と日本人がどのように歩んできたのか，歴史をふり返ってみましょう。

島国である日本では，新しい病は海を渡って外からもたらされる例が少なくありません。①稲作の伝来とともに伝わったのは結核です。古墳時代になると，結核に感染したことのある人骨が全国的にたくさん発見されるようになり，日本にこの病気が定着したことが分かります。医療が発達していない時代，人々は呪術の力に救いを求めたことでしょう。②弥生時代から古墳時代の前期のリーダーは，このような力にすぐれた人々が選ばれていました。

天然痘《てんねんとう》も古代からおそれられた伝染病の一つです。③『日本書紀』にも何度も流行を繰り返したことが書かれています。特に奈良時代の735年から2年間にわたり大流行がありましたが，④遣唐使が感染源であった可能性も高いといわれています。当時の都であった平城京でも多くの死者が発生し，政権を握っていた藤原氏の4兄弟が全員亡くなりました。⑤当時の天皇は都をうつしたり，⑥「鎮護国家《ちんごこっか》」の考え方に基づいた政策を実施したりして，このような状況をおさめようとしました。また，病気の治療のための様々な外国産の薬草が⑦東大寺の宝物庫に納められ，現代にまで伝わっています。

⑧平安時代にも，何度も疫病は流行します。人々はそれを⑨怨霊《おんりょう》の仕業《しわざ》とおそれ，加持祈《かじき》とうをおこなって，災いを逃れようとしました。現在まで続く⑩祇園祭《ぎおんまつり》は各地で疫病が流行した869年に災いを振り払おうと始まったものです。節分の豆まきも，もとは疫病を鬼に見立てて弓矢で追い払う⑪宮中の儀式が起源であったとされます。⑫鴨長明が著した随筆《ずいひつ》には，平安の終わりから⑬武士の時代にうつりかわる時代が著《あらわ》され，災害や疫病によって簡単に人々の命が失われてしまう様子が描かれており，人々は「無常」を強く意識するようになります。

戦国時代，西洋医学が⑭キリスト教とともにもたらされましたが，江戸時代の⑮鎖国政策のもとで衰退します。それでも，江戸時代の中期には長崎を通じて⑯西洋の医学書がもたらされ，蘭学も発達していきます。1823年には医師のシーボルトが来日して，長崎郊外に⑰私塾を設け，多くの弟子たちに西洋医学を教えました。

1853年ペリーが来航し，日本は開国しました。⑱1858年日本ではコレラが大流行し，江戸の町では多くの人が亡くなりました。これは長崎に入港したアメリカ船の船員がコレラに感染しており，上陸してから1か月のうちに長崎から中国，関西に広がり，⑲東海道ぞいの町を通じて江戸へ伝わっていったものです。

明治維新後，様々な分野で西洋化が進みますが，⑳医学の分野でも西洋の進んだ知識や技術がもたらされます。明治から昭和初期までの日本の死亡原因の第１位の病気は結核でした。結核は年齢の若い人も多くかかる病気で，『女工哀史《あいし》』に見られるように㉑紡績工場で働く若い女性たちも結核の犠牲《ぎせい》になりました。

現在からちょうど100年前，パンデミックといわれたのは世界的に流行したインフルエンザです。当時の世界の人口の３分の１の人が感染し，日本でも40万人近い人々が亡くなりました。インフルエンザの予防接種が一般的になったのは㉒第二次世界大戦後のことです。現在，各国で新型コロナウイルスのワクチンの開発が進められ，一部の国では接種が始まっています。

問１　この時期について説明した文として誤っているものを，次の**ア**～**オ**から２つ選び，記号で答えなさい。

ア．貧富や身分の差は存在しなかった。

イ．弥生土器が使われるようになった。

ウ．青銅器や鉄器が使われるようになった。

エ．濠《ほり》で囲まれた大規模な集落がつくられた。

オ．墓の周りには埴輪が並べられた。

問２　呪術にすぐれ，人々をしたがえたとされる邪馬台国の女王は誰ですか。

問３　これよりも前にまとめられた日本最古の歴史書を何といいますか。

問４　遣唐使とともに日本に渡ってきた中国人僧侶で，戒律を伝えたのは誰ですか。

問５　この天皇は誰ですか。

問６　「鎮護国家」とはどのような考え方か説明しなさい。また，これに基づいた政策を２つあげなさい。

問７　この宝物庫を何といいますか。

問８　平安時代について，次の**ア**～**ウ**のできごとを古い順に並べかえなさい。

ア．藤原道長が摂政となった。

イ．坂上田村麻呂が征夷大将軍に任命された。

ウ．白河上皇が院政を開始した。

問９　右大臣にまで出世したものの，大宰府に左遷《させん》され，死後怨霊になったとおそれられた人物は誰ですか。

問10　祇園祭は15世紀半ば，ある戦乱をきっかけに数十年にわたって中断されましたが，この戦乱を何といいますか。

問11　平安時代の宮中の様子をあらわした正しい文を，次の**ア**～**エ**より１つ選び，記号で答えなさい。

ア．宮中に仕えた紫式部によって『源氏物語』が書かれた。

イ．貴族たちによって和歌が詠《よ》まれ，『万葉集』にまとめられた。

ウ．宮中では部屋を飾る生け花や，中国から伝わった茶の湯がさかんになった。

エ．貴族たちは月３回開かれる市で買い物を楽しんでいた。

問12　この随筆の名を答えなさい。

問13　武士に関する，次の**ア**～**エ**のできごとを，古い順に並べかえなさい。

ア．足利義満が金閣を建てる。

イ．源頼朝が征夷大将軍となる。

ウ．御家人たちがモンゴル兵と福岡で戦う。

エ．平将門の乱がおこる。

問14　日本にキリスト教を伝えたイエズス会の宣教師は誰ですか。

問15　鎖国政策について，次の**ア**～**ウ**のできごとを古い順に並べかえなさい。

ア．スペイン船の来航を禁止する。

イ．平戸のオランダ商館を出島に移す。

ウ．日本人の海外渡航を禁止する。

問16　杉田玄白や前野良沢らによって翻訳《ほんやく》された医学書を何といいますか。

問17　この私塾の名を答えなさい。

問18　この年，日本とアメリカの間で締結された条約を何といいますか。

問19　東海道は旅人が多く，たくさんの宿場がありました。その様子を描いた，浮世絵「東海道五十三次」の作者は誰ですか。

問20　ペスト菌や破傷風の治療法を発見するなど，日本細菌学の父と呼ばれる明治時代の医師は誰ですか。

問21　紡績工場で生産されていた重要な輸出品を，次の**ア**～**エ**から１つ選び，記号で答えなさい。

ア．絹糸　　**イ**．綿糸

ウ．麻糸　　**エ**．ナイロン糸

問22　第二次世界大戦について，次の**ア**～**エ**のできごとを古い順に並べかえなさい。

ア．日本軍がハワイの真珠湾を攻撃する。

イ．アメリカ軍が沖縄に上陸する。

ウ．ドイツがポーランドを攻撃する。

エ．広島に原子爆弾が投下される。

4　次の［**A**］～［**D**］の文を読み，あとの問いに答えなさい。

［**A**］

令和２年４月７日，安倍総理は，総理大臣官邸で第27回(a)新型コロナウイルス感染症対策本部を開催しました。総理は，本日の議論を踏《ふ》まえ，次のように述べました。
「新型コロナウイルス感染症の全国的かつ急速な蔓延《まんえん》による国民生活及び国民経済に甚大《じんだい》な影響を及ぼすおそれがある事態が発生したと判断し，(b)改正新型インフルエンザ等対策特別措置《そち》法第32条第１項の規定に基づき，(c)緊急事態《きんきゅうじたい》宣言を発出いたします。」

問１　下線部(a)について，次の問いに答えなさい。

(1)　医療や福祉の発展，雇用《こよう》や労働に関する仕事をする国（政府）の機関を何というか，答えなさい。

(2)　「全ての人々が可能な最高の健康水準に到達《とうたつ》すること」を目的として設立された国際連合の専門機関の略称を，次の**ア**～**オ**から選び，記号で答えなさい。

ア．UNESCO　　**イ**．AMDA　　**ウ**．WTO　　**エ**．WHO　　**オ**．IOC

問２　下線部(b)について，法律ができるまでの過程を示した下の図の（１）・（２）に入る適当な語を答えなさい。図は，衆議院で先に審議される場合を示しています。

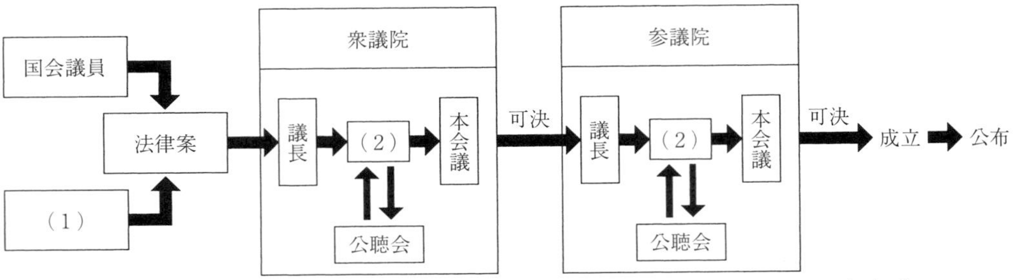

問３　下線部(c)について，緊急事態宣言が出されてから，在宅での勤務が推奨《すいしょう》されました。国がすすめる働き方改革にもある，情報通信技術を活用した，場所や時間にとらわれない柔《じゅう》軟《なん》な働き方を何というか，カタカナで答えなさい。

［**B**］

(d)東京都知事選が７月５日，投開票され，無所属で現職の小池百合子氏が再選を果たした。小池氏は，引き続き新型コロナウイルス対策や，来年に延期された(e)東京オリンピック・パラリンピックへの対応などを担う。今回の都知事選で，小池氏は，新型コロナウイルス感染症拡大を防ぐとして選挙期間中に街頭演説を一度もせず，ネット配信した動画で「東京版CDC（米疾病対策センター）」の創設などを訴《うった》える「オンライン選挙」に徹《てっ》した。

※オンライン選挙とは，インターネットを利用した選挙運動のこと。

問４　下線部(d)について，

(1)　①投票できる年齢，②立候補できる年齢，③知事の任期の組み合わせの正しいものを次の**ア**～**オ**から選び，記号で答えなさい。

ア．①　18歳以上　②　18歳以上　③　４年
イ．①　20歳以上　②　25歳以上　③　６年
ウ．①　18歳以上　②　20歳以上　③　４年
エ．①　20歳以上　②　20歳以上　③　６年
オ．①　18歳以上　②　30歳以上　③　４年

(2)　次の**ア**～**エ**の文から，制度上正しいものを１つ選び，記号で答えなさい。

ア．仕事で忙しい父親に代わって，母親が投票した。
イ．新型コロナウイルス感染症にかからないようにインターネットで投票した。
ウ．投票日に用事があったので，前日に投票した。
エ．海外単身赴任《ふにん》中の父親は，赴任先から投票した。

(3)　国民や住民による直接選挙で選ぶことのできないものを，次の**ア**～**ク**からすべて選び，記号で答えなさい。区は特別区をさします。

ア．裁判官　**イ**．都道府県議会議員　**ウ**．市区町村議会議員
エ．警察官　**オ**．内閣総理大臣　**カ**．国会議員
キ．市区町村長　**ク**．外交官

問５　下線部(e)について，東京オリンピックの開会式がおこなわれる予定だった2020年７月24日

に移された国民の祝日は何か，次の**ア**～**オ**から選び，記号で答えなさい。

ア．海の日　　　**イ**．スポーツの日　　**ウ**．山の日

エ．昭和の日　　**オ**．オリンピックの日

［**C**］

> 梅雨前線の影響で，九州各地では7月9日も激しい雨が降り，被害が拡大した。熊本，鹿児島両県に(f)大雨特別警報が出て11日で1週間となるが，被害の全容はつかめていない。土砂崩れも相次いでいる。九州で約23万人に(g)避難《ひなん》指示が出され，約2,800人が避難所に身を寄せている。防衛省は，九州の豪雨被害に対処する(h)自衛隊の災害派遣の規模を，現行の1万人態勢から2万人態勢に拡大すると発表した。

問6　下線部(f)～(h)について，都道府県知事もしくは市区町村長の権限ではないものを，次の**ア**～**ウ**から1つ選び，記号で答えなさい。区は特別区をさします。

ア．下線部(f)…大雨，地震，津波などにより重大な災害の起こるおそれが著《いちじる》しく高まっている場合，特別警報が出せる。

イ．下線部(g)…集中豪雨，火山の噴火，地震や台風などの際，避難指示が出せる。

ウ．下線部(h)…災害などの際，人命または財産の保護のため自衛隊派遣の要請《ようせい》ができる。

問7　災害が起きたときに被害が予想される地域や避難場所，避難経路などについての情報が示された地図を何というか，答えなさい。

［**D**］

> (i)沖ノ鳥島周辺の排他的経済水域で7月8日，中国調査船がワイヤのようなものを引き上げているのを海上保安庁が確認した。同海域の航行は10日連続，調査は3日連続となった。政府は国連海洋法条約に反するとして中国側に抗議しているが，(j)尖閣諸島周辺で続く中国公船の挑発《ちょうはつ》行為に続く懸案《けんあん》となっている。

問8　下線部(i)と下線部(j)の島の所在地の組み合わせとして正しいものを次の**ア**～**オ**から選び，記号で答えなさい。

ア．(i)　沖縄県　　(j)　沖縄県

イ．(i)　沖縄県　　(j)　島根県

ウ．(i)　和歌山県　(j)　北海道

エ．(i)　沖縄県　　(j)　鳥取県

オ．(i)　東京都　　(j)　沖縄県

【理　科】（30分）〈満点：75点〉

1　ものを動かす力について，**問１～問８**に答えなさい。

ゴムの性質を調べるために**【図１】**のようにゴムをまっすぐにするためのおもりをつけ，その下につるすおもりの数を変えたときのゴムの長さを調べました。結果は，**【表】**のようになりました。

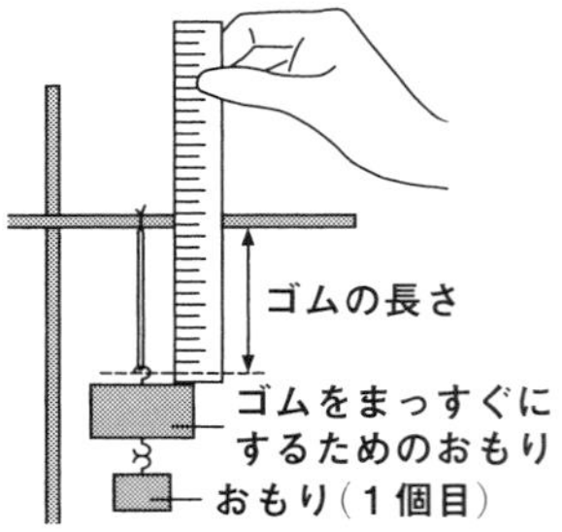

【図１】

【表】

おもりの個数〔個〕	0	1	2	3	4
ゴムの長さ〔cm〕	6.4	6.7	7.0	7.3	7.6

※ゴムをまっすぐにするためのおもりは個数に含めない。

問１　ゴムの長さをはかるためにものさしを使いました。ものさしの目《め》盛《も》りを読みとるときの決まりについて説明した次の文を読んで，(①)～(③)にあてはまる語句，または，数字を下の**(ア)**～**(ク)**から選び，記号で答えなさい。(④)は適切な数値を答えなさい。

ものさしや温度計，メスシリンダーなどの目盛りを読みとるときは，(　①　)から見て目盛りを読みとるようにする。１目盛りの(　②　)倍の目盛りまでを(　③　)読みとる。この決まりにしたがって棒の長さを**【図２】**のようにものさし(数字の単位はcmで，数字のない目盛りは補助目盛り)ではかると，(　④　)cmになる。

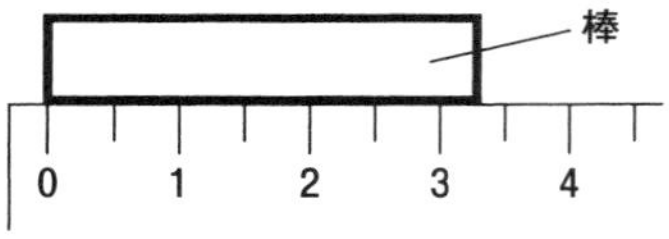

【図２】

(ア)　ななめ上　　**(イ)**　正面　　**(ウ)**　ななめ下　　**(エ)**　1

(オ)　10　　**(カ)**　$\frac{1}{10}$　　**(キ)**　目分量で　　**(ク)**　目盛りぴったりの数値として

問２　【表】の結果を使って，横軸《じく》におもりの個数，縦軸にゴムののびをとったグラフをかきます。グラフが分かりやすくなるよう考えて縦軸の目盛りをふり，見出しと単位もかきなさい。また，値を示す点は●印ではっきりかきなさい。

問３　**【図３】**のようなゴムで動く車を使って，ゴムをのばす長さを変えて車がどこまで走るかを調べました。車を遠くまで走らせるには，ゴムをのばす長さをどうすればよいか答えなさい。

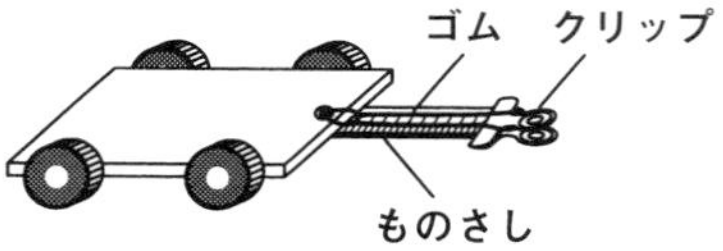

【図３】

問４　**問３**の理由を，**問２**のグラフから分かることを含めて説明しなさい。

問５　**問３**と同じ実験を，同じゴムを２本使って行いました。使用したゴムは**問３**と同じものとします。**【図４】**，**【図５】**の状態のゴムを，ゴム１本のときと同じ長さだけのばすと，車の走り方はどのようになりますか。**【図４】**，**【図５】**について，下の**(ア)**～**(ウ)**からそれぞれ選び，記号で答えなさい。

つなげた状態

【図４】

重ねた状態

【図５】

(ア)　１本のときと変わらない

(イ)　２本の方が遠くまで走る

(ウ)　１本の方が遠くまで走る

問6　**【図3】**の車からゴムを外し，**【図6】**のように，風を当てて動くように帆《ほ》を取りつけます。同じ強さの風でより遠くまで走らせるには，次の(**1**)，(**2**)をどうすればよいかそれぞれ答えなさい。ただし，帆は軽い素材でできているとします。

(**1**)　帆の大きさ

(**2**)　帆を取りつける向き

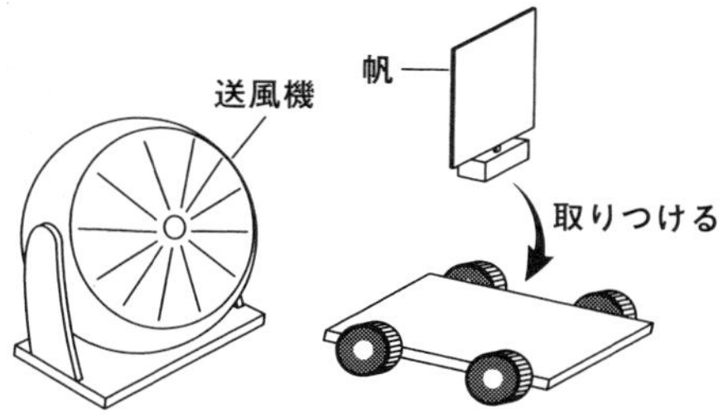

【図6】

問7　風を受けて動くものに風車《かざぐるま》があります。**【図7】**のように羽の大きさを変えた風車に同じ強さの風を当てた実験についての次の文を読んで，(①)～(⑤)にあてはまる語句を答えなさい。ただし，羽は軽い素材でできているとします。

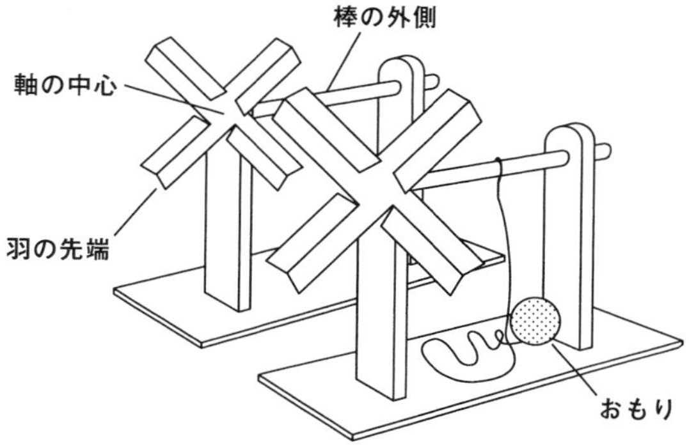

【図7】

　大きい羽の風車よりも小さい羽の風車の方が速く回転します。風による力は風車の羽の先端《たん》にだけかかるとすると，風の強さは同じなので，どちらの風車の羽の先端にも同じだけ力がかかります。また，ひもをつけたおもりを風車の軸《じく》の棒に取りつけると，軸の棒の外側にはおもりによる力がかかります。この状態は，ある点を中心に回転する棒の一部に力を加えてものを動かしていると考えることができるので，(①)を利用した道具になっています。

　この場合の(①)の3点はそれぞれ，羽の先端が(②)，軸の中心が(③)，軸の棒の外側が(④)です。よって，おもりにひもをつけて風車の軸の棒に巻き取らせると，(⑤)い羽の風車の方が重いおもりを持ち上げることができます。

問8　**問7**で，軸の中心から羽の先端までの長さが15cm，軸の棒の直径が1cmで，おもりが10gだった場合，羽の先端にはおもりを何gつるしたのと同じ力がかかっていることになりますか。ただし，答えが割り切れない場合は小数第3位を四捨五入して答えなさい。

2　いろいろな生物とそれを取り巻く環境について，**問1**～**問8**に答えなさい。

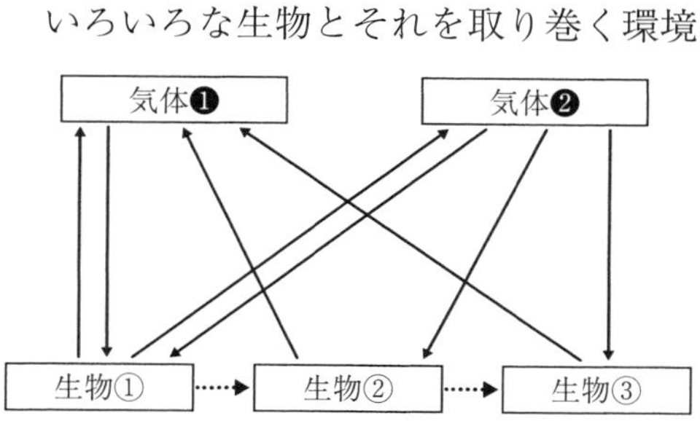

【図1】

問1　**【図1】**は，陸上で生活する生物と気体の関係を示したものです。矢印‥‥▶は，生物①が生物②に，生物②が生物③に食べられることを表しています。このような一連《いちれん》の生物のつながりを何といいますか。

問2　**【図1】**の矢印 ⟶ は，気体の流れを表しています。これについて説明した次の文を読んで，(**あ**)～(**う**)にあてはまる語句を答えなさい。

生物①，生物②，生物③は，それぞれ気体❶を放出し，気体❷を取りこんでいます。このはたらきを(　**あ**　)といいます。また，生物①は気体❶と水を取りこみ，外から受けるエネルギーを利用して(　**い**　)をつくり出し，気体❷を放出しています。このはたらきを(　**う**　)といいます。つくられた(　**い**　)は成長につかわれたり，別の場所にたくわえられたりします。

問3　気体❶と気体❷の名称をそれぞれ答えなさい。

問4　近年，気体❶の増加が世界的に問題となっています。

(1)　気体❶の増加が引き起こす問題とは何ですか。

(2)　気体❶が増加している原因を1つ答えなさい。

(3)　**【図2】**は，ハワイにおける気体❶の濃度の変化を表したものです。1年のうち，夏季にあたるのは**A**と**B**のどちらですか。記号で答えなさい。また，それはなぜですか。

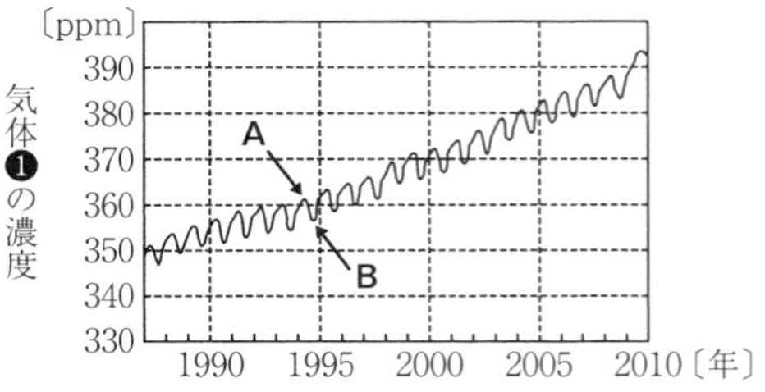

【図2】

問5　**【図1】**について，生物②と生物③を比べたとき，一般的に数が少ないのはどちらですか。番号で答えなさい。

問6　何らかの原因で生物②の数が大きく変化するとき，生物①と生物③の数の変化をグラフに表すとどうなりますか。次の(**1**)，(**2**)について，下の(**ア**)～(**ウ**)から最も適切なものをそれぞれ選び，記号で答えなさい。なお，グラフ中の点線は，生物②の数が変化し始めた時期を表しており，グラフ(**ア**)～(**ウ**)の生物の数量は，生物の種類によって異なります。

(1)　生物②の数が増加したとき

(2)　生物②の数が減少したとき

(**ア**)

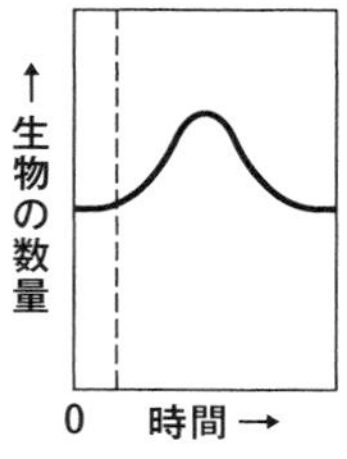

(**イ**)

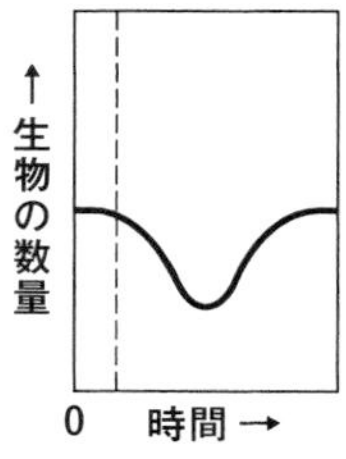

(**ウ**)

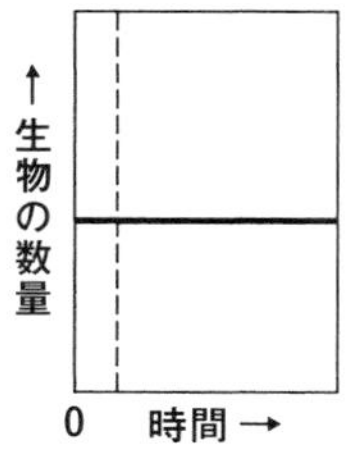

問7　**問6**のように，生物の数はある程度変化しても，いずれ生物どうしのつり合いが取れた状態に戻っていきます。しかし，生物の数の変化が大きすぎると，つり合いが取れなくなり，生物に大きな影響《えいきょう》を及ぼすことがあります。

(1)　沿岸部などで植物プランクトンが大量に発生すると，水面が赤く変化してしまうことを何といいますか。

(2)　次の生物のうち，日本で絶滅《ぜつめつ》危《き》惧《ぐ》種《しゅ》とされている生物はどれですか。次の(**ア**)～(**オ**)から1つ選び，記号で答えなさい。

(**ア**)　アメリカザリガニ　　(**イ**)　イリオモテヤマネコ　　(**ウ**)　フイリマングース

(**エ**)　カミツキガメ　　(**オ**)　オオクチバス(ブラックバス)

問8　2020年7月より，レジ袋の有料化が始まりました。これは，プラスチックの過剰《じょう》な使用を減らすきっかけになると期待されています。プラスチックの過剰な使用が引き起こす問題にはどのようなものがありますか。

3　家庭で使う食酢《しょくす》には，酢《さく》酸がとけています。食酢にふくまれている酢酸の量を調べるために次の【実験１～５】を行いました。これについて，**問１～問６**に答えなさい。ただし，食酢には酢酸以外のものはとけていないとし，**問３～問６**で答えが割り切れない場合は小数第２位を四捨五入して答えなさい。

【実験１】　酢酸12gを水にとかし，ちょうど100cm^{3}にした水溶《よう》液（**A**液とする）をつくった。

【実験２】　水酸化ナトリウム４gを水にとかし，ちょうど100cm^{3}にした水溶液（**B**液とする）をつくった。

【実験３】　食酢10cm^{3}をうすめて，ちょうど100cm^{3}にした水溶液（**C**液とする）をつくった。

【実験４】　**A**液15cm^{3}に**B**液を混ぜていくと，ちょうど30cm^{3}入れたときに完全に中和した。

【実験５】　**B**液10cm^{3}に**C**液を混ぜていくと，ちょうど20cm^{3}入れたときに完全に中和した。

問１　次の**(ア)**～**(カ)**の文にはすべて「とける」という言葉が入っていますが，「とける」という意味の違いから，２つのグループ①・②に分けることができます。ここで，「食酢には酢酸がとけている」という意味のときは，グループ①に入るとします。**(ア)**～**(カ)**を２つのグループ①・②に分け，記号で答えなさい。また，①・②のグループの「とける」の意味をそれぞれ簡単に説明しなさい。

(ア)　冷蔵庫の氷がとける　　**(イ)**　塩素が水にとける

(ウ)　アルコールが水にとける　　**(エ)**　フライパンの上でバターがとける

(オ)　ホウ酸が水にとける　　**(カ)**　ろうそくのろうがとける

問２　氷砂糖のかたまりを，一定量の水にできるだけはやくとかすためには，どのようにするとよいですか。「とかす水の温度を上げる」「よくかきまぜる」ことと，あとひとつ考えられることを簡単に答えなさい。

問３　**A**液15cm^{3}にふくまれる酢酸は何gですか。また，**B**液30cm^{3}にふくまれる水酸化ナトリウムは何gですか。それぞれ答えなさい。

問４　**C**液20cm^{3}にふくまれる酢酸は何gですか。

問５　うすめる前の食酢100cm^{3}にふくまれる酢酸は何gですか。

問６　うすめる前の食酢100cm^{3}を100gと等しいとすると，うすめる前の食酢の濃さは何％になりますか。

4　６個のビーカー**A**～**F**に下の**(あ)**～**(か)**の６種類の溶《よう》液が入っています。それぞれのビーカーにどの溶液が入っているかを調べるために【実験１～４】を行いました。これについて，**問１～問２**に答えなさい。

(あ)　エタノール　　**(い)**　ホウ酸水

(う)　アンモニア水　　**(え)**　石灰水

(お)　食塩水　　**(か)**　炭酸水

【実験１】　においを調べると，**B**と**E**はにおいがあった。

【実験２】　**C**と**D**の溶液をまぜると白くにごった。

【実験３】　溶液を熱して，蒸発してきた気体に水でぬらしたリトマス紙を近付けると，**C**と**E**はリトマス紙の色が変わった。

【実験４】　青色リトマス紙に溶液をつけると，赤色に変化したのは**A**と**C**だった。

問１　ビーカー**A**～**F**の溶液は何ですか。**(あ)**～**(か)**の溶液からそれぞれ選び，記号で答えなさい。

問２　**【図１】**～**【図３】**は，ある性質のちがいで**A**～**F**の溶液を分類したものです。どのような性質で分類したものですか。下の**(ア)**～**(オ)**からそれぞれ選び，記号で答えなさい。

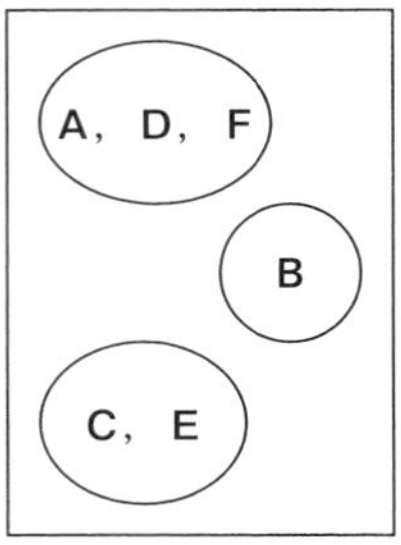

【図１】

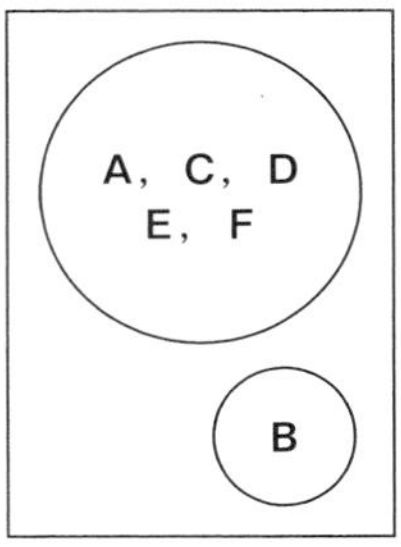

【図２】

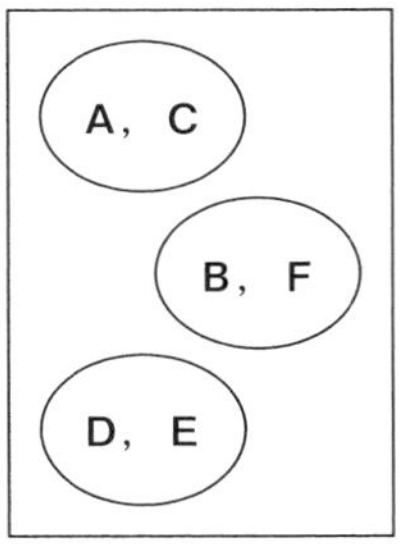

【図３】

(ア)　BTB液を加えたときの色のちがい

(イ)　電流を通すか，通さないか

(ウ)　赤色リトマス紙につけたとき，赤色リトマス紙の色が変わるか，変わらないか

(エ)　溶液に金属を入れて気体が発生するか，しないか

(オ)　とけているものが固体か，液体か，気体か

5　等圧線と日本の季節に関する天気図について，**問１**～**問５**に答えなさい。

【図１】は，等圧線の一部を示したものです。

問１　低気圧を表しているのは**A**，**B**のどちらですか。記号で答えなさい。

問２　**【図１】**の**P**地点の気圧は何hPaですか。

問３　**【図１】**の**Q**地点と**R**地点とでふいている風の強さを比べた場合，どちらの地点の方が強いと考えられますか。記号で答えなさい。また，その理由も答えなさい。

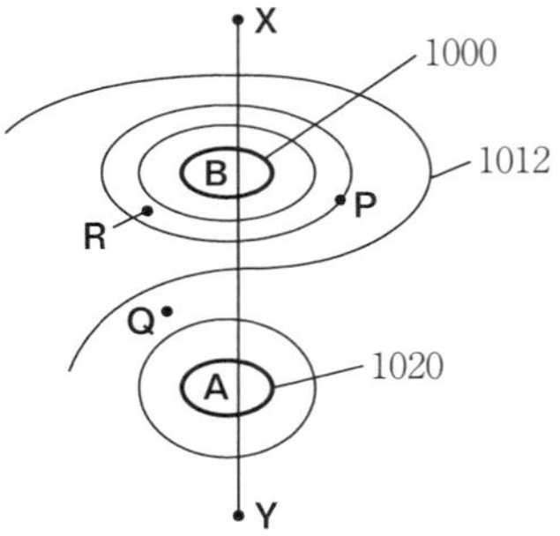

【図１】

単位はhPa(ヘクトパスカル)

問４　**【図１】**の**X**地点から**Y**地点までの気圧の変化を表したグラフとして，最も適当なものを次の**(ア)**～**(エ)**から選び，記号で答えなさい。

(ア)

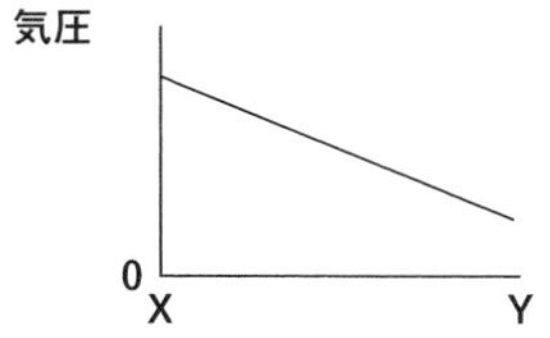

(イ)

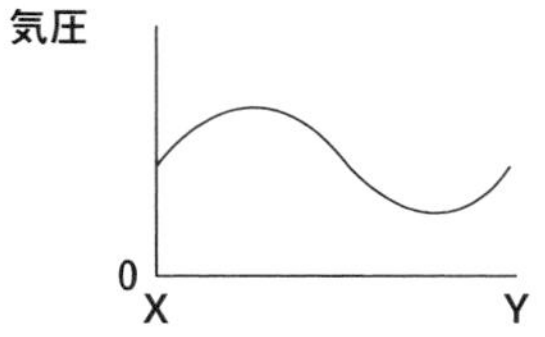

(ウ)

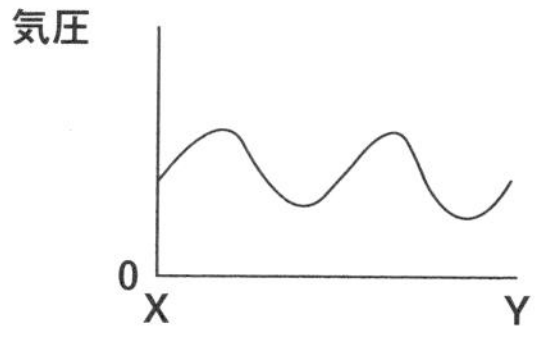

(エ)

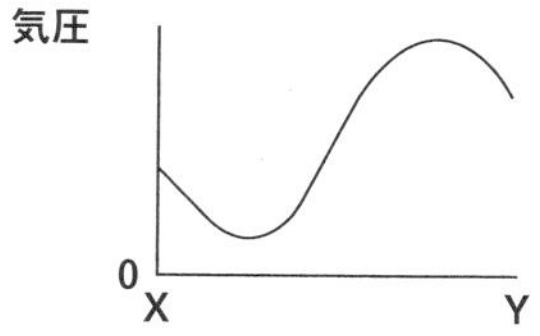

問5　次の(**1**)～(**4**)の文は，日本における4つの季節(春・梅雨・夏・冬)の特徴を説明したものです。どの季節を説明したものか，それぞれ季節を答えなさい。また，その季節を表す天気図を下の(**ア**)～(**エ**)からそれぞれ選び，記号で答えなさい。

(**1**)　小笠原《おがさわら》気団の勢いが強くなり，太平洋高気圧が広く日本をおおうと，晴れの天気が続いて蒸し暑い日が続きます。

(**2**)　日本付近を西から東へ移動性の高気圧と低気圧が交互に通過します。移動性の高気圧による晴れの天気は長くは続かず，低気圧が通過して雨やくもりとなり，天気は周期的に変化します。

(**3**)　低温で乾燥《かんそう》したシベリア高気圧の勢いが強く，日本の東の海上に低気圧が発生すると，等圧線が南北に伸びて並ぶ西高東低の気圧配置となり，日本海側に大雪をもたらす場合があります。

(**4**)　オホーツク海高気圧と太平洋高気圧の勢いがたがいに強くなって，その境目に前線が形成され，その前線上を低気圧が移動し，ぐずついた天気になります。この前線の活動が活発になると集中豪《ごう》雨《う》が発生することがあります。

(**ア**)

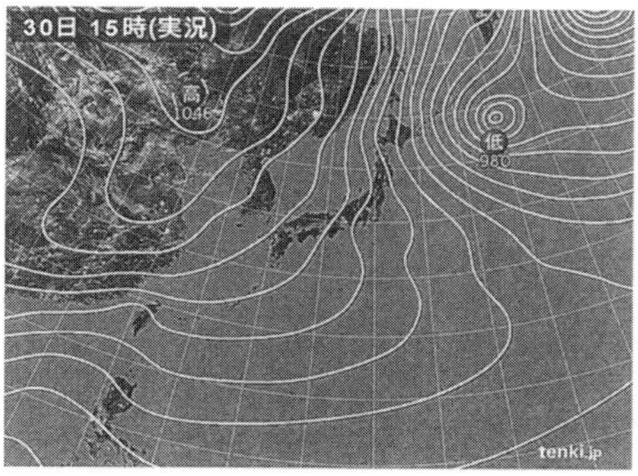

(**イ**)

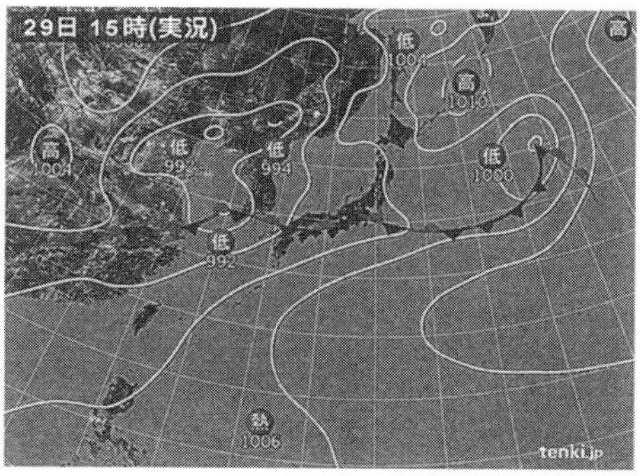

(**ウ**)

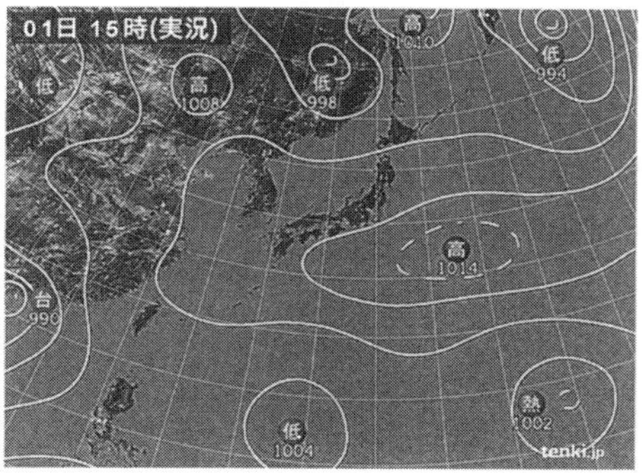

(**エ**)

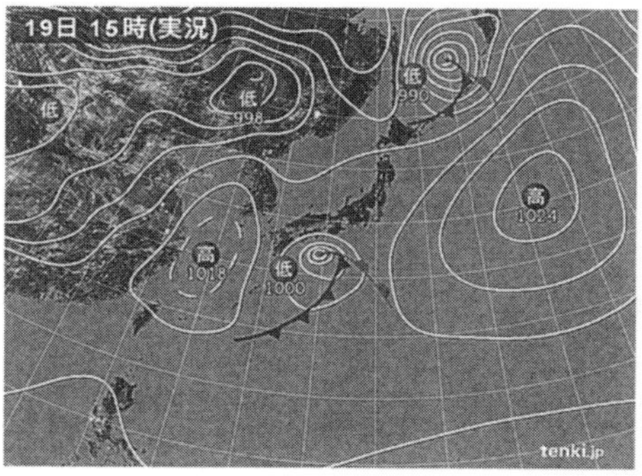

(日本気象協会から引用)

6　**【図１】**のような地形の場所があり，**A**～**D**の地点は一直線上に並んでいます。それぞれの地点の地面に穴をほり，地下のようすを調べました。その結果，**A**～**D**の地点の地下には，**【図２】**のような地層があることがわかりました。これについて，**問１**～**問４**に答えなさい。

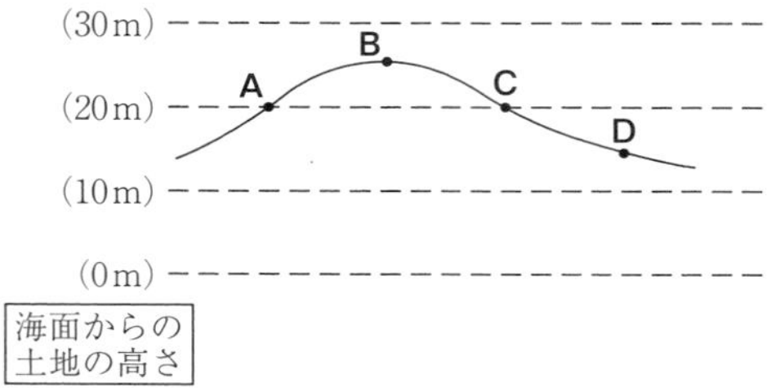

【図１】

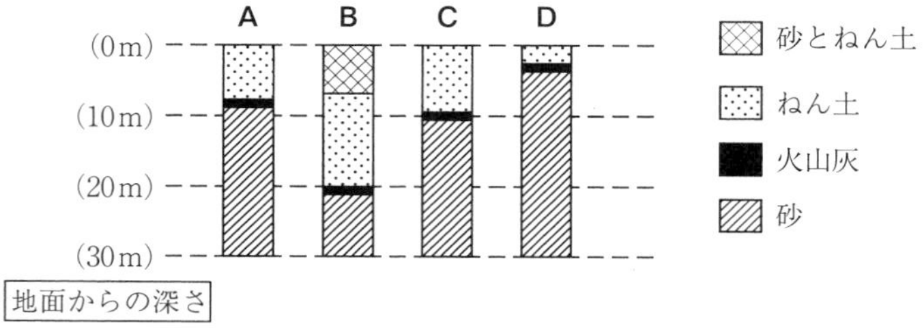

【図２】

問１　**【図２】**の火山灰の地層のように，短期間に広い範囲に堆《たい》積する地層は離《はな》れた場所の地層の重なりを調べるときにとても役に立ちます。この火山灰の地層のような使われ方をする地層のことを何といいますか。

問２　**A**～**D**の地点のうち，その地下の地層に最も新しい地層を含む地点はどこですか。記号で答えなさい。

問３　**【図１】**の土地の地下の地層の重なり方はどのようになっていると考えられますか。次の**(ア)**～**(エ)**から選び，記号で答えなさい。

(ア)

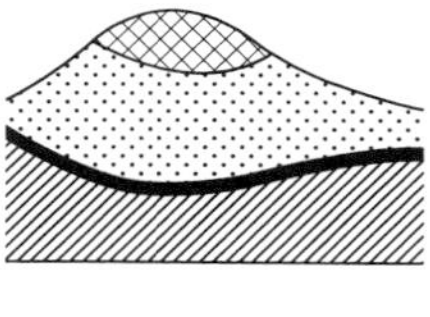

(イ)

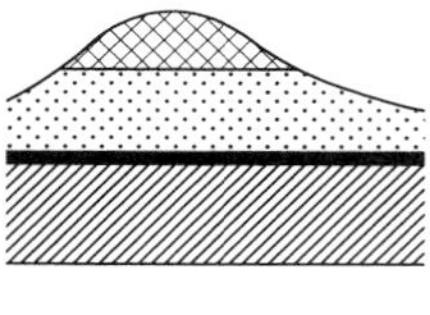

(ウ)

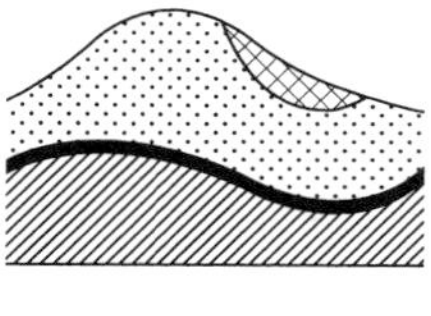

(エ)

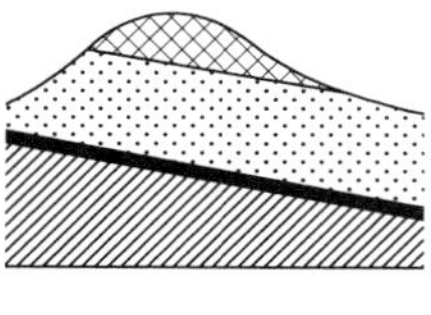

問４　**A**～**D**の地点の砂の地層から，サンゴの化石が見つかりました。このことから，この地層ができた頃のこの付近の環境はどのようなものであったと考えられますか。次の**(ア)**～**(エ)**から選び，記号で答えなさい。

(ア)　冷たい海の底　　**(イ)**　湖や沼《ぬま》の底

(ウ)　川の中流域の川底　　**(エ)**　暖かい海の底

の中から一つ選び、記号で答えなさい。

ア　ていねいに　**イ**　なげやりに

ウ　えらそうに　**エ**　ためらいがちに

問三　――線③「目利きの評判をほしいままにする」とありますが、それはどのようなことですか。最も適切なものを次の**ア**～**エ**の中から選び、記号で答えなさい。

ア　古書の価値を正確に判断できる能力を持つ、と皆《みな》に知れ渡っている。

イ　古書の価値を正確に判断できる能力を何よりも大切にしている。

ウ　古書の価値を正確に判断できる、と皆から評価されたいと思っている。

エ　古書の価値を正確に判断できる、という評判を自ら広めている。

問四　――線④「誰のために」とありますが、「誰のため」ですか。その人物が特定できるように答えなさい。

問五　――線⑤「誇り」とありますが、どのようなことを「誇り」に感じているのですか。二十五字以内で答えなさい。

問六　――線⑥「真志喜の父親はついと表に出ていった」とありますが、このときの真志喜の父親の心情として最も適切なものを、次の**ア**～**エ**の中から選び、記号で答えなさい。

ア　捨てる予定だったものの中から非常に価値のある古書を瀬名垣に見つけてもらい、その古書が失われずにすんでほっとしている。

イ　他人の店で勝手に古書をあさっているような子どもに高価な古書を渡してしまった本田翁に対して、いらだたしさを感じている。

ウ　信頼していた瀬名垣が、自分をだまして貴重な古書を手に入れようとしたことを知り、驚《おどろ》きとともに怒《いか》りをおぼえている。

エ　めったに手に入らない貴重な古書なのに、自分ではそれに気づけず、よその子どもに見つけられてしまったことを、くやしく情けなく思っている。

問七　――線⑦「大変なこと」とありますが、なぜそのように言ったのですか。『無窮堂』と瀬名垣の父親との関係にふれながら、理由を八十字以内で答えなさい。

問八　本文中の空欄《らん》 I ・ II にあてはまる言葉として適切なものを、次の**ア**～**オ**の中から一つずつ選び、それぞれ記号で答えなさい。

ア　手　**イ**　腹《はら》　**ウ**　首　**エ**　あご　**オ**　肩《かた》

問九　本文中の空欄 A にあてはまる言葉を、ひらがな二文字で答えなさい。

声にならない動揺《よう》が、二人の父親たちの間を走り抜けた。

「はあ、これが……」

ようやく瀬名垣の父親の口から間の抜けた感嘆《たん》の声が上がったとき、⑥真志喜の父親は【注3】ついと表に出ていった。

「あ、本田さん……」

瀬名垣の父親の呼び止める声も聞こえないようだ。本田翁は Ⅰ を落とした。

「放っておいてやってくだされ。瀬名垣さん、あんたもわかるでしょう。『無窮堂』は十二歳《さい》の男の子に、この世に一冊しかない【注4】稀《き》覯《こう》本を掘《ほ》り出されたんじゃ」

瀬名垣の父親はとたんに、夢から覚めたかのように顔をこわばらせた。状況《きょう》を察した真志喜が不安そうに、父親の出ていった硝子《ガラス》戸を見やる。

「この本を再び世に出す手伝いができたことは、とても名誉《よ》なことじゃ。だが……胸中察してください」

本田翁の言葉に、瀬名垣の父親はガバッとその場に土下座した。

「【注5】倅《せがれ》が⑦大変なことをしでかしまして。だがこいつは何もわかっていなかったんですよ。それで、本田さんが後で世に出そうと思っていた『獄記』を、なんの気なしに手に取った。そうにちがいありません。そうだろ、太一」

瀬名垣は黙《だま》っていた。そうではなかったからだ。瀬名垣は捨てる本に仕分けられていたものの中から、価値をわかった上で、一冊だけ欲しいと本田に言ったのだ。本田はそれをたしかに見て、そしてあっさりと許可した。瀬名垣は知っていたが、本田は知らなかった。瀬名垣は見抜いたが、本田は見抜けなかった。それが真実だ。瀬名垣は肯《こう》定も否定もせずに黙っていた。何を言おうと、もう元には戻らないのだとわかっていた。

瀬名垣は『無窮堂』から掘り出してしまったのだ。第一級の稀覯本を。

夕闇《やみ》があたりを覆《おお》い尽《つ》くしても、真志喜の父親は戻ってこなかった。そのまま夜になり、朝が来ても彼《かれ》は戻らなかった。『無窮堂』の二代目は、黄昏《たそがれ》の中に姿をくらました。

瀬名垣の父親は恩を A で返すようなことになったと、それから二度と『無窮堂』に行こうとしなかった。それどころか、あんなに好きだった古本の世界からも身を引き、日雇《やと》いで道路工事などをしてまわった。若くはない体に仕事がきつかったのだろう。瀬名垣が高校に入ってすぐ、父親は亡《な》くなった。瀬名垣は父親のためにと思った。父は責任を感じ、夢を捨てた。だが息子を責めることは一度もなかった。むしろ、息子の手柄《がら》を心のどこかで喜んでいる節があった。『無窮堂』にあった『獄にありて思ふの記』の発見者については、公《おおやけ》にはついに「不明」として処理されたのだが。

本田翁は、発見者を瀬名垣太一だと公表しようと主張した。だが瀬名垣の父親は頑《がん》として Ⅱ を縦に振《ふ》らなかった。これは『無窮堂』さんの本ですと言い張り、『獄記』に対するどんな権利も主張しなかった。

（三浦しをん『月魚《げつぎょ》』）

【注】

1 快哉を叫んだ…喜びに声をあげた。

2 本田翁…真志喜の祖父。瀬名垣の父親が世話になっている。

3 ついと…いきなり。

4 稀覯本…まれにしか手に入らない、とても珍《めずら》しい書物。

5 倅…息子。

問一 ――線①「瀬名垣がかざした本」とありますが、それは何という本ですか。本文中から正式なタイトルを抜き出して答えなさい。

問二 ――線②「ぞんざいに」の意味として正しいものを次の**ア**～**エ**

ら十五字以内で抜き出して答えなさい。

問六 ――線⑤「豊かさ」とは、この文章ではどういうことを表わしていますか。二十五字以内で答えなさい。

問七 ――線⑥「新しいパラダイム」とありますが、筆者の考える「新しいパラダイム」を、本文中の言葉を用いて□□型□□という形で答えなさい。

二 次の文章を読んで、後の問いに答えなさい。

瀬名垣《せながき》太一の父親は、本田真志喜《ほんだましき》の父親が経営する古書店『無窮堂《むきゅうどう》』の世話になりながら、古本を扱《あつか》う仕事をしている。ある日、太一はその『無窮堂』の書庫で、幻《まぼろし》の本と言われる『獄記《ごくき》』を見つける。そして、その本をくれないか、と真志喜の父親に持ちかける。

①瀬名垣がかざした本を、『無窮堂』の店主だった真志喜の父親はちらりと見た。そして②ぞんざいに、

「ああ、どうせ捨てる本だ。欲《ほ》しければ持っていくといい」

と言った。瀬名垣は心に【注1】快哉《かいさい》を叫《さけ》んだ。

そのとき、傍《かたわ》らで瀬名垣の父親と雑談していた【注2】本田翁《ほんだおう》が、穏《おだ》やかに声をかけてきた。

「太一、その本をちょっと見せておくれ」

瀬名垣はもちろん、本田翁に見せたくなかった。③目利《き》きの評判をほしいままにする翁は、この掘《ほ》り出し物の価値をさすがに一目で見抜《ぬ》くだろう。そうなったら、この本は取り上げられてしまう。ためらっていると父親が、「さっさと翁に渡《わた》せ」としきりに目で合図する。④誰のためにこれを自分のものにしようとしているのかわかっているのかなあ、と苦々《にがにが》しく思いながら、仕方なく本田翁に手渡した。

『獄記』を持つ本田翁の手は震《ふる》えた。そして翁は、瀬名垣をひたと見据《す》えた。

「これがなんなのか、わかっているのか、太一」

常に優しい老人が、これほど鋭《するど》く真剣《けん》な眼差《まなざ》しを瀬名垣に向けたのは初めてのことだった。

瀬名垣はなんと答えるべきか困った。だが結局、⑤誇《ほこ》りも手伝って、

「うん」

と一言、はっきりとうなずいた。

本田翁は笑った。

「見事じゃ、太一。おまえは本当に頼《たの》もしい男だ。わしですらこうして震えがきているというのに、おまえはわかっていてなお動じもしない」

本田翁は『獄記』を瀬名垣の手に返した。瀬名垣はまさか戻《もど》してもらえるとは思っていなかったので、本田翁の深い皺《しわ》の刻まれた顔をまじまじと見つめた。本田翁はもう一度噛《か》みしめるように言った。

「見事じゃ」

瀬名垣の父親は、息子《むすこ》の手にある古びた本と敬愛する老人の顔とを忙《せわ》しく見比べた。

「一体なんの話ですか、翁」

真志喜の父親も、本を束ねていた手を止めて歩み寄ってくる。

「どうなさったんです、お父さん」

「みんな、よく見ておきなさい。真志喜もおいで」

瀬名垣のまわりに居合わせた人間が集まった。瀬名垣は、今までつないだままでいた真志喜の手を引き寄せる。本田翁のおごそかな声が響《ひび》いた。

「これが幻の本。『獄記』だ」

しての「豊かさ」はどうしたら手に入れられるか、という議論になります。

この場合によく出るのが、「進み過ぎた技術によって『豊かさ』を失っているのであれば、もっと伝統的な、【注8】ローテクを使っていた昔の暮らしに戻《もど》ればいい」という、伝統回帰的な意見です。しかし、パラダイムの特質を考えると、それは不可能です。パラダイムというのは、一度先に進むと過去には戻れないという特質があるからです。「便利さ」を知ってしまった今、もう一度みんなで不便な生活に戻りましょうといっても、非現実的な話です。

そうなると、少し暗い気持ちになりますね。「便利さ」を手に入れられても、もう永遠に「⑤豊かさ」は手に入らないのか、と。でも、実はそうではありません。パラダイム論の特質に従うと、もっと楽観的になれるのです。

パラダイムというのは、同じパラダイムがずっと固定することは絶対にありません。今のパラダイムは、どこかの段階で、また次なるパラダイムに移行します。移行する先がどう変わるのかを議論することが重要なのです。

今の都市環境のいろいろな問題の根源は、「孤立している」という状況です。恐《おそ》らく⑥新しいパラダイムは、自立型の技術がさらに追求されていく一方で、同時に、孤立し合っている状況をいかに「共生」という方向に持っていけるか、ということが重要になってくると思います。

（甲斐徹郎《かいてつろう》『自分のためのエコロジー』）

【注】
1 汐留…東京都港区の地区名。海の近くの埋《うめ》立地で、高層ビルが建ち並んでいる。
2 パラダイム…ある集団において共有されている基本的なものの見方、考え方。
3 備瀬…沖縄《おきなわ》の本部《もとぶ》半島にある集落。
4 ランダム…手当たり次《し》第に。
5 コミュニティ…ここでは、同じ地域に住む人々のつながり。
6 謳歌…心おきなく楽しむこと。
7 デメリット…欠点や短所。
8 ローテク…ローテクノロジーの略。最先端《たん》ではない古い技術。

問一 〰〰線部**a**～**d**のカタカナを漢字に直しなさい。

問二 ――線①「街は呼吸をしているわけです」とありますが、「呼吸をしている」とはどういうことですか。二十五字以内で答えなさい。

問三 ――線②「街は無呼吸状態に陥ってしまったのです」とありますが、なぜ「街」は「無呼吸状態に陥ってしまった」のですか。その理由を五十字以内で答えなさい。

問四 ――線③「一九六〇年代から七〇年代より前の時代と現代とは、都市の価値構造が違う」について、次の⑴・⑵の問いに答えなさい。

⑴ 次の**ア**～**カ**の中から、「現代」の状況を表わしたものを二つ選び、記号で答えなさい。

ア 台風から住居を守るために防風林を必要とする。
イ ヒートアイランドのような熱環境の問題が解決する。
ウ 地域のコミュニティの防犯能力が機能している。
エ 社会的弱者が孤立し、悲惨な状況に立たされる。
オ 伝統的な、ローテクを使っていた昔の暮らしに戻る。
カ 個人単位で自由を謳歌できるライフスタイルができあがる。

⑵ 「都市の価値構造」の変化をもたらしたものは何か。本文中から五字以内で抜《ぬ》き出して答えなさい。

問五 ――線④「この枠組み」とは、何をさしていますか。本文中か瞬間があったのです。一気に自立型技術に変わっていって、その自立型の技術をどんどん進化させてきたのが、現在の我々の暮らしです。

自立型の技術を手に入れてしまうと、もはや我々は、環境や隣人《りん》と共生する必要がなくなり、自分だけでよくなります。その結果として、家も人も孤立していきます。ですから現代のパラダイムを、「自立型孤立」と名付けました。

このようなパラダイム論で考えると、b**ケッコウ**いろいろなことが見えてきます。現代の都市の環境問題、特にヒートアイランドに代表されるような熱環境の問題は、まさにこの「自立型孤立」というパラダイムが作り出した必然として見えてくるのです。

自立可能な技術を得ると、個人はもはや外環境とも他人とも関係を持つ必要がなく、孤立した住環境を作ります。【注4】ランダムな住まいづくりは、街全体に調和のない、レベルが高いとはいえない景観を広げていきます。そのc**エンチョウ**線上に、ヒートアイランドという問題もあるのです。現代の都市問題は、ほとんど④この枠組みにあるということがいえると思います。

環境問題だけではありません。【注5】コミュニティ問題も同じことで解けます。社会的弱者である子どもや独居老人のさまざまな問題は、現代人の孤立したライフスタイルがd**ゼンテイ**になったものです。

エアコンで簡単に温度調節ができ、電話もテレビもオーディオも個人で使うものとなり、欲《ほ》しいものはネットで注文すれば届けてくれます。他人との関係を結ぶことなしに、個人は贅沢《ぜいたく》で便利な生活ができるようになりました。そうなると、もはやコミュニティは必要なくなります。

昔は、外とつながっていなければ、個人単位では生きていけませんでした。街全体の関係性の中で暮らしていたので、人間関係も濃厚《のうこう》でした。ところが、それが一気に変容して、個人単位で自由を【注6】謳《おう》歌できるライフスタイルができあがりました。便利で、個人が自立した生活は、非常に価値のあるものだと我々は思い込《こ》んできました。しかし一方で、人間関係は失われ、地域のコミュニティも希薄《はく》になりました。便利で個人主義的な価値を手に入れることは、関係という価値を失うことでもあったのです。その結果として浮《う》き彫《ぼ》りになってきたのが、子どもや老人など、社会的に弱い立場の人たちの問題です。

子どもが犯罪に巻き込まれやすい。それは地域のコミュニティ防犯能力が下がっているということです。あるいは独居老人がまったくケアされることなく、発見された時には死後何ヶ月も経《た》っていた、という状況《きょう》も増えてきています。

つまり、現代の枠組みからは、弱い立場の人たちがマイナス点を受けるのです。若くて元気のある、今まさに個人主義的自由を謳歌している私も皆《みな》さんも、その【注7】デメリットには今は気づきません。でもやがて年をとり、誰かに依存しなくては生活できなくなります。そのときに、外との関係をどんどん絶って生きてきた人たちは、「依存型孤立」という悲惨《さん》な状況に立たされるわけです。

先にも述べたように、昔の住宅は不便でした。その「不便さ」を補うためには、外に対して働きかけることが重要でした。その外への働きかけが、豊かな外の環境を作り上げていました。つまり、「不便さ」が「豊かさ」を作っていたのです。ところが、現在の住宅のように「便利」になると、「不便さ」を補う必要がなくなります。この結果、外との関係性を断《た》つわけです。外に対しての働きかけがゼロになると、外に「豊かさ」は生まれません。

つまり「便利さ」を手に入れてしまうと、もはや我々は「豊かさ」を手に入れられない。そういう状況になっているということが、パラダイムを整理してわかることです。

そう考えると、「便利さ」と「豊かさ」のどちらをとるか、都市と

二〇二一年度　白百合学園中学校

【国　語】〈四〇分〉〈満点：一〇〇点〉

※字数制限がある問題は、「、」や「。」、カギカッコも一字と数えます。

一　次の文章を読んで、後の問いに答えなさい。

東京近郊《こう》の北側には秩父《ちちぶ》の山をはじめとするこんもりとした森があり、南側には東京湾《わん》があります。山の森と、東京湾の水と、南北で二つの熱源があるのです。

夏は、南北に冷えた冷熱源が二つできるわけです。二つの冷熱源にはさまれたところでは、温度差によって海陸風が吹《ふ》きます。

昼間は内陸のほうが暑くなり、海のほうが温度が低いので、内陸の暑いほうに海の冷えた空気がスーッと引っ張られます。だから昼間の風は、東京では南風なのです。夜になると、今度は海よりも内陸の山のほうが温度が冷えてくるので、山のほうから冷えた空気がスーッと流れてきます。

そのように①街は呼吸をしているわけです。

その呼吸をつなげてきたのが、街中の緑であり、川だったのです。だから、昔も暑いには暑かったのだけれど、クーラーがなくてもなんとか過ごせたのです。打ち水をして簾《すだれ》を吊《つ》って、川風に吹かれて「夕涼《すず》み」なんていう風情《ふぜい》もあったわけですね。ところが今は、クーラーなしではとてもではないけどやっていけない。それほど都市部の温度上昇《しょう》が、激しくなってしまったのです。

それはなぜかといえば、二つの冷熱源をつないでいた、緑や川や、そういうものがどんどんなくなってきているからです。さらに、川が海からの冷たい空気を吸い上げるというすごく重要な役割をしていたのに、【注1】汐留《しおどめ》などの高層マンションが建ち並んだことによって、汐留が風止めになってしまった。風の行き先がなくなってしまったのです。これが、ヒートアイランド現象の正体です。

②街は無呼吸状態に陥《おちい》ってしまったのです。

このように、わずか四十年の間に街の環《かん》境は一変してしまいました。時代時代を見ていくと、どうも徐々《じょじょ》に変化してくるのではなくて、どこかで不連続に、ガラッと価値構造が変わる瞬《しゅん》間があります。どう考えても、③一九六〇年代から七〇年代より前の時代と現代とは、都市の価値構造が違《ちが》う。その価値構造の枠《わく》組みのことを「【注2】パラダイム」と呼びます。

現代の環境問題とか都市環境について考える時に、「パラダイム」の変化にそった見方をするのが、時代を把握《はあく》するのに重要だと、あるとき私は気づきました。パラダイムが変わる瞬間、何が価値を変えたのかということを見極《きわ》めてくると、今の都市構造が見えてくるのです。

そこで、都市の過去と現在を、私は次のような二つのパラダイムに分けて整理してみました。

①過去――「依《い》存型共生」

②現在――「自立型孤《こ》立」

過去の集落を成り立たせていたパラダイムのことを、私は「依存型共生」と名づけました。

「依存型」というのは、技術が依存型だということです。住宅が単体では成立し得ないような依存型の技術しかなかった時代には、それを補うために必然として「共生関係」が生まれます。台風ａ**タイサク**として防風林を必要とする、【注3】備瀬《びせ》の木造住宅などは、その典型です。

現代は、技術の進化によって、高度成長期時代を境にパラダイムが一気に変わりました。依存型の技術が自立型の技術にガラッと変わる

2021年度

白百合学園中学校 ▶解説と解答

算　数　（40分）<満点：100点>

解　答

[1] (1)　5 ： 4　　(2)　毎分145m　　[2] 144人　　[3] (1)　0.215cm^2　　(2)　3.14cm^2
[4] (1)　11，13，17，19，23，29，31，37，41，43，47　　(2)　54通り　　[5] (1)　**角ウ**…60度，**角エ**…120度　　(2)　7 ：29

解　説

[1] 速さと比

(1)　姉が妹に追いついた地点をＰ，姉が家に戻《もど》ったときに妹がいた地点をＱとすると，２人の進行のようすは下の図１のようになる。姉がＰ→駅→家と進む間に妹は，Ｐ→駅→Ｑと進んでいる。このとき，姉が進んだ道のりは，300＋3200＝3500(m)であり，妹が進んだ道のりは，3500－700＝2800(m)だから，姉と妹が同じ時間で進んだ道のりの比は，3500：2800＝５：４となる。よって，姉と妹の速さの比も５：４である。

(2)　(1)より，姉と妹が家からＰ地点まで進むのにかかった時間の比は，$\frac{1}{5}:\frac{1}{4}$＝４：５とわかる。この差が５分なので，比の１にあたる時間は，５÷(５－４)＝５(分)となり，姉が家からＰ地点まで進むのにかかった時間は，５×４＝20(分)と求められる。また，家からＰ地点までの道のりは，3200－300＝2900(m)だから，姉の速さは毎分，2900÷20＝145(m)とわかる。

図１

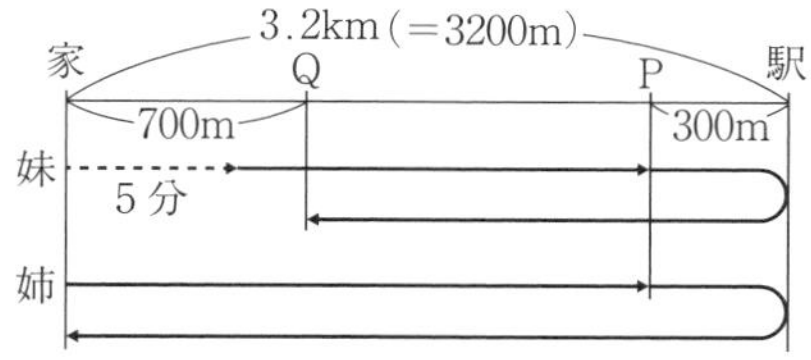

図２

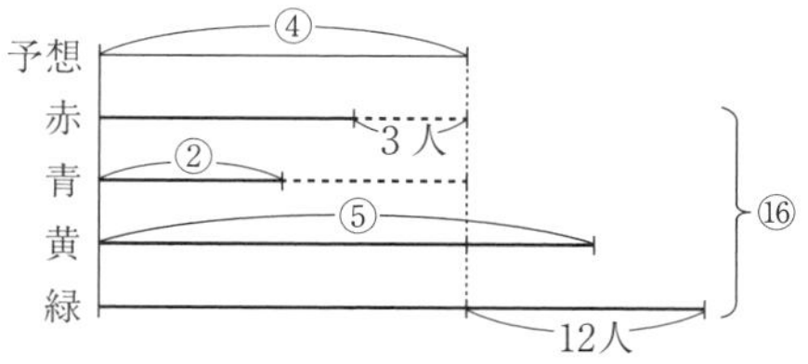

[2] 割合と比

全員の人数を⑯とすると，各色を選ぶと予想した人数はそれぞれ，⑯÷４＝④となり，黄を選んだ人数は，⑯×$\frac{5}{16}$＝⑤となる。また，青を選んだ人数は，④÷２＝②となるから，上の図２のように表すことができる。よって，全員の人数は，④－３＋②＋⑤＋④＋12＝⑮＋９(人)となり，これが⑯と等しいので，⑮＋９＝⑯と表すことができる。したがって，①にあたる人数は，９÷(16－15)＝９(人)だから，全員の人数は，９×16＝144(人)と求められる。

[3] 平面図形―面積

(1)　下の図のように，大きい方の円の半径を□cmとすると，この円の面積が6.28cm^2だから，□×□×3.14＝6.28(cm^2)と表すことができる。よって，□×□＝6.28÷3.14＝２となるので，１辺の長さが□cmの正方形の面積は２cm^2とわかる。また，太線で囲んだ四分円の面積は，6.28×$\frac{1}{4}$＝1.57

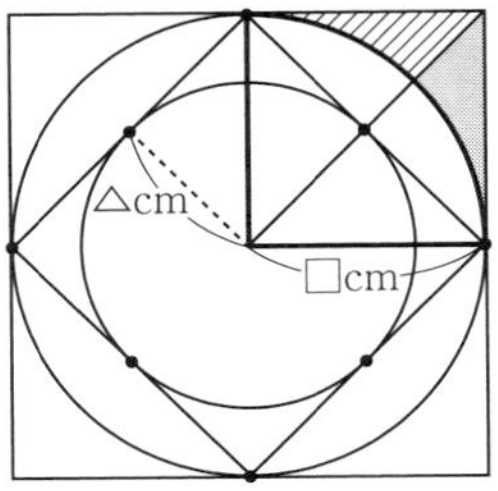

(cm^2)だから，斜線《しゃせん》部分とかげをつけた部分の面積の和は，2－1.57＝0.43(cm^2)と求められる。さらに，斜線部分とかげをつけた部分は合同なので，斜線部分の面積は，0.43÷2＝0.215(cm^2)となる。

(2) 小さい方の円の半径を△cmとすると，1辺の長さが△cmの正方形の面積は，1辺の長さが□cmの正方形の面積の半分になる。つまり，△×△＝□×□÷2＝2÷2＝1となるから，小さい方の円の面積は，△×△×3.14＝1×3.14＝3.14(cm^2)と求められる。

4 素数の性質，場合の数

(1) 50より小さい2けたの素数は，{11，13，17，19，23，29，31，37，41，43，47}の11個ある。

(2) 2個選ぶ場合は43と47を選ぶ場合が最も大きくなるから，2個選ぶ場合の積はすべて2021以下になる。このような選び方は，11個から2個を選ぶ組み合わせの数と等しいので，$\frac{11\times10}{2\times1}$＝55(通り)となる。ただし，この中には43と47を選ぶ場合が含《ふく》まれているから，積が2021より小さくなる選び方は，55－1＝54(通り)となる。次に，3個選ぶ場合を考える。このとき，最も小さい積は，11×13×17＝2431であり，2021より大きくなる。よって，3個以上選んで積を2021より小さくすることはできないので，求める選び方は全部で54通りである。

5 平面図形―角度，辺の比と面積の比

(1) 下の図1で，ABを折り目として折り返しているから，角BAGと角BADの大きさは等しい。また，GCとHIは平行なので，角GABと角ABIの大きさも等しい。よって，三角形ABKに注目すると，角ウの大きさは，角KAB＋角ABK＝30＋30＝60(度)とわかる。次に，三角形BDEは正三角形を半分にした形の三角形だから，角EBDの大きさは30度であり，BDを折り目として折り返しているので，角EBDと角JBDの大きさも等しくなる。つまり，●をつけた角の大きさはすべて30度になる。また，角オの大きさは，180－30＝150(度)だから，角ABJの大きさも150度であり，角KBFの大きさは，150－30×3＝60(度)と求められる。すると，三角形BFKは正三角形になるので，角エの大きさは，180－60＝120(度)とわかる。

図1

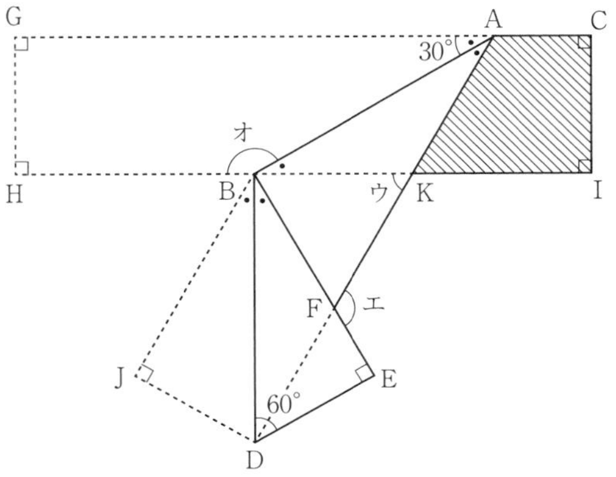

図2

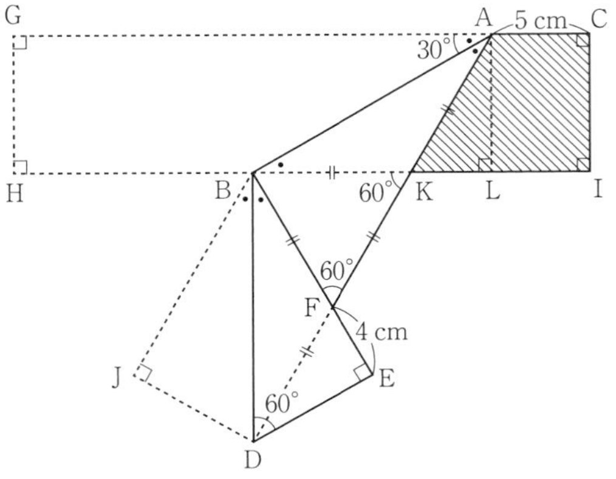

(2) 斜線部分の台形ともとの長方形は，ともに高さが等しい台形と考えることができるから，面積の比は，(上底)＋(下底)の比と等しくなる。上の図2で，三角形FDEは正三角形を半分にした形の三角形なので，FDの長さは，4×2＝8(cm)である。また，角FDBの大きさは，60－30＝30

(度)だから，三角形FDBは二等辺三角形とわかり，図２の印をつけた部分の長さはすべて８cmとなる。さらに，三角形AKLも正三角形を半分にした形の三角形なので，KLの長さは，８÷２＝４(cm)であり，AC＋KI＝５＋４＋５＝14(cm)とわかる。次に，BE＝BJ＝BH＝８＋４＝12(cm)だから，HI＝12＋８＋４＋５＝29(cm)と求められる。よって，斜線部分ともとの長方形の面積の比は，14：(29×２)＝７：29である。

社　会　(30分)＜満点：75点＞

解　答

1 **問１** ①　長野県　②　香川県　③　新潟県　④　埼玉県　⑤　愛知県　**問２** ①，④　**問３** ①　エ　②　ア　③　オ　④　イ　⑤　ウ　**問４** (例)　年間を通して降水量が少なく，冬でも比較的暖かい。　**問５** 越後(平野)，信濃(川)　**問６** ナショナルトラスト　**問７** (1)　豊川用水　(2)　菊　**2** **問１** 国土地理院　**問２** 河岸段丘　**問３** 380m　**問４** イ　**問５** 発電所・変電所，南東　**問６** (例)　傾斜が急な斜面を上り下りしやすくするためにつくられた道路だから。　**3** **問１** ア，オ　**問２** 卑弥呼　**問３** 古事記　**問４** 鑑真　**問５** 聖武天皇　**問６** **考え方**…(例)　仏教の力で国を安らかに治めようとする考え方　**政策**…(例)　地方の国ごとに国分寺・国分尼寺を建てさせること／奈良の東大寺に大仏をつくらせること　**問７** 正倉院　**問８** イ(→)ア(→)ウ　**問９** 菅原道真　**問10** 応仁の乱　**問11** ア　**問12** 方丈記　**問13** エ(→)イ(→)ウ(→)ア　**問14** ザビエル(フランシスコ・ザビエル)　**問15** ア(→)ウ(→)イ　**問16** 解体新書　**問17** 鳴滝塾　**問18** 日米修好通商条約　**問19** 歌川広重　**問20** 北里柴三郎　**問21** イ　**問22** ウ(→)ア(→)イ(→)エ　**4** **問１** (1)　厚生労働省　(2)　エ　**問２** (1)　内閣　(2)　委員会　**問３** テレワーク　**問４** (1)　オ　(2)　ウ　(3)　ア，エ，オ，ク　**問５** イ　**問６** ア　**問７** ハザードマップ　**問８** オ

解　説

1 **各都道府県の地理についての問題**

問１，問２　①　長野県は縦長の内陸県で，中東部がとなりの長野県に突《つ》き出すような形などが特徴となっている。　②　香川県は北で瀬戸内海に面する横長の県で，北東に浮かぶ小《しょう》豆《ど》島なども香川県に属している。　③　新潟県は，北東から南西にのびる弓なりの形をしており，北方の日本海上には佐渡島がある(図では省略されている)。　④　埼玉県は横長の内陸県で，おおむね台形だが，北西部がとなりの群馬県にやや突き出している。　⑤　愛知県は，西の知多半島と東の渥美《あつみ》半島が三河湾をかかえこむようにのびているのが特徴である。　なお，①と④に加え，栃木県，群馬県，山梨県，岐阜県，滋賀県，奈良県の合わせて８県が，海に面していない内陸県である。

問３　ア　香川県は，日本の都道府県の中で最も面積が小さい。金刀比羅宮《ことひらぐう》は県西部の琴平《ことひら》町にある神社で，かつては神仏習合の神である金毘羅大権現《こんぴらだいごんげん》をまつっており，真言宗とも関係が深かった。明治時代初期の神仏分離令により，大物主神《おおものぬしのかみ》を祭神とする神社となったが，現在も「こんぴらさ

ん」として人々の信仰を集めている。　イ　2001年，それまで埼玉県の県庁所在地であった浦和と大宮・与野の３市が合併し，「さいたま市」となった。　ウ　愛知県には世界有数の自動車メーカーの本社や数多くの関連工場があり，自動車の生産台数が全国で最も多い。また，瀬戸焼の産地である瀬戸市があることでも知られる。　エ　1998年，長野県で冬季オリンピックが開催された。県内には日本アルプスとよばれる飛騨《ひだ》・木曽・赤石の各山脈の高い山々が連なり，高原では高冷地農業がさかんである。　オ　新潟県は，小千谷《おぢや》市周辺で織られる小千谷縮《ちぢみ》や，三条市でつくられる刃物といった伝統的工芸品の産地として知られる。積雪によって冬の間は農業ができない地域であるため，農家の副業からさまざまな工芸品の生産がさかんになった。

問４　●印は，香川県の県庁所在地である高松市で，瀬戸内の気候に属している。瀬戸内の気候は，年間を通して降水量が少ないことと，冬でも比較《ひかく》的温暖であることが特徴となっている。

問５　新潟県の北部から中部には，越後平野が広がっている。信濃川と阿賀野川という２つの大河が流れているが，日本で最も長いのは，埼玉・山梨・長野の３県にまたがる甲武信ヶ岳《こぶしがたけ》を水源とする全長約367kmの信濃川(長野県では千曲《ちくま》川とよばれる)である。

問６　貴重な自然や歴史的な建造物などを保存するため，広く国民から寄付金をつのり，土地を買い取って管理する運動は，ナショナルトラストとよばれる。19世紀にイギリスで始まり，20世紀後半に世界中に広がった。埼玉県南部の狭山《さやま》丘陵《きゅうりょう》には，アニメ映画「となりのトトロ」の舞台《ぶたい》のモデルとされる豊かな森林が広がり，「トトロの森」としてこれを保存する運動が進められている。

問７　(1)　☆は愛知県の渥美半島で，天竜川や豊川《とよがわ》の水を引く豊川用水が，半島を貫くように流れている。　(2)　菊《きく》は，愛知県と沖縄県が出荷量の第１位，第２位を占《し》めている。特に渥美半島では，温室で育て，照明をつける時間を調節することで出荷時期を調節する「電照菊」の栽培がさかんである。

2　地形図の読み取りについての問題

問１　地形図は測量をもとに作成された精密な地図で，さまざまな地図のもとになっている。測量や地形図の作成，発行は，国土交通省の付属機関である国土地理院が行っている。

問２　資料の地形図をみると，河川の両岸に等高線が河川に沿うような形で走っており，急斜面《しゃめん》と平たんな地形が階段状に並んでいることがわかる。こうした地形は河岸段丘とよばれ，土地の隆《りゅう》起《き》と河川による侵食《しんしょく》が繰《く》り返されることで形成される。

問３　縮尺２万5000分の１の地形図なので，主曲線(等高線の細い線)は10ｍごと，計曲線(等高線の太い線)は50ｍごとに引かれている。Ｘ地点のすぐ北側に標高350ｍの計曲線があることから，Ｘ地点の標高は380ｍであることがわかる。

問４　Ａ　川の近くには畑(∨)と水田(॥)が多く分布しているので，正しい。　Ｂ　関越自動車道の東側には畑が多く分布しており，果樹園(○)はみられない。

問５　矢印が指している地図記号は「発電所・変電所」である。また，特に方位記号がないので，この地形図では上が北になる。したがって，「沼田公園」からみて「発電所・変電所」は南東に位置することになる。

問６　○で囲った３か所はいずれも等高線の間隔《かんかく》がせまくなっていることから，傾斜《けいしゃ》が急な場所であることがわかる。そうした場所を上り下りしやすくするため，折れ曲がった道がつくられたのだと考えられる。

3 感染症《しょう》などの「病」を題材とした歴史の問題

問1　稲作が本格的に各地に広まったのは弥生時代で，その時代のようすを説明したイ～エは正しい。弥生時代にはムラやクニが成立し，それにともなって身分の差も生まれていったので，アは誤り。埴輪《はにわ》がつくられたのは古墳時代のことなので，オも誤りである。

問2　古代中国の歴史書『魏志《ぎし》』倭人《わじん》伝には，3世紀の倭(日本)に邪馬台《やまたい》国という強い国があり，女王の卑弥呼《ひみこ》が30余りの小国をしたがえていたことや，卑弥呼が呪術《じゅじゅつ》(まじない)を用いて，神のおつげで政治を行っていたことなどが記されている。

問3　奈良時代には，皇室などに伝えられてきた神話や伝承をまとめた歴史書である『古事記』と『日本書紀』がつくられた。『古事記』の完成は712年，『日本書紀』の完成は720年のことである。

問4　唐(中国)の高僧であった鑑真《がんじん》は，日本側の招きに応じて来日を決意すると，5度の渡航失敗と失明するという不運を乗り越え，753年，帰国する遣唐使船で念願の来日を果たした。鑑真は奈良の都に唐招提寺を建てるとともに，東大寺に戒壇《かいだん》を設け，日本の僧たちに戒律(僧が守るべきいましめ)を授けるなどした。

問5　聖武天皇は740年から745年にかけて，都を平城京から恭仁《くに》京(京都府)，難波《なにわ》宮(大阪府)，紫《し》香楽宮《がらきのみや》(滋賀県)へと移し，再び平城京にもどった。

問6　鎮護《ちんご》国家とは，仏教の力により災いや戦乱，政界の不安などをのぞき，国の平安を守ろうとする考え方である。皇族や貴族の間で争いが続き，ききんや疫病《えきびょう》などの社会不安が広まる中，仏教を厚く信仰した聖武天皇はこの思想にもとづき，地方の国ごとに国分寺・国分尼《に》寺を建てさせるとともに，その大もととして都の奈良に東大寺と大仏をつくらせた。

問7　東大寺の宝物庫である正倉院は，聖武天皇の死後，その遺品を納めるために建てられ，その後も多くの宝物が収納された。現在は宮内庁が管理している。

問8　アは1016年，イは797年，ウは1086年のできごとである。

問9　10世紀初め，宇多《うだ》天皇と醍醐《だいご》天皇に重用された菅原道真は右大臣にまで出世したが，左大臣の藤原時平《ときひら》のたくらみにより北九州の大宰府《だざいふ》に左遷《させん》され，2年後にその地で亡くなった。道真の死後，都では皇族や貴族があいついで死んだほか，落雷により内裏《だいり》で死者が出るなどしたことから，道真の怨霊《おんりょう》のしわざだとおそれられ，その霊《れい》をしずめるため北野神社が建てられた。

問10　祇園《ぎおん》祭は京都の祇園社(現在の八坂神社)の祭礼で，9世紀から続いていたが，応仁の乱(1467～77年)によって数十年にわたり中断され，その後の1500年，京都の町衆たちの力で復活した。

問11　ア　『源氏物語』の作者として知られる紫式部は，一条天皇の妃《きさき》である彰子《しょうし》(藤原道長の娘)に仕える女官だったので，正しい。　　イ　『万葉集』は8世紀に成立したわが国最古の歌集で，天皇・貴族から農民・兵士にいたるまで幅広い身分の人々の作品約4500首が収められている。

ウ　生け花や茶の湯が広まったのは，室町時代のことである。　　エ　月3回の定期市(三斎《さんさい》市)が広まったのは鎌倉時代のことである。

問12　『方丈《ほうじょう》記』は鴨長明《かものちょうめい》が鎌倉時代初期に著した随筆で，無常観にもとづくみずからの心境などが記されている。『方丈記』は，清少納言の『枕草子』，吉田兼好《けんこう》の『徒然草《つれづれぐさ》』とともに三大随筆に数えられる。

問13　アは1397年，イは1192年，ウは1274年と1281年，エは939年(あるいは935年)のできごとである。

問14　イエズス会の宣教師で，南アジアや東南アジアで布教活動を行っていたスペイン人のフランシスコ・ザビエルは，マラッカ(マレーシア)で薩摩(鹿児島県)の青年アンジロウ(ヤジローとも)に出会って日本での布教を志し，1549年，鹿児島に上陸して日本に初めてキリスト教を伝えた。

問15　アは1624年，イは1641年，ウは1635年のできごと。なお，1637～38年の島原・天草一揆《いっき》(島原の乱)と，1639年のポルトガル船の来航禁止も，鎖国政策における重要なできごとである。

問16　医者の前野良沢《りょうたく》や杉田玄白らは，オランダ語の医学解剖《かいぼう》書『ターヘル・アナトミア』を苦心のすえに翻訳《ほんやく》し，1774年に『解体新書』として出版した。

問17　長崎出島のオランダ商館の医者として来日したドイツ人のシーボルトは，長崎郊外の鳴滝《なるたき》に診療《しんりょう》所兼蘭学《けんらんがく》塾を開設。鳴滝塾とよばれたその私塾には，高野長英など次代をになう多くの若者が集まった。

問18　1858年，幕府の大老井伊直弼《なおすけ》がアメリカ総領事ハリスとの間で日米修好通商条約に調印すると，直後に幕府はイギリス・フランス・ロシア・オランダとも同様の条約を結んだ。「安政の五か国条約」とよばれるそれらの条約により，欧米諸国との本格的な貿易が始まった。

問19　浮世絵木版画の連作「東海道五十三次」は，歌川広重の代表作である。

問20　明治時代にドイツに留学し，世界的な細菌《さいきん》学者コッホのもとで学んだ北里柴三郎《しばさぶろう》は，破傷風の血清療法の発見などの業績をあげたほか，帰国後に伝染病研究所の所長に就任し，その後，北里研究所を創設するなどして，日本の医学・細菌学の発展に力をつくした。

問21　紡績《ぼうせき》業とは，各種の繊維《せんい》から糸をつむぐ産業のことだが，一般に綿花から綿糸をつくるものを紡績業，蚕のまゆから絹糸をつくるものを製糸業とよんでいる。

問22　アは1941年，ウは1939年，エは1945年8月6日のできごと。イについて，アメリカ軍は1945年3月26日に沖縄県の慶良間《けらま》諸島に上陸し，4月1日には沖縄本島に上陸を開始した。

4 新型コロナウイルス感染症の対策を題材とした問題

問1　(1)　医療や福祉，雇用《こよう》，労働などに関する仕事を担当する国の機関は厚生労働省で，2001年の中央省庁再編のさい，厚生省と労働省が統合して発足した。　(2)　世界の人々の健康を守ることを目的として設立された国際連合(国連)の専門機関は，世界保健機関(WHO)である。なお，アは国連教育科学文化機関，イはアジア医師連絡協議会，ウは世界貿易機関，オは国際オリンピック委員会の略称。AMDAは岡山市に本部をおくNGO(非政府組織)の国際医療ボランティア組織で，1995年に国連の経済社会理事会から国連の協議資格をあたえられている。

問2　(1)，(2)　法律案を作成し，国会に提出できるのは内閣と国会議員である。また，衆参いずれかの議院の議長に提出された法律案は，まず委員会で審議されたあと，本会議にかけられる。委員会では必要に応じて，専門家や利害関係者などの意見を聞くための公聴《こうちょう》会が開かれる。

問3　在宅勤務など，情報通信技術を活用して会社と異なる場所で仕事をすることは，テレワークとよばれる。英語のtele《テレ》(離れた場所)とwork《ワーク》(働く)を組み合わせた造語である。

問4　(1)　都道府県知事の選挙について，選挙権は国会議員や市区町村長，地方議会議員と同じく18歳以上，被選挙権は参議院議員と同じく30歳以上，任期は市区町村長や地方議会議員と同じく4年である。　(2)　投票日に用事がある場合は，期日前投票制度により告示日翌日から投票日前日までの間に投票することができるので，ウが正しい。アは違法行為となる。イについて，インターネットを利用した選挙運動は認められるようになったが，インターネットを使った投票はまだ認められていない。エについて，国政選挙(国会議員を選ぶ選挙)では可能になったが，首長選挙では認められていない。　(3)　国民あるいは住民が直接選挙で選ぶことができるのは，国会議員，首長(都道府県知事と市区町村長)，地方議会議員である。内閣総理大臣は，国会議員による指名選挙で選出される。

問5　10月10日は，1964年の東京オリンピックの開会式が開催された日で，これを記念する意味もあって，1966年に「体育の日」という国民の祝日とされた。「体育の日」は2000年からは10月の第２月曜とされ，2020年からは「スポーツの日」と改称された。そして，再び東京でオリンピックが開催される予定であった2020年に限り，７月24日に移動された。

問6　ア　大雨や津波などについての「特別警報」を発令するのは，気象庁である。　イ　自然災害に対する避難《ひなん》指示は，市区町村長または都道府県知事が発令する。　ウ　災害救助などのための自衛隊の派遣は，都道府県知事が政府に対して行う。

問7　津波や洪水，土砂災害，火山の噴火などの自然災害に備え，被害の発生が予想される地域や避難場所などを示した地図はハザードマップとよばれ，多くの地方自治体によって作成されている。

問8　沖ノ鳥島は日本の最南端に位置する島で，小笠原《おがさわら》諸島の１つとして東京都に属している。尖《せん》閣《かく》諸島は石垣島の北約150km付近に位置する島々で，沖縄県に属している。近年，中国が領有権を主張して，日本との間で対立が続いている。

理　科　(30分)＜満点：75点＞

解　答

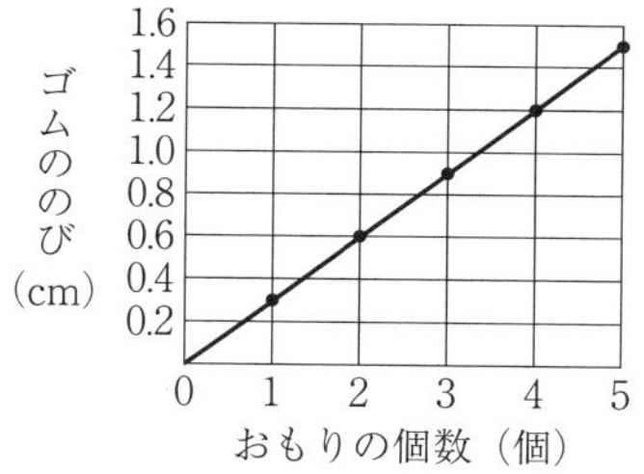

1　**問1**　①　(イ)　②　(カ)　③　(キ)　④　3.3　**問2**　右の図　**問3**　(例)　長くする。　**問4**　(例)　ゴムののびを長くすると，ゴムが車を引く力が大きくなるから。　**問5**　**【図4】**　(ウ)　**【図5】**　(イ)　**問6**　(1)　(例)　大きくする。　(2)　(例)　風が垂直に当たる向きにする。　**問7**　①　てこ　②　力点　③　支点　④　作用点　⑤　大き　**問8**　0.33 g　**2**　**問1**　食物連鎖　**問2**　**あ**　呼吸　**い**　でんぷん　**う**　光合成　**問3**　**気体❶**…二酸化炭素　**気体❷**…酸素　**問4**　(1)　(例)　地球温暖化　(2)　(例)　化石燃料の大量消費　(3)　**記号**…B　**理由**…(例)　夏は植物がさかんに光合成を行い，多くの二酸化炭素が吸収されるから。　**問5**　③　**問6**　(1)　**生物①**　(イ)　**生物③**　(ア)　(2)　**生物①**　(ア)　**生物③**　(イ)　**問7**　(1)　赤潮　(2)　(イ)　**問8**　(例)　プラスチックゴミによる海洋汚染や，焼却処理の際に二酸化炭素が大量に発生するという問題。　**3**　**問1**　①　(イ)，(ウ)，(オ)／**意味**…(例)　物質が目に見えない小さな粒となり，水に混ざること。　②　(ア)，(エ)，(カ)／**意味**…(例)　物質が固体から液体に状態が変わること。　**問2**　(例)　氷砂糖を細かい粉末状にする。　**問3**　**A液**…1.8 g　**B液**…1.2 g　**問4**　0.6 g　**問5**　30 g　**問6**　30％　**4**　**問1**　**A**　(い)　**B**　(あ)　**C**　(か)　**D**　(え)　**E**　(う)　**F**　(お)　**問2**　**【図1】**　(オ)　**【図2】**　(イ)　**【図3】**　(ア)

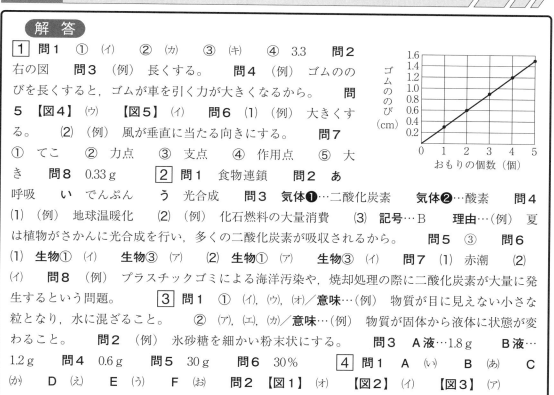

5 **問1**　B　**問2**　1008hPa　**問3**　R／**理由**…(例)　等圧線の間かくがせまいから。
問4　(エ)　**問5**　(1)　**季節**…夏　**記号**…(ウ)　(2)　**季節**…春　**記号**…(エ)　(3)　**季節**…冬
記号…(ア)　(4)　**季節**…梅雨　**記号**…(イ)　**6** **問1**　かぎ層　**問2**　B　**問3**　(ア)
問4　(エ)

解　説

1　ものを動かす力についての問題

問1　①～③　ものさしや温度計，メスシリンダーなどの目盛りを読みとるときは，読みとる位置の目盛りを正面から見て，最小目盛りの$\frac{1}{10}$までを目分量で読みとる。　④　棒の右端《はし》は3目盛りと3.5目盛りの間の中央よりやや右にあるので，3.3cmと読みとる。

問2　グラフの縦軸《じく》は問題文に述べているようにゴムののびをとり，単位は表にあるように「cm」である。おもりの個数が0個のときのゴムの長さをもとの長さとすると，おもりの個数が1個のときののびは，6.7－6.4＝0.3(cm)で，以降おもりの個数が1個増えるごとに，のびは0.3cmずつ増えている。おもりの個数が5個のとき，ばねののびは，0.3×5＝1.5(cm)となるので，この値をグラフに表せるように，縦軸の1目盛りを0.2cmとして縦軸の最大値が1.6cmとなるようにする。値を示す点を打ち直線で結ぶと，おもりの個数とゴムののびが比例していることを表すグラフが得られる。

問3，問4　問2のグラフより，つるすおもりの個数を増やすと，ゴムののびは大きくなり，ゴムがもとにもどろうとしておもりを引く力が大きくなることがわかる。つまり，ゴムののびが大きいほど，ゴムは他の物体に大きな力をはたらかせることができるので，車を遠くまで走らせるために大きな力をあたえるには，ゴムをのばす長さを長くすればよい。

問5　**【図4】**　2本のゴムを直列につないだとき，全体ののびがゴム1本のときと同じならば，つながれた2本のゴムののびはそれぞれ1本のときの半分であり，ゴムが車を引く力も半分になる。したがって，車が走る距離《きょり》はゴム1本のときよりは短く，ゴム1本の方が遠くまで走る。　**【図5】**　2本のゴムを並列に2本重ねてつなぎ，ゴム1本のときと同じ長さだけのばすと，それぞれのゴムが1本のときと同じ力で車を引くので，車にはたらく力はゴムが1本のときの2倍になり，車は遠くまで走る。

問6　(1)　帆《ほ》は軽い素材でできていると述べられているので，その重さを考えないとすると，風の強さが同じならば，風を受ける面積が大きいほど車を動かす力は大きくなる。したがって，帆を大きくすればよいと考えられる。　(2)　風の方向に対して帆の面が垂直に向かい合うようにすると，風の力が最も大きく帆にはたらく。

問7　①～④　風車は，軸の中心を支点として回転するてこのはたらきをした道具と考えることができる。この場合，風による力がかかる羽の先端《せんたん》を力点，おもりのついたひもがとりつけられた軸の棒の外側を作用点と考えることができる。　⑤　風車の羽を風の力で回して，軸の棒の外側にとりつけたおもりを持ち上げるとき，羽が大きい(羽の長さが長い)風車の方が半径の長い輪としてはたらくので，より重いおもりを持ち上げることができる。

問8　てこは，(おもりの重さ)×(支点からおもりまでの距離)の大きさが，右回りと左回りで同じになるときにつり合って静止する。おもりが持ち上がって静止しているとすると，軸の中心から，おもりをつるした糸までの長さは，1÷2＝0.5(cm)なので，羽の先端につるしたおもりの重さを□gとすると，□×15＝10×0.5が成り立ち，□＝$\frac{1}{3}$＝0.333…より，羽の先端には0.33gの力がかかっていることになる。

2 生物のつながりと環境《かんきょう》についての問題

問1　生物の間の食べる，食べられるの関係によるつながりを，食物連鎖《れんさ》という。栄養分を自分でつくることができる緑色植物のなかまを生産者(図1の生物①)，他の生物を食べることで栄養分をとり入れている動物など(図1の生物②や生物③)を消費者という。

問2，問3　生物①～③のすべてが行うはたらきは呼吸である。呼吸では酸素をとり入れ二酸化炭素を放出している。よって，気体❶は二酸化炭素，気体❷は酸素である。また，生物①(植物)は，大気中から二酸化炭素をとり入れ，根からとり入れた水とともに太陽の光を利用して，でんぷんなどの栄養分をつくり出している。このとき同時に酸素を放出している。このはたらきを光合成という。

問4　(1)　二酸化炭素は温室効果ガスの1つで，地表から宇宙空間に逃《に》げる熱の一部を吸収し大気の温度を上げるため，大気中の二酸化炭素濃度《のうど》の上昇《じょうしょう》は地球温暖化のおもな原因の1つとなっている。　(2)　大気中に二酸化炭素が増えているのは，車などによるガソリンの燃焼や，火力発電に用いられる石炭，石油，天然ガスなどの燃焼といった化石燃料の大量消費が原因とされる。
(3)　夏季は植物による光合成がさかんになるため，大気中の二酸化炭素の消費が増えて大気中の濃度が下がる傾向《けいこう》にある。

問5　食物連鎖では一般《いっぱん》に，食べる生物③の方が食べられる生物②より個体数が少ない。

問6　生物②の数が増加すると，食べられる数が増えるので生物①の数は減り，食べ物が増える生物③の数は増える。また，逆に生物②の数が減少すると，食べられる数が減るので生物①の数は増え，食べ物が減る生物③の数は減る。どちらもやがて数がもとにもどるのがふつうである。

問7　(1)　海洋の沿岸部で，川から流れこむ栄養分が増えることなどによりプランクトンが大量に発生し，海面が赤く見える現象を赤潮という。また，大量に増えたプランクトンが死滅《しめつ》すると，細《さい》菌《きん》がこれを分解することにより青潮とよばれる現象が起こることがある。　(2)　イリオモテヤマネコは沖縄県の西表《いりおもて》島にすむヤマネコの一種で，国の特別天然記念物に指定されていて，2007年に環境省のレッドリストで絶滅危惧《きぐ》IA類に分類された。

問8　プラスチックゴミは非常に分解されにくいので，放出されたプラスチックゴミは長期間にわたって残り，あらゆる場所で環境を汚染《おせん》し続ける。特に，川や海に流入したプラスチックゴミが海にすむ生物にとり入れられ，生物の生命をおびやかしたり，細かい粒《つぶ》(マイクロプラスチック)になって食物連鎖を通し生物の体に蓄積《ちくせき》し健康被害《ひがい》を引き起こしたりすることなどが問題になっている。また，多量のプラスチックゴミを焼却《しょうきゃく》処理することで二酸化炭素が多く発生する。

3 水溶液《すいようえき》とその濃度についての問題

問1　食酢《しょくす》には酢酸《さくさん》がとけている，というときの「とける」は，水の粒の間に酢酸の粒が小さく分かれて散らばって混ざる現象を表している。これと同じように，とける物質の粒が水の粒の間に広がり散らばって混ざる現象である①のグループに当てはまるのは，(イ)，(ウ)，(オ)である。これに対し，②のグループの「とける」は，物質の状態が固体から液体に変化することを表していて，(ア)，(エ)，(カ)が当てはまる。

問２　水にふれ合う面積が大きいほどとけやすくなるので，氷砂糖のかたまりをくだいて細かい粉末状にするとよい。

問３　実験１より，100cm^{3}のＡ液には酢酸が12ｇ含《ふく》まれるので，15cm^{3}のＡ液には，$12\times\frac{15}{100}=1.8$(ｇ)の酢酸が含まれる。また，実験２より，100cm^{3}のＢ液には水酸化ナトリウムが４ｇとけているので，30cm^{3}のＢ液に含まれる水酸化ナトリウムは，$4\times\frac{30}{100}=1.2$(ｇ)である。

問４　実験４と問３より，1.8ｇの酢酸が1.2ｇの水酸化ナトリウムと完全に中和していて，その重さの比は，(酢酸)：(水酸化ナトリウム)＝1.8：1.2＝３：２である。実験５で，Ｂ液10cm^{3}に含まれる水酸化ナトリウムは，$4\times\frac{10}{100}=0.4$(ｇ)なので，この10cm^{3}のＢ液と完全に中和するＣ液20cm^{3}に含まれる酢酸を□ｇとすると，□：0.4＝３：２より，□＝0.6(ｇ)である。

問５　問４より，Ｃ液100cm^{3}に含まれる酢酸は，$0.6\times\frac{100}{20}=3$(ｇ)である。Ｃ液はもとの食酢を，100÷10＝10(倍)にうすめているので，うすめる前の食酢100cm^{3}に含まれる酢酸は，３×10＝30(ｇ)である。

問６　うすめる前の食酢100cm^{3}の重さは100ｇと等しいとすると，問５より，この酢酸100cm^{3}にとけている酢酸が30ｇなので，その濃《こ》さは，30÷100×100＝30(％)である。

4　水溶液の性質についての問題

問１　実験１より，ＢとＥは一方がエタノール，もう一方がアンモニア水である。実験２より，ＣとＤは一方が石灰水，もう一方が炭酸水である。実験３より，ＣとＥは気体がとけた水溶液で，酸性またはアルカリ性である。実験１と実験３より，中性のエタノールがＢ，アルカリ性のアンモニア水がＥとわかる。さらに，実験３より，Ｅはアンモニア水なので，二酸化炭素の水溶液である炭酸水がＣとわかり，実験２より，Ｄが石灰水とわかる。また，実験４の結果より，ＡとＣは酸性の水溶液であるからホウ酸水と炭酸水が当てはまるが，Ｃが炭酸水なのでＡはホウ酸水である。よって，残りのＦは食塩水となる。

問２　**【図１】**　Ａ(ホウ酸水)，Ｄ(石灰水)，Ｆ(食塩水)は固体がとけた水溶液，Ｂ(エタノール)は液体がとけた水溶液，Ｃ(炭酸水)とＥ(アンモニア水)は気体の水溶液である。よって，(オ)を選ぶ。
【図２】　酸性とアルカリ性の水溶液はすべて電流を通す。食塩水は中性であるが電流を通す。よって，Ｂ(エタノール)とそれ以外の水溶液に分けることができる性質として，(イ)が適する。　**【図３】**　Ａ(ホウ酸水)とＣ(炭酸水)は酸性，Ｂ(エタノール)とＦ(食塩水)は中性，Ｄ(石灰水)とＥ(アンモニア水)はアルカリ性である。水溶液の性質を酸性，中性，アルカリ性の３つに分けて示すことができるのはBTB液である。したがって，(ア)を選ぶ。なお，赤色リトマス紙は酸性と中性を見分けることができないので適さない。

5　等圧線と季節の天気図についての問題

問１　1012hPaの等圧線から，Ａの方は気圧の値が大きくなっていて，Ｂの方は気圧の値が小さくなっている。したがって，Ｂが低気圧を表している。

問２　等圧線は４hPaごとに引かれていて，1000hPaから20hPaごとに太線で表されている。Ｐ地点を通る等圧線は1012hPaより４hPaだけ低い値を示しているので，Ｐ地点の気圧は1008hPaである。

問３　風は気圧の高い方から低い方へ向かってふく。等圧線の間かくがせまいところは気圧の変化が大きいので，強い風がふく。

問４　Ｘ地点からＹ地点に向かうと，はじめは低気圧であるＢの中心を通るため気圧が下がり，Ｂ

を過ぎると気圧が上がっていって，Aのところで最高になる。Aを過ぎると気圧が下がっていく。このようすを表しているのは(エ)のグラフである。

問5 (1) 太平洋高気圧が日本を広くおおうのは夏で，晴れの日が多く南東の季節風がふいて蒸し暑い日が続く。天気図では，(ウ)のように，北太平洋を広くおおう高気圧が特徴的《とくちょうてき》である。 (2) 日本付近を移動性の高気圧と低気圧が西から東へと次々に移動し，天気が周期的に変化するのは，春と秋のはじめのころである。このようすを表しているのは(エ)の天気図である。 (3) シベリア気団の勢いが強く，日本海側に大雪をもたらすのは冬の天気の特徴で，その天気図は日本付近で等圧線が南北にのび，西高東低の気圧配置になる。 (4) 梅雨《ばいう》前線が停滞《ていたい》して，天気の悪い日が続く６～７月はじめのころの季節を梅雨《つゆ》とよぶ。梅雨の天気図は，(イ)のように，日本付近に停滞前線が見られる。

6 地層のつながりについての問題

問1 火山灰の地層は，その成分を調べることにより，それぞれが同じふん火で積もったものかどうかが判別しやすく，離《はな》れた場所での地層のつながり方を調べるときに，手がかりとして利用することが多い。このような使われ方をする地層は，かぎ層とよばれている。

問2 図２の火山灰の層をもとにすると，その上のねん土の層はすべての地点で共通であるが，さらにその上の砂とねん土の層はＢ地点だけに見られる。地層はふつう上にある層ほど新しいので，最も新しい地層を地下に含むのはＢ地点である。

問3 各地点における火山灰層の海面からのおおよその高さを求めると，Ａ地点は，20－10＝10（m），Ｂ地点は，25－20＝５（m），Ｃ地点は，20－10＝10(m)，Ｄ地点は，15－３＝12(m)となっている。よって，Ｂ地点で火山灰の層の海面からの高さが最も低くなっている(ア)の図が適する。

問4 サンゴは，暖かくきれいな浅い海の底にすむ生物であるから，サンゴの化石が見つかった地層は暖かい海の底に堆積《たいせき》したと考えられる。サンゴの化石のように，地層が堆積した当時の環境を推定する手がかりとなる化石は示相化石とよばれる。

国 語 (40分) ＜満点：100点＞

解 答

一 **問1** 下記を参照のこと。 **問2** (例) 二つの冷熱源の間の温度差によって空気が流れること。 **問3** (例) 二つの冷熱源の間を流れる空気をつなげていた街中の緑や川がなくなり，高層マンションが建ち並んだから。 **問4** (1) エ，カ (2) 技術の進化 **問5** 「自立型孤立」というパラダイム **問6** (例) 環境や隣人と濃厚な関係を保って共生をしていくこと。 **問7** 自立(型)共生 二 **問1** 『獄にありて思ふの記』 **問2** イ **問3** ア **問4** (例) 瀬名垣太一の父親 **問5** (例) 幻の本である『獄記』の価値を見抜き掘り出したこと。 **問6** エ **問7** (例) 捨てる本に仕分けられた本の中から太一が第一級の稀覯本を掘り出したことで，瀬名垣の父親が世話になっている「無窮堂」の主人の誇りを傷つけることになってしまったから。 **問8** Ⅰ オ Ⅱ ウ **問9** あだ

●漢字の書き取り

一 問1 a 対策 b 結構 c 延長 d 前提

解 説

一 **出典は甲斐徹郎《かいてつろう》の『自分のためのエコロジー』による。**都市のパラダイムが「依存《いぞん》型共生」から「自立型孤立《こりつ》」へと変化したことで，環境《かんきょう》や隣人《りんじん》と共生する必要がなくなったことによりさまざまな問題が生じており，今後は「自立型共生」というパラダイムをめざしていくことが重要であると述べている。

問1 a ある問題やできごとに対応するための方法や手段。 b 程度がなかなかであること。 c 時間や長さなどを長くのばすこと。 d あることが成り立つために必要な条件。

問2 直前に「そのように」とあるので，前の部分に着目する。東京近郊《きんこう》には「山の森と，東京湾《わん》の水と，南北で二つの熱源」があり，夏は「南北に冷えた冷熱源が二つできる」ために，その間で温度差によって風が吹《ふ》いて，空気が流れることが説明されている。その空気の流れを「呼吸」にたとえているのである。

問3 「呼吸」とは「山の森と，東京湾の水」という二つの熱源の間を行き来する空気の流れのことであり，「その呼吸をつなげてきたのが，街中の緑であり，川だった」と筆者は述べている。ところが，緑や川がどんどんなくなってきたうえに，「汐留《しおどめ》などの高層マンションが建ち並んだこと」で風止めになってしまい，空気の流れがなくなってしまったというのである。このような状態を「無呼吸状態」と表現している。

問4 (1) 現代の「都市の価値構造」の枠組《わくぐ》み，つまり「パラダイム」について，筆者は「自立型孤立」であると述べている。「自立型孤立」の場合，人々は「環境や隣人と共生する必要がなくなり」，結果として，「個人単位で自由を謳歌《おうか》できるライフスタイル」ができあがった。この内容が，カと合う。しかし一方で，「人間関係は失われ，地域のコミュニティも希薄《きはく》」になったことで，「子どもや老人など，社会的に弱い立場の人たち」が「『依存型孤立』という悲惨《ひさん》な状況《じょうきょう》に立たされる」と説明されている。この内容がエと合う。 (2) 「都市の価値構造」つまり，「パラダイム」が「依存型共生」から「自立型孤立」へと変化した背景には「技術の進化」によって「依存型の技術が自立型の技術」へと変わったことがあり，「その自立型の技術をどんどん進化させてきたのが，現在の我々の暮らし」であると筆者は説明している。

問5 問4でみたように，都市の「価値構造の枠組み」のことを「パラダイム」と呼ぶ。「ヒートアイランド」などの「現代の都市問題」は，都市のパラダイムが「依存型共生」から「『自立型孤立』というパラダイム」に変化したことが原因であると筆者は述べている。

問6 現代の「自立型孤立」というパラダイムによって「『便利さ』を手に入れてしまうと，もはや我々は『豊かさ』を手に入れられない」と筆者が述べていることをおさえる。過去の「依存型共生」というパラダイムの場合は，「不便さ」を補うために「環境や隣人と共生する必要」があり，「街全体の関係性の中で暮らしていたので，人間関係も濃厚《のうこう》」だったと述べている。「『不便さ』が『豊かさ』を作っていた」のだが，「自立型孤立」というパラダイムになり「『便利』になると，『不便さ』を補う必要がなくなり」，外に対しての働きかけをしなくなるため「豊かさ」が生まれなくなったというのである。

問７　筆者は「今の都市環境のいろいろな問題の根源は，『孤立している』という状況」であることを指摘《してき》したうえで，「自立型の技術がさらに追求されていく一方で，同時に，孤立し合っている状況をいかに『共生』という方向に持っていけるか，ということが重要」だと述べている。つまり「新しいパラダイム」は「自立(型)共生」ということになる。

二　出典は三浦《みうら》しをんの『月魚《げつぎょ》』による。瀬名垣《せながき》太一は，父親が世話になっている「無窮堂《むきゅうどう》」という古書店の主人が捨てる本として仕分けた本の中から，幻の本と言われる『獄記《ごくき》』という本を見つけた。

問１　『獄記』という本の正式名称は『獄にありて思ふの記』であることが最後のほうで明らかにされている。

問２　「ぞんざい」は，いいかげんで投げやりにものごとをするようす。

問３　「ほしいままにする」は，自分のしたいようにするという意味だが，ここでは，評判を思うままに得る，つまり，世間に広くその名や能力が知れ渡《わた》っていることをいう。「本田翁《おう》」であれば，「この掘《ほ》り出し物の価値をさすがに一目で見抜《みぬ》くだろう」と太一が思っていることからも，古書の価値を正確に判断できる能力があると周囲から思われていることがわかる。

問４　太一は本田翁に『獄記』を見せることで，本を取り上げられてしまうことをおそれているのに，「父親が，『さっさと翁に渡《わた》せ』としきりに目で合図する」ことを「苦々しく」思っている。古本を扱《あつか》う仕事をしている「父親」のために，この本を自分のものにしようと考えているのに，父親がそれをじゃまするようなことをするので「苦々しく」思ってしまうのである。

問５　太一は捨てる本に仕分けられていた本の中から『獄記』という本の価値を見抜いて掘り出したのである。しっかりと目利きをして掘り出すことができたということを「誇《ほこ》り」に感じているのである。

問６　本田翁が「瀬名垣さん，あんたもわかるでしょう。『無窮堂』は十二歳《じゅうにさい》の男の子に，この世に一冊しかない稀覯本《きこうぼん》を掘り出されたんじゃ」と言っていることに着目する。その本は「捨てる本に仕分けられていたものの中から，価値をわかった上で」太一が掘り出したものである。「瀬名垣は知っていたが，本田は知らなかった。瀬名垣は見抜いたが，本田は見抜けなかった」とあるように，古書店の主人である自分が本の価値を見抜けなかったことで，「誇り」が傷つくような思いになったのだから，エがふさわしい。

問７　問６でみたように，古書店である「無窮堂」の主人が「捨てる本に仕分け」た本の中から，太一が「この世に一冊しかない稀覯本」を太一が掘り出してしまったことで，主人の誇りを傷つけるような結果になってしまったのである。「無窮堂」は太一の父親が世話になっている店であるために，余計にすまなく思い，「恩をあだで返すようなことになった」と考えてしまったのである。

問８　Ⅰ　「肩《かた》を落とす」は，気力を失い，がっかりするようす。「この世に一冊しかない稀覯本」の価値を見抜けなかったばかりか，自分が価値がないと判断した本の中から太一がそれを掘り出してしまったことで誇りを傷つけられた「無窮堂」の主人に，本田翁も同情しているのである。

Ⅱ　「首を縦に振《ふ》る」は，“承知する”という意味。本田翁は『獄記』の発見者が瀬名垣太一であることを公表しようとしたが，父親は「無窮堂」の主人のことを思いやって承知しなかったのである。

問９　「恩をあだで返す」は，“さんざん恩を受けながら，かえって恩人を害するようなことをしてしまう”という意味のことわざ。

Dr.福井の

入試に勝つ！ 脳とからだのウルトラ科学

入試当日の朝食で，脳力をアップ！

朝食を食べない学生は，朝食をきちんと食べる学生に比べて成績が悪かった——という研究発表がある。まあ，ちょっと考えればわかると思うけど，朝食を食べないということは，車にガソリンを入れないで走らせようとするようなものだ。体がガス欠になった状態では，頭が十分に働くわけがない。入試当日の朝食はちゃんと食べよう！　朝食を食べた効果があらわれるように，試験開始の２時間以上前に食べるようにするとよい。

では，入試当日の朝食にふさわしいものは何か？

まず，脳の直接のエネルギー源はブドウ糖だけであるから，それを補給するためのご飯やパン，これは絶対に必要だ。また，砂糖や果物の糖分は吸収されやすく，効果が速くあらわれやすいので，パンにジャムをぬったり果物を食べたりするのもよいだろう。

次に，タンパク質。これは脳の温度を上げる作用がある。温度が低いままでは十分に働かないからね。タンパク質を多くふくむのは肉や魚，牛乳，卵，大豆などだが，ここでは大豆でできたとうふのみそ汁や納豆をオススメする。そして，記憶力がアップするDHAを多くふくんでいる青魚，つまりサバやイワシなども食べておきたい。

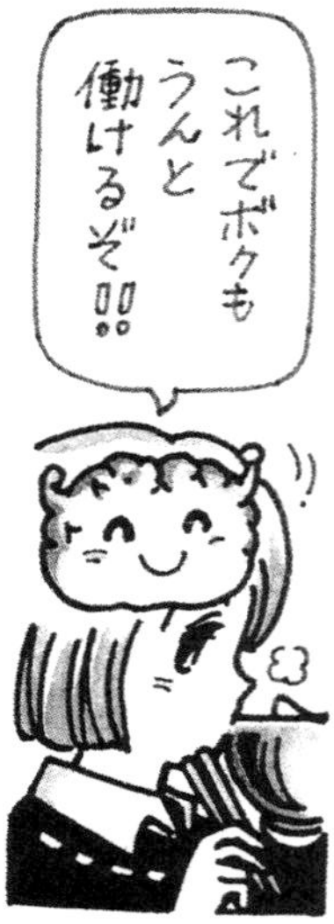

生野菜も忘れてはならない。その中にふくまれるビタミンＢは，ブドウ糖を脳に吸収しやすくする働きを持つので，結果的に脳力アップにつながるんだ。

コーヒーや紅茶，緑茶は，カフェインという成分の作用で目覚めをうながすが，トイレが近くなってしまうので，飲みすぎに注意！　試験当日はひかえたほうがよいだろう。眠気を覚ましたいときはガムをかむといい。脳が刺激《しげき》されて活性化し，目が覚めるんだ。

Dr.福井（福井《ふくい》一成《かずしげ》）…医学博士。開成中・高から東大・文Ⅱに入学後，再受験して翌年東大・理Ⅲに合格。同大医学部卒。さまざまな勉強法や脳科学に関する著書多数。

2020年度　白百合学園中学校

〔電　話〕（03）3234―6661
〔所在地〕〒102-8185　東京都千代田区九段北2―4―1
〔交　通〕東京メトロ各線―「九段下駅」より徒歩10分
JR中央線・東京メトロ各線―「飯田橋駅」より徒歩10分

【算　数】（40分）〈満点：100点〉

1　次の□にあてはまる数を求めなさい。

Aさん，Bさん，Cさん，Dさんの4人でおはじきのやり取りをしています。

今，Aさんはおはじきを144個，Bさんは36個持っています。AさんがBさんにおはじきを［（1）］個あげたところ，AさんとBさんの持っている個数の比は2：1になりました。

続けて，Cさんが，AさんとBさんの2人におはじきを［（2）］個ずつあげました。さらに，Aさんが，今持っているおはじきの $\frac{1}{5}$ をDさんにあげたところ，AさんとBさんの持っている個数の比は6：5になりました。

2　半径2cmの円あが半径5cmの円いの円周上をすべることなく右回りに転がります。

はじめ，右の図のように，あの円周上の点Aがいの円周上にあります。点Aが再びいの円周上にくるまで転がるとき，あが通過してできる図形の面積を求めなさい。ただし，円周率は3.14とします。

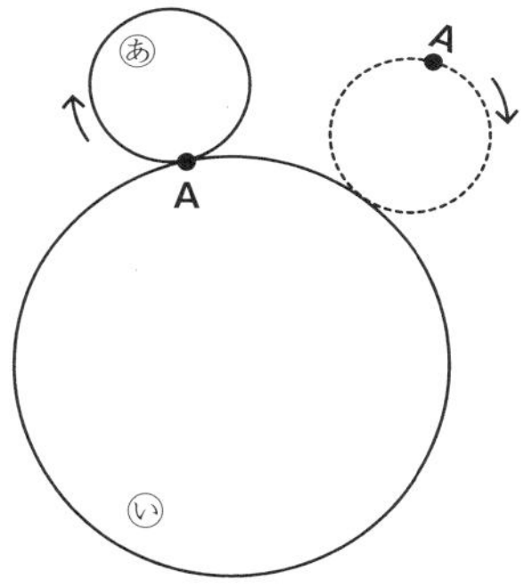

3　下のように1から順に12までの数を続けて書くと，全部で15個の数字が並びます。

1 2 3 4 5 6 7 8 9 1 0 1 1 1 2

同じ方法で，1から順に2020までの数を続けて書きました。

このとき，次の各問いに答えなさい。

(1)　全部で何個の数字が並びますか。

(2)　数字の9は全部で何個ありますか。

(3)　3つの数字1，2，3がこの順で連続して「1 2 3」と並ぶところは全部で何か所ありますか。

4 右の**図１**のような円周を４等分する目《め》盛《も》りがついた円盤《えんばん》があり，長針は60分で１周，短針は80分で１周する速さで，右回りに回っています。はじめは２つの針が４の目盛りのところで重なっており，同時に回りはじめました。このとき，次の各問いに答えなさい。

図１

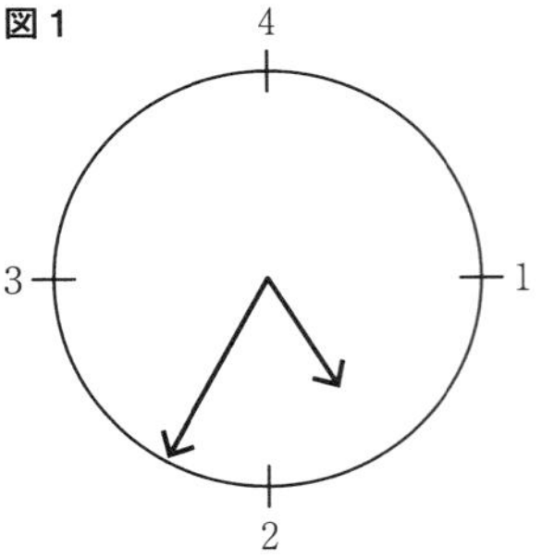

図２

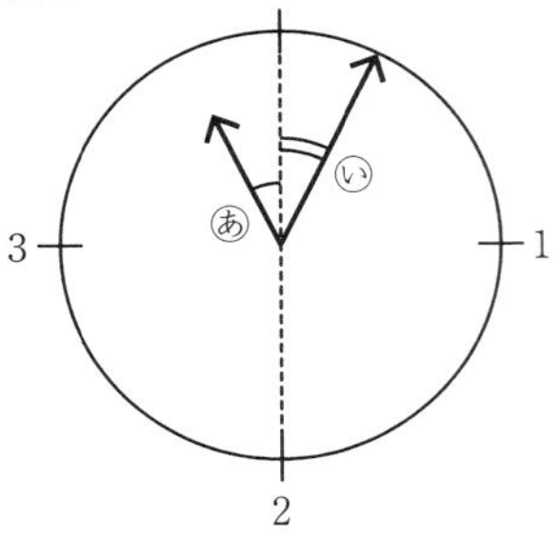

(1) 長針と短針の間の角度がはじめて90度になるのは何分後ですか。

(2) 右上の**図２**のように，(あ)の角と(い)の角の大きさがはじめて等しくなるのは何分後ですか。

5 右の図のように，五角形**ABCDE**があり，角**A**，角**C**，角**D**はそれぞれ90度です。点**F**，**C**，**D**は一直線上にあり，**AI**と**FD**は平行です。

FIと**BC**との交点を**G**，**AE**との交点を**H**とします。また，**AB**と**AE**の長さは等しく，**AI**＝３cm，**FC**＝５cm，**CD**＝６cm，**BC**＝**ED**＝４cmとします。

このとき，次の各問いに答えなさい。

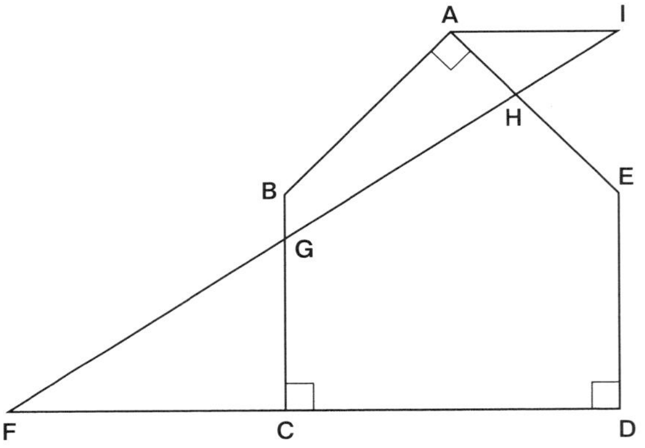

(1) **FG**：**GI**を最も簡単な整数の比で答えなさい。

(2) **GH**：**HI**を最も簡単な整数の比で答えなさい。

(3) 五角形**HGCDE**の面積を求めなさい。

【社　会】（30分）〈満点：75点〉

1　関東地方について，あとの問いに答えなさい。

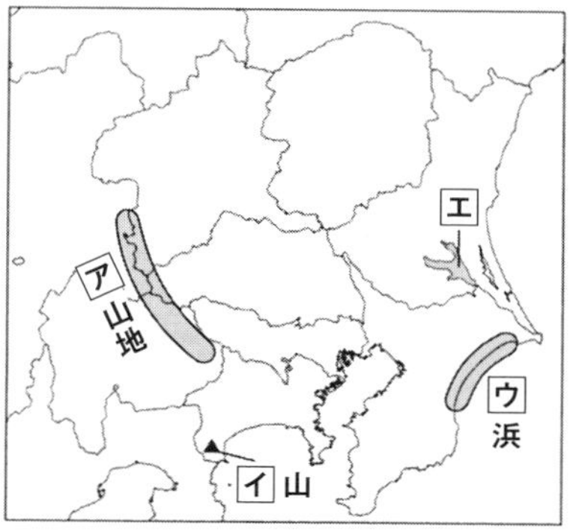

問１　右の地図の ア ～ エ にあてはまる地名を答えなさい。

問２　次の文章の空らん**Ａ～Ｇ**にあてはまる語・地名などを答えなさい。ただし，**Ｃ**と**Ｄ**の答えの順番は問わない。

> 関東地方は日本の中心的な地方である。ここには広大な関東平野が広がっており，日本最大の流域面積をもつ【 Ａ 】が流れている。また火山灰が積もってできた【 Ｂ 】とよばれる赤土におおわれた台地があり，その一帯は水が得にくいため，農業は畑作が中心である。南部には【 Ｃ 】と【 Ｄ 】の２つの半島があり，このあたりは【 Ｅ 】海流の影響《えいきょう》で比較的《ひかくてき》温暖な気候となっている。さらに南へ行くと，大島をはじめとする【 Ｆ 】諸島や，父島・母島をはじめとする【 Ｇ 】諸島がある。

問３　関東地方では落花生やかんぴょう，こんにゃくいもなど，加工されて製品となるものを多く生産しています。このようなものを何といいますか。

問４　右の表１の①～③は，次の地図の**Ａ～Ｃ**の港及び空港における主要貿易品目とその額を示しています。

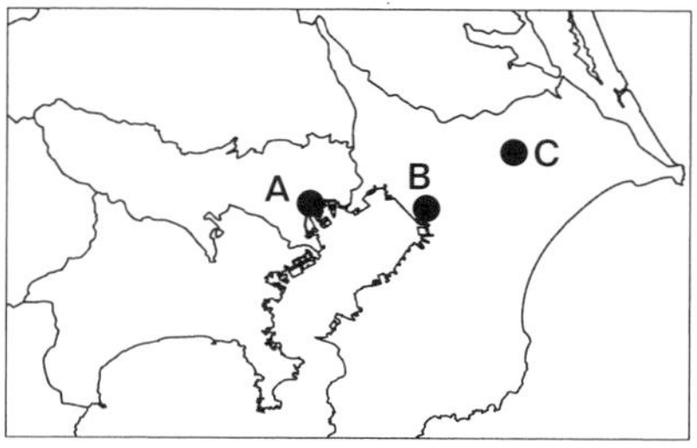

表１

輸出品目	額（百万円）	輸入品目	額（百万円）
①			
石油製品	212,391	石油	2,255,739
鉄鋼	161,059	液化ガス	662,444
自動車	154,315	自動車	329,930
有機化合物	149,212	鉄鋼	133,199
プラスチック	50,143	有機化合物	127,005
②			
輸出品目	額（百万円）	輸入品目	額（百万円）
科学光学機器	705,569	通信機	1,912,858
金（非貨幣用）	595,975	医薬品	1,586,029
集積回路	504,595	集積回路	1,296,841
電気回路用品	490,237	コンピュータ	1,040,189
半導体製造装置	460,196	科学光学機器	864,165
③			
輸出品目	額（百万円）	輸入品目	額（百万円）
自動車部品	414,417	衣類	1,009,028
コンピュータ部品	333,393	コンピュータ	565,980
内燃機関	319,524	魚介類	539,107
プラスチック	272,789	肉類	503,529
電気回路用品	198,555	音響・映像機器	384,052

（日本国勢図会 2019/20より）

（i）　表１の①～③にあてはまる場所を，地図の**Ａ～Ｃ**から選び，記号で答えなさい。

（ii）　（i）で，③の答えをそのように判断した理由を説明しなさい。

（iii）　次の表２の④～⑥は日本における衣類・自動車・原油の輸入先とその割合を示しています。④～⑥にあてはまるものをそれぞれ答えなさい。

表2

④		⑤		⑥	
輸入先	割合（%）	輸入先	割合（%）	輸入先	割合（%）
ドイツ	48.8	サウジアラビア	38.7	中国	58.8
イギリス	11.1	アラブ首長国連邦	25.6	ベトナム	13.9
アメリカ	7.0	カタール	7.9	バングラデシュ	3.8
イタリア	5.1	クウェート	7.5	インドネシア	3.7

（日本国勢図会 2019/20より）

2 右のグラフは日本の将来人口の動きについて示したものです。これを見て，あとの問いに答えなさい。

問1 グラフからわかる特徴を2つ答えなさい。

問2 グラフから，将来どのような問題が心配されるか，答えなさい。

問3 日本国内では農村部の人口流出が深刻になっています。このように人口が流出し，活力がとぼしい地域を何といいますか。

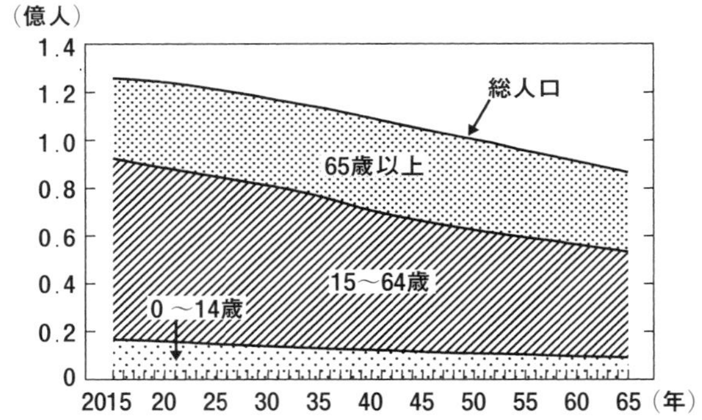

（日本国勢図会 2019/20より）

3 世界遺産は，文化財・景観・自然など，人類が共有すべき価値を持つ物件とされています。日本で登録されているもののうち，次の**A**～**G**について，世界遺産としての価値を考えながら，あとの問いに答えなさい。

A 百舌鳥・古市古墳群

B 厳島神社

C 琉球王国のグスク及び関連遺産群

D 日光の社寺

E 長崎と天草地方の潜伏キリシタン遺産

F 富岡製糸場

G 原爆ドーム

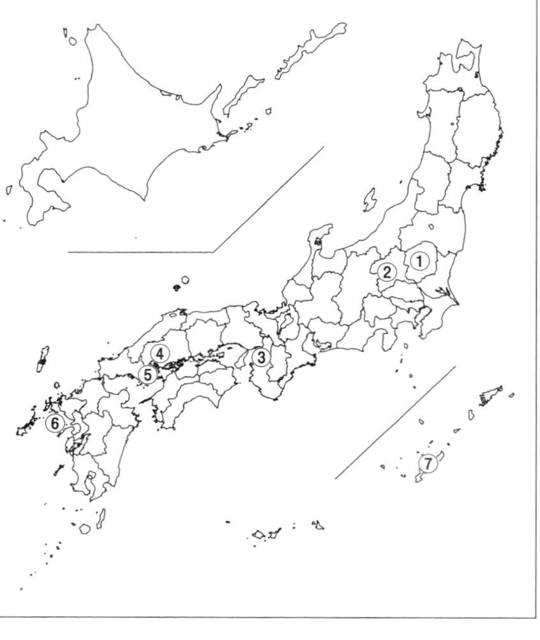

写真1

写真2

写真3

写真4

問1　写真1は，**A**のうち最大のものです。その名前を書きなさい。

問2　**A**の場所を，地図①～⑦から選びなさい。

問3　**A**の近くには大きな古墳がたくさんあります。これについて次の問いに答えなさい。

(i)　ここに埋葬されている地方の有力者は何と呼ばれていますか。

(ii)　彼らが協力してつくりあげた政権の名前を書きなさい。

写真5

問4　**B**は今の何県にありますか。

問5　12世紀に，この神社を敬って仏教の経を納めた武家は何氏ですか。

問6　**問5**で答えた武家は，貴族から武家への移行期の政権です。天皇家との関係を強化するために，貴族にならって，どのような方法をとったかを書きなさい。

問7　**B**の建物が，他の神社と大きく異なる特徴を書きなさい。

問8　**C**は，その位置から考えて，どの国の文化の影響が強く見られますか。

問9　琉球王国の説明として正しくないものを次の**ア**～**ウ**から1つ選びなさい。

ア．15世紀前半に三王国を統一して琉球王国が成立した。

イ．江戸時代，琉球王国は薩摩藩に年貢を納めなければならなかった。

ウ．明治になり，最後の琉球国王は自ら進んで支配を明治政府に引き渡した。

問10　写真2は昆布を使った代表的な沖縄料理の1つです。江戸時代から琉球(沖縄)の暮らしに昆布が根を下ろした理由として適当なものを次の**ア**～**エ**からすべて選びなさい。

ア．琉球を中継地として日本の海産物が中国に輸出されていた。

イ．中国からたくさんの昆布が琉球に輸入されていた。

ウ．当時，沖縄(琉球)の海では昆布がたくさん採れた。

エ．当時，昆布の産地である蝦夷から琉球に至る交易路があった。

問11　琉球王国の中心であったグスク(城の意味)は太平洋戦争中の地上戦で破壊され，戦後復元されましたが，先日の火災で消失しました。この城の名前を書きなさい。

問12　**D**の日光東照宮の場所と江戸の位置関係を考え，この地に建てられた意図として正しいものを次の**ア**～**ウ**から1つ選びなさい。

ア．江戸から見て北極星の方角から，江戸幕府を神として守ろうとした。

イ．江戸から見て北東(鬼門)の方角から，江戸を悪いものから守ろうとした。

ウ．江戸から見て東の方角から，青龍として江戸の繁栄を助けようとした。

問13　**D**の日光東照宮の社殿は，【　**a**　】が【　**b**　】を神としてまつるために建てました。**a**・**b**にあてはまる将軍名を書きなさい。

問14　**問13**の**a**は「生まれながらの将軍」として大名に対する江戸幕府の支配を強化しました。その政策のうち，全国の文化交流をうながす結果になったものをあげなさい。

◯写真３・４は，**E**の構成遺産です。これを見て次の問いに答えなさい。

問15　写真３は，キリシタンたちが写真の場所に立てこもっておこした大規模一揆の中心人物の石像です。一揆とこの人物の名前を書きなさい。

問16　**問15**の一揆を攻撃するため幕府は外国の協力を得ました。この国を答えなさい。

問17　写真４は250年以上潜伏《せんぷく》していたキリシタンが，カトリックの宣教師に自分たちの信仰を告白した場所です。キリシタン禁制が続いていた幕末に教会があったのは，五か国と結んだ修好通商条約により，外国人のための教会を居留地に建設することが認められたからです。この宣教師の出身国名を書きなさい。

◯写真５は，**F**の操業当時の絵です。これを見て次の問いに答えなさい。

問18　富岡製糸場では何の糸をつくっていましたか。

問19　富岡製糸場の場所を，地図①～⑦から選びなさい。

問20　明治政府が国の予算で製糸場を建てた理由を，外国との関係を考えて説明しなさい。

問21　**G**は，世界遺産として，どのような「人類が共有すべき価値」を持つとされているのでしょうか。ポーランドのアウシュビッツ強制収容所も，同じ点で世界遺産に登録されていることを参考にして答えなさい。

問22　核兵器について，国連で2017年にある条約が採択されました。

(i)　この条約名を答えなさい。

(ii)　この条約に対し，日本政府および被爆自治体の考え方に最も近いものを次の**ア**～**ウ**からそれぞれ選びなさい。

ア．米中ロシアで，新型核兵器の開発競争が激しくなっている現状に合わない。

イ．被爆国日本こそ条約に加わるべきである。

ウ．条約には加わらず，核保有国と非保有国の橋渡しをして核兵器を減らしていく。

4　次の**A**～**D**の文を読み，あとの問いに答えなさい。

A

改正公職選挙法が2018年７月18日，衆議院本会議で可決・成立し，参議院議員の総定数が（　１　）名となった。その内訳は，選挙区では，それまで各都道府県を１選挙区とし，各県から最低１人は当選者が出るようにしていたが，埼玉県を２議席増やし，①人口の少ない県をそれぞれ１選挙区にする「合区」とした。また，比例代表区では定数を（　２　）名にし，個人の得票数に関係なく優先的に当選できる特定枠を政党の判断で採用できるようにした。②2019年７月21日の第25回参議院議員の選挙では，改正された公職選挙法にのっとり，（　１　）名の半数を選出する選挙となった。

問１　空らん（１）・（２）に入る適当な数字を答えなさい。

問２　下線部①について，次の問いに答えなさい。

(i)　合区となった県の組み合わせを下から２つ選び，記号で答えなさい。

ア．大分県と宮崎県　　**イ**．青森県と秋田県

ウ．香川県と愛媛県　　**エ**．徳島県と高知県

オ．石川県と富山県　　**カ**．島根県と鳥取県

キ．沖縄県と鹿児島県　　**ク**．福島県と新潟県

(ii)　このように変更した理由を簡潔に答えなさい。

問３　下線部②について，次の問いに答えなさい。

(i)　この選挙の投票率を次の**ア**～**オ**から１つ選び，記号で答えなさい。

ア．58.64％　　**イ**．65.02％

ウ．48.8％　　**エ**．74.57％

オ．50.72％

(ii)　右のグラフは2010年からの国政選挙の投票率を示したものです。2016年の投票率は2014年を上回っていますが，その主な原因として，公職選挙法が改正されたことがあげられます。どのような改正が投票率を上げたと考えられるか，答えなさい。

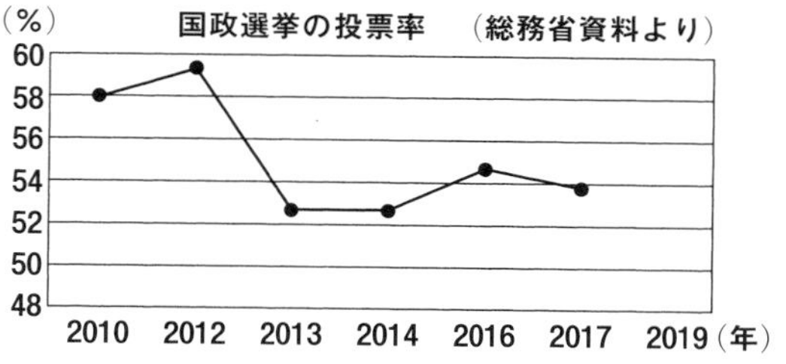

B

> 裁判員制度が，施行から10年を迎える。国民の裁判への参加を通じ，司法に対する国民の信頼を高める目的で導入された制度だ。これまでに９万人超が裁判員や＊補充裁判員を務め，１万2000人近くの被告に判決が言い渡された。判断に市民感覚がいかされている事例が多く見られる一方で，裁判員の候補に選ばれながら，辞退する人の割合が増え続けているなどの問題点もある。制度への理解を深め，参加する意義を訴《うった》えていくことが欠かせない。
>
> ＊裁判員が病気・事故等により途中で審理に参加できなくなった場合に備えて選任される裁判員

問４　裁判員制度を説明した次の**ア**～**ウ**の文の内容が，正しければ○，誤っていれば×を書きなさい。

ア．裁判員は裁判官とともに有罪や無罪，刑罰の判断をする。

イ．裁判員は，18歳以上の有権者のなかから抽選《ちゅうせん》で選ばれる。

ウ．裁判員は，殺人や放火などの凶悪な刑事事件の裁判の第一審を担当する。

C

> 厚生労働省が外国人労働者に関する調査結果を発表した。2018年10月の時点で，外国人労働者数は146万463人となった。これは前年同期比18万1793人の増加で，2007年に届出が義務化されて以来，過去最高を更新した。技能実習制度の活用によって，技能実習生の受け入れが進み，６年連続の伸びとなった。これは日本人の派遣労働者を上回る勢いだ。

問５　2018年10月の外国人労働者数（146万463人）の内訳を示した次のグラフの**A**の国名を次の**ア**～**オ**から１つ選び，記号で答えなさい。

ア．タイ

イ．マレーシア

ウ．インド

エ．ベトナム

オ．アメリカ

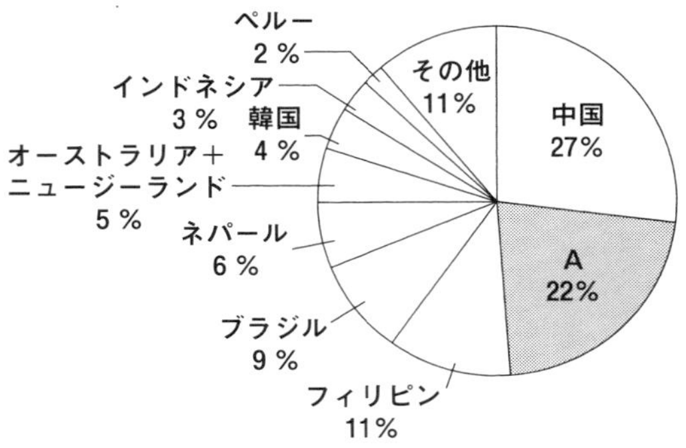

国別外国人労働者の割合
※％数字は四捨五入している。
（厚生労働省資料より）

D

> 2019年６月に開かれた「G20持続可能な成長のためのエネルギー転換と地球環境に関する関係閣僚会合」では，世界で関心を集めている(　　)による汚染問題が主要議題の一つとなり，2050年までに新たな汚染をゼロとする目標を決めた。その対策の一つとして，経済産業省は2020年４月にもレジ袋の有料化を小売店に義務づける方針を示している。

問６　(　)に入る語句を次の**ア**～**オ**から１つ選び，記号で答えなさい。

ア．二酸化炭素　**イ**．海洋プラスチックゴミ　**ウ**．酸性雨

エ．アスベスト　**オ**．森林破壊

問７　下線部について，この会議で議長国をつとめた国はどこか，答えなさい。

【理　科】(30分)〈満点：75点〉

1　ゆりこさんは，インゲンマメの発芽の条件を調べるために，よく日が当たっている部屋で，いくつかの実験を行いました。これについて，**問1～問5**に答えなさい。

ゆりこさんは，インゲンマメの発芽に水が必要かを調べるために，**【図1】**の①と②のような条件にあるシャーレを用意しました。

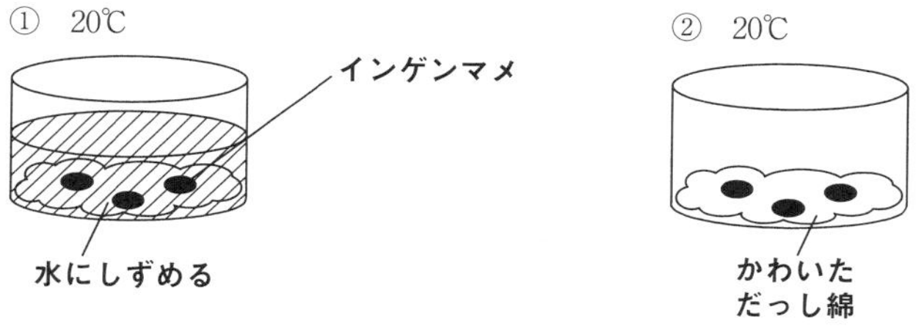

【図1】

問1　**【図1】**の①と②でインゲンマメの発芽を調べても，インゲンマメの発芽に水が必要かはわかりません。①または②のどちらの条件をどのように変えれば，インゲンマメの発芽に水が必要かを調べられますか。

次に，ゆりこさんは，インゲンマメの発芽に与《あた》える温度の影響《えいきょう》を調べるために，**【図2】**の③と④のような条件にあるシャーレを用意しました。

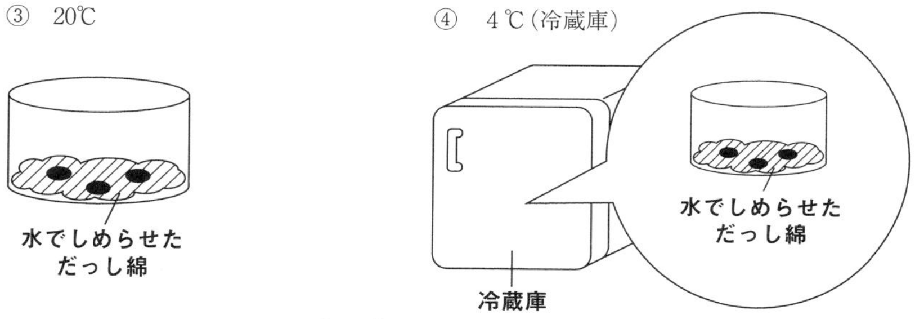

【図2】

問2　**【図2】**の③と④のインゲンマメの発芽を調べても，インゲンマメの発芽に与える温度の影響を正しく調べられません。③と④のどちらの条件をどのように変えれば，インゲンマメの発芽に与える温度の影響を調べられますか。

ゆりこさんは，他にもいろいろな条件を試してみたいと**【図3】**の⑤～⑧のような条件にあるシャーレを用意しました。

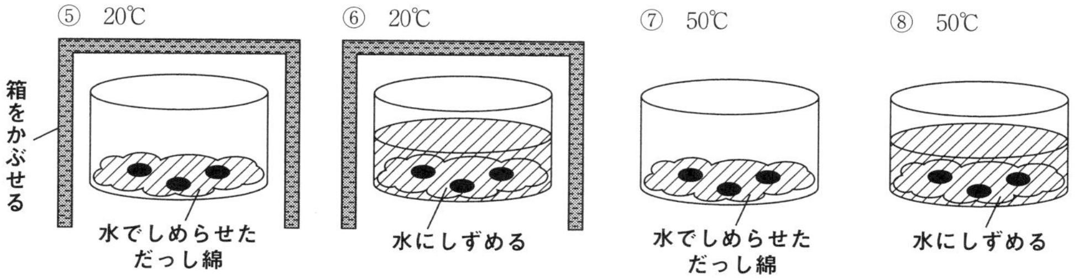

【図3】

問3　**【図3】**の⑤～⑧について，インゲンマメが発芽するものには○を，発芽しないものには×をかきなさい。

問4　発芽やその後の成長には種子の中にたくわえられている栄養を使います。これについて，次の(1)～(3)に答えなさい。

(1)　インゲンマメは種子のどこに栄養をたくわえていますか。

(2)　(1)のような種子を何といいますか。

(3)　何という薬品を用いれば，栄養が使われたかどうか調べられますか。

問5　**問4**(2)のような種子の仲間を次の(ア)～(オ)からすべて選び，記号で答えなさい。

(ア)　アサガオ　　(イ)　イネ　　(ウ)　トウモロコシ

(エ)　ヒマワリ　　(オ)　ヘチマ

2　以下のように，気体を発生させる実験を３種類行いました。

【実験１】　オキシドールに二酸化マンガンを加えた。

【実験２】　亜鉛《あえん》にうすい塩酸を加えた。

【実験３】　石灰石にうすい塩酸を加えた。

これらの実験について，**問１**～**問５**に答えなさい。

問１　【実験１】～【実験３】で発生した気体はそれぞれ何ですか。

問２　【実験１】で発生した気体を集めるのに適した方法を何といいますか。また，その方法が適しているのは，発生した気体がどのような性質をもっているためですか。

問３　【実験２】で発生した気体を集めた試験管の口に，マッチの火を近づけました。どのような変化が見られますか。

問４　【実験３】について，次の(1)～(3)に答えなさい。

(1)　発生した気体を特定するには，何という液体を用いますか。

(2)　発生した気体を水にとかした液体は何性ですか。

(3)　(2)の液体にBTB液を加えると何色を示しますか。

問５　次の(1)～(3)の気体は，それぞれ【実験１】～【実験３】のどの実験で発生した気体と同じですか。すべて選び，実験番号で答えなさい。

(1)　ベーキングパウダーにお酢《す》を加えると発生する気体。

(2)　植物の光合成によって生じる気体。

(3)　電気自動車の燃料電池の燃料として用いられている気体。

3　５つのビーカー**A**～**E**に，下の【表】のような組み合わせでうすい塩酸とうすい水酸化ナトリウム水溶《よう》液を加え，よくかき混ぜました。ビーカー**A**～**E**の水溶液を青色リトマス紙と赤色リトマス紙につけたところ，ビーカー**D**の水溶液はどちらも色が変わりませんでした。これについて，**問１**～**問５**に答えなさい。

【表】

水溶液	A	B	C	D	E
うすい塩酸〔cm^3〕	30	30	30	30	30
うすい水酸化ナトリウム水溶液〔cm^3〕	10	20	30	40	50

問１　ビーカー**A**・**B**・**C**・**E**の水溶液を青色リトマス紙につけると，それぞれどのような結果になりますか。

問２　鉄を入れると気体が発生する水溶液はビーカー**A**～**E**のうちどれですか。すべて選び，記号で答えなさい。また，このとき発生する気体は何ですか。

問３　実験で用いたうすい水酸化ナトリウム水溶液18cm³に，実験で用いたうすい塩酸を何cm³加えると，完全に中和しますか。ただし，計算で割り切れない場合は，小数第２位を四捨五入しなさい。

問４　ビーカー**D**の水溶液をスライドガラスにとって熱し，水分を蒸発させると，結晶《けっしょう》が出てきます。その結晶は何ですか。

問５　ビーカー**D**以外の水溶液についても，**問４**と同じようにしたところ，結晶が出てきました。そのうち，中和でできた結晶は，**A**では0.1g，**C**では0.3gでした。うすい水酸化ナトリウム水溶液と中和でできた結晶の量の関係を解答欄《らん》のグラフに表しなさい。

４　アポロ11号の月面着陸から今年で50年になります。アポロ11号に先立って1968年にアメリカが打ち上げたアポロ８号は，初めて月の周りをまわった有人宇宙船でした。**【図１】**はこのアポロ８号から撮影《さつえい》された月面と地球の写真です。**【図１】**は月が**【図２】**の位置にあるときに■印の上空から撮影されたものです。これについて，**問１**～**問３**に答えなさい。

〔出典：NASA Earthrise〕

【図１】

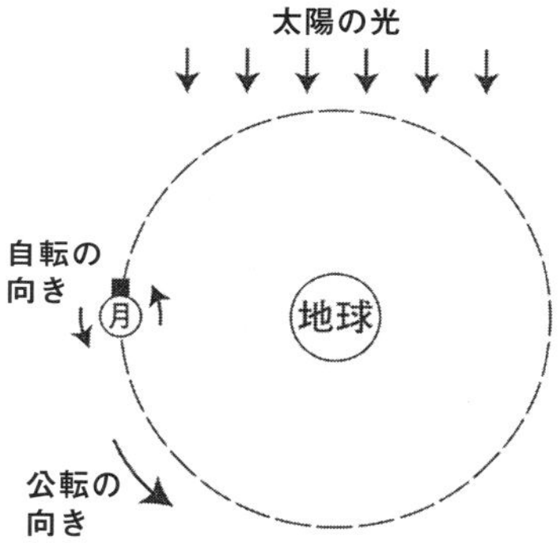

【図２】

問１　**【図２】**の月の■印の地点から見える太陽のようすを表した文を次の**(ア)**～**(エ)**から選び，記号で答えなさい。

(ア)　月の地平線からのぼった直後の位置に見える

(イ)　月の地平線にしずむ直前の位置に見える

(ウ)　月の地平線よりかなり高いところに見える

(エ)　太陽を見ることはできない

問２　**【図２】**の約１週間後の月の位置と観測地点の■印の位置を解答欄《らん》にかき入れなさい。ただし，月は約１か月で地球のまわりを１回公転します。また，月の自転にかかる時間と公転にかかる時間は同じとします。

問３　**【図２】**のときから１週間継続《けいぞく》して地球を観察した場合，地球の位置と形はどのように変化していくと考えられますか。位置と形を次の**(ア)**～**(カ)**からそれぞれ選び，記号で答えなさい。

《位置》

(ア)　ほとんど変わらない

(イ)　しだいに月の地平線からはなれていく

(ウ)　しだいに月の地平線に近づいていく

《形》

(エ)　ほとんど変わらない

(オ)　しだいに満ちていく

(カ)　しだいに欠けていく

5　地震《じしん》と黄砂について，**問１～問６**に答えなさい。

地震は，地面の中で地層や岩石がこわれるなどの原因で起こります。地層や岩石がこわれてずれているところを断層といいます。地表に表れた大きな断層は大切に保管され，博物館として見学しやすいように整備されているところもあります。

【図１】はその断層を上から見たときのようすです。もともとは平らな地面に四角い形に並べてあった石の位置がずれていました。地面１と地面２は断層を境にして高さが違《ちが》っていました。博物館では**【図１】**の**Ａ・Ｂ・Ｃ**のところで地面を掘《ほ》り下げて，断層のようすを横からくわしく観察できるようにしてあります。**【図２】**は断層を横から見た図です。３つの地層(小石の層，火山灰の層，ねん土の層)が断層でずれているようすが観察されました。

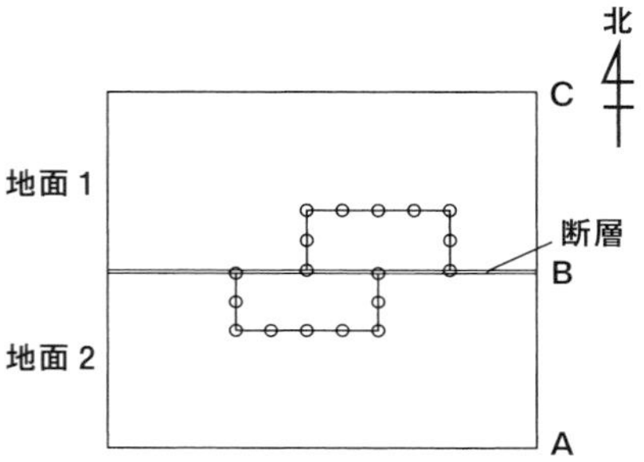

【図１】

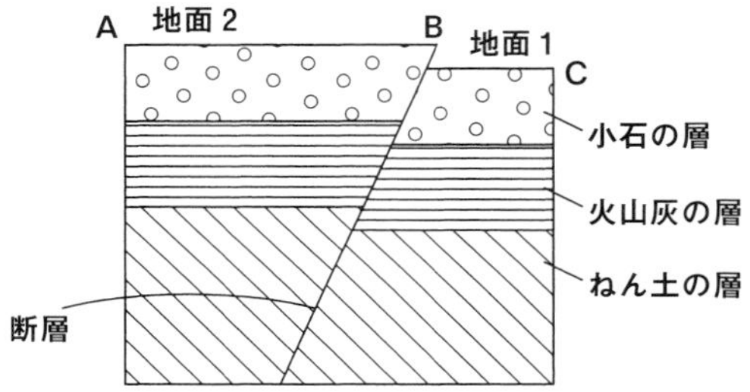

【図２】

問１　地面１は地面２に対して，上下方向にはどのように動きましたか。次の(ア)～(ウ)から選び，記号で答えなさい。

(ア)　動かなかった　　(イ)　上に動いた　　(ウ)　下に動いた

問２　地面１は地面２に対して，水平方向にはどのように動きましたか。次の(ア)～(オ)から選び，記号で答えなさい。

(ア)　動かなかった　　(イ)　北に動いた　　(ウ)　南に動いた

(エ)　東に動いた　　(オ)　西に動いた

問３　地層が断層で**【図２】**のようにずれたとき，これらの地層にはたらいた力の向きを表しているものを次の(ア)，(イ)から選び，記号で答えなさい。

(ア)
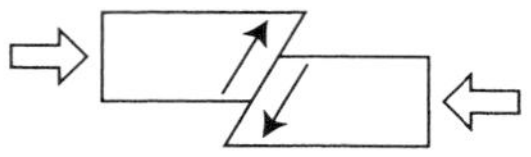

(イ)
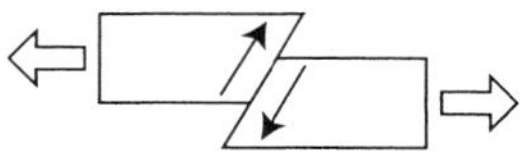

黄砂の発生地となっている主な場所は，アジア大陸の乾燥《かんそう》地帯で，その乾燥地帯は降水量が特に少なく植物も枯《か》れて土壌《どじょう》がむき出しになっています。黄砂とはこのアジア大陸の乾燥地帯から発生した砂じん(土ぼこり)が日本をふくむ東アジア一帯に飛んでくるものです。この現象が起こるためには，**a**乾燥地帯で強風により砂じんが巻き上げられる，**b**上空の大気の動きで東へ運ばれる，という２つの条件がそろうことが必要で，その季節が春になります。

問4　次の文章は1年の中で春先に下線部**a**の状況《じょうきょう》が起こりやすくなる理由を説明したものです。空欄《らん》①～④に入る最も適当な言葉を下の(ア)～(カ)からそれぞれ選び，記号で答えなさい。

冬のアジア大陸の乾燥地帯は(①)に覆《おお》われ，砂じんを巻き上げるような強い嵐《あらし》が発生することもあまりありません。しかし，春になり気温が(②)してくると，アジア大陸の上空で(③)が発達するようになり，地表の固い(④)も溶けて，大規模な砂じん嵐が次々と起こり始めます。

(ア) 低気圧　(イ) 高気圧　(ウ) 上昇《じょうしょう》　(エ) 下降　(オ) 珪藻《けいそう》土　(カ) 凍《とう》土

問5　下線部**b**の大気の動きを何といいますか。

問6　日本で夏に黄砂があまり観測されないのはなぜだと考えられますか。理由として考えられることを1つ答えなさい。

6　私たちの身のまわりには，電気エネルギーや光エネルギー，熱エネルギーなどさまざまなすがたでエネルギーが存在しています。エネルギーはすがたや形を変えることができ，私たちはいろいろなエネルギーを目的に合った形に変えることで利用しています。エネルギーについて，**問1～問4**に答えなさい。

問1　**【図1】**は，身近なエネルギーが形を変えて移り変わるようすを矢印で示したものです。次の(1)～(3)は何エネルギーから何エネルギーに変化することを利用していますか。**【図1】**の**ア**～**セ**の矢印のうち，あてはまるものをそれぞれ選び，記号で答えなさい。

(1)　扇《せん》風機　(2)　テレビ　(3)　ダイナマイト

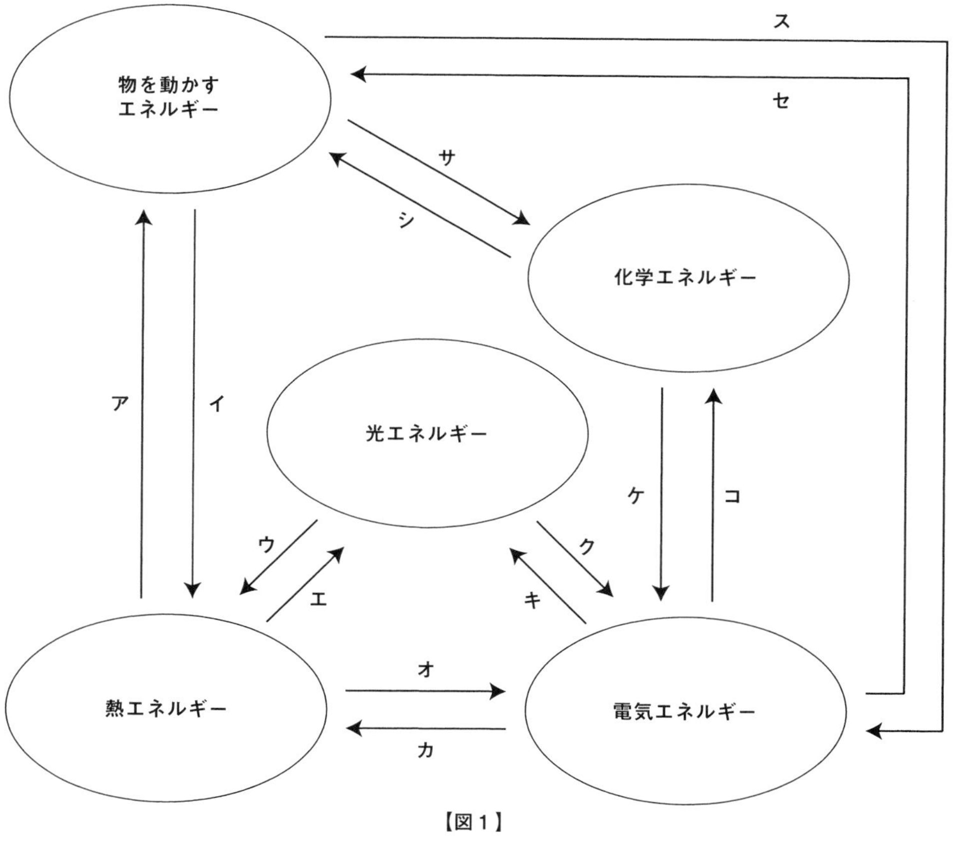

【図1】

問２　発電とは電気エネルギーを取り出すことです。発電について，次の文章を読み(1)，(2)に答えなさい。

原子力発電は（　①　）燃料の中で起こる（　①　）分裂《ぶんれつ》反応で発生する熱で水蒸気をつくり，タービンを回して発電します。少量の燃料で莫大《ばくだい》なエネルギーが得られますが，使用済み（　①　）燃料や（　②　）性廃棄《はいき》物の処理，廃炉《はいろ》が難しいという問題があります。

水力発電は，水が（　③　）い位置から（　④　）い位置へ流れることによって生じる力でタービンを回して発電します。発電時には環境汚染《かんきょうおせん》物質などを排出《はいしゅつ》しませんが，村がひとつ水没《すいぼつ》するなど，広大な土地に建設することで環境に与《あた》える影響《えいきょう》を考慮《こうりょ》する必要があります。

太陽光発電は，光があたると電流が流れる（　⑤　）を用います。光を直接電気に変えるので，水力発電と同じように発電時には環境汚染物質などを排出しません。研究開発が進むことで，より安く，安全に，効率よく発電できるようになる可能性があります。

(1)　空欄《らん》①～⑤に入る最も適当な言葉を答えなさい。

(2)　太陽光発電の欠点を１つあげなさい。

問３　熱エネルギーにはいくつかの伝わり方があります。熱の伝わり方について，次の(1)～(4)に答えなさい。

(1)　ビーカーの中におがくずをまぜた水を入れて，ガスバーナーを使ってビーカーのはしを**【図２】**のように加熱しました。ビーカー内のおがくずがどのように動くか，解答欄の図に矢印をかきなさい。

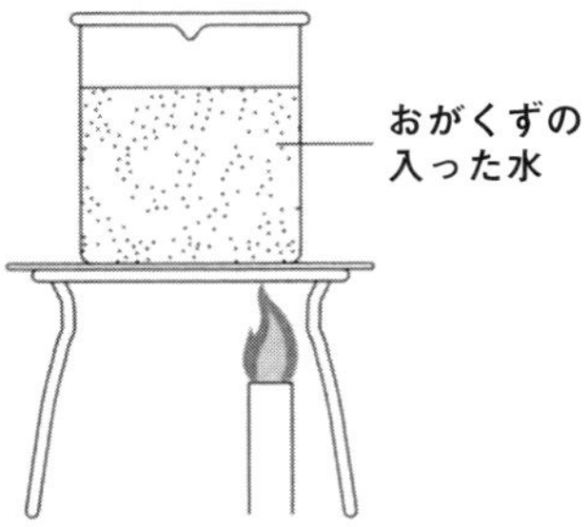

【図２】

(2)　**ア**～**エ**の４か所にろうの粒《つぶ》を置いた金属棒のはしを，**【図３】**のように加熱しました。ろうの粒が一番最後にとける場所は**ア**～**エ**のうちのどれですか，記号で答えなさい。

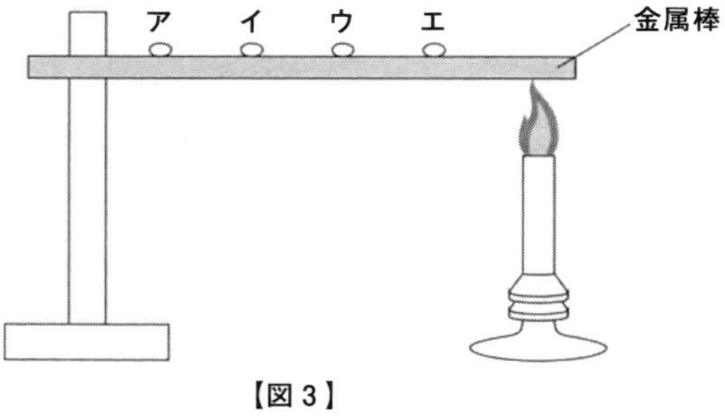

【図３】

(3)　次の文章はある家庭用電気製品について説明したものです。このような製品を何といいますか。

この製品は昭和から平成にかけて性能を大きくのばし，今では各家庭に１台あるほど身近なものです。この製品はマグネトロンという装置でマイクロ波という電磁波を発生させます。食品にマイクロ波が当たると，食品に含まれる水の粒がエネルギーを受け取ります。受け取ったエネルギーが姿を変えて水の粒を動かし，食品全体の温度が上がります。

(4)　次の(ア)～(ウ)は(1)～(3)の熱の伝わり方のうちどれに似ていますか。それぞれ選び，(1)～(3)の数字で答えなさい。

(ア)　使い捨てカイロを貼る，熱いお茶を飲むなど，温度の高い物と接することで温度が上がる。

(イ) エアコンからふき出すあたたかい空気が，部屋の空気全体の温度を上げる。

(ウ) たき火やストーブのまわりに座ると暖かく感じる。

問 4 エネルギーの単位にカロリー〔cal〕があります。１カロリーは水１gの温度を１℃上げるのに必要な熱エネルギーです。塩でにぎったおにぎりを１つ食べると，215キロカロリー〔kcal〕のエネルギーが得られます。このエネルギーをすべて水の温度を上げるのに使えるとすると，50kgの水の温度は何℃上がりますか。ただし，１キロカロリーは1000カロリーです。また，計算で割り切れない場合は，小数第２位を四捨五入しなさい。

5　プロセス…過程。

6　排他性…他の者の考えをしりぞけること。

問一　――線**(X)**「皮肉」・**(Y)**「独善」の本文での意味として、最も適切なものを次の**ア**～**エ**の中からそれぞれ選び、記号で答えなさい。

(X)「皮肉」

ア　相手の本心や真実の姿を鋭《するど》く言い当てること。

イ　よく考えずその時の感覚で相手を判断すること。

ウ　相手のことを遠まわしに意地悪く言うこと。

エ　相手を何か別のものにたとえること。

(Y)「独善」

ア　自分勝手に行動し他人に迷惑《わく》をかけること。

イ　自分だけが正しいと思いこむこと。

ウ　自分だけが報酬を得ようとすること。

エ　自分の言動に対して責任を持たないこと。

問二　――線①「ある種の『報酬』」とは、どのようなものですか。最もわかりやすく説明されている一文を本文中から抜き出し、初めの五字を書きなさい。

問三　空欄《らん》［Ⅰ］・［Ⅱ］に入る語として適切なものを、次の**ア**～**エ**の中からそれぞれ一つ選び、記号で答えなさい。

ア　しかも　**イ**　つまり　**ウ**　あるいは　**エ**　しかし

問四　――線②「その本質が『閉じて』いてしかも『開いて』いるという、一見相反する二つの力によって構成されているからではないだろうか」について、次の**(1)**・**(2)**の問いに答えなさい。

(1)　ここでの「閉じて」いるとは、どういうことですか。二十五字程度で答えなさい。

(2)　ここでの「開いて」いるとは、どういうことですか。二十五字程度で答えなさい。

問五　――線③「いつでも言い訳が用意されている」とありますが、その「言い訳」の例として最も適切なものを次の**ア**～**エ**の中から選び、記号で答えなさい。

ア　うまくいかなかったのは、自分勝手に練習したからで、コーチの言う通りに練習していればきっと勝てたはずだ。

イ　うまくいかなかったのは、事前の準備が不十分だったからで、次回からは事前研究さえきちんとすれば成功するだろう。

ウ　うまくいかなかったのは、自分の努力が足りなかったからで、もっと努力していればきっとうまくいったはずだ。

エ　うまくいかなかったのは、社長の命令に従って動いたからで、本当は、そのようなことはしたくなかったのだ。

問六　――線**(A)**「新しい価値」とありますが、なぜ「新しい」と言えるのですか。「権威」という言葉を用いて、八十字以内で答えなさい。

問七　＝＝線**a**～**d**のカタカナを漢字に直しなさい。

相反する二つの力によって構成されているからではないだろうか。

　人が何に価値を見いだすかは、その人が自分で決めるものである。他人に言われて、規則で決まっているから、はやっているからとかという「外にある権威《い》」に従うのではなく、何が自分にとって価値があるかは、自分の「内にある権威」に従って、つまり、独自の体験と論理と直感によって決めるものだ。その意味で、価値を認知する源は「閉じて」いる。

　「内なる権威」に基づいていること、自発的に行動すること、何かをしたいからすること、きれいだと思うこと、楽しいからすること、などが「強い」のは、それらの力の源が「閉じて」いて、外からの支配を受けないからだ。しかし、ボランティアが、相手から助けてもらったと感じたり、相手から何かを学んだと思ったり、誰かの役に立っていると感じてうれしく思ったりするとき、ボランティアは、かならずや相手との相互《ご》関係の中で価値を見つけている。つまり、「開いて」いなければ「報酬」は入ってこない。このように、ボランティアの「報酬」は、それを価値ありと判断するのは自分だという意味で「閉じて」いるが、それが相手から与えられたものだという意味で「開いて」いる。

　「外にある権威」だけに基づいて行動すること、つまり「開いている」だけの価値判断によって行動するのは、わかりやすいことであるとともに、楽なことだ。うまくいかなくとも、自分のせいではないし、③いつでも言い訳が用意されているのだから。また、自分の独自なるものを賭《か》ける必要がないから、bキズつくこともない。しかし、「外にある権威」だけに【注4】準拠《きょ》して判断をするということは、物事をある平面で切り取り、それと自分との関係性をはじめから限定してしまうことになる。それでは、何も新しいものは見つけられないし、だいいち、楽しくない。

　一方、「閉じている」だけの【注5】プロセスも、複雑なところはなくはっきりしているし、周りのことを考えなくていいわけだから楽なことである。しかし、そこからは【注6】排《はい》他性とか(Y)独善しか生まれない。つまり、「開いている」だけ、または「閉じている」だけの行動は、わかりやすく、楽であるかもしれないが、力と魅《み》力に欠けるということだ。新しい価値は「閉じている」ことと「開いている」ことが交差する一瞬《しゅん》にcカイカする。

　ボランティアの「報酬」は「見つける」ものであると同時に「与えられる」ものであるということは、新しい価値が「報酬」として成立するには、ボランティアの力と相手の力が出会わなければならない、つまり、つながりがつけられなければならないということだ。ボランティアが「報酬」を受けるプロセスとは、「つながりをつけるプロセス」にほかならないのである。

　空けておいた「ふさわしい場所」に相手から力をdソソぎ込んでもらい、それが自分にとって価値があると感じたときに、ボランティアは「報酬」を受け取ったのである。助けるつもりが助けられたと感じ、与えているつもりが与えられたと感じる。ボランティアの「不思議な関係」の秘密は、この「つながり」というところにあったのだ。

（金子郁容『ボランティア　もうひとつの情報社会』一部改）

【注】

1 誇示…みせびらかすこと。自慢げに見せること。

2 アプローチ…目的や目標に近づくこと。

3 ロスアンゼルスの漁師の例…「私」が、困っていた日本人の漁師を助けた事例（英語の話せない漁師が、ロスアンゼルス空港で、宿泊《はく》する予定のホテル名を書いた紙をなくして困っていた。その連絡《らく》を受けた「私」が、さまざまな所から情報を入手して助けた）。

4 準拠して…よりどころとして。

イ　ママや自分の家を忘れるために速足でどんどん歩いていたが、やがて、ママに別れを告げたことを後悔《かい》し始めて歩みが遅くなった。さらに、イタルがほめてくれたことで、余計に自分のしたことが悔《く》やまれて大声で泣き出してしまった。

ウ　ママや自分の家に対する思いを振り切るように急いで歩いていたが、だんだん、ママや自分の家とお別れしたつらさがこみ上げてきて足どりが重くなった。そして、イタルの言葉によって、それまで我慢《がまん》していた悲しみが一気にあふれて泣き出してしまった。

エ　初めは、ママとお別れをしたようにこの世とも早くお別れをしたいと急ぎ足で歩いていたが、すぐにママとの思い出がよみがえってきたので、今度はそれをかみしめるように一歩一歩ゆっくりと歩いた。そのうち、グングンとの別れもつらくなり、激しく泣き出してしまった。

二　次の文章を読んで、後の問いに答えなさい。

「ボランティアってのは、自分にとって一銭の得にもならないことを一生懸《けん》命やっているみたいだ。だから、ボランティアは偉《えら》い、感心だ」。こんなふうにいう人は好意的な人だ。その気持ちが少し(X)皮肉な側に傾《かたむ》けば、ボランティアは「変わった人だ」、「物好きだ」となるかもしれないし、反発心が混じれば、ボランティアは「偽《ぎ》善的だ」となりかねない。

「偽善的だ」と言われたとき、ボランティアは考え込《こ》んでしまうかもしれない。自分がしていることが「見返り」を求めない「尊い」行為《い》だと言う自信はない。もしかすると自分は、自分の力を【注1】誇《こ》示したいだけなのではないか、弱いものと接することで優越《えつ》感を感じたいだけではないか、「こんないいことをしましたよ」と周りの人に自慢《まん》したいだけなのではないか……と考え出すと、自分でも不安になってしまう。

私はボランティアが行動するのは①ある種の「報酬《しゅう》」を求めてであるからに違《ちが》いないと考える。私自身の限られた経験からもそう思うし、考え方の枠《わく》組みとして、とりあえずそのような想定をしてから出発することが a ユウコウな【注2】アプローチであると思う。

先ほどの【注3】ロスアンゼルスの漁《りょう》師の例でいえば、私はその漁師の人から情報サービス料金を払《はら》ってもらうとか、あとからお礼の品を贈《おく》ってもらうという形での「報酬」は、もちろん、期待していない。

［Ⅰ］、私は、確かに、「もらった」のである。自分に流れ込んでくる大きな力という「報酬」を。このような経験がたまにあれば、そのほかの機会にも、今度はどんなことが起こるのかという「期待」に胸を弾《はず》ませて「ボランティアのかかわり方」ができるのである。

［Ⅱ］、問題は、「報酬」をどう考えるかということである。

ボランティアにとっての「報酬」とは、もちろん、経済的なものだけとは限らない。その人によっていろいろなバリエーションが可能なものである。私は、ボランティアの「報酬」とは次のようなものであると考える。その人がそれを自分にとって「価値がある」と思い、しかも、それを自分一人で得たのではなく、誰《だれ》か他の人の力によって与《あた》えられたものだと感じるとき、その「与えられた価値あるもの」がボランティアの「報酬」である。

ボランティアはこの広い意味での「報酬」を期待して、つまり、その人それぞれにとって、自分が価値ありと思えるものを誰かから与えられることを期待して、行動するのである。その意味で、ボランティアは、(A)新しい価値を発見し、それを授《さず》けてもらう人なのだ。

ボランティアの「報酬」についてわかりにくいところがあるとしたら、②その本質が「閉じて」いてしかも「開いて」いるという、一見

二〇二〇年度　白百合学園中学校

【国　語】〈四〇分〉〈満点：一〇〇点〉

※字数制限がある問題は、「、」や「。」、カギカッコも一字と数えます。

一　次の文章を読んで、後の問いに答えなさい。

〔編集部注：課題文は著作権上の問題により掲載しておりません。作品の該当箇所につきましては次の書籍を参考にしてください〕

・池澤夏樹著『キップをなくして』（角川文庫　二〇〇九年六月初版発行）一九〇ページ八行目～一九七ページ最終行

問一　――線①「あれから」について、「あれ」の具体的な内容を十五字程度で答えなさい。

問二　――線②「死んでからわかったんだ」とありますが、ミンちゃんは何をきっかけにどういうことが「わかった」のか、六十字以内で説明しなさい。

問三　――線③「そこ」の説明として、最も適切なものを次の**ア**～**エ**の中から選び、記号で答えなさい。

ア　東京駅の中にある「駅の子」という組織で、キップをなくした子どもたちが集まって生活し、毎朝駅のホームで電車通学する子どもたちの手助けをしているところ。

イ　東京駅の中にある「駅の子」という組織で、亡くなった子どもたちが集まって生活し、毎朝駅のホームで電車通学する子どもたちの手助けをしているところ。

ウ　東京駅の中にある「駅の子」という組織で、キップをなくした子どもたちが集まって生活し、毎朝駅のホームで駅員さんや車掌《しょう》さんの手伝いをしているところ。

エ　東京駅の中にある「駅の子」という組織で、亡くなった子どもたちが集まって生活し、毎朝駅のホームで駅長さんの手伝いをしているところ。

問四　――線④「ママの毎日」とありますが、「ママ」は「毎日」どのような気持ちで過ごしていたのか、本文中の言葉を用いて、三十字以内で答えなさい。

問五　――線⑤「決心がついたわ」とありますが、ミンちゃんはどのような「決心」をしたのか、簡潔に答えなさい。

問六　――線⑥「『わかってる』とママは繰り返した」とありますが、このときのママの心情の説明として最も適切なものを次の**ア**～**エ**の中から選び、記号で答えなさい。

ア　娘を前向きにグランマのもとへ送り出したいが、自分がいないところで娘が本当に幸せになれるのか不安に思っている。

イ　娘と話をして娘の考え方のほうが正しいとわかり、自分の気持ちを整理することができて、すっきりしている。

ウ　これでもう娘に会えなくなるのはつらくてたまらないが、なんとかしてそれを受け入れようと自分に言い聞かせている。

エ　娘と別れるのはつらいが、様々な人と出会って成長し、自分で決心できた娘を頼《たの》もしく思っている。

問七　ママと別れた後の「ミンちゃん」の心情の説明として最も適切なものを次の**ア**～**エ**の中から選び、記号で答えなさい。

ア　ママときちんとお別れができたと思って、最初は元気に速足で歩いていたが、やがて、ママが自分の説明で納《なっ》得してくれたかどうか自信がなくなってきてしまった。そして、イタルの言葉によって、さらに不安がふくらんで大きな声で泣き出してしまった。

2020年度

白百合学園中学校　▶解説と解答

算　数　(40分)＜満点：100点＞

解　答

1 (1) 24　(2) 60　　2 82.896cm^2　　3 (1) 6973個　(2) 602個　(3) 15か所

4 (1) 60分後　(2) $68\frac{4}{7}$分後　　5 (1) 5：6　(2) 25：11　(3) $27\frac{35}{44}cm^2$

解　説

1 割合と比

(1)　AさんとBさんの個数の和は，144＋36＝180(個)であり，これは，あげる前とあげた後で変わらない。よって，あげた後のBさんの個数は，$180\times\frac{1}{2+1}=60$(個)だから，あげた個数は，60－36＝24(個)とわかる。

(2)　Bさんにあげた後のAさんの個数は，180－60＝120(個)なので，CさんがAさんとBさんにあげた個数を□個，AさんがDさんにあげる個数を△個として図に表すと，右のようになる。図で，

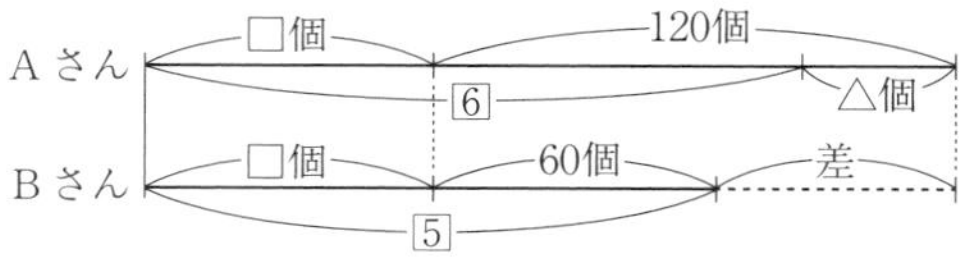

△個がAさんの個数の$\frac{1}{5}$にあたるから，$\boxed{6}$はAさんの個数の，$1-\frac{1}{5}=\frac{4}{5}$にあたる。よって，Aさんの個数は，$\boxed{6}\div\frac{4}{5}=\boxed{7.5}$なので，AさんとBさんの個数の差は，$\boxed{7.5}-\boxed{5}=\boxed{2.5}$となる。これが，120－60＝60(個)だから，$\boxed{1}$＝60÷2.5＝24(個)と求められる。したがって，Bさんの個数は，24×5＝120(個)なので，CさんがAさんとBさんにあげた個数(□)は，120－60＝60(個)とわかる。

2 平面図形―図形の移動，面積

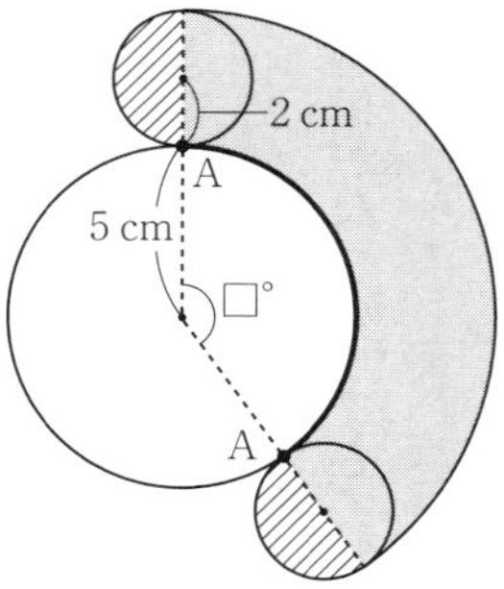

円㋐は右の図の太線部分を転がるから，太線部分の長さは円㋐の周の長さと等しくなる。また，円㋐の周の長さは，2×2×3.14＝4×3.14(cm)なので，太線部分の中心角を□度とすると，$5\times2\times3.14\times\frac{□}{360}=4\times3.14$と表すことができる。よって，$5\times2\times\frac{□}{360}=4$，$\frac{□}{36}=4$より，□＝4×36＝144(度)と求められる。したがって，かげをつけた部分は，半径が，5＋2×2＝9(cm)で中心角が144度のおうぎ形と，半径が5cmで中心角が144度のおうぎ形にはさまれた部分だから，面積は，$9\times9\times3.14\times\frac{144}{360}-5\times5\times3.14\times\frac{144}{360}=(81-25)\times3.14\times\frac{2}{5}=22.4\times3.14(cm^2)$となる。また，斜線《しゃせん》部分の面積の和は，$2\times2\times3.14=4\times3.14(cm^2)$なので，円㋐が通過してできる図形の面積は，22.4×3.14＋4×3.14＝(22.4＋4)×3.14＝26.4×3.14＝$82.896(cm^2)$と求められる。

3 場合の数，調べ

(1)　1けたの整数は1～9の9個あるから，1けたの整数に使われる数字は，1×9＝9(個)であ

る。また，２けたの整数は10～99の，99－10＋１＝90(個)あるので，２けたの整数に使われる数字は，２×90＝180(個)とわかる。同様に，３けたの整数は100～999の，999－100＋１＝900(個)あるから，３けたの整数に使われる数字は，３×900＝2700(個)となる。さらに，2020までの４けたの整数は，2020－1000＋１＝1021(個)あるので，４けたの整数に使われる数字は，４×1021＝4084(個)と求められる。よって，全部で，９＋180＋2700＋4084＝6973(個)の数字が並ぶ。

図１

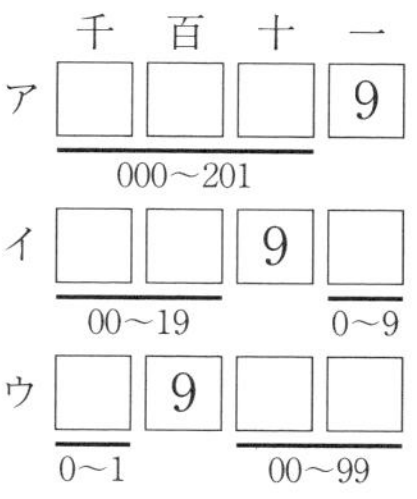

図２

エ　1，2，3，4
オ　122，123，124
　　1122，1123，1124
　　1229，1230，1231，…，1239，1240
　　10個
カ　231，232
キ　312，313

⑵　「0009」のように，０を補って考える。右の図１のアのように一の位が９のとき，千の位と百の位と十の位には000～201の202個の数が考えられる。よって，１から2020までのうち，一の位が９である整数は202個あることがわかる。また，イのように十の位が９のとき，千の位と百の位には00～19の20個，一の位には０～９の10個の数が考えられるから，十の位が９である整数は，20×10＝200(個)ある。同様に，ウのように百の位が９のとき，千の位には０～１の２個，十の位と一の位には00～99の100個の数が考えられるので，百の位が９である整数は，２×100＝200(個)ある。したがって，全部で，202＋200＋200＝602(個)と求められる。

⑶　右上の図２のエのように，最初の１，２，３の部分が条件に合う。また，１つの整数の中に「123」が連続して並ぶような整数は，オのように全部で，２＋10＝12(個)ある。さらに，カのように，「１」で終わり「23」で始まる部分が１か所，キのように，「12」で終わり「３」で始まる部分が１か所ある。よって，全部で，１＋12＋１＋１＝15(か所)とわかる。

4　時計算

⑴　長針は60分で１周するから，１分間に，360÷60＝６(度)動く。また，短針は80分で１周するので，１分間に，360÷80＝4.5(度)動く。よって，長針は短針よりも１分間に，６－4.5＝1.5(度)多く動くことがわかる。長針と短針の間の角度がはじめて90度になるのは，長針が短針よりも90度多く動いたときだから，90÷1.5＝60(分後)と求められる。

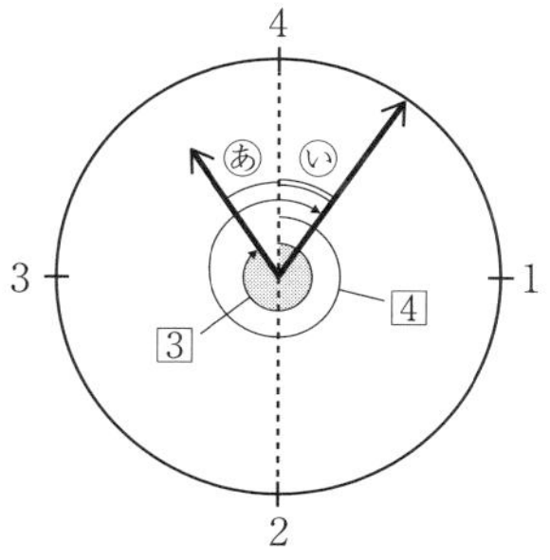

⑵　長針と短針が同じ時間に動く角の大きさの比は，６：4.5＝４：３だから，右の図のように，短針が動いた角(かげをつけた角)の大きさを$\boxed{3}$とすると，長針が動いた角の大きさは$\boxed{4}$となる。よって，$\boxed{3}$＝360度－(あ)，$\boxed{4}$＝360度＋(い)と表すことができる。ここで，(あ)の角と(い)の角の大きさは等しいから，短針と長針が動いた角の大きさの和は，360度－(あ)＋360度＋(い)＝360度＋360度＝720度とわかる。これが，$\boxed{3}$＋$\boxed{4}$＝$\boxed{7}$にあたるので，$\boxed{1}$＝720÷７＝$\frac{720}{7}$(度)となり，長針が動いた角の大きさは，$\frac{720}{7}$×４＝$\frac{2880}{7}$(度)と求められる。したがって，このようになるのは，$\frac{2880}{7}$÷６＝$\frac{480}{7}$＝$68\frac{4}{7}$(分後)である。なお，短針が右側，長針が左側にある場合は問題文中の図１のようになり，$34\frac{2}{7}$分後と考えることもできる。

5　平面図形―相似，面積

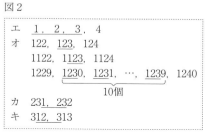

⑴　右の図で，五角形ABCDEは線対称《たいしょう》な図形である。また，AIとCDは平行で，AIの長さはCDの長さの半分だから，ＩとＥを結ぶと，点Ｉ，Ｅ，Ｄは一直線上にあることがわかる。したがって，BCとIDは平行なので，FG：GI＝FC：CD＝５：６と求められる。

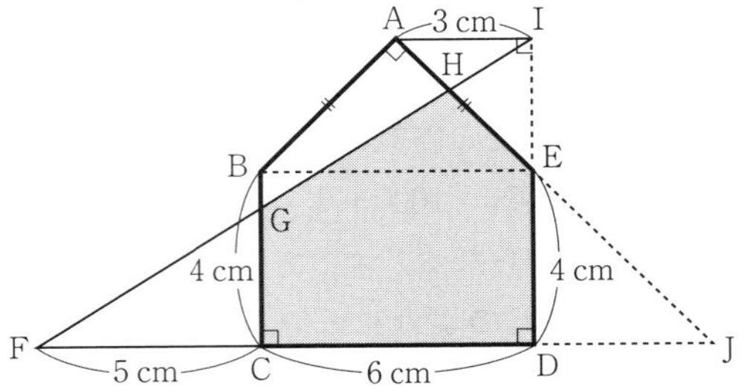

⑵　ＢとＥを結ぶと三角形ABEは直角二等辺三角形になるから，三角形AEIも直角二等辺三角形とわかる。よって，AEとFDを延長して交わる点をＪとすると，三角形EDJも直角二等辺三角形になるので，DJの長さは４cmとわかる。さらに，三角形HFJと三角形HIAは相似であり，相似比は，FJ：IA＝（５＋６＋４）：３＝５：１だから，FH：HI＝５：１となる。したがって，FIの長さを１とすると，GI＝$1\times\frac{6}{5+6}=\frac{6}{11}$，HI＝$1\times\frac{1}{5+1}=\frac{1}{6}$になるので，GH：HI＝$\left(\frac{6}{11}-\frac{1}{6}\right):\frac{1}{6}=\frac{25}{66}:\frac{11}{66}$＝25：11と求められる。

⑶　三角形HFJの面積から，三角形GFCと三角形EDJの面積をひいて求める。三角形HFJと三角形HIAの高さの比は５：１であり，その和は，３＋４＝７(cm)である。よって，三角形HFJの高さは，$7\times\frac{5}{5+1}=\frac{35}{6}$(cm)だから，三角形HFJの面積は，$(5+6+4)\times\frac{35}{6}\div 2=\frac{175}{4}$($cm^2$)とわかる。また，三角形GFCと三角形IFDは相似であり，相似比は，FC：FD＝５：（５＋６）＝５：11なので，GCの長さは，$7\times\frac{5}{11}=\frac{35}{11}$(cm)となる。したがって，三角形GFCの面積は，$5\times\frac{35}{11}\div 2=\frac{175}{22}$($cm^2$)と求められる。さらに，三角形EDJの面積は，４×４÷２＝８(cm^2)だから，五角形HGCDEの面積は，$\frac{175}{4}-\left(\frac{175}{22}+8\right)=\frac{1223}{44}=27\frac{35}{44}$($cm^2$)である。

社　会　(30分)＜満点：75点＞

解　答

1　**問１**　**ア**　関東　**イ**　箱根　**ウ**　九十九里　**エ**　霞ヶ浦　**問２**　**Ａ**　利根川　**Ｂ**　関東ローム　**Ｃ，Ｄ**　房総(半島)，三浦(半島)　**Ｅ**　日本　**Ｆ**　伊豆　**Ｇ**　小笠原　**問３**　工芸作物　**問４**　(i)　①　Ｂ　②　Ｃ　③　Ａ　(ii)　(例)　輸入品目の上位に衣類や食料品などの日用品が入っているから。　(iii)　④　自動車　⑤　原油　⑥　衣類

2　**問１**　(例)　総人口は減少を続けると予測されている。／65歳以上の高齢者の総人口に占める割合は増え続けると予測されている。　**問２**　(例)　少子高齢化が進むことで社会保障費が増大することが予想されるが，15～64歳の人口が減ることで，現役世代１人あたりの負担が増大すること。　**問３**　過疎地域

3　**問１**　大山(大仙)古墳(仁徳陵古墳)　**問２**　③　**問３**　(i)　豪族　(ii)　ヤマト(大和)政権　**問４**　広島県　**問５**　平氏　**問６**　(例)　自分の娘を天皇のきさきとし，生まれた子を天皇の位につけたこと。　**問７**　(例)　社殿の一部が海中に建てられている。　**問８**　中国　**問９**　ウ　**問10**　ア，エ　**問11**　首里城　**問12**　ア　**問13**　**ａ**　徳川家光　**ｂ**　徳川家康　**問14**　参勤交代　**問15**　**一揆**…島原・天草一揆(島原の乱)　**人物**…天草四郎(益田四郎時貞)　**問16**　オランダ　**問17**　フランス　**問18**　生糸　**問19**　②　**問20**　(例)　当時，主要な輸出品であった生糸の生産を増やし，外

貨を獲得するため。　**問21**　(例)　二度と同じような悲劇が起きることがないようにといういましめと願い。　**問22**　(i)　核兵器禁止(条約)　(ii)　**日本政府**…ウ　**被爆自治体**…イ

4　**問1**　**1**　248　**2**　100　**問2**　(i)　エ，カ　(ii)　(例)　一票の格差を縮めるため。　**問3**　(i)　ウ　(ii)　(例)　選挙権の年齢が18歳以上に引き下げられ，若者に選挙に関心をもってもらうための取り組みが行われたため。　**問4**　**ア**　○　**イ**　×　**ウ**　○　**問5**　エ　**問6**　イ　**問7**　日本

解説

1　関東地方の地理についての問題

問1　アは関東山地で，中部地方と関東地方の境に連なる。イは箱根山。神奈川県と静岡県の県境付近に位置する火山群の総称で，最高峰《ほう》は神山(1438m)。付近には芦ノ湖《あしのこ》や多くの温泉があり，多数の人々が訪れる観光地となっている。ウは九十九里浜。千葉県北東部にある，長さ約66kmにおよぶ日本最大級の砂浜海岸である。エは霞《かすみ》ヶ《が》浦《うら》で，琵琶湖についで日本第2位の面積をもつ湖である。

問2　**A**　日本最大の流域面積をもつ川は利根川である。　**B**　関東平野には，関東ロームとよばれる赤土におおわれた台地が広がる。関東ロームは富士山や箱根山，浅間山，榛名《はるな》山などの火山から噴出した火山灰が厚さ5～10mにわたって降り積もった層で，地層の下には砂れき層があるため水を通しやすく，台地一帯は水が得にくい。　**C～E**　関東地方南部は，東京湾をはさんで千葉県の房総半島と神奈川県の三浦半島が突《つ》き出している。沖合を暖流の日本海流(黒潮)が流れていることから，両半島とも気候が温暖で，野菜や花の栽培がさかんである。　**F**　大島があるのは伊豆諸島(東京都)。大島・三宅島・八丈島など多くは火山島で，海水浴などに多くの観光客が訪れる。　**G**　父島・母島があるのは小笠原諸島(東京都)。第二次世界大戦後，アメリカの統治下におかれ，1968年，日本に返還された。亜《あ》熱帯の気候に属し，はるか昔に島々が形成されて以来，一度も大陸とつながったことがないため，エクアドルのガラパゴス諸島と同様に独自の進化をとげた貴重な動植物も多く，大部分の地域が2011年にユネスコ(国連教育科学文化機関)の世界自然遺産に登録された。

問3　そのまま食用などに利用されるのではなく，加工されて製品となる農作物は工芸作物とよばれる。落花生やかんぴょう，こんにゃくいものほか，てんさい，さとうきび，茶，コーヒー豆，いぐさなどがあてはまる。工芸作物は特定の地域の特産物となっている場合が多く，落花生は千葉県，かんぴょうは栃木県，こんにゃくいもは群馬県が，それぞれ全国一の生産量をほこる。

問4　(i)　①はBの千葉港，②はCの成田国際空港，③はAの東京港にあてはまる。　(ii)　①は輸入額の大部分を石油が占《し》めていることから，千葉港と判断できる。石油の多くは近くの市原市や袖《そで》ヶ《が》浦《うら》市にある石油化学工場で利用される。②は輸出入品目の上位を電子機器や医薬品，集積回路など，軽量で高価なものが占めていることから，成田国際空港と判断できる。③は衣類や魚介《ぎょかい》類，肉類などが輸入品目の上位にあることから，東京港と判断できる。大消費地をひかえる東京港は，衣類や食料品など日用品の輸入額が多いことが特色となっている。　(iii)　④は自動車。高級乗用車の生産国として知られる国々が，輸入先の上位を占めている。⑤は原油。サウジアラビアやアラブ首長国連邦など，西アジアの国々からの輸入が大半を占めている。⑥は衣類。繊維《せんい》工業の発達が

めざましいアジアの国々からの輸入が多く，特に日本企業の工場が多くつくられている中国とベトナムが大きな割合を占めている。

2 日本の将来人口の動きについての問題

問1　グラフでは，今後約50年間を通じて日本の総人口が減少し続けることと，少子高齢化の進行によって，65歳以上の高齢者の総人口に占める割合が増え続けることが予測されている。

問2　高齢者の割合が増えるため社会保障費の財源の確保が難しくなることと，その一方で，現役世代である15～64歳の割合が減少するため，働く世代1人あたりの負担が増え続けることが心配されている。

問3　仕事などを求める若い世代を中心として，都市部に多くの人口が流出し，地域社会の維持が難しくなる現象を過疎《かそ》化といい，過疎化が進む地域は過疎地域とよばれる。全国各地の農山村で深刻な問題となっており，少子化による学校の統廃合，鉄道やバス路線の廃止などによる交通難，医師や医療《いりょう》機関の不足などが課題とされているほか，山林の手入れが行われないことで土砂災害の危険性が高まるといった問題も発生している。

3 世界遺産を題材とした歴史の問題

問1　Aは大山《だいせん》(大仙)古墳。仁徳《にんとく》天皇の墓と伝えられることから，仁徳陵《りょう》古墳ともよばれる。2019年に世界文化遺産に登録された「百舌鳥《もず》・古市古墳群」の中で最も大きい古墳であるとともに，国内最大の前方後円墳でもある。

問2　百舌鳥古墳群は大阪府堺市に，古市古墳群は大阪府羽曳野《はびきの》市・藤井寺市にある。

問3　(i)　古墳は3世紀後半から7世紀ごろにかけて，全国各地でつくられた大王《おおきみ》や豪族の墓である。ここでは「地方の有力者」とあるので，「豪族」があてはまる。　(ii)　百舌鳥・古市古墳群をはじめとして大阪府と奈良県には多くの大型の古墳がある。それらを築いた近畿地方の有力豪族が協力し，4世紀から5世紀にかけて大王を中心につくりあげた政権は，ヤマト(大和)政権とよばれる。

問4　Bの厳島《いつくしま》神社は広島県の厳島(廿日市《はつかいち》市宮島町)にあり，安芸《あき》国(広島県のほぼ西半分)の一宮として古代から人々の信仰《しんこう》を集めてきた。

問5　瀬戸内海航路の守り神として信仰を集めていた厳島神社は，12世紀後半に平氏の保護を受け，平氏一族の氏神となった。特に，平清盛はこれを厚く保護して社殿を現在ある姿に修築し，「平家納経」とよばれる豪華な経典を奉納した。

問6　保元の乱(1156年)と平治の乱(1159年)を勝ちぬいて政治の実権をにぎった清盛は，娘の徳子を高倉天皇のきさきとし，生まれた子を天皇の位(安徳天皇)につけ，天皇の外祖父として朝廷で大きな権力をふるった。

問7　厳島神社は厳島の沿岸部に位置しており，満潮時には社殿の一部がすぐ床下まで海水で浸《ひた》されるように建てられている。満潮時に大鳥居が海中に立つようすは，この神社を特徴《とくちょう》づける姿として広く知られている。

問8　琉球《りゅうきゅう》王国(沖縄県)は15世紀以降，明(中国)との間で朝貢《ちょうこう》貿易を行っていたこともあり，中国の文化の影響を強く受けるようになった。琉球王国時代のグスク(城)のなかでも特に首里城は，朱塗《しゅぬ》りの建築であることや瓦《かわら》，装飾物などに中国の影響が見られる。

問9　ア　沖縄では15世紀前半，中山王の尚巴志《しょうはし》が北山・中山・南山の3つの王国を統一し，琉球王国が成立した。　イ　琉球王国は17世紀初め，薩摩藩(鹿児島県)に占領され，江戸時代を通じてその支配を受けたため，薩摩藩に多くの税を納めなければならなかった。　ウ　明治政府は1872年，琉球に琉球藩をおき，それまでの琉球国王を藩王とした。そして1879年，軍隊・警察を派遣して藩王府を接収。琉球藩を廃止して沖縄県を設置することを通告し，中央から県令を送るとともに，尚氏の一族を華族として東京に移住させた。これを琉球処分という。

問10　江戸時代，北前船によって蝦夷《えぞ》地(北海道)から西日本各地に運ばれた昆布は，薩摩藩から琉球王国にもたらされ，さらに琉球王国を経由して中国にも輸出されていた。したがって，アとエがあてはまる。なお，昆布は海水温が低い海域に生息する海藻《かいそう》で，現在北海道が国内生産量の約70%を，残りを東北地方が占めている。また，写真２はきざみ昆布と豚肉などをいため煮《に》にした，クーブイリチーとよばれる代表的な沖縄料理である。

問11　琉球国王の居城であった首里城は，第二次世界大戦末期の沖縄戦のさいに焼失した。1980～90年代にその中心部が復元され，ほかの地域のグスクなどとともに首里城跡が世界文化遺産に登録されたが，2019年10月に発生した火災により，正殿，北殿，南殿が焼失した。

問12，問13　徳川家康は1616年に亡《な》くなると，その遺言にもとづいて久能山に葬《ほうむ》られ，翌17年，日光東照宮に改葬された。1636年，第３代将軍徳川家光は東照宮の大改修工事を行って豪華な本殿と陽明門を完成させた。家康が日光の地を選んだのは，日光が江戸のほぼ真北にあたり，不動の北《ほく》辰《しん》(北極星)の位置から神として幕府の安泰《あんたい》と日本全土の平和を守ろうとしたためといわれる。したがって，アが正しい。なお，イは上野の寛永寺にあてはまる。

問14　1635年，徳川家光は武家諸法度《しょはっと》を改定し，その中で大名に参勤交代を義務づけた。この制度により，大名たちが１年おきに多くの家臣とともに領地と江戸を往復したことから，各地の街道が整えられ，そのことが人や物資の移動を活発化させ，全国の文化交流をうながす結果となった。

問15　写真３は天草四郎(益田《ますだ》四郎時貞《ときさだ》)の石像。1637年に起きた島原・天草一揆《いっき》(島原の乱)で，反乱軍の指導者とされた16歳の少年である。

問16　島原・天草一揆のさい，オランダは幕府の要請を受け，船を派遣して一揆軍の立てこもる原城跡を砲撃した。オランダが幕府に協力したのは，対日貿易の利益が大きく，幕府の要請を断れなかったことや，当時，戦争で敵対関係にあったポルトガルと一揆勢につながりがあると考えたためである。

問17　1858年，アメリカとの間で通商条約(日米修好通商条約)を結んだ江戸幕府は，直後にイギリス・フランス・ロシア・オランダとも同様の条約を結んだ。安政の五か国条約ともよばれるこの条約により，外国人居留地に教会を建てることが認められた。この規定にもとづき，フランス人の神父たちは1864年，長崎の大浦にカトリック教会(大浦天主堂)を建てたが，その直後の1865年に長崎の浦上地区の住民十数名が教会を訪れ，自分たちは代々，密かに信仰を守ってきたキリスト教徒であると告白した。これが「信徒の発見」とされるできごとである。

問18，問19　製糸場では，カイコのまゆから生糸が生産される。富岡製糸場は現在の群馬県富岡市に建てられた官営模範工場で，1872年に操業を開始した。富岡の地が選ばれたのは，広い工場用地があったこと，周辺は養蚕がさかんな地域で，原料となるカイコのまゆが入手しやすかったこと，当時は近くに炭田があり，工場の動力である蒸気機関の燃料となる石炭が得られたことなどが理由である。

問20　明治政府が官営の製糸場を設立したのは，開国以来，最大の輸出品である生糸の生産をいっそう増やすことで，多くの外貨を獲得しようとしたからである。

問21　アウシュビッツ強制収容所は，第二次世界大戦中にヒトラーが率いるナチス・ドイツが行った民族浄《じょう》化《か》政策によりポーランド南部に設けられた施設で，150万人ともいわれるユダヤ人が虐《ぎゃく》殺《さつ》された。広島の原爆ドーム同様，世界遺産に登録されており，ともに「人類の負の遺産」とよばれることがあるが，いずれも「二度と同じような悲劇が起こらないように」といういましめと願いがこめられたものということができる。

問22　(i)　核兵器禁止条約は，核兵器の開発，実験，保有などを一切禁止するもので，2017年7月，国連総会で122か国・地域の賛成により成立した。しかし，アメリカなどすべての核保有国と日本などその同盟国は交渉《こうしょう》にも加わらず，議決に参加しなかった。　(ii)　被爆地である広島市と長崎市，被爆者団体をはじめとする市民団体は，唯一《ゆいいつ》の被爆国である日本こそ条約に調印すべきであるとして政府に要望を出していたが，日本政府は，核保有国が参加しないままの調印では核保有国と非保有国の対立をいっそう深めることになりかねず，被爆国である日本はすべての国が核兵器の廃絶に向けて努力していけるよう，核保有国と非保有国の橋渡しをするべきであるとして，交渉に参加しなかった。また，日本はアメリカの「核の傘《かさ》」の下で国の安全保障を進めている以上，アメリカが反対する条約に賛成するのは現実的でないという実情もある。

4　現代の日本の政治と社会についての問題

問1　参議院の議員定数は，これまで選挙区選出146名，比例代表区選出96名の計242名であったが，2018年7月の公職選挙法改正により，選挙区選出148名，比例代表区選出100名の計248名に改められた。なお，参議院では3年ごとに議員の半数ずつが改選されるため，2019年7月に行われた第25回参議院議員選挙では，選挙区選挙で74名，比例代表区選挙で50名が選出されている。

問2　(i)　合区とされたのは鳥取県と島根県，徳島県と高知県である。人口が少ない都道府県の上位4県であり，隣接《りんせつ》する位置にあることから，合区の対象とされた。なお，合区については，2015年7月の公職選挙法改正によるものである。　(ii)　各都道府県を選挙区とする参議院の選挙区選挙は，人口と議員定数の均衡《きんこう》がとりにくいことから，議員1人あたりの有権者の数に差がつきやすく，いわゆる「一票の格差」が大きくなりやすい。これを少しでも小さくするため，合区の制度が導入された。

問3　(i)　2019年の参議院議員選挙の投票率は48.8%で，1995年の44.52%についで過去2番目に低い数値であった。　(ii)　2015年7月の公職選挙法改正により，それまで20歳以上であった選挙権の年齢が18歳以上に引き下げられた。これにともない，若い世代が選挙に関心をもつよう，さまざまな取り組みが行われたことが，投票率の若干の上昇につながったものと考えられる。

問4　裁判員制度は殺人のような重大な刑事事件の第一審に，一般市民が裁判員として参加する制度である。審理は裁判官3名，裁判員6名の計9名で行われ，原則として多数決により判決が決定される。したがって，アとウは正しい。裁判員は20歳以上の国民を対象に有権者名簿《めいぼ》の中から抽《ちゅう》選《せん》で選ばれる。公職選挙法改正により有権者の年齢は18歳以上に引き下げられたが，裁判員の対象年齢は当分の間，20歳以上のままとされることが決まっているから，イは誤り。

問5　日本で働く外国人労働者の国籍別割合では，近年，ベトナム出身者の割合が急増している。

問6，**問7**　2019年6月，大阪でG20サミットが開かれ，日本はその議長国をつとめた。これに関連し，いくつかの関係閣僚《かくりょう》会合が日本の各地で開かれたが，そのうち6月15，16日に長野県軽井沢町で開かれた「G20持続可能な成長のためのエネルギー転換と地球環境に関する関係閣僚会合」では，エネルギー問題や地球環境問題に関するさまざまな話し合いが行われた。その主要議題の1つとなったのが，現在，世界的な問題となっている海洋プラスチックゴミによる汚染の問題である。

理　科　(30分)＜満点：75点＞

解　答

1 **問1** (例) ①を水でしめらせただっし綿の上に種子を置いたものに変える。 **問2** (例) ③のシャーレに光を通さない箱をかぶせて暗くする。 **問3** ⑤ ○　⑥ ×　⑦ ×　⑧ × **問4** (1) 子葉　(2) 無はい乳種子　(3) ヨウ素液 **問5** (ア), (エ), (オ)
2 **問1** **実験1**…酸素 **実験2**…水素 **実験3**…二酸化炭素 **問2** **方法**…水上置換(法) **性質**…(例) 水にとけにくい性質。 **問3** (例) ポンと音がして燃え，試験管の口に水てきがつく。 **問4** (1) 石灰水　(2) 酸性　(3) 黄色 **問5** (1) 3　(2) 1　(3) 2
3 **問1** **A** 赤色になる。 **B** 赤色になる。 **C** 赤色になる。 **E** 色は変わらない。 **問2** **記号**…A，B，C **気体**…水素 **問3** 13.5cm^3 **問4** 食塩(塩化ナトリウム) **問5** 下の図①
4 **問1** (ウ) **問2** 下の図② **問3** **位置**…(ア) **形**…(カ)
5 **問1** (ウ) **問2** (エ) **問3** (ア) **問4** ① (イ)　② (ウ)　③ (ア)　④ (カ) **問5** へん西風 **問6** (例) 太平洋側から大陸側に向かう南東の季節風がふくから。
6 **問1** (1) セ　(2) キ　(3) シ **問2** (1) ① 核　② 放射　③ 高　④ 低　⑤ 光電池　(2) (例) 発電量が天候に左右される点。 **問3** (1) (例) 下の図③　(2) ア　(3) 電子レンジ　(4) (ア) (2)　(イ) (1)　(ウ) (3) **問4** 4.3℃

図①

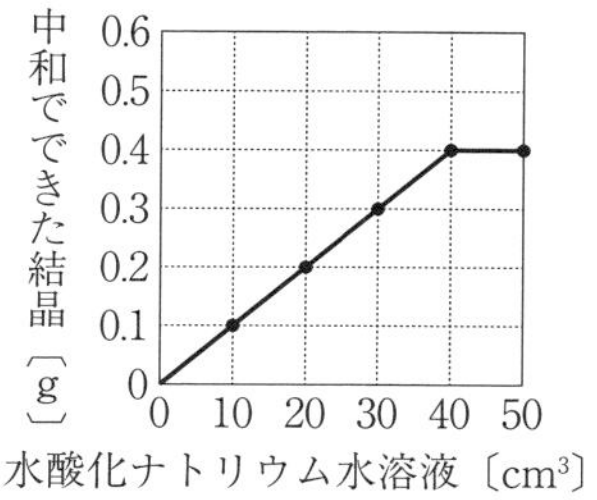

図②

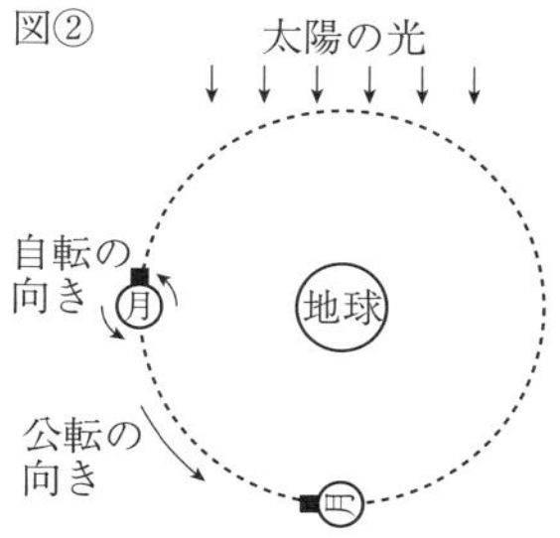

図③

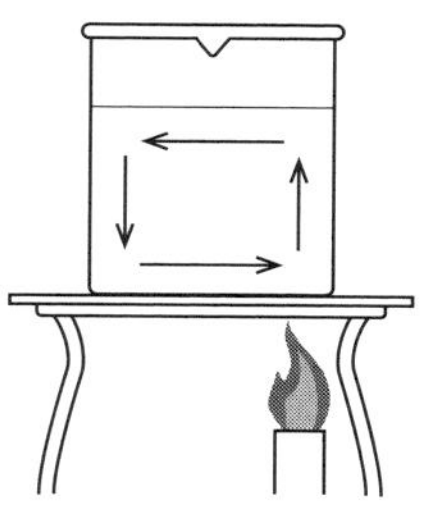

解　説

1 種子の発芽についての問題

問1 インゲンマメの種子の発芽に水が必要かどうかを調べるには，水の条件だけがちがい，ほかの条件は同じものどうしで比べる。①では種子が空気とふれていないので，水でしめらせただっし綿の上に種子を置いたものに変えるとよい。

問2 温度の影響《えいきょう》を調べるには，温度以外の条件をそろえる必要がある。④の冷蔵庫の中は光が

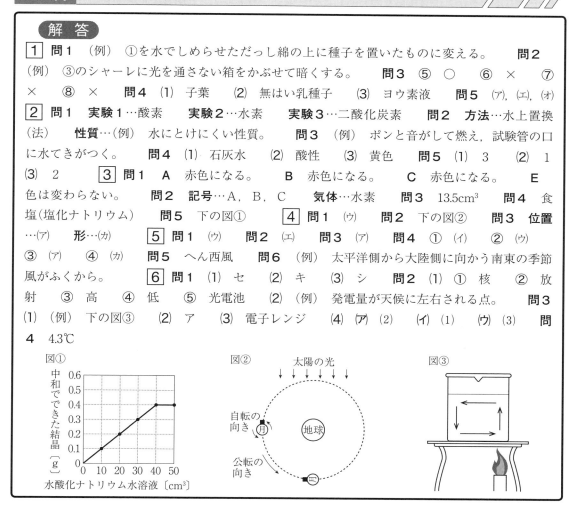

あたらないので，③も箱をかぶせるなどして光があたらないようにする。

問３　インゲンマメの発芽には，水，空気(酸素)，適当な温度の３つの条件がそろう必要があり，光は必要としない。⑤では３つの条件がそろっているので発芽するが，⑥は空気，⑦は適当な温度，⑧は空気と適当な温度の条件が不足している。インゲンマメの種子が発芽するのに適した温度は25℃前後である。

問４　インゲンマメの種子は，はい乳がなく，発芽のための栄養を子葉にたくわえている無はい乳種子である。また，子葉にたくわえられている栄養はおもにデンプンで，それがあるかどうかはヨウ素液で確かめることができ，デンプンがあると青むらさき色に変化する。

問５　アサガオ，ヒマワリ，ヘチマの種子は無はい乳種子である。一方，イネとトウモロコシの種子は栄養をはい乳にたくわえており，このような種子は有はい乳種子と呼ばれる。

2 気体の発生とその性質についての問題

問１　実験１では，オキシドールにふくまれている過酸化水素が分解して，酸素が発生する。実験２では，アルミニウムや鉄にうすい塩酸を加えた場合と同じように水素が発生する。実験３では，石灰石にふくまれる炭酸カルシウムとうすい塩酸が反応して二酸化炭素が発生する。

問２　酸素や水素などのように水にとけにくい気体は，集気びんに満たした水と置きかえて集める水上置換《ちかん》(法)で集めるとよい。

問３　水素は燃える気体で，水素を集めた試験管の口に火を近づけると，ポンという音をたてて燃える。そのさい水素が酸素と結びついて水ができるので，試験管の口のあたりには水てきがつく。

問４　二酸化炭素を石灰水に通すと，炭酸カルシウムという水にとけにくい白い固体ができるため，石灰水が白くにごる。この反応は二酸化炭素の確認に用いられる。また，二酸化炭素の水溶液《すいようえき》を炭酸水といい，弱い酸性を示す。よって，炭酸水にBTB液を加えると黄色を示す。

問５　(1)　ベーキングパウダーのおもな成分は炭酸水素ナトリウム(重そう)で，これにお酢《す》などの酸性の水溶液を加えると，二酸化炭素が発生する。　(2)　植物は，光合成により，光を利用して水と二酸化炭素からデンプンなどの栄養をつくり，同時に酸素を放出する。　(3)　燃料電池は，水素と酸素が結びついて水ができるときに放出されるエネルギーを電気に変える装置である。燃料電池を用いた自動車の場合，車の中に燃料としてたくわえた水素を空気中の酸素(酸素は燃料ではない)と反応させて電気をつくり，その電気でモーターを動かして走る。

3 水溶液の中和についての問題

問１　ビーカーＤの水溶液が中性となっているので，うすい塩酸とうすい水酸化ナトリウム水溶液は，30：40＝３：４の体積比で混ぜると完全に中和し，中性の食塩水となる。よって，この体積比よりもうすい塩酸の方が多いビーカーＡ～Ｃの水溶液は酸性であり，青色リトマス紙につけると赤色に変化する。一方，うすい水酸化ナトリウム水溶液の方が多いビーカーＥの水溶液はアルカリ性なので，青色リトマス紙の色は変化しない。

問２　鉄はうすい塩酸と反応して水素を発生するが，うすい水酸化ナトリウム水溶液や食塩水とは反応しない。よって，うすい塩酸が余って酸性となっているビーカーＡ～Ｃで水素が発生する。

問３　うすい水酸化ナトリウム水溶液18cm^3と完全に中和するのに必要なうすい塩酸の体積を□cm^3とすると，□：18＝３：４より，□＝18×３÷４＝13.5(cm^3)と求められる。

問４　ビーカーＤの水溶液は食塩水であるから，水分を蒸発させると食塩(塩化ナトリウム)の結《けつ》晶《しょう》が出てくる。

問５　ビーカーＡ～Ｄの水溶液においては，加えたうすい水酸化ナトリウム水溶液がすべて中和するため，中和でできた食塩の量は中和したうすい水酸化ナトリウム水溶液の体積に比例する。ビーカーＤの水溶液では，$0.1\times\frac{40}{10}=0.4$(ｇ)の食塩ができる。ビーカーＥの水溶液の場合，中和後にうすい水酸化ナトリウム水溶液があまり，水分を蒸発させたときに出てくる結晶には反応しなかった水酸化ナトリウムがふくまれるが，ここでは中和でできた食塩の量だけを考えればよい。ビーカーＥの水溶液で中和によってできた食塩の量はビーカーＤの水溶液と同じ0.4ｇである。したがって，解答に示したようなグラフとなる。

4　月から見た地球の見え方についての問題

問１　図２で，太陽の光は月の■印の地点の真上の方向から届いている。したがって，■印の地点から太陽を見ると，月の地平線よりかなり高いところに見える。

問２　月は地球のまわりを約１か月(約４週間)で１回公転するので，約１週間後には公転軌道《きどう》上を$\frac{1}{4}$周回る。そのため，図２で月は地球をはさんで太陽と正反対の側にくる。また，月の自転と公転はかかる時間や回る向きが同じなので，月は地球につねに同じ面を見せている。したがって，図２における約１週間後の月の位置では，■印の地点が月の左側に位置する。

問３　月はつねに同じ面を地球に向けているので，月面上のある地点から見た空の中での地球の位置はほとんど変わらない。また，図２の月の位置からは図１のように地球が半分欠けた形に見えているが，約１週間後の位置からは地球が太陽と同じ方向にあり，すべて欠けて見える。したがって，１週間の間に地球はしだいに欠けていくように見える。

5　地震《じしん》と黄砂《こうさ》についての問題

問１　図２で，小石の層や火山灰の層などを断層面の左右で比べると，地面１は地面２に対して下にずれているので，下に動いたといえる。

問２　図１で，地面１は地面２に対して東向きにずれているので，東に動いたことになる。

問３　断層面の上側にある地面２が下側にある地面１より上にずれている。このような断層は逆断層とよばれ，土地を両側からおすような向きの力がはたらいたときにできる。

問４　①　冬には，アジア大陸上に高気圧が発達し，日本付近では西高東低とよばれる気圧配置になる。高気圧におおわれた地域は天候がよく，嵐《あらし》などはほとんど起こらない。　②，③　春になり気温が上昇《じょうしょう》するようになると，大陸があたためられ，その上の空気もあたためられて軽くなり，上昇気流が発生しやすくなる。上昇気流が生じている地域は低気圧におおわれ，低気圧が発達すると風がまわりからふきこんで強い風がふくことが多くなる。　④　冬の間に凍土《とうど》となっていたところが春になってとけると，砂じんが巻き上げられやすくなる。

問５　日本付近の上空には１年を通して西からの強い風がふいている。この風はへん西風と呼ばれ，巻き上げられた砂じんを東に運ぶはたらきをする。

問６　日本が夏のときは，日本の東の太平洋上に高気圧が発達し，南東の季節風がふくため，黄砂がアジア大陸から日本へ運ばれにくくなると考えられる。

6　エネルギーについての問題

問１　(1)　扇風機《せんぷうき》は，電流がモーターに流れ，モーターが回転して羽根を回すので，電気エネルギーが物を動かすエネルギーに移り変わっている。　(2)　テレビは，電気を利用して画面を光らせて映像を見られるようにしているので，電気エネルギーが光エネルギーに移り変わっている。
(3)　ダイナマイトは，物質が変化するときに内部に持っていたエネルギーを瞬間《しゅんかん》的に放出することで，物を破壊《はかい》するなどのはたらきをする。化学エネルギーが物を動かすエネルギーに移り変わっているといえる。
問2　(1)　①　原子力発電は，ウランなどの核《かく》燃料が核分裂《ぶんれつ》を起こすときに発生する莫大《ばくだい》なエネルギーを用いている。　②　原子力発電所を運転すると放射性廃棄物《はいきぶつ》が出てくる。この放射性廃棄物の中には放射能が非常に長期間残るものがあり，原子力発電における課題の１つになっている。③，④　水力発電は，高いところにある水が低いところまで落ちるさいの勢いを利用して，タービンを回して発電する。　⑤　光を電気に変える装置は，光電池と呼ばれる。　(2)　太陽光発電は，光電池のパネルにあたる光の量によって発電量が左右される。よって，夜間には発電できず，昼間でもくもりや雨の日は発電量が少なくなるという欠点がある。また，発電量を大きくするには光電池パネルを設置するための広い土地が必要となり，日あたりのよさをふくめて考えると設置場所が限られる。
問3　(1)　図２において，ガスバーナーの炎《ほのお》があたっているビーカーの右下では水の温度が上がり，あたためられた水が上昇して，そのあとに左側の冷たい水が移動してくる。また，水面に近い部分では上昇してきた水が左側へ移動し，水全体が回転するように動きながらあたたまっていく。このような熱の伝わり方を対流という。　(2)　図３では，加熱している部分から順に，熱が金属棒の中を伝わっていく。したがって，加熱部分から最も遠いアのろうが最後にとける。このような熱の伝わり方は伝導と呼ばれる。　(3)　電子レンジは，マイクロ波という電磁波を食品にあててあたためる。これは空間を通りこして物を直接あたためる放射という熱の伝わり方に似ている。
(4)　(ア)は，ふれ合った２つの物の間で熱が伝わっているので，伝導があてはまる。(イ)は，空気が部屋全体を移動しながらあたたまるようすだから，対流があてはまる。(ウ)は，たき火やストーブから出る熱が空間を通りこして直接人をあたためているので，放射があてはまる。
問4　215キロカロリーの熱で50kgの水の温度が□℃上がるとすると，215×1000＝50×1000×□が成り立つ。よって，□＝215÷50＝4.3(℃)である。

国　語　(40分)　＜満点：100点＞

解　答

一　**問1**　(例)　一人娘のみなこが事故で死んだとき　**問2**　(例)　生まれて三日目で死んだ赤ちゃんが生まれたことを喜んでいるのだから，自分の命の短さを他人と比べてもしかたがないということ。　**問3**　ア　**問4**　(例)　わが子だけが死んだことを不公平に感じ，寂しく辛く思う気持ち。　**問5**　(例)　ママとお別れして天国に行くこと。　**問6**　ウ　**問7**　ウ
二　**問1**　(X)　ウ　(Y)　イ　**問2**　その人がそ　**問3**　Ⅰ　エ　Ⅱ　イ　**問4**　(1)　(例)　何に価値があるかを決めるのは，自分自身であるということ。　(2)　(例)　相手との相互関係の中で価値を見つけ与えられるということ。　**問5**　エ　**問6**　(例)　ボランティアが「報酬」として得る価値は，相手との相互関係の中で，自分の「内にある権威」に従って価値

があると思えるものを見つけ，相手から与えられるものだから。　**問７**　下記を参照のこと。

●漢字の書き取り

□二 問７　a　有効　b　傷(つく)　c　開花　d　注(ぎ)

解　説

□一 出典は池澤夏樹《いけざわなつき》の『キップをなくして』による。事故で死んでしまった「ミンちゃん」(みなこ)は，残された「ママ」のことが心配で，「駅の子」として過ごしていたが，このままではいけないと気がつき，天国に行くことを決心して，「ママ」にお別れをする場面である。

問１　ママは，「もういない」「みなこ」のためにつくった料理を前に泣いたり，一人しかいない自分の子だけが「死ななければならな」かったという不公平さに，他の人を妬《ねた》んだりしている。つまり，ママは一人娘《むすめ》の理不尽《りふじん》な死に対する深い悲しみから「四か月，毎日泣いていた」ものとわかる。後の部分で「ミンちゃん」が「わたしと同じように事故で死んだ赤ちゃんに会った」と話していることもふまえ，「一人娘のみなこが事故で死んだとき」のようにまとめる。

問２　直後に「人と比べちゃいけない」とあることに注目する。「ミンちゃん」が会った「赤ちゃん」は，「生まれて三日目」に事故で死んだにもかかわらず，生まれてきたことを「喜んで」いた。そのようすを見たことをきっかけに，「ミンちゃん」は自分の命の短さを「人と比べちゃいけない」と気づいたのである。

問３　「そこ」とあるので，前の部分に注目する。「ミンちゃん」は，「キップをなくした子」が集まり，「他の通学の生徒を助ける仕事」をする「駅の子」という組織でお世話になっていることが読み取れる。

問４　問１でも検討したように，子供がたくさんいる「他の人」たちに対し，一人しかいない自分の娘が事故で死ぬことになってしまった寂《さび》しさや不公平さから，「ママ」は「毎日泣いて」過ごしていた。「ミンちゃん」は，「人と比べちゃいけない」と気がつくまで自分だけが不幸だと辛《つら》く悔《くや》しく感じていたため，同じ状況《じょうきょう》にある「ママ」に自分を重ね，より心配したものと想像できる。

問５　問１，問３でみたように，「ママ」は死んでしまった娘を思い，「毎日泣いていた」。そんな「ママのことが心配だった」「ミンちゃん」は「駅の子」として暮らしていたが，「わたしがうろうろしていたら，いつになってもママはわたしを忘れられない」と考え，「天国」に行く決意を固めたのである。

問６　「天国」に行く決意を固め，「最後」のお別れを伝えた「ミンちゃん」に対し，「ママ」はやりきれなさを感じている。しかし，何度も「わかってる」と自分に言い聞かせることで，娘との永遠の別れを受け入れようとしているのだから，ウがふさわしい。

問７　「ママ」とお別れした「ミンちゃん」は，少しでも早く家から遠くへ行こうとするように「速足」だったものの，次第《しだい》にゆっくりと弱々しくなり，やがて「イタルの肩《かた》にすがるよう」な歩きかたになっている。このことからは，自分の決心が揺《ゆ》らぐことをおそれ，未練をふりきるように歩いていたものの，徐々《じょじょ》に辛さや切なさをつのらせる「ミンちゃん」のようすがうかがえる。その後，駅に着いた「ミンちゃん」は，イタルからいたわりの言葉をかけられたことでこらえていた思いがあふれ，「大声で泣きじゃくっ」ているので，ウが選べる。

□二 出典は金子郁容《かねこいくよう》の『ボランティア　もうひとつの情報社会』による。ボランティアとは「報酬《ほうしゅう》」

を得るものだと述べ，その理由を説明している。

問１　(X)「皮肉」は，遠回しに人の弱点などを意地悪くいうこと。　(Y)「独善」は，独《ひと》りよがりであること。自分だけで善《よ》いことだと思いこみ，ほかの人の意見を聞かないような態度のことをいう。

問２　続く部分で，筆者はロスアンゼルスの漁師《りょうし》から，「情報サービス料金を払《はら》ってもらうとか，あとからお礼の品を贈《おく》ってもらうという形での『報酬』」ではなく，「自分に流れ込《こ》んでくる大きな力という『報酬』」をもらったと述べている。つまり，ボランティアにおける「ある種の『報酬』」とは，「経済的なもの」ではなく，他人から「与《あた》えられた」自分にとって「価値あるもの」を指していると判断できる。

問３　Ⅰ　ロスアンゼルスの漁師からの「『報酬』は，もちろん，期待していな」かったが，筆者は「自分に流れ込んでくる大きな力という『報酬』」を「確かに，『もらった』」というのだから，前のことがらを受けて，それに反する内容を述べるときに用いる「しかし」が入る。　Ⅱ　ボランティアが「偽善《ぎぜん》的」だといわれる背景には「報酬」（見返り）の問題があると考えられるが，それが「経済的なもの」ではなく，「大きな力」といったものであるならば，うしろめたさを感じることなく「期待」に胸を弾《はず》ませながらボランティアに向き合うことができる。そのことを受けて，要は「報酬」をどう考えるかだとまとめているので，前で述べられた内容を“要するに”と言いかえるときに用いる「つまり」がよい。

問４　直後の二段落で，ボランティアが「報酬」として受け取るものの「価値」について述べられていることに注目する。　(1)　筆者は，ボランティアの「報酬」において「何が自分にとって価値があるかは，自分の『内にある権威《けんい》』に従って」決まると述べ，それを「閉じて」いると表現している。　(2)「ボランティアは，かならずや相手との相互《そうご》関係の中で価値を見つけ」るものだが，筆者はそれを「開いて」いると言い表している。

問５　「『外にある権威』だけに基《もと》づいて行動」した場合，「うまくいかなくとも，自分のせいではない」し，「自分の独自なるものを賭《か》ける必要がないから，傷つくこともない」と筆者が述べていることに着目する。つまり，うまくいかなかったことを人のせいにして，自分は責任をさける方法がとれることを「言い訳が用意されている」と表現しているので，エが合う。

問６　ボランティアにおいて「報酬」として与えられる「価値」は，「『外にある権威』だけに基づいて行動」したり，「『閉じている』だけのプロセス」で行動したりするだけでは得られないという点で「新しい」と述べられていることをおさえる。つまり，筆者が「新しい価値は『閉じている』ことと『開いている』ことが交差する一瞬《いっしゅん》に開花する」と述べているように，「相手との相互関係の中」で「自分にとって『価値がある』」と思えるものを見つけ，「それが相手から与えられたもの」だと感じたときに，「新しい価値が『報酬』として成立する」のである。

問７　**a**　効き目があったり，役に立ったりすること。　**b**　音読みは「ショウ」で，「軽傷」などの熟語がある。訓読みにはほかに「いた(む)」がある。　**c**　ここでは，“努力した効果があらわれる”という意味。　**d**　音読みは「チュウ」で，「注目」などの熟語がある。

2019年度　白百合学園中学校

〔電　話〕　(03) 3234—６６６１
〔所在地〕　〒102-8185　東京都千代田区九段北２—４—１
〔交　通〕　東京メトロ各線—「九段下駅」より徒歩10分
JR中央線・東京メトロ各線—「飯田橋駅」より徒歩10分

【算　数】（40分）〈満点：100点〉

1　東西にのびるまっすぐな線路があります。列車Ａ，Ｂは同時に東駅を発車し，途《と》中で停車することなく西駅へ向かいました。Ａの時速は180km，Ｂの時速は120kmで，Ａは８時56分，Ｂは９時16分にそれぞれ西駅に着きました。このとき，次の各問いに答えなさい。

(1)　ＡとＢが東駅を発車したのは何時何分ですか。

(2)　列車Ｃは(1)で求めたＡ，Ｂの発車時刻から10分後に西駅を発車し，途中で停車することなく東駅へ向かいました。Ｃの時速が180kmのとき，Ｃは最初にＡと出会ってから何分後にＢと出会いましたか。

2　原価が１個120円の品物を何個か仕入れました。その品物を販売したときの利益をすべて寄付するチャリティーイベントを２回開きました。このとき，次の各問いに答えなさい。

(1)　１回目は原価の30％の利益を見込《みこ》んで販売しましたが，仕入れた分の $\frac{1}{4}$ だけ売れ残ってしまいました。売れ残った分を原価の10％の利益を見込んで販売すると，すべて売り切れました。その結果，34800円の寄付金が得られました。１回目に品物を何個仕入れましたか。

(2)　２回目も，１回目と同じ個数を仕入れました。原価の25％の利益を見込んで販売しましたが，何個か売れたところで残りの２％が不良品であることに気がつきました。そこで，不良品を取りのぞいてすべての品物を売り切ったところ，31350円の寄付金が得られました。
　何個売れたところで不良品があることに気がつきましたか。

3　右の図のように三角形ABCがあり，AD：DB＝5：4，AE：EC＝1：1，AF：FC＝1：2となるようにD，E，Fをとります。
　また，DEとBFが交わった点をGとし，DHとACが平行となるようにBF上にHをとります。このとき，次の各問いに答えなさい。

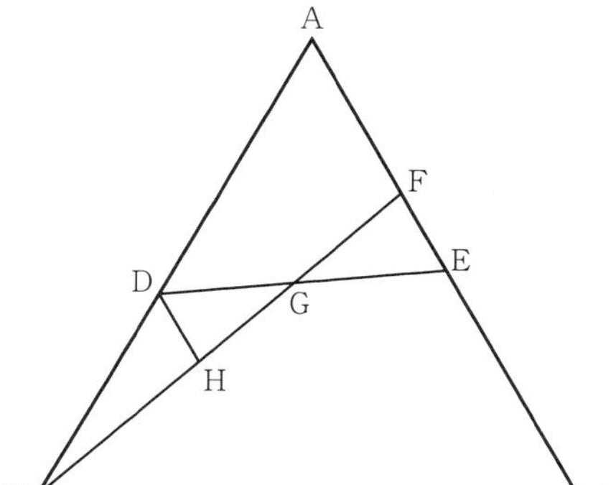

(1)　DG：EGをもっとも簡単な整数の比で答えなさい。

(2)　BG：GFをもっとも簡単な整数の比で答えなさい。

(3)　三角形BDGの面積は三角形ABCの面積の何倍ですか。

4　正六角形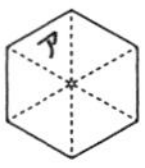を反時計回りに60°回転させながら，下の図のように左から順に規則的に25段まで並べました。このとき，次の各問いに答えなさい。

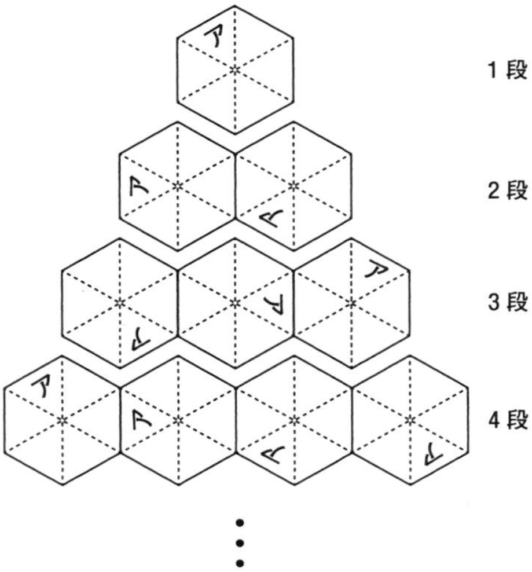

(1)　正六角形は全部で何個並んでいますか。

(2)　19段目のちょうどまん中の正六角形の向きを解答らんに書きなさい。

(3)　各段の一番左にある正六角形25個のうち，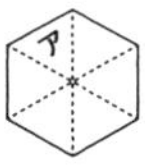と同じ向きになるものは何個ありますか。

5　1辺の長さが3cmの正方形ABCDを，点Cを中心に時計回りに180°だけ回転させました。

このとき，三角形ABDが通過する部分の面積を求めなさい。ただし，円周率は3.14とします。

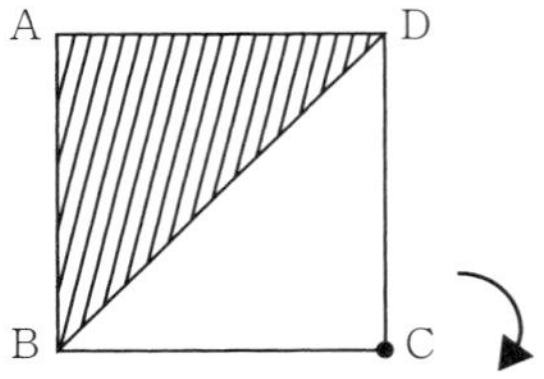

【社　会】（30分）〈満点：75点〉

1　次の表は，観測した最高気温が高い都市を示しています。あとの問いに答えなさい。

順位	都道府県	地点	気温(℃)	観測日
1	A	熊谷	41.1	2018年7月23日
2	B	美濃	41.0	2018年8月8日
〃	B	金山	41.0	2018年8月6日
〃	高知県	江川崎	41.0	2013年8月12日
5	B	多治見	40.9	2007年8月16日
6	新潟県	中条	40.8	2018年8月23日
〃	C	青梅	40.8	2018年7月23日
〃	山形県	山形	40.8	1933年7月25日

（気象庁 HP より）

問１　表中のＡ～Ｃの都道府県名をそれぞれ答えなさい。

問２　Ａの都道府県について正しく述べている文を次の**ア～エ**から１つ選び，記号で答えなさい。

ア．この都道府県は濃尾平野の内陸部に位置している。

イ．この都道府県は農業もさかんで，小松菜やネギなどを出荷している。

ウ．この都道府県にある川口市では昔からガラス産業がさかんである。

エ．この都道府県にある岩槻《いわつき》市では伝統的工芸品である岩槻焼がつくられている。

問３　Ｂの都道府県では，下の２枚の写真のような風景がみられます。

(1)　写真のタイトルの空らんＸとＹに入る地名および語句を答えなさい。

(2)　この写真からわかる家屋の工夫について説明しなさい。

写真　[　Ｘ　]郷でみられる[　Ｙ　]づくり集落

問４　表中のＣの都道府県では都市特有のヒートアイランド現象がみられます。ヒートアイランド現象とは何か，具体的な原因を１つあげて説明しなさい。

問５　表中の高知県について，次の文章の（１）～（９）に当てはまる地名・語句などを答えなさい。また[　Ｚ　]に入る文章を答えなさい。

高知県には豊かな森林と海があります。北には（　１　）山地があり，（　２　）県と（　３　）県に接し，南は太平洋が広がっています。山が多いため，河川も複数みられます。例えば北部を東西に（　２　）県に向かって流れる（　４　）川があり，その上流には早明浦《さめうら》（　５　）がつくられ，広範囲の地域の生活を支えています。気候は比較的温暖で，その特性をいかした農業がおこなわれています。例えば（　6　）の影響を避《さ》けるため，他地域よりも早く収穫する（　7　）米が生産されています。またビニールハウスで野菜を育て時期を早めて出荷する（　8　）栽培がおこなわれています。

（　8　）栽培のメリットは［　Z　］という点です。漁業では（　9　）の一本釣りが有名ですが，ほかにも四万十川などでアユやウナギがとれます。

2　次の系図を見て，あとの問いに答えなさい。

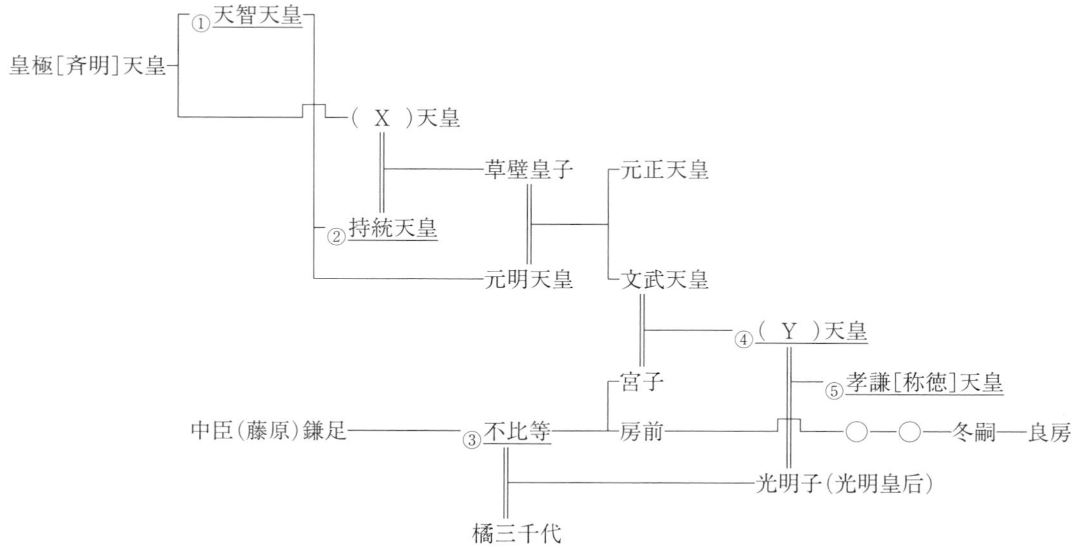

［　］は退位した天皇が（同じ人物が名前を変えて）再び天皇の位についたことを示す。

問1　下線部①の天皇が亡くなると，(ア)大友皇子と(イ)大海人皇子との間で皇位をめぐる争いがおきました。

(1)　この争いを何というか，答えなさい。

(2)　この争いに勝ったのはどちらか，(ア)・(イ)の記号で答えなさい。

(3)　この勝者は即位して何天皇〔系図の空らん（X）〕となったか，答えなさい。

問2　下線部②の天皇が694年，飛鳥からうつした初めての本格的な都は，何とよばれているか，答えなさい。

問3　下線部③は，律令の作成に関わったとされています。律令に定められた内容で誤っているものを，次の**ア**～**オ**から1つ選び，記号で答えなさい。

ア．6歳以上の男女に田地を口分田として与え，その人が亡くなると田地を国に返させるしくみができた。

イ．租は口分田に課せられた税のことで，稲の収穫高の約3％を納めさせた。

ウ．庸は，絹や地方の特産物を納めさせる税で，成人男子に課せられた。

エ．都には，政策などを決める太政官が置かれた。

オ．成人男子3～4人にひとりの割合で兵役の義務が課せられた。

問4　下線部④の空らん（Y）に入る名を答えなさい。

問5　下線部④の（Y）天皇，下線部⑤の孝謙天皇の時代を説明した文として誤っているものを，次の**ア**～**オ**から1つ選び，記号で答えなさい。

ア．（Y）は，全国に国分寺，国分尼寺を建てるよう命じた。

イ．（Y）は政治を安定させるため，恭仁京《くにきょう》，難波宮《なにわのみや》，紫香楽宮《しがらきのみや》，長岡京と次々に都をうつした。

ウ．行基は人々に仏教の教えを広め，橋やため池をつくるなど社会事業にも貢献した。また，大仏造立にも協力した。

エ．墾田永年私財法が出され，開墾した田地を永久に私有してもよいことにした。

オ．鑑真が僧の守るべき正しい規則などを伝えるために来日した。

3　次の史料について，あとの問いに答えなさい。

この①私が，謹《つつし》んで日本の歴史のうつり変わりを考えてみますと，昔，天皇の力がおとろえ，②藤原氏が政権を担当しました。

③保元・平治の乱で④政権が武家にうつってから私の祖先徳川家康にいたり，さらに，二百年余りも子孫が政権を受けつぎました。…（中略）

そして，私がその職についたのですが，今日の形勢になってしまったのも，結局私のいたらなさが引きおこしたことです。まして最近は，⑤外国との交際が日に日に盛んになり，政権が一つでなければ国家を治める根本の原則が立ちにくくなりましたから，これまでの古い習慣を改め，政権を朝廷に返還申し上げ，広く天下の議論をつくし，天皇のご判断を仰《あお》ぎ，心を一つにして協力して日本の国を守っていったならば，必ず海外の諸国と肩を並べていくことができるでしょう。

問1　下線部①について，私とは誰のことか，答えなさい。

問2　この史料の内容は，右の絵のように発表されたとされています。

(1)　絵が示すできごとを何というか，答えなさい。

(2)　この絵の場所はどこか，次の**ア**～**オ**から1つ選び，記号で答えなさい。

ア．江戸城　　**イ**．二条城　　**ウ**．姫路城

エ．駿府城　　**オ**．大坂城

問3　下線部②の時代（9世紀後半から11世紀前半ころまで）のものではないものはどれか，次の**ア**～**オ**から1つ選び，記号で答えなさい。

ア．徒然草　　**イ**．枕草子　　**ウ**．源氏物語　　**エ**．古今和歌集　　**オ**．竹取物語

問4　下線部③について，下記の説明文を読んで，あとの問いに答えなさい。

1156年，鳥羽法皇が死去するとまもなく，崇徳上皇と後白河天皇の皇位継承をめぐる対立に，藤原氏内部の争いが結びつき，保元の乱に発展した。この戦いは，それぞれが武士を動員したが，平清盛や（　　）が味方した後白河天皇側が勝利した。その後，院政

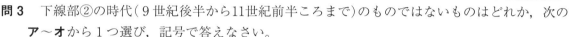

をはじめた後白河上皇の家臣間の対立から，1159年には，平治の乱がおこった。この戦いでは，武力にまさる平清盛が(　　)を破って勢力を拡大した。

上皇…天皇の位を譲った元天皇　　院政…上皇による政治

(1)　(　)に入る人物名を次の**ア**～**オ**から選び，記号で答えなさい。

ア．源義経　　**イ**．源義仲　　**ウ**．源義朝　　**エ**．源頼朝　　**オ**．平将門

(2)　下線部について，平清盛は港を整備し，積極的に中国との貿易をおこなった。この貿易の主な輸入品を，次の**ア**～**オ**から１つ選び，記号で答えなさい。

ア．香料　　**イ**．明銭　　**ウ**．刀剣　　**エ**．鉄砲　　**オ**．宋銭

問５　下線部④に関連し，次の**A**～**D**の史料について，あとの問いに答えなさい。

A

一，武芸と学問にしっかり励《はげ》むこと。

一，大名は，領地と江戸にかわるがわる住むこと。毎年四月に江戸に出てくること。つれてくる家来の数は，身分に合わせること。

一，新しく城をつくることは禁止する。城の修理をするときは，幕府に届け，指示を受けること。

一，大きな船をつくってはいけない。

(1)　この史料は何とよばれるものか，答えなさい。

(2)　下線部は何について定めたものか，答えなさい。

B

一，守護は京都の御所の警護と犯罪者の取り締まりなどの仕事に専念し，他の仕事に手を出してはいけない。

一，地頭は，年貢の受け渡しに不正をしてはならない。

一，子供のない女性は，養子をとって領地をゆずり渡してもよい。

(3)　この史料は何とよばれるものか，答えなさい。

(4)　この史料が出された時期には，北条氏が政治の実権を握《にぎ》っていました。北条氏がついた将軍を補佐する役職を何というか，答えなさい。

C

みんな心を一つにして，よく聞きなさい。これは私の最後の言葉です。亡くなった頼朝公は鎌倉に幕府を開いてからあなた方に高い位や恩賞を与えた。

その御恩は，山よりも高く，海よりも深い。この恩に報《むく》いるべく三代将軍の後を守るべきである。ただし，院に味方したい者は，ただいま申し出なさい。

(5)　この史料は，北条氏を倒せという命令が出された時に，御家人たちに対しておこなわれた演説です。この演説で御家人たちの動揺《どうよう》をくい止めた人物の氏名を答えなさい。

(6)　「北条氏を倒せ」という命令を出した人物は誰か，答えなさい。

(7)　この命令をきっかけにおこった，幕府と朝廷との戦いを何というか，答えなさい。

D

一，諸国の百姓が刀や脇差《わきざし》，弓，槍《やり》，鉄砲その他，武具などを持つことをかたく禁ずる。その理由は，不必要な武器を持っていると年貢を出ししぶり，一揆をお

こしたり，領主（武士）に反抗したりしがちである。

一，取り上げた刀や脇差は，無駄にせず，今度方広寺の大仏をつくるための釘《くぎ》やかすがいに使う。そうすれば，この世だけではなく，あの世までも民は救われることになるであろう。

(8)　この史料は何とよばれるものか，答えなさい。

(9)　この史料を出した目的は何か，答えなさい。

(10)　**A～D**の史料を時代の古い順に並べかえ，記号で答えなさい。

問6　**p.5**の下線部⑤について，この時期，日本はアメリカなど5か国と修好通商条約を結んで，外国との貿易を始めています。この条約には，日本にとって不利な項目が盛り込まれていました。このうちのひとつが日本の産業にどのような影響を与えたか，輸入の側面から説明しなさい。

※説明には，①日本にとって不利な項目，②右のグラフのAが示す輸入品を必ず入れること。

主要輸入品の割合（1865年）

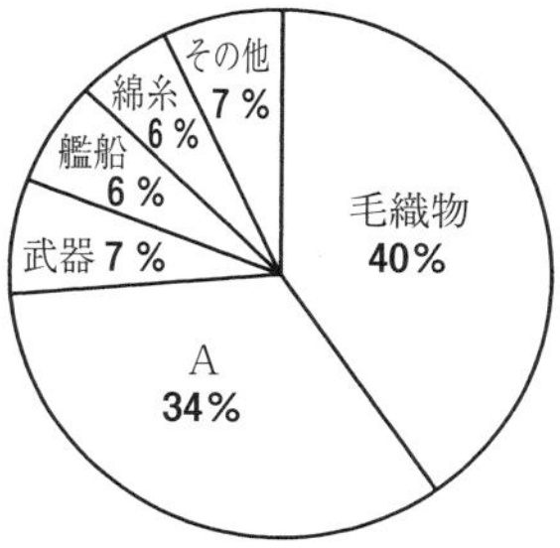

図説日本文化史大系より
（数字は四捨五入している）

問7　次の**ア～オ**は，明治維新前後のできごとを説明した文である。**下線部**のできごとが誤っている文を**ア～オ**から1つ選び，記号で答えなさい。また，**下線部**を正しく書きかえなさい。

ア．明治新政府は新しい政治の方針を明治天皇が神に誓うという形で**五箇条の御誓文**として発表した。

イ．**王政復古の大号令**によって，摂政，関白，幕府を廃止して，天皇を中心とする新政府をつくることを宣言した。

ウ．**廃藩置県**によって，大名たちがおさめていた領地と領民を朝廷に返させることになり，明治新政府が全国の支配権を形式上，手中におさめた。

エ．**徴兵令**は，満20歳以上の男子に兵役の義務を課すものであった。

オ．**太陽暦**の採用によって，1日24時間制，1週7日制が実施された。

4　次の文を読んで，あとの問いに答えなさい。

①平成最後となった②昨年の夏には立て続けに大きな災害がおきました。また③9月20日には衆参両院で過半数の議席を持つ政党の総裁選挙が，④9月30日には沖縄県知事選挙がおこなわれました。

問1　下線部①について，元号と天皇の代替わり（皇位継承）の説明として誤っている文を，次の**ア～ウ**から1つ選び，記号で答えなさい。

ア．最初の元号「大化」から，天皇の代替わりの時だけ，元号を変える「改元」がおこなわれてきた。

イ．明治以前は，大災害がおこった時なども改元がおこなわれてきた。

ウ．現在は，元号法により天皇の代替わりの時のみ改元がおこなわれる。

問2　下線部②について，

(1)　次の**ア**～**ウ**の災害がおきた順番に並べ，記号で答えなさい。

ア．北海道胆振《いぶり》東部地震　　**イ**．西日本豪雨　　**ウ**．台風21号（チェービー）

(2)　上の**ア**が引きおこしたこととして，次の**a**～**f**から当てはまるものをすべて選び，記号で答えなさい。

a．１つの都道府県全域にわたる数日間の停電

b．がけ崩れによる生き埋め

c．高潮による飛行場の冠水（浸水）

d．鉄道運休

e．川の氾濫《はんらん》による大規模な住宅地の浸水

f．その地の観測史上最強の風による住宅被害

問３　下線部③について，

(1)　この政党の名を書きなさい。（党を入れて漢字５文字）

(2)　この政党の総裁を選ぶ選挙が，日本の他の政党の党首選挙と違《ちが》う点を簡潔に書きなさい。

(3)　この選挙で総裁に選ばれた人の氏名を書きなさい。

(4)　(3)の選挙で対立候補だった人が，公約に「政治・行政の信頼回復100日プラン」を掲《かか》げたことは，どんなできごとを背景とするか。次の**a**～**e**から，当てはまるものをすべて選び，記号で答えなさい。

a．森友学園問題

b．2019年中の消費税10％への増税を決定

c．築地卸売市場移転問題

d．加計学園問題

e．憲法改正への意欲表明

問４　下線部④について，この選挙は，政府が米軍の新基地建設を推進することに強く反対した前知事が任期中に死去したことに伴《ともな》うものでした。

(1)　政府は沖縄のどこに米軍の新基地建設を推進していますか。

(2)　前知事は基地建設に必要な埋め立て承認とりけしを表明し，東アジアの軍事的緊張がゆるんでいることを理由としてあげました。これは2018年前半に，ある３つの国が合意したことを指しています。この３か国と合意の内容を書きなさい。

(3)　この選挙では，(a)国政与党が推薦《すいせん》する人，(b)前知事の方針を受け継ぐ人のどちらが当選しましたか。(a)・(b)の記号で答えなさい。

【理　科】（30分）〈満点：75点〉

1　百合子さんは，以下の動物①～⑪のからだのつくりや生活の違いについて調べました。そして，特徴《ちょう》**A**～**F**をもつ動物ごとにまとめ，右下の【表】を作りました。ただし，**B**・**C**・**D**の特徴をもつ動物については，まだ調べている途《と》中です。

これについて，**問1**～**問6**に答えなさい。

＜動物＞

①　バッタ　　②　イルカ　　③　ライオン　　④　クラゲ
⑤　サンショウウオ　　⑥　イワシ　　⑦　カラス　　⑧　シマウマ
⑨　ウミガメ　　⑩　コウモリ　　⑪　ヤモリ

＜特徴＞

A　背骨をもっていない。
B　子が母体内である程度育ってからうまれる。
C　子が卵でうまれる。
D　環境の温度変化にともなって体温が変化する。
E　一生，肺で呼吸を行う。
F　呼吸の方法が成長の過程で変化する。

【表】

特徴	動物の番号
A	①　④
B	?
C	?
D	?
E	②　③　⑦　⑧　⑨　⑩
F	⑤　⑪

問1　**A**の特徴をもつ動物について，**(1)**～**(3)**に答えなさい。

(1)　このような動物を何といいますか。

(2)　①バッタの頭部のスケッチはどれですか。次の**(ア)**～**(カ)**から選び，記号で答えなさい。

(ア)　**(イ)**　**(ウ)**　**(エ)**　**(オ)**　**(カ)**

(3)　①バッタと同じような段階をへて，卵から成虫になる動物を次の**(ア)**～**(カ)**からすべて選び，記号で答えなさい。

(ア)　セミ　　**(イ)**　カブトムシ　　**(ウ)**　チョウ　　**(エ)**　トンボ　　**(オ)**　ハエ　　**(カ)**　アリ

問2　**B**の特徴をもつ動物について，**(1)**，**(2)**に答えなさい。

(1)　**B**の特徴をもつ動物を①～⑪からすべて選び，番号で答えなさい。

(2)　百合子さんは，私たちヒトも**B**の特徴をもっていることに気がつき，ヒトがうまれるまでの育ち方について以下の文にまとめました。この文中の（**あ**）～（**き**）に入る適切な語句や数字を答えなさい。ただし（**い**）・（**う**）については，最も近い値を選びなさい。

ヒトは，（　**あ**　）と精子が合体してできた（**い**：0.0001　　0.001　　0.01　　0.1　　1）cm程度の受精卵が母親の子宮の中で成長し，通常では受精からおよそ（**う**：160　　270　　380）日後，親に似た形でうまれてきます。成長するための養分や（　**え**　）は，子宮内のかべにできる（　**お**　）と，（　**お**　）につながる（　**か**　）という管を通して，母親から受け取っています。子宮内は（　**き**　）で満たされているので，胎《たい》児をしょうげきから守ることができます。

問3　**C**の特徴をもつ動物には⑥イワシと⑦カラスが含まれます。これについて，**(1)**，**(2)**に答えなさい。

(1)　⑥イワシと⑦カラスで，産卵数が少ないのはどちらですか。番号で答えなさい。

(2) (1)で答えた動物が，もう一方と比べて産卵数が少ないのはなぜですか。理由を説明しなさい。

問 4　**C**の特徴をもつ動物のうち，背骨をもっているものは，さらに心臓がいくつの部屋に分かれているかで分類することができます。心房《ぼう》と心室の数が異なる心臓をもつ動物を①～⑪からすべて選び，番号で答えなさい。ただし，部屋が完全に分かれていない場合は，１つの部屋と考えます。

問 5　**C**の特徴をもつ動物のうち，**D**の特徴をもたない動物を①～⑪からすべて選び，番号で答えなさい。

問 6　特徴**E**と**F**について，百合子さんは表が正しいのかどうか自信がありません。【表】を確認し，正しければ○，間違いがあれば，どうすれば正しい内容になるか答えなさい。

2　氷とドライアイスを使って，実験をしました。これについて，**問１**～**問８**に答えなさい。

問 1　温度と時間を測りながら氷を温めてとかし，加熱し続けて水蒸気にしました。－(マイナス)40℃の氷が加熱開始から１分後にとけ始め，５分後にすべてとけ切り，10分後に水蒸気になり始めました。氷から水，水蒸気へと変化するときの時間と温度の関係をグラフで表しなさい。ただし，縦軸《たてじく》は温度〔℃〕，横軸は時間〔分〕とし，必要な値はすべてグラフに記入されています。

問 2　以下の文は，氷から水へ変わるときの温度変化について，説明したものです。(　)に入る適切な文を答えなさい。

氷から水へ変わるときの温度変化が，**問１**のようなグラフになるのは，外から加えられた熱が(　　　　)のに使われるからです。

問 3　「吸湿《しつ》発熱繊維《せんい》」は，人間の体から出される水蒸気が水へと変わることを利用した衣類です。これについて，(1)，(2)に答えなさい。

(1) 次の文は，人の体の表面で水が変化するときのようすについて書かれたものです。①，②に入る適切な語句をそれぞれ答えなさい。

私たちは，体がぬれると，その水分が(①)するときに，周囲から熱を(②)ため，涼《すず》しく感じます。

(2) なぜ「吸湿発熱繊維」を着ると温かいのか，(1)の文を参考にして理由を答えなさい。

問 4　多くのものの体積は，固体から液体，気体へと変化していくと，どうなりますか。

問 5　１gの氷がすべて水蒸気に変わると重さはどうなりますか。次の(ア)～(ウ)から選び，記号で答えなさい。

(ア)　１gより軽くなる　　(イ)　１gより重くなる　　(ウ)　１gのまま

問 6　ドライアイスは，何の固体ですか。

問 7　ドライアイスは直接気体に変化します。この変化のことを何といいますか。

問 8　右図のように，ドライアイスを水につけた容器の上で，シャボン玉を作りました。すると，シャボン玉は下に沈まずに，水面より少し高い位置で浮きました。これはなぜですか，理由を簡単に説明しなさい。

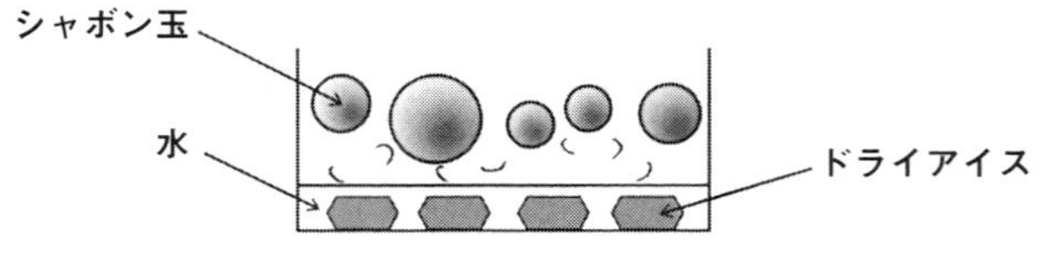

3　下の【表】は，100gの水にとけることのできるホウ酸の量を表したものです。もののとけ方について，**問1**～**問5**に答えなさい。ただし，計算で割り切れない場合は，小数第2位を四捨五入し，小数第1位まで答えなさい。

【表】

水の温度[℃]	0	20	40	60	80	100
ホウ酸[g]	2.8	4.9	8.9	14.9	23.5	38.0

問1　ものをとけるだけとかした水溶《よう》液のことを何といいますか。

問2　12gのホウ酸を水100gにとかしました。この水溶液のこさは何%ですか。

問3　12gのホウ酸を60℃の水100gにとかしました。あと，何gのホウ酸をとかすことができますか。

問4　12gのホウ酸を60℃の水100gにとかしました。この水溶液を20℃まで冷やすと，何gのホウ酸が出てきますか。

問5　20gのホウ酸を80℃の水100gにとかした後，加熱して水を20g蒸発させ，その後水溶液を80℃に保ちました。この水溶液には，あと何gのホウ酸がとけますか。または，何gのホウ酸がとけずに容器の底に出てきますか。解答欄《らん》の(　)に入る適切な数字と語句を答えなさい。

4　**【図1】**は地球のまわりを公転している月を，地球の北極上空から見下ろしたようすを表しています。これについて，**問1**～**問4**に答えなさい。

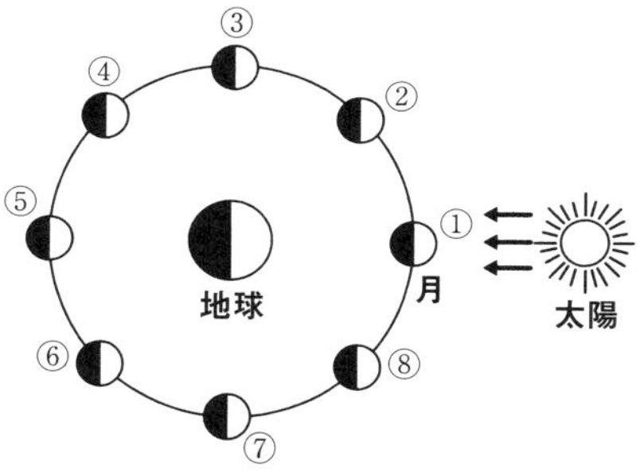

【図1】

問1　月のように惑《わく》星のまわりを回っている天体を何といいますか。

問2　**【図1】**の②，③，⑤の位置に月があるとき，日没《ぼつ》頃に東京で観察した月の位置と見え方がわかるように図をかきなさい。

問3　**【図1】**の②，③，⑤の位置に月があるとき，東京で観察した月を何といいますか。次の**(ア)**～**(オ)**からそれぞれ選び，記号で答えなさい。

(ア)　満月　　**(イ)**　新月　　**(ウ)**　上弦《げん》の月　　**(エ)**　下弦《げん》の月　　**(オ)**　三日月

問4　**【図1】**の②，⑤の位置に月があるとき，南半球の都市アデレード(東京とほぼ同じ経度にある都市：**【図2】**を参照)で見える月はどのような形をしていますか。次の**(ア)**～**(カ)**からそれぞれ選び，記号で答えなさい。ただし，□の下側に地平線があることとします。

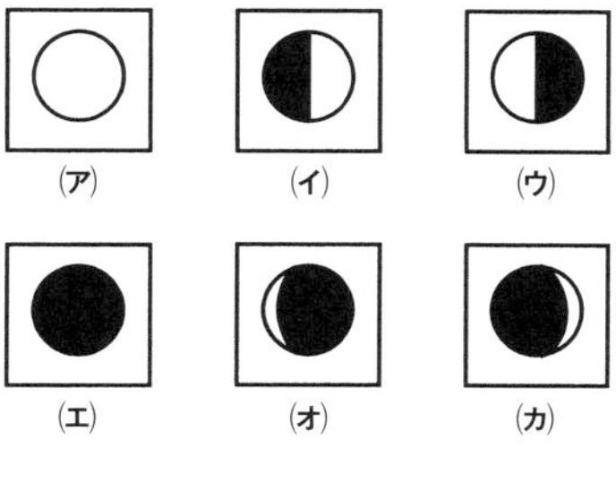

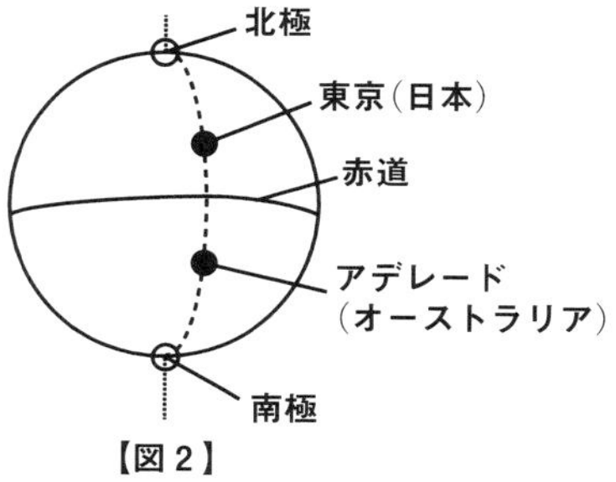

【図2】

5 【図１】は，ある年に東京で観察された月食を，一定時間ごとにスケッチしたものです。なかほどの３つの黒丸のところでは皆既《かいき》月食になっており，その前後の点線の丸の部分では部分月食が観察されました。また，【図２】は地球の北極上空から見下ろしたときの，月食時の太陽と地球と月の関係を表しています。これについて，**問１**～**問４**に答えなさい。

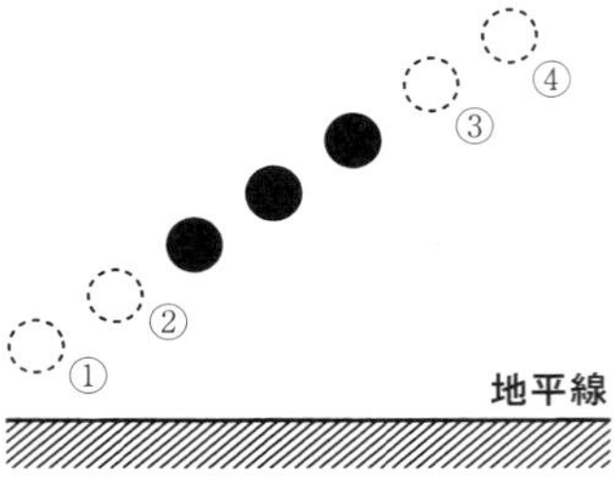

【図１】

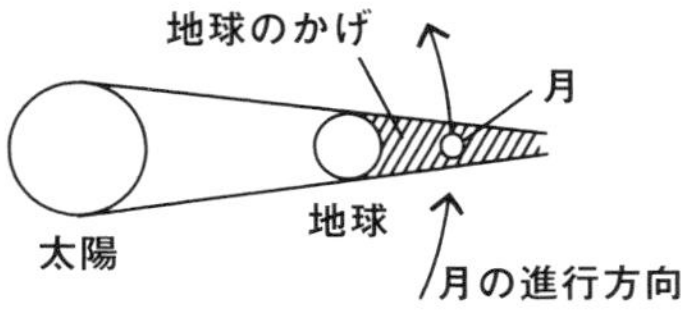

【図２】

問１　【図１】は東京の空のどちらの方角を向いてスケッチしたものですか。次の(ア)～(エ)から選び，記号で答えなさい。

(ア)　東　　(イ)　西　　(ウ)　南　　(エ)　北

問２　【図１】の①～④のうち，１番最初にスケッチした月はどれですか。①～④から選び，番号で答えなさい。

問３　【図１】の①～④にあてはまる月の見え方はどれですか。右の(ア)～(エ)からそれぞれ選び，記号で答えなさい。

(ア)　(イ)　(ウ)　(エ)

問４　この月食を南半球の都市アデレード(東京とほぼ同じ経度にある都市)で観察しました。【図１】と同じ方角を観察したときの図として最も適切な図を，次の(ア)～(ウ)から選び，記号で答えなさい。

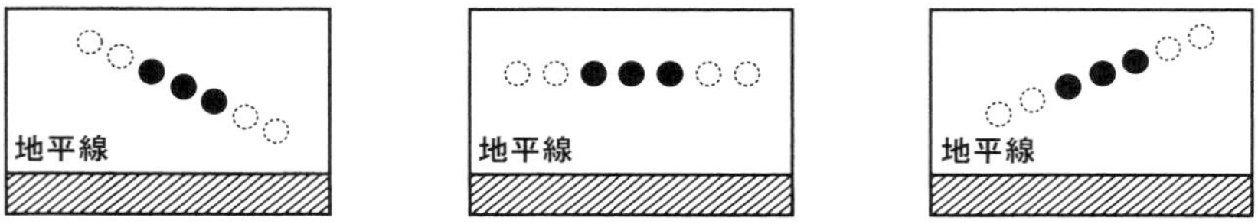

(ア)　(イ)　(ウ)

6 光と音について，**問１**～**問10**に答えなさい。

問１　【図１】の虫めがねや【図２】のルーペはものを観察するときに使います。【図２】のルーペの使い方を説明した次の文を読んで，①～⑤に入る適切な語句を(ア)～(ケ)からそれぞれ選び，記号で答えなさい。

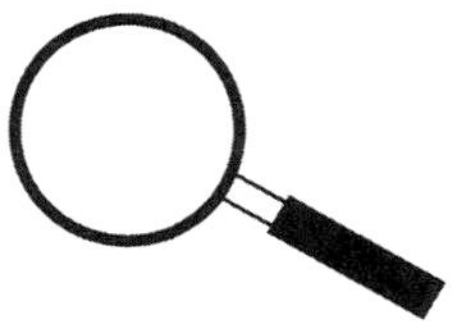
【図１】

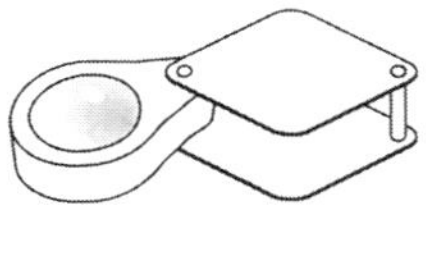
【図２】

【図２】のルーペのレンズは【図１】の虫めがねのレンズと比べて(　①　)ので，虫めがねを使うときのように(　②　)観察すると(　③　)。したがって，ルーペは(　④　)使います。観察するものを動かせるときは，前後に動かしてピントを合わせます。観察するものを動かせないときは，(　⑤　)前後に動かしてピントを合わせます。

(ア)　小さい　　(イ)　大きい　　(ウ)　同じ大きさな

(エ)　目に近づけて　　(オ)　目から離して

(カ)　せまい範囲しか観察できなくなってしまいます

(キ)　観察したいものをきちんと観察することができます

(ク)　ルーペだけを　　(ケ)　ルーペを目に近づけたまま

問2　虫めがねやルーペに使われているレンズを使うと，太陽の光を集めることができます。**【図3】**のようにレンズに光をあてて紙の位置を変えると，紙の上の明るい部分の面積が変わりました。紙の上の明るい部分が最も熱くなるのは，紙が(ア)～(エ)のどの位置にあるときですか，記号で答えなさい。

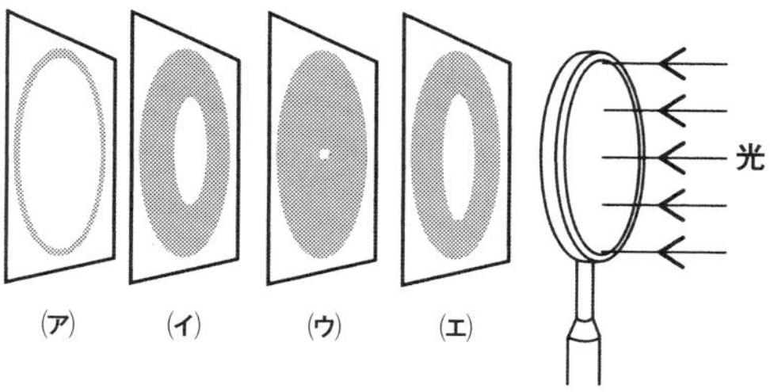

【図3】

問3　レンズで**【図3】**のように光を集めることができるのは，光が質の違うものへななめに出入りするとき，折れ曲がって進むためです。**【図4】**のような3本の光がレンズを通った後，どのように折れ曲がって進むのか，続きを解答欄《らん》にかきなさい。

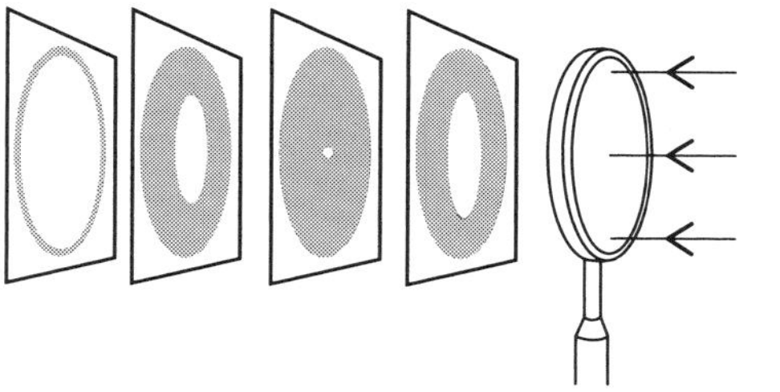

【図4】

問4　ふくらみ方が違う2つのレンズに同じように光をあてました。**【図5】**は，そのようすを真横から見た図です。レンズを通ったあと光がどのように折れ曲がって進むか，続きを解答欄にかきなさい。ただし，2つのレンズで違いがある場合，その違いがはっきりわかるようにかくこと。

【図5】

問5　**問3**の実験を形の違うレンズを使って行いました。集まる光の量が元のレンズより多くなるレンズの形を，次の(ア)～(エ)からすべて選び，記号で答えなさい。

(ア)　大きさが大きくふくらみ方は同じ

(イ)　大きさが小さくふくらみ方は同じ

(ウ)　大きさは同じでふくらみ方が大きい

(エ)　大きさは同じでふくらみ方が小さい

問6　**問5**の解答を選んだ理由を，光の量とレンズの「大きさ」・「ふくらみ方」の関係がわかるように説明しなさい。

問7　虫めがねの角度を(ア)～(エ)のように変えて，太陽の光をあてました。光の集まったところが最も明るくなるものを(ア)～(エ)から選び，記号で答えなさい。

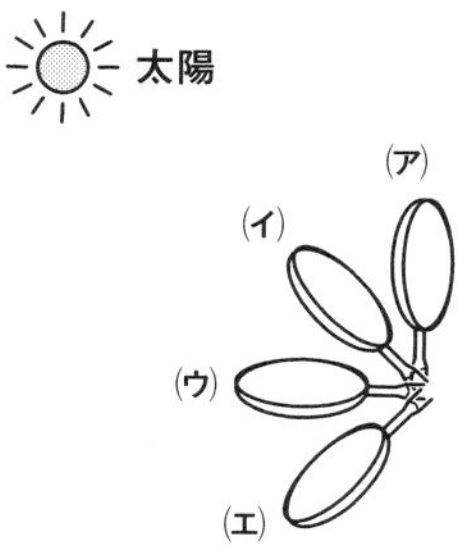

問8　地表への太陽の光のあたり方は時間によって変わります。同じ面積の地表は12時と15時とでは，どちらがより多くの光を受けますか。**問7**の答えを参考に答えなさい。

問9　レンズの代わりに鏡を使っても光を集めることができます。それは鏡の表面である現象が起こって光の進む向きが変わるからです。この現象名を漢字で答えなさい。

問10　音でも，光と同じように物体の表面で**問9**の現象が起こります。このことを利用して，真

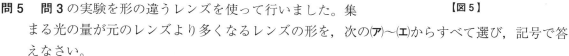

下の海底に向かって音を発射し，返ってくるまでの時間をはかることで海底の深さを測定することができます。瀬戸内海では最も深いところで水深が465mあることがわかっています。この場所の海面から真下の海底に向かって音を出したとき，音を出してから返ってくるまでにかかる時間を求めなさい。ただし，水中での音の速さは，毎秒1500mであるとします。計算で割り切れない場合は，小数第3位を四捨五入し，小数第2位まで答えなさい。

（藤原新也『名前のない花』一部改）

【注】 1 仕込み…教えて身につけさせること。
2 安直な…気軽なさま。深く考えないさま。
3 畏れ…敬意を持ち、ありがたいと感じること。

問一 ══部a「魂胆」・b「一本気な」・c「肩すかしを食った」の意味として、最も適切なものをそれぞれ**ア**～**エ**の中から選び、記号で答えなさい。

a 「魂胆」
ア 本心 **イ** 期待 **ウ** たくらみ **エ** 愛情

b 「一本気な」
ア 純粋《すい》でまっすぐな性格の
イ 頑《がん》固でゆうずうがきかない性格の
ウ マイペースで周囲を気にしない性格の
エ 正義感が強く勇敢《かん》な性格の

c 「肩すかしを食った」
ア 無駄《だ》になった **イ** 途方《とほう》にくれた
ウ 見放された **エ** 当てが外れた

問二 □で囲まれた**A**～**F**の「自分」は、それぞれ何を指していますか。次の**Ⅰ**～**Ⅲ**に分類して、記号で答えなさい。
Ⅰ 私（シンヤ） **Ⅱ** 父 **Ⅲ** 私、父以外

問三 ――部①「あっけなくその場から立ち去って行った」とありますが、父はどのような思いで「立ち去って行った」と「私」は考えていますか、四十字以内で答えなさい。

問四 空欄〔X〕に入る言葉として最も適切なものを次の**ア**～**エ**の中から選び、記号で答えなさい。
ア 驚きの表情 **イ** あきらめの念
ウ あきれた表情 **エ** 尊敬の念

問五 ――部②「毎日ひとつだけ作るだけでええ」と言った時の父の思いは、どのようなものだったと「私」は考えていますか。本文中の言葉を使って、八十字以内で具体的に説明しなさい。

問六 ――部③「まるで他人の手のように自分の手を見ながら」とありますが、そのような感覚を表した五字以内の言葉を本文中から抜《ぬ》き出し、書きなさい。

父が家に帰ってきたのは夜の十時半をまわった頃《ころ》だった。後かたづけを終えてのち、出汁巻きの失敗の山を前に呆《ぼう》然としている時のことだった。父は私がその時間まで出汁巻きを作っていたことに驚いたらしい。通りすがりに台所に電灯が灯《とも》っているのを見て入口から顔をのぞかせた。そして状況《きょう》を一目するなり「ほーっ、まだやっちょったんか」と言う。

そして出汁巻きの残骸《がい》を見るなり「ようけ(沢山《たくさん》)作ったのぉ。はっはっはっ」と大笑いした。私はそこでなんらかのアドバイスがあるかと思っていたが、父はそのまま自分の部屋の方に向かった。そして離《はな》れぎわに何食わぬ顔で次のように言う。

「シンヤ、ひとつだけでええ、学校から帰ってきたら②毎日ひとつだけ作るだけでええ」

……たったひとつ？

私はあっけにとられるとともに言葉の意味するところのものを汲《く》み取りかねた。しかし翌日から、言われたとおりにたったひとつだけの出汁巻きを作りはじめる。そしてやがて父の言葉の真意に気づく時が訪《おとず》れることになる。

それまでの私には大量に用意された卵を前に、失敗すれば次を作ればよいという【注2】安直な気持ちがどこかにあった。それが一日ひとつと限定されたことによって一回きりの真剣《けん》勝負とならざるをえなかった。日々、卵を前に身の引き締《し》まるのを覚えた。

思うにこれは料理というものを作る上において当たり前のことである。食べ物を食べる前に「(命を)いただきます」という言葉があるように、それを調理する時にも人は何かの生物の命を奪《うば》っている。その命をいただくという【注3】畏《おそ》れを持ちながら、それをおろそかにしないように真剣に食材に向かい合うというのは料理する者が持つべき基本の心構えというものだろう。私は父が大きな魚をさばいたあとにその頭《かしら》に向かって軽くサッと手を合わせるその仕草の意味がわかったような気がした。

結局、合計何日間出汁巻きを作り続けたのかはっきりとは覚えていない。ただある日を境にひとつの変化が起きた。C自分の手の動きのぎこちなさがふっと消えたように思えたのだ。それが妙《みょう》に客観的に見えるようになった。それまで私は頭で一生懸《けん》命に手をコントロールしようとしていた。しかしある時から手が自然に勝手にD自分で動き、頭がそれを追いながら見ているという、それまでとは逆の状態が訪れたのだ。

その手を見ながら、ある時、一瞬奇《き》妙な思いが過った。③まるで他人の手のように自分の手を見ながら、E自分が厨房《ちゅうぼう》のかたわらで見ていたあの父の手が一瞬それに重なり合ったのだ。

その時、後ろで声がした。

「でけたか？」

振《ふ》り向くとそこに父が立っていた。

私は無言でうなずく。

「見してみ」

私は父がいつも私にそうするように、出汁巻きを巻いた簾《すだれ》を開き、包丁でさっと湯気の立つ出汁巻きの端《はし》を切り落とし、父に差し出す。

父はひょいとそれを口に放りこむ。

いつもF自分が作った出汁巻きを味見するやり方だ。

「ようでけちょる」

父は簾の上にある出汁巻きに目を落とし、ひとことそう言った。

「出汁巻きっちゅうもんはこげいでなきゃいかん」

父はそんな言葉を残し台所を出て行った。いつもの素っ気ない態度だった。だが私は父が去ったあとの台所で小躍《おど》りしたい気分を抑《おさ》えていた。

二　次の文章を読んで、後の問いに答えなさい。

「やってみい」

父は積み上げられた箱の前でひとこと言う。

言葉の意味するものがすぐには理解できなかったが、数瞬《すうしゅん》を置いて出汁《だし》巻きのことが頭を過《よぎ》った。

「だしまき……？」

「そうじゃ」

「今？」

「やってみい。ここの卵、全部潰《つぶ》してもええからやってみい。出汁はとってある。まだオマエにゃ出汁は無理じゃからの」

まな板の上にはボウルいっぱいの出汁が用意されていた。

思うに、その時旅館を継《つ》がせるための【注1】仕込《こ》みとしてのよい機会だといったような a 魂胆《こんたん》が父親にあったとは思えない。明治生まれの b 一本気な彼《かれ》の行動にはいつもうらがなかった。彼は子供が A 自分 の真似《まね》をしていることを知ってただ嬉《うれ》しかっただけなのではないかと思う。本当に立派な出汁巻きの作り方をこいつに教えてやろう。ただそれだけのことであったと思う。敏《びん》感な子供はそんな父の気持ちを感じ取り、一人の人間同士として父と向かい合っている気分になった。そして B 自分 のために貴重な卵を大量に取り寄せていたことに驚《おどろ》くとともに、そのとんでもない気前の良さのせいでいつも母親に小言を言われていた父の姿をあらためてそこに見ていた。たとえば父は、久留米《くるめ》の方の骨董《こっとう》屋で交渉《しょう》してやっと手に入れた雄《おす》と雌《めす》一対《つい》の孔雀《くじゃく》の掛《か》け軸《じく》を、たまたま立ち寄った友人の娘《むすめ》の結婚《こん》式にお祝いものがないからとそのまま置いてくるような人だった。

その日、私は夕食の一時間の休みを省いて午後の四時から夜の十時までたっぷり五時間も出汁巻きを作り続けた。一箱分の卵は見る見る底をついた。

ふぐ刺《さ》し用の大皿には大量の出汁巻きの失敗作がうずたかく積み上げられ、流しには大量の卵の殻《から》が散乱した。そして台所中に出汁巻きの甘《あま》い香《かお》りと焦《こ》げ臭《くさ》い匂《にお》いが入り混じって充《じゅう》満した。その間女中たちが冷やかし半分に台所をのぞき、将来は日本一の板前になる、などと冗《じょう》談を言ったりした。しかしその間肝心《かんじん》の父は私のそばについて手取り足取り教えてくれたわけではない。

彼はやってみい、と言ったまま、①あっけなくその場から立ち去って行ったのである。（中略）はじめ私は c 肩《かた》すかしを食ったような気分になったが、しばらくして子供心に父が私に望んでいることが次《し》第にわかりはじめた。彼は自分の足で歩け、と言っていただけのことだ。誰《だれ》もそばにいなければひとつひとつ失敗するごとに自分一人でその失敗を引き受け、その原因を必死で考えなくてはならない。

レールだけはひく、あとは勝手にやれ、というそのような父の態度に、子供の私は自分の人格を認められたような気分にもなった。そしてメラメラと〝やる意欲〟が起こってきた。普《ふ》段は飽《あ》きっぽく何事も続かない子供が五時間もぶっ続けで出汁巻きを巻くというのは考えられないことだった。その姿を見て母は子供の私に〔　X　〕を示したくらいだ。途《と》中で台所に入って来た母は「卵の殻、かたづけましょうかいの」と、父に言うような敬語を使った。私は「うるさいから向こう行っちょって」とひとこと言い、母は「はいはい」と言って引き下がった。

結局、その日は失敗の連続でこれといった満足な出汁巻きは出来なかった。作り続けるうちに少しずつ進歩はするものの、またその分だけ自分自身の目と舌が肥え、どこまで行っても満足の域に至らなかったということもある。

つくるタネの個数、そのタネの発芽する能力などに、大きな違《ちが》いがあります。そのため、セイヨウタンポポが都会でどんどん株の数を増やし、在来種は、昔から生育している郊外《こうがい》に、細々と、ひっそりと**d**くらしているのです。

その結果、セイヨウタンポポが在来種を都会から追い出したような印象をもたれているのです。④日本古来の在来種を守るために、私たちは、土地の開発に慎重《しんちょう》にならなければなりません。

（田中　修『植物のひみつ』一部改）

【注】
1 畦…田と田との間に土を盛り上げて、境としたもの。
2 路傍…道のほとり。みちばた。
3 連歌…二人以上の人が、和歌の、上《かみ》の句(五・七・五)と下《しも》の句(七・七)とを互《たが》いによみ合って続けていく形式の歌。

問一 ——部①「セイヨウタンポポがどんどん繁殖していくのには、タネをつくる方法にも、驚くような〝ひみつ〟が隠されているのです。」とありますが、この「〝ひみつ〟」とはどのようなことですか。本文中から最も適切な箇《か》所を二十字以上二十五字以内で抜《ぬ》き出し、初めと終わりの五字を書きなさい。

問二 ——部②「代名詞」と同じ用法のものを次の**ア**～**オ**の中から一つ選び、記号で答えなさい。

ア　「よっちゃん」は私の代名詞だ。
イ　「これ」「それ」「あれ」などは代名詞だ。
ウ　「スマホ」はスマートフォンの代名詞だ。
エ　「クラス委員」はクラスの代名詞だ。
オ　「クレオパトラ」は美人の代名詞だ。

問三 ——部③「ほんとうに花粉がつかなくても、タネができるのか」という「ふしぎ」を解明するために、筆者はどのような実験を紹介《しょうかい》していますか、本文中の言葉を使って四十字程度で答えなさい。

問四 空欄《らん》 Ⅰ ～ Ⅲ にあてはまる言葉を、次の**ア**～**オ**の中からそれぞれ一つずつ選び、記号で答えなさい。

ア　しかも　**イ**　なぜなら　**ウ**　たとえば
エ　ところが　**オ**　だから

問五 後の表について、次の(1)～(3)の問いに答えなさい。

(1) 空欄[A]・[B]にあてはまる言葉を、それぞれ本文中から五字前後で抜き出し、書きなさい。なお、二箇所ある[A]には同じ言葉が入ります。
(2) 空欄[C]にあてはまる言葉を考えて、五字以内で書きなさい。
(3) 空欄[D]にあてはまる言葉を考えて、十字以内で書きなさい。

	セイヨウタンポポ	在来種
生殖の方法	[A　　]	[A　　]の能力はなくそれに加えて[B　　]という性質がある
タネの個数	約二〇〇個	[C　　]
タネの発芽する能力	季節を問わず発芽する	[D　　]

問六 ——部④「日本古来の在来種を守るために、私たちは、土地の開発に慎重にならなければなりません。」とありますが、それはなぜですか。本文中の言葉を使って九十字以内で説明しなさい。

問七 ══部**a**「**うら**」、**b**「**たて**」、**c**「**てんこう**」、**d**「**く**」のひらがなを漢字に直しなさい。

です。

それらの上半分からメシベが伸びだしますが、その部分を切り落とすのです。そのため、花粉を受け取るはずのメシベの先端《たん》がなくなってしまいます。[Ⅰ]、花粉がつく場所がないので、タネはできないはずです。

[Ⅱ]、[c]てんこうにもよりますが、約一〇日間が過ぎると、ツボミの上半分をハサミでばっさりと切り取ってしまったものにも、綿毛が開いてきます。切り取っていないツボミと同じように、球状の綿毛が展開してくるのです。

上半分を切り落としたために、ピンポン玉のような大きな球状の綿毛にはならないように思われます。しかし、球状になるときには、綿毛とタネの間が伸びてくるので、大きさもほとんど変わりません。

球状の綿毛の形成には、ツボミの上半分を切り落としたことは関係がないのです。球状の綿毛になる部分は、ツボミのときにメシベの下のほうにあります。それよりさらに下に、タネが形成される部分があります。

そして、綿毛が球状に展開する前には、綿毛になる部分とタネになる部分の間にある柄《え》が伸びるのです。ですから、ツボミのときに、上半分を切り落としたことは、球状の綿毛の形成には影響《えいきょう》しないのです。

[Ⅲ]、驚くことに、その短い綿毛の基部には、なにごともなかったかのように、きちんと果実がついています。上半分を切り取っていない花の場合と同じように、果実ができているのです。果実の中には、タネが入っています。

メシベの先端は切り取られたのですが、「他の花の花粉がメシベの切り口について、タネができたのではないか」とも考えられます。そこで、ツボミの上半分を切り取ってすぐに、そのツボミに袋《ふくろ》をかけます。こうすれば、他の花から花粉が飛んできて、メシベの切り口についてタネができるという可能性はなくなります。

こうしておいても、やっぱり約一〇日間が経《た》つと、きちんと綿毛が展開し、タネができてきます。セイヨウタンポポは、メシベに花粉がつかなくても、タネをつくるという〝ふしぎ〟な能力をもっているのです。このようにしてできたタネは、発芽する能力をもっています。

虫に花粉を運んでもらわなくても、また、自分の花粉をつけることがなくても、タネができるのです。このように、メシベだけでタネがつくられる生殖《せいしょく》方法は、「単為《い》生殖」といわれます。

こうして、セイヨウタンポポは、一年中、ものすごい繁殖力で増え続けます。それに対し、日本に古くから生きてきたカンサイタンポポやカントウタンポポなどの在来種には、単為生殖の能力はありません。

しかも、在来種には、自分の花粉を自分のメシベにつけても、タネができないという「自家不和合性」という性質があります。そのため、在来種のタネができるには、まわりに仲間がいて、ハチやチョウが他の株から花粉を運んでくれなければなりません。

もしまわりに仲間がいないと、タネはできないのです。そのため、在来種のタンポポは、田舎《いなか》の畑の畦や山のふもとの野原などに、群れになって生きています。そのような土地に、家が建ち、道ができて、群生地が荒《あ》らされると、もう一度、在来種が生息地をつくることはむずかしいのです。セイヨウタンポポなら、一粒《つぶ》のタネが飛んでくれば、その場所で芽生え、花を咲かせ、タネをつくります。

しかし、在来種は、一人ではタネをつくれず、もしできたとしても、球状の綿毛の中にできる個数は、セイヨウタンポポの約二〇〇個に対し、ずっと少なく、半数くらいです。しかも、在来種のタネは、秋まで発芽せず、花が咲くのも春に限られています。

このようにセイヨウタンポポと日本の在来種には、生殖の方法や、

二〇一九年度
白百合学園中学校

【国　語】〈四〇分〉〈満点：一〇〇点〉

※字数制限がある問題は、「、」や「。」も一字と数えます。

一　次の文章を読んで、後の問いに答えなさい。

セイヨウタンポポのタネは、落下した場所で、季節を問わずに発芽します。ですから、道端《ばた》や空き地、家の庭や花壇《だん》、国道の中央分離《り》帯、畑の【注1】畦《あぜ》や野原など、土がある場所ならどこにでも、一年中、セイヨウタンポポは芽生えます。

「なぜ、セイヨウタンポポは、どんどん株の数を増やすのか」との〝ふしぎ〟がもたれます。また、「近年、都会で見られるタンポポは、ほとんどがセイヨウタンポポになっている」という現象が不思議がられます。

これらの〝ふしぎ〟や現象の**a**うらには、タンポポのタネを生産する能力と、「いつでもどこでも発芽する」というタネの芽生える力が隠《かく》されているのです。

①セイヨウタンポポがどんどん繁殖《はんしょく》していくのには、タネをつくる方法にも、驚《おどろ》くような〝ひみつ〟が隠されているのです。（中略）

野原や【注2】路傍《ぼう》で、春の太陽の明るさに映《は》えて咲《さ》くタンポポの花は、いかにも春にふさわしい黄金《こがね》色です。ですから、この植物の花は春を象徴《ちょう》する②代名詞のように使われ、タンポポは俳句や【注3】連歌《れんが》で春の季語です。しかし、注意深く観察すると、セイヨウタンポポの花が咲くのは春とは限りません。ほぼ一年中、花は咲いています。夏や秋にも、春に比べれば個数は減りますが、花は咲いています。冬には、気温が低いために開花するのはまれですが、ツボミはあります。ツボミには、今にも開きそうに見える黄金色の花びらがあります。セイヨウタンポポでは、季節を問わずにツボミができ、タネがつくられるのです。

ふつうは、花のメシベに花粉がつき、受粉のあとに受精が成立して、タネができます。ところが、セイヨウタンポポでは、「花が咲くと、ハチやチョウが花粉をつけなくても、タネができる」といわれます。

「③ほんとうに花粉がつかなくても、タネができるのか」との〝ふしぎ〟が感じられます。もしこれがほんとうなら、タンポポでは、受粉や受精をしなくても、タネができるということになります。

実は、セイヨウタンポポは、この方法でタネをつくることができるのです。これが、セイヨウタンポポがどんな場所にでも、どんどんと繁殖することの〝ひみつ〟なのです。もし、数日以内に花が開きそうに大きく成長しているセイヨウタンポポのツボミを見つけたら、試《ため》してほしい実験があります。

ハサミで、ツボミの上半分をばっさりと切ってしまうのです。半分ではなく、かなり下のほうで切り落としても、この実験は成功します。この植物のツボミには、約二〇〇個の開花前の花が**b**たてにびっしりと詰《つ》まっています。

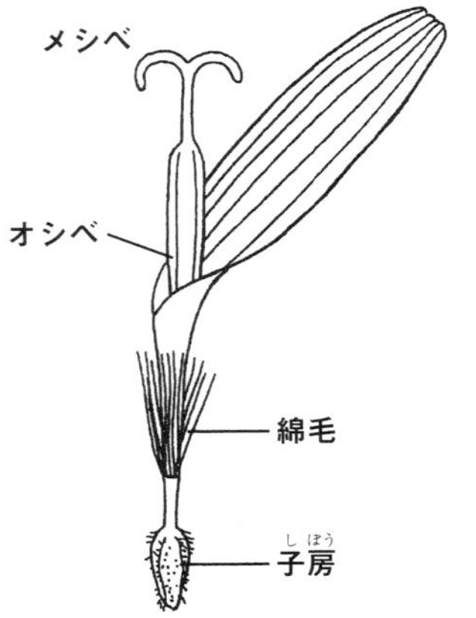

ツボミのときの綿毛とタネのできる部位

花が開くとたくさんある花びらのように見える一枚一枚が、実は一つずつの花なのです。ですから、まだ黄金色の花びらが外に伸《の》びだしていないツボミでも、切ってみると、中に黄金色の花びらが詰まっているの

2019年度

白百合学園中学校 ▶解説と解答

算 数 (40分) ＜満点：100点＞

解 答

1 (1) 8時16分 (2) 5分後 2 (1) 1160個 (2) 10個 3 (1) 8：9 (2) 12：5 (3) $\frac{16}{153}$倍 4 (1) 325個 (2) 解説の図1を参照のこと。 (3) 9個 5 25.695cm^2

解 説

1 旅人算

(1) AとBの速さの比は，180：120＝3：2だから，AとBが東駅を発車してから西駅に着くまでの時間の比は，$\frac{1}{3}:\frac{1}{2}$＝2：3となる。この差が，9時16分－8時56分＝20分なので，比の1にあたる時間は，20÷(3－2)＝20(分)となり，Aが東駅を発車してから西駅に着くまでの時間は，20×2＝40(分)とわかる。よって，AとBが東駅を発車した時刻は，8時56分－40分＝8時16分である。

(2) (1)より，東駅と西駅の間の距離《きょり》は，180×$\frac{40}{60}$＝120(km)とわかる。また，Aは10分で，180×$\frac{10}{60}$＝30(km)進むから，右の図のように，Cが発車するときのAとCの間の距離は，120－30＝90(km)となる。Cが発車した後，AとCの間の距離は1時間に，180＋180＝360(km)の割合で縮まるので，AとCが出会うのはCが発車してから，90÷360＝$\frac{1}{4}$(時間後)，60×$\frac{1}{4}$＝15(分後)である。同様に，Bは10分で，120×$\frac{10}{60}$＝20(km)進むから，図のように，Bが発車するときのBとCの間の距離は，120－20＝100(km)となる。Cが発車した後，BとCの間の距離は1時間に，120＋180＝300(km)の割合で縮まるので，BとCが出会うのはCが発車してから，100÷300＝$\frac{1}{3}$(時間後)，60×$\frac{1}{3}$＝20(分後)と求められる。よって，CがBと出会うのはAと出会ってから，20－15＝5(分後)である。

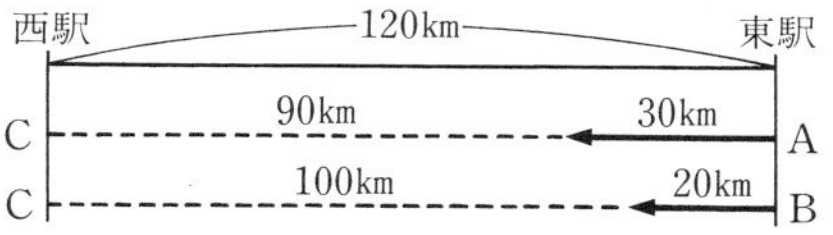

2 売買損益，相当算

(1) 仕入れた個数を1とすると，原価の30%の利益を見込《みこ》んで売った個数は，1－$\frac{1}{4}$＝$\frac{3}{4}$，原価の10%の利益を見込んで売った個数は$\frac{1}{4}$となる。また，原価の30%は，120×0.3＝36(円)，原価の10%は，120×0.1＝12(円)だから，利益の合計は，36×$\frac{3}{4}$＋12×$\frac{1}{4}$＝30(円)と求められる。よって，実際の利益の合計が34800円なので，仕入れた個数は，34800÷30＝1160(個)とわかる。

(2) 仕入れ値の合計は，120×1160＝139200(円)であり，利益の合計が31350円だから，売り上げは，139200＋31350＝170550(円)となる。また，1個あたりの売り値は，120×(1＋0.25)＝150(円)なので，売れた個数は全

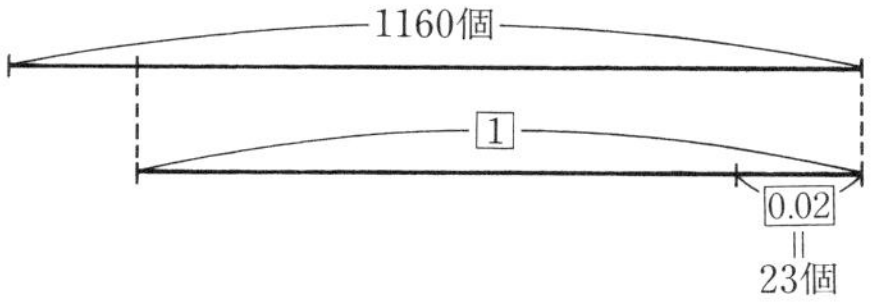

部で，170550÷150＝1137(個)とわかる。よって，不良品の個数は，1160－1137＝23(個)だから，はじめに何個か売ったときの残りの個数を$\boxed{1}$として図に表すと，上のようになる。この図から，$\boxed{1}$にあたる個数は，23÷0.02＝1150(個)と求められるので，はじめに売った個数は，1160－1150＝10(個)とわかる。

3 平面図形―相似，辺の比と面積の比

(1) ACの長さを，1＋1＝2と，1＋2＝3の最小公倍数の6にそろえると，右の図1のようになる。ACとDHが平行だから，三角形ABFと三角形DBHは相似である。このとき，相似比は，AB：DB＝(5＋4)：4＝9：4なので，DHの長さは，$2\times\frac{4}{9}=\frac{8}{9}$とわかる。また，三角形DHGと三角形EFGも相似であり，相似比は，DH：EF＝$\frac{8}{9}$：1＝8：9だから，DG：EG＝8：9となる。

図1

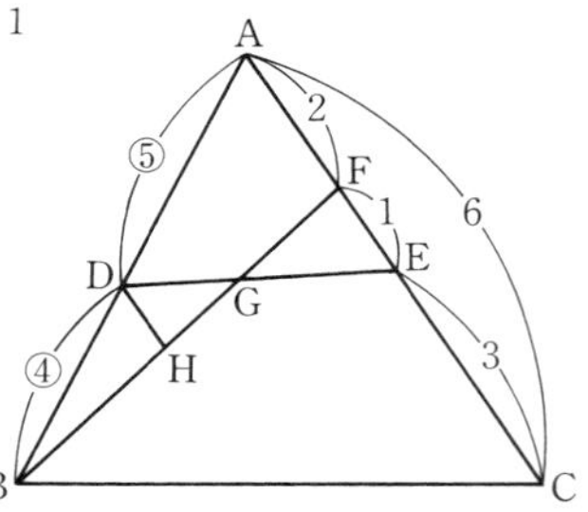

(2) 図1で，三角形ABFと三角形DBHの相似から，BH：HF＝4：(9－4)＝4：5となる。また，三角形DHGと三角形EFGの相似から，HG：FG＝8：9とわかるので，右の図2のように表すことができる。HFの長さを，5と，8＋9＝17の最小公倍数の85にそろえると，図2のようになる。よって，BG：GF＝(68＋40)：45＝12：5と求められる。

図2

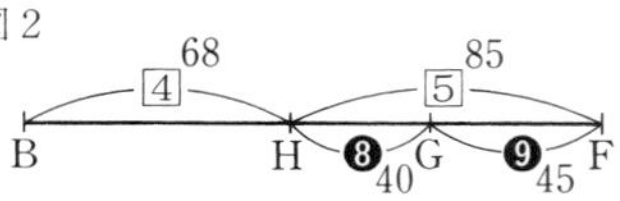

(3) 三角形ABFの面積は三角形ABCの面積の，$\frac{2}{6}=\frac{1}{3}$(倍)であり，三角形BDGの面積は三角形ABFの面積の，$\frac{BD}{BA}\times\frac{BG}{BF}=\frac{4}{4+5}\times\frac{12}{12+5}=\frac{16}{51}$(倍)である。よって，三角形BDGの面積は三角形ABCの面積の，$\frac{1}{3}\times\frac{16}{51}=\frac{16}{153}$(倍)と求められる。

4 数列，周期算，調べ

(1) 1段目には1個，2段目には2個，3段目には3個，…と並んでいるから，1段目から25段目までに並んでいる個数の合計は，1＋2＋…＋25＝(1＋25)×25÷2＝325(個)とわかる。

(2) 1段目から18段目までに並んでいる個数の合計は，1＋2＋…＋18＝(1＋18)×18÷2＝171(個)である。また，19段目には19個並んでいるので，まん中の正六角形は左からかぞえて，(19＋1)÷2＝10(番目)にある。よって，最初からかぞえると，171＋10＝181(番目)にあることがわかる。さらに，「ア」の位置は右の図1の①～⑥の順にくり返されるから，181÷6＝30余り1より，181番目の「ア」は①の位置になる。

図1

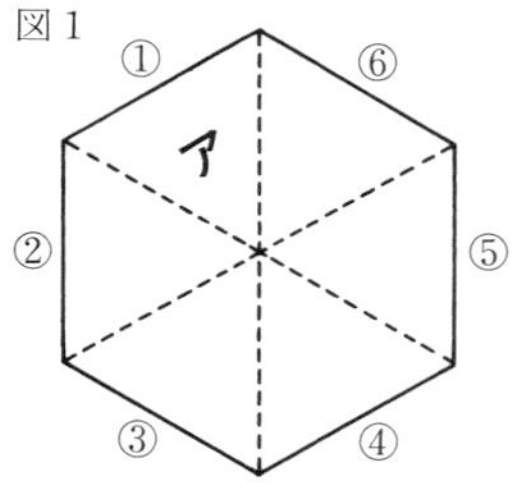

(3) それぞれの段の一番左にある正六角形を最初からかぞえると，1段目は1番目，2段目は2番目，3段目は4番目，4段目は7番目，…となる。その後は増える数が1ずつ大きくなるので，下の図2のようになる。このうち，「ア」が①の位置になるのは，6で割ったときの余りが1になるものである。よって，かげをつけた9個あることがわかる。

図2

段	1	2	3	4	5	6	7	8	9	10	11	12	13	14	15	16	17	18	19	20	21	22	23	24	25
一番左	1	2	4	7	11	16	22	29	37	46	56	67	79	92	106	121	137	154	172	191	211	232	254	277	301

5 平面図形―図形の移動，面積

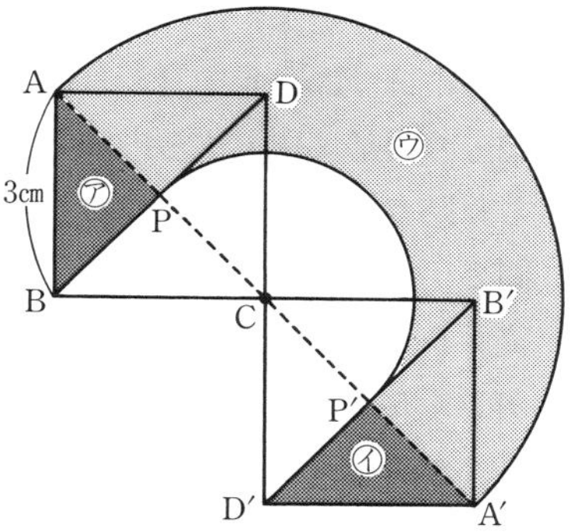

正方形ABCDの2本の対角線が交わる点をPとすると，三角形ABDが通過するのはかげをつけた部分になる。このうち，㋐と㋑の部分の面積の和は正方形ABCDの面積の半分なので，3×3÷2＝4.5(cm^2)とわかる。また，㋒の部分は，半径がCAの半円から半径がCPの半円を除いたものである。ここで，正方形の面積は，(対角線)×(対角線)÷2で求めることができるから，CA×CA÷2＝3×3＝9(cm^2)より，CA×CA＝9×2＝18(cm^2)とわかる。さらに，CPを対角線とする正方形の面積は正方形ABCDの面積の$\frac{1}{4}$なので，CP×CP÷2＝9×$\frac{1}{4}$＝2.25(cm^2)より，CP×CP＝2.25×2＝4.5(cm^2)と求められる。よって，㋒の部分の面積は，CA×CA×3.14÷2－CP×CP×3.14÷2＝18×3.14÷2－4.5×3.14÷2＝9×3.14－2.25×3.14＝(9－2.25)×3.14＝6.75×3.14＝21.195(cm^2)だから，三角形ABDが通過する部分の面積は，4.5＋21.195＝25.695(cm^2)である。

社　会　(30分)　<満点：75点>

解　答

1 **問1**　**A**　埼玉県　**B**　岐阜県　**C**　東京都　**問2**　イ　**問3**　(1)　**X**　白川(郷)　**Y**　合掌(づくり)　(2)　(例)　雪が積もるのを防ぐために，屋根の傾きを急にしていること。　**問4**　(例)　自動車やクーラーの排熱によって，都心部の気温が郊外部より高くなる現象。　**問5**　**1**　四国　**2**　徳島　**3**　愛媛　**4**　吉野　**5**　ダム　**6**　台風　**7**　早場　**8**　促成　**9**　カツオ　**Z**　(例)　夏野菜を，市場に出回る量の少ない冬から春にかけて栽培するため，高い値段で売ることができる　**2** **問1**　(1)　壬申の乱　(2)　(イ)　(3)　天武(天皇)　**問2**　藤原京　**問3**　ウ　**問4**　聖武(天皇)　**問5**　イ　**3** **問1**　徳川慶喜　**問2**　(1)　大政奉還　(2)　イ　**問3**　ア　**問4**　(1)　ウ　(2)　オ　**問5**　(1)　武家諸法度　(2)　参勤交代　(3)　御成敗式目(貞永式目)　(4)　執権　(5)　北条政子　(6)　後鳥羽上皇　(7)　承久の乱　(8)　刀狩令　(9)　(例)　農民が一揆を起こすのを防ぎ，武士と農民の身分をはっきり分けること。　(10)　C→B→D→A　**問6**　(例)　日本に関税自主権がなかったため，外国から大量生産された綿織物が安く輸入され，国内の綿工業は大きな打撃を受けた。　**問7**　ウ，版籍奉還　**4** **問1**　ア　**問2**　(1)　イ→ウ→ア　(2)　a，b，d　**問3**　(1)　自由民主党　(2)　(例)　自由民主党は与党なので，総裁がそのまま内閣総理大臣に選ばれること。　(3)　安倍晋三　(4)　a，d　**問4**　(1)　名護市辺野古　(2)　**3つの国**…アメリカ合衆国，韓国(大韓民国)，北朝鮮(朝鮮民主主義人民共和国)　**合意**…(例)　北朝鮮が核を放棄することで朝鮮半島を安全に非核化すること。　(3)　b

解　説

1 **最高気温が高い都市を題材にした問題**

問１　**A**　埼玉県は関東地方の中央部に位置する内陸県で，南は東京都に隣接《りんせつ》する。県北部にある熊谷《くまがや》市は，2018年７月23日に41.1度を観測し，日本の最高気温を更新《こうしん》した。　**B**　岐阜県は中部地方の西部に位置する内陸県で，南は愛知県に隣接する。美濃《みの》市・金山(下呂《げろ》市)・多治見市はおおむね県南部にある。　**C**　東京都は関東地方の南部に位置し，青梅《おうめ》市は都の北西部にある。

問２　埼玉県は東京などの大都市をひかえ，近郊農業がさかんである。小松菜の生産量は全国第１位，ねぎ(長ねぎ)は千葉県についで第２位で，深谷市を中心とする地域で栽培される「深谷ねぎ」がよく知られている。よって，イが正しい。なお，アの濃尾平野の内陸部にあたるのは岐阜県南西部。ウの埼玉県川口市では鋳物《いもの》業がさかんに行われている。エの岩槻《いわつき》市は2005年にさいたま市と合併しており，伝統的工芸品の「岩槻人形」が知られる。統計資料は『データでみる県勢』2019年版などによる。

問３　(1)　写真は，岐阜県北西部にある白川郷(Ｘ)の合掌《がっしょう》づくり(Ｙ)集落である。1995年，北に隣接する富山県南砺《なんと》市の五箇山《ごかやま》の合掌づくり集落とともに，ユネスコ(国連教育科学文化機関)の世界文化遺産に登録された。　(2)「合掌づくり」はこの地域特有の大型民家で，最大の特徴《とくちょう》は傾《けい》斜《しゃ》が急な屋根にある。この地域は積雪量が多いため，屋根の傾斜を急にして雪が積もらないよう工夫している。

問４　「ヒートアイランド(熱の島)現象」とは，夏に都心部の気温が周辺部より高くなる現象で，等温線を結ぶと島状になることからこの名がある。これは都心部に緑地が少ないこと，地面や建物の外壁がコンクリートやアスファルトでおおわれていること，高層ビルが林立して通風が悪いこと，クーラーや自動車の排熱量が多いことなどが原因である。

問５　**1**　高知県は四国の南部を占《し》め，北側には四国山地が東西にのびている。　**2**，**3**　高知県は県北東部で徳島県と，北部から西部にかけて愛媛県と接している。　**4**　吉野川は四国中央部をおおむね西から東へ向かって流れ，徳島市で紀伊水道(太平洋)に注ぐ。古くから暴れ川として知られ，「四国三郎」ともよばれてきた。　**5**　早明浦《さめうら》ダムは吉野川上流に建設された多目的ダムで，洪水《こうずい》のさいの水量の調節，上水道，工業用水，灌漑《かんがい》，水力発電など広い用途を持つ。　**6**，**7**　高知県は台風の通り道にあたるので，台風の被害を避《さ》けるため，収穫時期を早めて出荷する早場米がつくられている。　**8**　高知県は沖合を暖流の黒潮(日本海流)が流れているため冬でも比《ひ》較《かく》的温暖で，その気候やビニールハウスを利用した野菜の促成栽培がさかんに行われている。

9　高知県では，黒潮に乗ってやってくるカツオの一本釣りがさかんである。　**Z**　促成栽培の利点は，暖かい気候とビニールハウスを利用することで，なす・きゅうり・ピーマンなどの夏野菜を，季節をずらして冬から春に栽培・出荷できることである。この時期はまだ夏野菜の出回る量が少ないので，高い値段で売ることができ，農家の収入が増える。

2　飛鳥・奈良時代の天皇と藤原氏の系図をもとにした問題

問１　(1)～(3)　671年に天智天皇が亡くなると，翌672年，天皇の子の大友皇子と天皇の弟の大海人《おおあまの》皇子との間で，皇位継承《けいしょう》をめぐって壬申《じんしん》の乱が起こった。この乱に勝利した大海人皇子は即位《そくい》して天武天皇となり，律令国家の基礎を築くのに貢献《こうけん》した。

問２　天武天皇の皇后《こうごう》は持統天皇として即位し，唐(中国)の都・長安を手本に本格的な都として藤原京を造営し，694年に飛鳥から都をうつした。

問３　律令制度のもとで，農民は租《そ》・庸《よう》・調などの税や労役・兵役を課せられたが，そのうち，絹や地方の特産物を都におさめる税が調である。よって，ウが誤っている。なお，庸は１年に10日，都に出て労役につく代わりに布をおさめる税。

問４　聖武天皇は仏教を厚く信仰し，仏教の力で国を安らかに治めようと願い，地方の国ごとに国分寺と国分尼《に》寺を建てさせ，都の平城京には総国分寺として東大寺を建て，大仏をつくらせた。

問５　聖武天皇は藤原広嗣《ひろつぐ》の乱(740年)が起こると平城京を離れ，ごく短い期間に恭仁《くに》京(京都府)・難波《なにわの》宮(大阪府)・紫香楽《しがらきの》宮(滋賀県)などへ次々と都をうつした。長岡京(京都府)へ都をうつしたのは桓武《かんむ》天皇なので，イが誤っている。

3　各時代の史料をもとにした問題

問１　史料は，江戸幕府の第15代将軍徳川慶喜《よしのぶ》が，1867年に政治の実権を朝廷に返還することを発表した大政奉還の上表文である。慶喜は徳川御三家の一つである水戸藩(茨城県)の藩主徳川斉昭《なりあき》の子で，御三卿《きょう》の一つの一橋家に養子に入り，1866年に将軍に就任した。慶喜はあいついで幕政改革をおし進めたが，くずれかけた幕政の建て直しは不可能に近く，土佐藩(高知県)の前藩主山内豊《とよ》信《しげ》(容堂)の意見を受け入れて，1867年に政権を朝廷に返した。

問２　(1)　大政奉還によって約260年続いた江戸幕府は滅《ほろ》び，およそ700年にわたる武家政治も終わった。　(2)　示された絵は，慶喜が二条城で大政奉還を発表したときのようすを描いたものである。二条城は，江戸幕府を開いた徳川家康が京都に滞在するときの居館として造営された。

問３　『徒然草《つれづれぐさ》』は鎌倉時代の終わりごろ(14世紀前半)，歌人の吉田兼好《けんこう》が著した随筆である。なお，イの『枕草子』は清少納言の随筆，ウの『源氏物語』は紫式部の長編小説，エの『古今《こきん》和歌集』は紀貫之《きのつらゆき》らが編さんした和歌集，オの『竹取物語』はひらがなで書かれた初の物語文学(作者不詳)で，いずれも平安時代の作品。

問４　(1)　1156年に起こった保元の乱では，平清盛と源義朝《よしとも》が味方した後白河天皇側が勝利し，1159年に起こった平治の乱では，清盛が義朝を破った。なお，アの義経とエの頼朝は義朝の子，イの義仲は頼朝・義経のいとこにあたる。オの平将門《まさかど》は，10世紀前半に朝廷に対して反乱を起こした武将。　(2)　清盛は大輪田泊《おおわだのとまり》(現在の神戸港の一部)を修築して宋(中国)と民間貿易を行い，大きな利益をあげた。この日宋貿易では，宋銭(銅銭)が大量に輸入された。

問５　(1)　史料Ａは，江戸幕府が大名を統制するために定めた武家諸法度《しょはっと》で，1615年に第２代将軍徳川秀忠の名で出され，1635年に第３代将軍家光がこれを強化した。　(2)　参勤交代は家光のときに制度化されたもので，大名を１年ごとに江戸と領地に住まわせ，妻子は江戸に置くこととした。これによって大名の経済力は弱まり，幕府に反抗《はんこう》するのが難しくなった。　(3)　史料Ｂは，鎌倉幕府の第３代執権《しっけん》北条泰時《やすとき》が1232年に定めた御成敗《ごせいばい》式目(貞永《じょうえい》式目)である。幕府を開いた頼朝以来の先例や武家社会の慣習，道徳をもとに作成され，のちの武家法の手本となった。　(4)　執権は将軍を補佐する役職であるが，源氏の正系が３代で絶えると，北条氏が代々執権の職を継《つ》いで幕政を行った(執権政治)。　(5)　史料Ｃは，承久の乱(1221年)が起こったとき，頼朝の妻で北条氏とともに幕政に深くかかわって「尼《あま》将軍」とよばれた北条政子が，鎌倉に集まった御家人を前に行った演説である。　(6)，(7)　承久の乱は後鳥羽《ごとば》上皇が政治の実権を幕府から朝廷の手に取りもどそうとして起こした反乱で，北条政子らの活躍《かつやく》もあって朝廷軍はわずか１か月で幕府軍に敗れ，後鳥羽上皇は隠岐《おき》(島根県)に流された。　(8)，(9)　史料Ｄは，豊臣秀吉が出した刀狩令(1588年)で，一揆《いっき》を起こすのを防ぐため農民から武器を取り上げ，農民と武士の身分をはっきり分ける兵農分離政策であった。　⑽　Ａは江戸時代の1635年，Ｂは鎌倉時代の1232年，Ｃは鎌倉時代の1221年，Ｄは安土桃山時代の1588年のことなので，時代の古い順にＣ→Ｂ→Ｄ→Ａとなる。

問６　安政の五か国条約(1858年)では，欧米諸国に治外法権(領事裁判権)を認め，日本に関税自主権がないなど，日本にとって不利な内容がふくまれていた。グラフのＡにあてはまるのは綿織物である。日本に関税自主権がないことから，機械で大量生産された綿織物が安く輸入されたことで，国内の綿工業は大きな打撃を受けた。

問７　ウについて，これまで大名が治めていた領地と領民を天皇に返させる政策は，「廃藩置県(1871年)」ではなく「版籍奉還(1869年)」である。なお，廃藩置県は藩を廃止して府県を置く政策。

4　2018年のできごとについての問題

問１　元号は「大化」を最初とし，天皇の在位中でもしばしば元号を変える改元が行われた。明治時代から天皇一世代に一つの元号という「一世一元制」が導入された。よって，アが誤っている。

問２　⑴　アの北海道胆振《いぶり》東部地震は2018年９月６日，イの西日本豪雨(平成30年７月豪雨)は2018年６月28日～７月８日，ウの台風21号(チェービーは韓国語で「つばめ」を意味する)の日本上陸は2018年９月４日のことである。よって，発生した順にイ→ウ→アとなる。　⑵　アの地震災害では土砂崩《くず》れが発生して多くの犠牲《ぎせい》者を出し，鉄道や道路などの交通機関もマヒ，電力の需給バランスが崩れて「ブラックアウト」が起き，北海道全域が停電となった。よって，ａ，ｂ，ｄの３つがあてはまる。

問３　⑴　2018年９月20日，自由民主党の総裁選挙が行われ，現職の安倍晋三氏が当選した。
⑵　自由民主党は公明党と連立内閣を組む与党(政権を担当する政党)であり，総裁選挙が事実上の首相指名選挙となる点が，ほかの政党の党首選挙とは異なる。　⑶　安倍晋三は山口県出身の政治家で，2012年12月(第２次安倍内閣)から2019年２月時点まで，内閣総理大臣として政権を担当している。　⑷　今回の総裁選挙では，対立候補の石破《いしば》茂《しげる》氏が，森友学園や加計《かけ》学園をめぐる疑惑やそれに関係する公文書改ざん問題などで，国民の政治不信が高まったとして安倍政権を批判した。よって，ａとｄの２つがあてはまる。

問４　⑴　沖縄県の米軍基地問題では，政府は普天間《ふてんま》飛行場の代替《だいたい》地として同県の名護《なご》市辺野古《へのこ》に新基地建設を進めようとしており，県外移設を求める沖縄県側と対立している。　⑵　東アジアにおける軍事的緊張《きんちょう》は，北朝鮮(朝鮮民主主義人民共和国)の核開発が最も大きな要因となっている。しかし，４月27日に南北朝鮮の軍事境界線上にある板門店《パンムンジョム》で，韓国(大韓民国)の文在寅《ムンジェイン》大統領と北朝鮮の最高指導者である金正恩《キムジョンウン》朝鮮労働党委員長との南北首脳会談が開かれ，朝鮮半島の完全非核化を共通目標とする「板門店宣言」が出された。そして，６月12日にはシンガポールでアメリカ合衆国のドナルド・トランプ大統領と金正恩委員長による初の米朝首脳会談が開かれ，朝鮮半島の完全非核化について合意した。ただし，その具体的なプロセスは示されず，両国の「非核化」に対する考え方に違いが生じている。　⑶　辺野古移設に反対していた沖縄県の翁《お》長《なが》雄《たけ》志《し》知事が８月８日にすい臓がんで亡くなったことを受け，９月30日に行われた沖縄県知事選挙では，翁長氏の方針を受け継いだ玉城デニー氏が当選したことで，政府の方針に改めて反対する意思表示がなされたことになる。

理　科　(30分) ＜満点：75点＞

解　答

1　問1　(1)　無セキツイ動物　(2)　(イ)　(3)　(ア), (エ)　問2　(1)　②, ③, ⑧, ⑩　(2)　あ　卵子　い　0.01　う　270　え　酸素　お　胎ばん　か　へそのお　き　羊水　問3　(1)　⑦　(2)　(例)　イワシは卵や子の世話をしないので, 多くが他の動物に食べられてしまうが, カラスは卵や子の世話をするので, 親にまで成長する割合が大きいから。　問4　⑤, ⑨, ⑪　問5　⑦　問6　(例)　Fの⑪をEへ移動する。　2　問1　右の図　問2　(例)　すべて固体から液体へ変化する　問3　(1)　①　蒸発　②　うばう　(2)　(例)　体から出る水蒸気が水へ変化するときに, 周りに熱を出すから。　問4　大きくなる。　問5　(ウ)　問6　二酸化炭素　問7　昇華

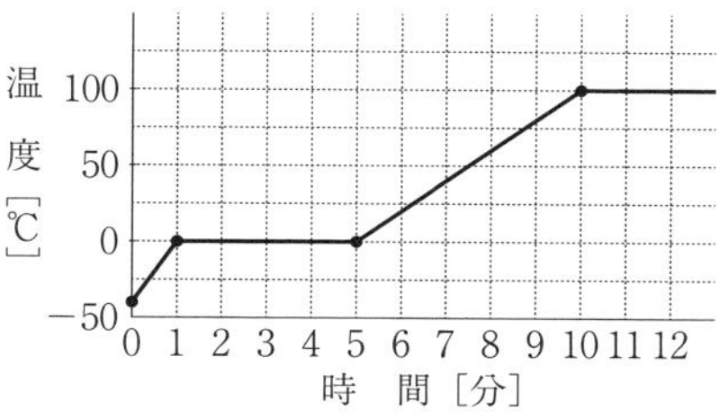

問8　(例)　水面近くに発生した気体の二酸化炭素がたまるが, 二酸化炭素は空気より重いため, シャボン玉には空気中より大きな浮力がはたらくから。　3　問1　ほう和水溶液　問2　10.7％　問3　2.9g　問4　7.1g　問5　1.2(g)出てく(る)　4　問1　衛星　問2　②　解説の図 i を参照のこと。　③　解説の図 ii を参照のこと。　⑤　解説の図 iii を参照のこと。　問3　②　(オ)　③　(ウ)　⑤　(ア)　問4　②　(オ)　⑤　(ア)　5　問1　(ア)　問2　①　問3　①　(ア)　②　(エ)　③　(イ)　④　(ウ)　問4　(ア)　6　問1　①　(ア)　②　(オ)　③　(カ)　④　(エ)　⑤　(ケ)　問2　(ウ)　問3　解説の図①を参照のこと。　問4　解説の図②を参照のこと。　問5　(ア)　問6　(例)　レンズで集められる光の量は, レンズのふくらみ方には関係なく, レンズの大きさによって決まるから。　問7　(エ)　問8　12時　問9　反射　問10　0.62秒

解　説

1　動物の分類, ヒトの誕生についての問題

問1　(1)　背骨をもつ動物をセキツイ動物, 背骨をもたない動物を無セキツイ動物という。昆虫《こんちゅう》類のバッタと刺胞《しほう》動物などに属するクラゲはどちらも無セキツイ動物である。　(2)　バッタはおもにイネ科の植物の葉を食べる。口は, (イ)のように葉を食べるのに適したつくりとなっている。なお, (ア)はセミ, (ウ)はトンボ, (エ)はハエ, (オ)はチョウ, (カ)はカの頭部を表している。　(3)　バッタは, 卵→幼虫→成虫と姿を変える。このようにさなぎの時期のない育ち方を不完全変態という。セミやトンボ, コオロギ, カマキリなども不完全変態をする。

問2　(1)　子が母体内である程度育ってからうまれるのは, セキツイ動物のうちほ乳類のなかまである。イルカやライオン, シマウマ, コウモリは, ほ乳類に属する。　(2)　ヒトは, 約0.1mm(0.01cm)の卵子に長さ約0.05mmの精子が入りこんで合体(受精)してできた受精卵が成長し, 受精からおよそ38週(266日)後に子が誕生する。母親の体の中にいる胎児《たいじ》は, 成長に必要な養分や酸素を, 母親の子宮のかべにできる胎ばんと, 胎ばんにつながるへそのお(さい帯)を通して母親から受け取っている。子宮内は羊水という液で満たされていて, 胎児を外のしょうげきなどから守ってい

る。

問3　イワシなどのように，親が卵をうんだ後に世話をしない動物の場合，卵や子の多くは他の動物に食べられてしまうので，子孫を残すために産卵数が多いことが一般的である。一方，カラスなどの鳥類のなかまやライオンなどのほ乳類のなかまは，親が卵や子の世話をして守るので，親にまで成長する割合が大きく，卵や子をうむ数が一般に少ない。

問4　セキツイ動物のうち卵でうまれるのは，サンショウウオなどの両生類，イワシなどの魚類，カラスなどの鳥類，ウミガメやヤモリなどのは虫類のなかまである。このうち，魚類の心臓は１心《しん》房《ぼう》１心室，鳥類の心臓は２心房２心室であるが，両生類の心臓は２心房１心室，は虫類の心臓は心室の境目が不完全な２心房２心室になっている。

問5　卵でうまれるセキツイ動物のうち，体温が環境《かんきょう》の温度変化に関係なくほぼ一定に保たれている恒温《こうおん》動物は，カラスなどの鳥類のなかまである。魚類や両生類，は虫類は，環境の温度変化にともなって体温が変化する。このような動物は変温動物とよばれる。

問6　Ｆの特徴《とくちょう》をもつものとして，両生類のサンショウウオがあてはまる。Ｅの特徴をもつものは，は虫類や鳥類，ほ乳類のなかまとなる。ヤモリは両生類ではなくは虫類なので，一生肺呼吸を行う。

2 水と二酸化炭素の状態変化についての問題

問1　氷を温めていくとき，氷がとけ始めるときの温度は０℃で，すべてとけ終わるまでは０℃のまま一定となり，とけ終わると温度が上がり始める。そして，100℃になると沸《ふっ》とうが始まる。したがって，ここでの温度変化は，はじめ－40℃で１分後には０℃まで上がり，５分後までは０℃で一定となる。５分後から温度が上がり始めて10分後に100℃に達する。10分後以降は100℃でしばらく一定になる。

問2　氷から水へ変化するときは，加えられた熱が固体から液体へ状態変化するためだけに使われるので，温度は０℃のまま一定となる。また，水が沸とうしているときも，液体から気体への状態変化のためだけに熱が使われるので，すべて気体に変わるまで温度は100℃のまま一定である。

問3　(1)　水が蒸発するときのように，液体から気体へ状態変化するときには，周りから熱をうばう。このため，体の表面についた水分が蒸発するときには表面部分から熱をうばうので，私たちは涼《すず》しく感じる。　(2)　水が蒸発して水蒸気になるときには周りから熱をうばうが，逆に水蒸気が水へ変わるときには周りに熱を放出する。吸湿発熱繊《きゅうしつはつねつせん》維《い》の衣服を着ると温かいのは，ヒトの体から出される水蒸気が液体の水に変わるときに熱を放出しているからである。

問4　多くの物質は，固体から液体へ，液体から気体へと状態が変化するときにその体積が大きくなる。ただし，水は例外で，固体から液体へ変化するときには体積が小さくなる。

問5　状態が変化すると体積は変化するが重さは変わらないので，１ｇの氷がすべて水蒸気となっても重さは１ｇのままである。

問6　二酸化炭素は，温度をおよそ－79℃まで下げると気体から直接固体に変化する。固体の状態になった二酸化炭素はドライアイスとよばれる。

問7　物質が固体から直接気体に変化することや，気体から直接固体に変化することを昇華《しょうか》という。

問8　空気などの気体の中にある物体には，水中などと同じように浮力《ふりょく》という上向きの力がはたらく。この浮力の大きさは，物体が押《お》しのけている気体の重さに等しい。ドライアイスを水につけると，温度の高い水にふれたドライアイスがさかんに二酸化炭素のあわを発生するため，水面付近は二酸化炭素の気体で満たされる。二酸化炭素は空気の約1.5倍の重さの気体なので，シャボン玉にはたらく浮力の大きさは空気中よりも大きくなり，空気の入ったシャボン玉の重さよりも大きくなる。このため，シャボン玉は下に沈《しず》まず水面より少し高い位置で浮《う》く。

3 もののとけ方についての問題

問1　物質をある温度でとけるだけとかした水溶液《すいようえき》を，その物質のその温度におけるほう和水溶液という。

問2　水溶液のこさは，(とけている物質の重さ)÷(水溶液全体の重さ)×100で求められる。12gのホウ酸が水100gにすべてとけた場合，水溶液のこさは，12÷(100＋12)×100＝10.71…より，10.7%である。

問3　表より，ホウ酸は60℃の水100gに14.9gまでとける。よって，あと，14.9－12＝2.9(g)のホウ酸をとかすことができる。

問4　ホウ酸は20℃で水100gに4.9gまでとけるので，20℃まで冷やすと，12－4.9＝7.1(g)のホウ酸がとけきれずに出てくる。

問5　加熱後には水が，100－20＝80(g)残っている。80℃の水100gにとけるホウ酸の重さは23.5gなので，同じ温度の水80gにとけるホウ酸の重さは，$23.5\times\frac{80}{100}=18.8$(g)である。よって，加熱後には，20－18.8＝1.2(g)のホウ酸がとけきれずに出てくることになる。

4 月の動きと見え方についての問題

問1　太陽のように，みずから光を出している星を恒星という。その恒星の周りを回る天体は惑星《わくせい》といい，惑星の周りを回る天体は衛星とよばれる。月は，惑星である地球の周りを回る衛星である。

問2，問3　②の位置にある月は，新月から数日後に見られる三日月である。日没頃《にちぼつごろ》には，下の図ⅰのように南西の空に見える。③の位置にある月は，地球から見て太陽から東へ90度ほど離《はな》れた位置にあり，東京から見ると右側半分が光って見える。この月は上弦《じょうげん》の月とよばれ，日没頃には下の図ⅱのように南の空高くに見える。⑤の位置にある月は，太陽と正反対の方向に位置するため，太陽に照らされた月面全体が見える満月である。満月は，日没頃に下の図ⅲのように東の地平線からのぼってくる。

図ⅰ

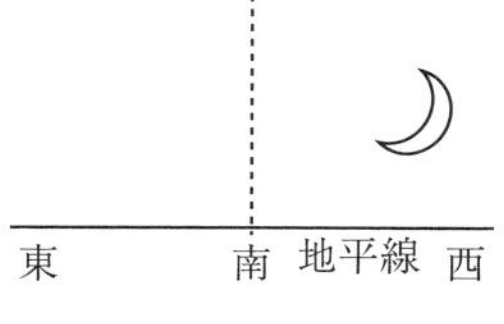

図ⅱ

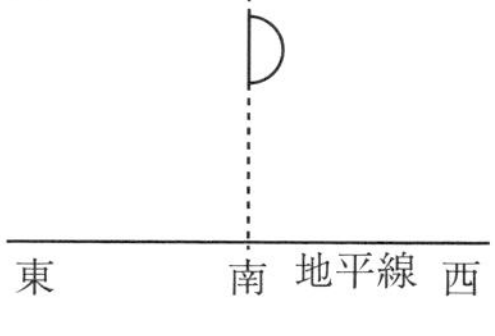

図ⅲ

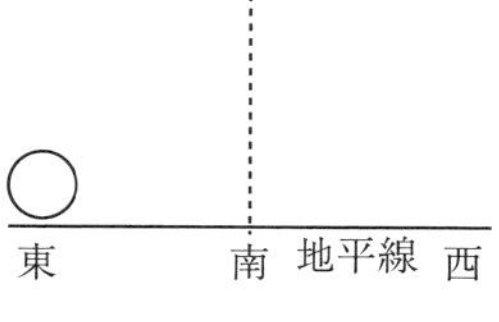

問4　同じ経度にある北半球の地点と南半球の地点では，月や星座などの形が上下左右逆になって見える。よって，三日月は，東京では右側が細く光って見えるが，アデレードでは左側が細く光って見えることになる。満月は月面全体が光って丸く見えているため，東京でもアデレードでも同じように円形に見える。

5 月食についての問題

問1，問2　北半球にある東京では，月は東の地平線からのぼり，南の空高くを通って，西の地平線に沈む。図１では，月の通り道が右上がりとなっているので，月が東からのぼってきたところとわかる。したがって，図１は東の空を向いてスケッチしたもので，１番最初にスケッチしたのは①である。

問３　月食は，図２のように太陽とは逆の方向に位置する月が地球のかげの中に入って起こる現象である。月は北極の上空側から見て反時計回りに地球の周りを回っているので，月食のとき，東京では月が左側から欠けていき，左側から再び現れてくる。

問４　南半球のアデレードでは，月は東の地平線からのぼって左上がりに移動し，北の空高くを通って西の地平線へ左下がりに沈んでいく。よって，この月食を東の空で観察したときの月のようすとして(ア)が選べる。

6　光と音についての問題

問１　ルーペのレンズは虫めがねのレンズと比べて一般に小さいものが多い。虫めがねでものを観察するとき，観察するものが動かせないときは虫めがねを前後に動かして拡大し観察することができるが，レンズが小さなルーペで同じ操作をして観察するとせまい範囲《はんい》しか観察できず不都合である。ルーペで観察する場合，ものが動かせるときにはルーペを目に近づけたままものを前後に動かし，ものが動かせないときにはルーペを目に近づけたまま頭を前後に動かしてピントを合わせる。なお，虫めがねでのピントの合わせ方については諸説あるが，ルーペと同じような使い方で説明されていることが多い。

問２，問３　虫めがねやルーペに使われているふち側よりも中央部分が厚くなっているレンズをとつレンズという。右の図①のように，とつレンズに入ってきた太陽の光（平行光線）は，レンズを通過後１点に集まるように進み，光はそのまま直進する。この光が１点に集まる点をしょう点とよぶ。とつレンズを通過した太陽の光が紙の上で小さな面積にあたるほど，光が集まり明るい部分の温度が高くなる。よって，図３では紙の位置が(ウ)のとき，紙の上の明るい部分が最も熱くなる。

図①

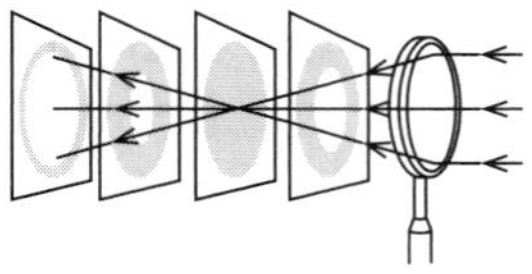

問４　図５で２つのとつレンズに入った光はどちらもしょう点に集まるように進む。レンズの中心からしょう点までの距離《きょり》をしょう点距離といい，レンズの厚み（ふくらみ方）が厚いほどしょう点距離は短い。したがって，右の図②のように，厚みのある右側のレンズの方が，厚さのうすい左側のレンズよりもレンズに近いところに光が集まるように作図すればよい。

図②

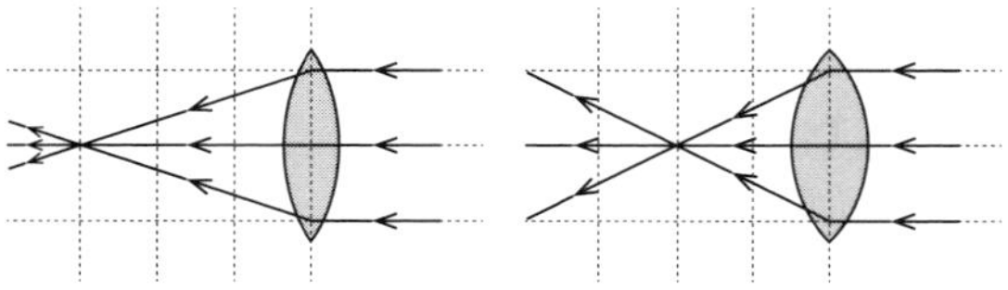

問５，問６　集まる光の量は，レンズに入る光の量で決まり，レンズのふくらみ方には関係しない。元のレンズよりも多くの量の光を集めるには，元のレンズよりも大きなレンズを使う。

問７　しょう点が最も明るくなるのは，しょう点に集まる光の量が最も多い場合，つまり，レンズに入る光の量が最も多い場合である。レンズに入る光の量が最も多くなるのは，太陽の光に対してレンズの面を垂直方向に保つときなので，(エ)が選べる。

問８　地面にあたる太陽の光が地面に垂直な方向に近いほど，同じ面積あたりに地面が受ける光の量は多くなる。したがって，同じ面積の地表では，太陽の高度が高い12時の方が15時よりも多くの光を受ける。

問9　鏡などの平らな面に光があたると，光がはね返り，進む向きが変わる。この現象を反射という。このとき，光が面にあたる点で面に垂直な直線(法線)を立てると，その点に入ってくる光と直線のなす角度と，反射して進む光と直線がなす角度は等しいという法則がある。

問10　海面から最も深いところの海底までの往復距離は，465×２＝930(m)である。水中でこの距離を音が進むには，930÷1500＝0.62(秒)かかる。

国　語　(40分)＜満点：100点＞

解　答

一　**問１**　受粉や受精～ということ(メシベに花～ネをつくる)　**問２**　オ　**問３**　(例)　ツボミの上部を切り落として袋をかぶせ，受粉しないでタネができるかどうか観察する。　**問４**　Ⅰ　オ　Ⅱ　エ　Ⅲ　ア　**問５**　(1)　**A**　単為生殖　**B**　自家不和合性　(2)　**C**　(例)　約一〇〇個　(3)　**D**　(例)　秋まで発芽しない　**問６**　(例)　在来種は「自家不和合性」という性質を持ち，群れになって生きているため，そのような土地に家が建ち，道ができるなど開発が進むと，群生地が荒らされ，在来種の生息地がなくなってしまうから。　**問７**　下記を参照のこと。　二　**問１**　**a**　ウ　**b**　ア　**c**　エ　**問２**　Ⅰ　B，C，E　Ⅱ　A，F　Ⅲ　D　**問３**　(例)　自分一人で失敗を引き受け，その原因を必死で考え，自力で成長してほしいという思い。　**問４**　エ　**問５**　(例)　失敗すれば次を作ればよいという安直な気持ちではなく，食材の命をいただくという畏れを持ちながら，真剣に食材に向かい合う心構えを身につけてほしいという思い。　**問６**　客観的

●漢字の書き取り

一　**問７**　**a**　裏　**b**　縦　**c**　天候　**d**　暮(らして)

解　説

一　**出典は田《た》中《なか》修《おさむ》の『植物のひみつ』による。**セイヨウタンポポと日本の在来種のタンポポについて，繁殖《はんしょく》の方法の違《ちが》いについて説明している。

問１　少しあとにある，セイヨウタンポポの種のつくり方について説明された部分から，〝ひみつ〟の内容を読み取る。「ふつうは，花のメシベに花粉がつき，受粉のあとに受精が成立して，タネができ」るが，セイヨウタンポポはハチやチョウが花粉をつけなくても，タネができると述べられている。このことを，ぼう線部③のあとで，「受粉や受精をしなくても，タネができるということ」と言い表している。なお，空らんⅢのあとに書かれた，「メシベに花粉がつかなくても，タネをつくる」という部分も同じことを言っている。

問２　ここでの「代名詞」は，ここでは“あるものを代表してあらわすような存在”という意味。「タンポポの花」が春を象徴《しょうちょう》するものとして存在しているように，美人の代表として「クレオパトラ」があげられているのだから，オがふさわしい。

問３　セイヨウタンポポが「受粉や受精をしなくても，タネができる」かについて，「試してほしい」と筆者が述べている「実験」の内容を，順序よくまとめる。まず，「数日以内に花が開きそう

に大きく成長しているセイヨウタンポポ」の「ツボミの上半分をばっさりと切ってしまう」ことで，花粉を受け取るはずのメシベの先端《せんたん》をなくしている。次に，「他の花の花粉がメシベの切り口について，タネができたのではないか」という可能性を打ち消すため，「ツボミの上半分を切り取ってすぐに，そのツボミに袋《ふくろ》をかけ」，受粉できない状態にすることを紹介《しょうかい》している。

問４　Ⅰ　花粉を受け取るはずのメシベの先端を取ってしまったので，花粉がつく場所がなくなったという文脈なので，前のことがらを理由・原因として，あとにその結果をつなぐときに用いる「だから」があてはまる。　Ⅱ　花粉がつく場所がないため，タネはできないはずなのに，上半分を「切り取っていないツボミと同じように，球状の綿毛が展開してくる」というのだから，前のことがらを受けて，それに反する内容を述べるときに用いる「ところが」が入る。　Ⅲ　ツボミの上半分を切り取ってしまっても，球状の綿毛の形成には影響《えいきょう》しないということに加え，なにごともなかったように，きちんと果実ができると述べられているので，あることがらに次のことがらをつけ加える働きの「しかも」が合う。

問５　(1)　A，B　セイヨウタンポポの生殖の方法は，受粉や受精をしなくてもタネができる「単《たん》為《い》生殖」なのに対し，在来種は，自分の花粉を自分のメシベにつけてもタネができない「自家不和合性」という性質を持つと，本文の後半で述べられている。　(2)　C　最後から三つ目の段落で，在来種のタネの個数は「セイヨウタンポポの約二〇〇個に対し～半数くらい」だと述べられている。つまり，約一〇〇個だと判断できる。　(3)　D　「タネの発芽する能力」については，在来種は「秋まで発芽せず」，「花が咲《さ》くのも春に限られて」しまうのである。

問６　在来種のタンポポは，「まわりに仲間がいて，ハチやチョウが他の株から花粉を運んでくれなければ」タネができないため，「田舎の畑の畦《あぜ》や山のふもとの野原などに，群れになって生きて」いる。しかし，「そのような土地に，家が建ち，道ができて，群生地が荒《あ》らされると，もう一度，在来種が生息地をつくることはむずかしい」ため，「土地の開発に慎重《しんちょう》にならなければ」と筆者は訴《うった》えているのである。

問７　a　音読みは「リ」で，「表裏」などの熟語がある。　b　音読みは「ジュウ」で，「縦横」などの熟語がある。　c　ある期間の天気の状態。　d　音読みは「ボ」で，「暮色」などの熟語がある。

二　**出典は藤原新也《ふじわらしんや》の『名前のない花』による。**出汁《だし》巻きを作ることを通じて，「私」が料理とはどういうものかを会得《えとく》する場面である。

問１　a　おもてには出さず，心のなかでひそかに考えている計画のこと。ふつう，相手をだまして自分に有利になるようにしむけるような計画という意味で用いる。　b　「一本気」は，純粋《じゅんすい》で，自分の気持ちをあくまでもつらぬいて行動しようとする性格のこと。　c　「肩《かた》すかしを食う」は，こちらが期待していたり考えていたりする行動とはまったく異なる行動を相手がすることで，あてが外れるようす。

問２　A　「彼《かれ》（父親）は子供（私）が自分（父親）の真似《まね》をしていることを知って」嬉《うれ》しくなり，「私」に出汁巻きを作る練習の機会を与《あた》えたということなので，Ⅱにあたる。　B　父は「自分（私）」のために大量の卵を取り寄せてくれたのだから，Ⅰである。　C　手の動きにぎこちなさがあったのは，何度も出汁巻き作りに失敗している「自分（私）」なので，Ⅰとなる。　D　「手が自然に勝手に自分（手自身）」の意志で動き出したように感じたということだから，Ⅲにあたる。　E

父の手を厨房《ちゅうぼう》のかたわらで見ていたのは「自分(私)」なので，Ⅰである。　F　「私」が作った出汁巻きを「いつも自分(父親)が作った出汁巻きを味見するやり方」で，父が味見をしたということなので，Ⅱとなる。

問３　父が「やってみい」と言い残し，「あっけなくその場から立ち去って行った」ことに，「私」ははじめ「肩すかしを食ったような気分」でいたが，しばらくして，父の行動は「私」に「自分の足で歩」くことを望んでいたのだと思い至っている。つまり父は，自分の力だけでものごとを進め，成長するためには，「失敗するごとに自分一人でその失敗を引き受け，その原因を必死で考えなくてはならない」のだと教えてくれようとしたものと「私」は理解したのである。

問４　五時間もぶっ続けで出汁巻きを巻く「私」に対して，母が「父に言うような敬語を使った」ことに着目する。普段《ふだん》は飽《あ》きっぽく何事も続かない性格である「私」のがんばりを認め，一人前の大人にするような対応をしてみせたのだから，エがふさわしい。

問５　少し後に，「父の言葉の真意に気づ」いた「私」のようすが描《えが》かれている。「それまでの私」は，「失敗すれば次を作ればよいという安直な気持ちがどこかにあった」が，「一日ひとつと限定されたことによって一回きりの真剣《しんけん》勝負とならざるをえなかった」。そして，「調理する時にも人は何かの生物の命を奪《うば》って」おり，「その命をいただくという畏《おそ》れを持ちながら，それをおろそかにしないように真剣《しんけん》に食材に向かい合う」という，「料理する者が持つべき基本の心構え」に気づいたのである。このことを伝えるために，父は「私」に，出汁巻きを「毎日ひとつだけ作るだけでええ」と言ったのだろうと推測できる。

問６　ぼう線部③は，「自分の手」でありながら，「他人の手」のように見えたということを言っている。自分の手を，主観から離《はな》れ，ほかの立場から見ているように感じられたのだから，「客観的」がぬき出せる。

Dr.福井の

入試に勝つ！脳とからだのウルトラ科学

右の脳は10倍以上も覚えられる！

手や足，目，耳に左右があるように，脳にも左右がある。脳の左側，つまり左脳は，文字を読み書きしたり計算したりするときに働く。つまり，みんなはおもに左脳で勉強していることになる。一方，右側の脳，つまり右脳は，音楽を聞き取ったり写真や絵を見分けたりする。

となると，受験勉強に右脳は必要なさそうだが，そんなことはない。実は，右脳は左脳の10倍以上も暗記できるんだ。これを利用しない手はない！　つまり，必要なことがらを写真や絵などで覚えてしまおうというわけだ。

この右脳を活用した勉強法は，図版が数多く登場する社会と理科の勉強のときに大いに有効だ。たとえば，歴史の史料集には写真や絵などがたくさん載っていて，しかもそれらは試験に出やすいものばかりだから，これを利用する。やり方は簡単。「ふ〜ん，これが○○か…」と考えながら，載っている図版を５秒間じーっと見つめる。すると，言葉は左脳に，図版は右脳のちょうど同じ部分に，ワンセットで記憶される。もし，左脳が言葉を忘れてしまっていたとしても，右脳で覚えた図版が言葉を思い出す手がかりとなる。

また，項目を色でぬり分け，右脳に色のイメージを持たせながら覚える方法もある。たとえば江戸時代の三大改革の内容を覚えるとき，享保の改革は赤，寛政の改革は緑，天保の改革は黄色というふうに色を決め，チェックペンでぬり分けて覚える。すると，「“目安箱”は赤色でぬったから享保の改革」というように思い出すことができ，混同しにくくなる。ほかに三権分立の関係，生物の種類分け，季節と星座など，分類されたことがらを覚えるときもピッタリな方法といえるだろう。

Dr.福井(福井《ふくい》一成《かずしげ》)…医学博士。開成中・高から東大・文Ⅱに入学後，再受験して翌年東大・理Ⅲに合格。同大医学部卒。さまざまな勉強法や脳科学に関する著書多数。

Memo

Memo

2018年度　白百合学園中学校

〔電　話〕 (03) 3234―6661
〔所在地〕 〒102-8185　東京都千代田区九段北2―4―1
〔交　通〕 東京メトロ各線―「九段下駅」より徒歩10分
JR中央線・東京メトロ各線―「飯田橋駅」より徒歩10分

【算　数】（40分）〈満点：100点〉

1　あるお店で，赤，緑，黄の3種類の紙を販売しています。1枚の値段はそれぞれ50円，20円，10円です。このとき，次の各問いに答えなさい。

(1)　桜子さんが3種類の紙をあわせて29枚買ったところ，代金は820円でした。緑と黄の枚数が同じであったとき，赤の紙を何枚買いましたか。

(2)　ゆり子さんは3種類の紙を買いにお店にいきました。予定では，赤と黄の枚数の比は3：4，緑と黄それぞれの購入金額の比は5：2となるはずでしたが，紙が足りず，予定していた枚数を買えないことがわかりました。そこで緑を2枚，黄を1枚少なく買ったところ，緑と黄それぞれの購入金額の比は12：5になりました。ゆり子さんは合計で何円はらいましたか。

2　1年生の遠足で32人乗りのバスを何台か利用します。32人を1人でもこえると，もう1台バスを借りる必要があり，そのときはすべてのバスの乗車人数がなるべく同じになるように乗ります。その結果，どのバスにも27人か28人が乗ることになりました。

また，1袋に同じ個数のお菓子が入っている袋を6袋開けて，全員に1個ずつ配ると5個不足しました。さらに，1箱に同じ本数のジュースが入っている箱を7箱開けて，全員に1本ずつ配ると1本余りました。

1年生の人数が200人以下のとき，考えられる1年生の人数をすべて答えなさい。

3　円形の池の周りに道があります。右の図のようにスタート地点からAさん，Bさんは同じ方向に，CさんはAさん，Bさんとは反対方向に同時に出発しました。

AさんとCさんがはじめて出会った地点から，Aさんは向きを変えました。向きを変えてから，Bさんに出会うまでに10分かかりました。

ただし，Bさんは毎分50m，Cさんは毎分60mで歩き，AさんはBさんと同じ方向に進むときは毎分100mで，Cさんと同じ方向に進むときは毎分90mで走るものとします。

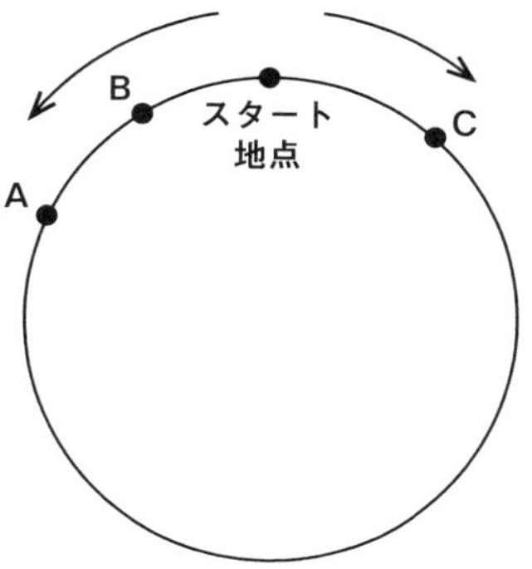

このとき，次の各問いに答えなさい。

(1)　池の周りの道の長さは1周何mですか。

(2)　AさんはBさんに出会うと，再び向きを変えました。AさんがCさんと出会うのは，Bさんと出会ってから何分後ですか。

(3)　(2)のとき，Aさんはスタート地点から何mのところにいますか。短い方の長さで答えなさい。

4　下の**図１**は，円すいを底面に平行な平面で切ったときにできた立体の見取図で，**図２**は**図１**の展開図です。

ABの長さが底面の半径に等しく，切り口の面積と底面の面積の比が１：9，表面積を528cm²とします。

このとき，この立体の側面(**図２**の斜線《しゃせん》部分)の面積を求めなさい。

図１

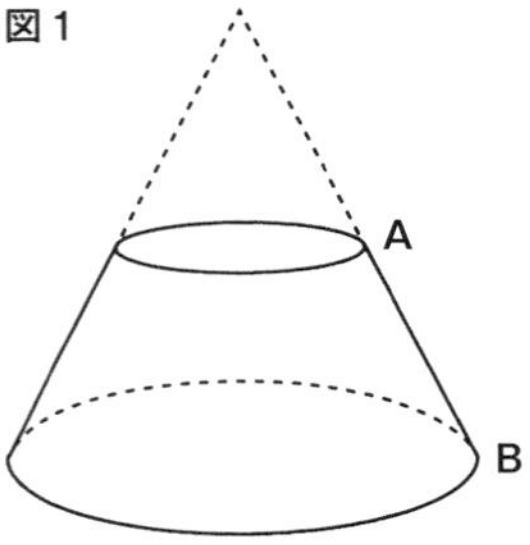

図２

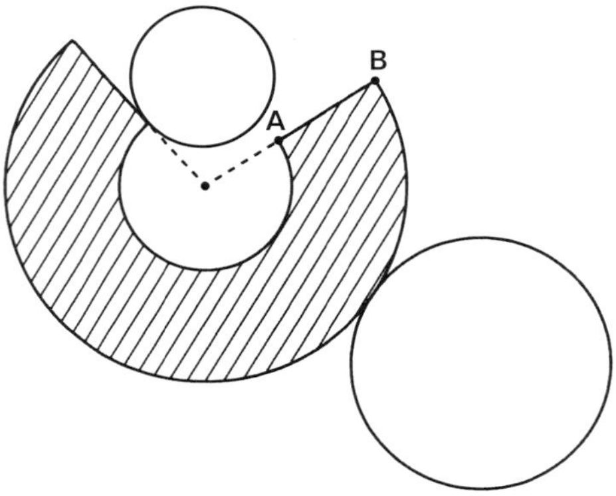

5　右の図のように平行四辺形**ABED**と三角形**DEC**を組み合わせて台形**ABCD**をつくりました。

次に，**FG**と**AE**，**FD**と**GH**がそれぞれ平行となるように台形**ABCD**の辺上に３点**F**，**G**，**H**をとります。また，**DE**と**GH**の交わった点を**K**とします。

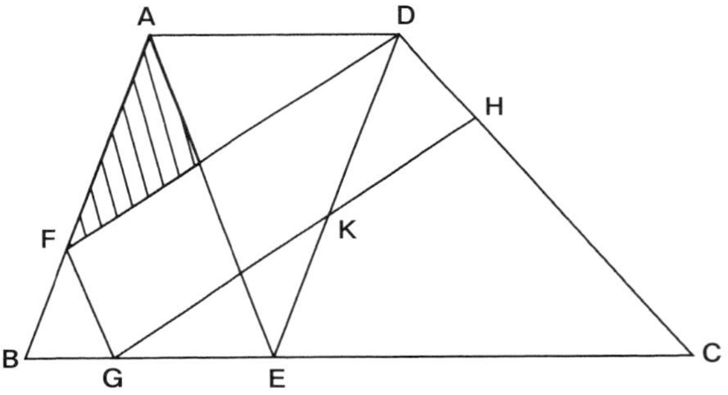

ABの長さを９cm，**AD**の長さを６cm，**BC**の長さを16cm，**BF**の長さを３cmとするとき，次の各問いに答えなさい。

(1)　斜線《しゃせん》部分の面積は，台形**ABCD**の面積の何倍ですか。

(2)　**DK：KE**を最も簡単な整数の比で答えなさい。

(3)　**DH：HC**を最も簡単な整数の比で答えなさい。

【社　会】（30分）〈満点：75点〉

1　エネルギー資源と日本の発電について，あとの各問いに答えなさい。

問1　以下の文章の空欄（1）～（5）に当てはまる語句を答えなさい。

1960年代はじめまで，日本の発電は水力発電が中心であった。その後は火力発電の方が多くなり，燃料も（　1　）から（　2　）に主力が変わった。この変化を（　3　）という。しかし1970年代に2度起こった（　4　）によって火力発電の割合が減りはじめて，かわりに原子力発電の割合が高くなった。その後，原子力発電は2011年3月の（　5　）をきっかけにほとんど使われなくなった。

問2　以下の1～6は水力・火力・原子力発電の長所と短所を説明しています。それぞれどの発電を説明していますか。水力発電は**ア**，火力発電は**イ**，原子力発電は**ウ**で答えなさい。

1．小さな設備で，大きな力を出すことができる。

2．資源を輸入する必要がなく日本の地形に適している。

3．工場や都市など，多くの電力が必要な地域の近くに発電所をつくることができる。

4．二酸化炭素などが発生し，環境に大きな影響を与える。

5．発電後の廃棄物の処理に問題をかかえている。

6．天候の変動に左右されやすい。

2　福岡県について，あとの各問いに答えなさい。

問1　福岡県の県庁所在地は政令指定都市でもあります。政令指定都市に指定されるには人口が何人以上必要ですか。

問2　以下の表は北海道・群馬県・静岡県・福岡県の農業生産統計です。福岡県に当てはまるものを次の**ア**～**エ**から1つ選び，記号で答えなさい。

	米（2016年）（t）	小麦（2016年）（t）	みかん（2015年）（t）	りんご（2015年）（t）	きゃべつ（2015年）（t）	トマト（2015年）（t）
ア	578,600	524,300	—	7,660	57,300	61,700
イ	180,400	44,100	22,500	—	27,800	20,400
ウ	77,800	23,700	—	9,280	243,900	21,900
エ	84,000	1,460	101,200	—	17,600	14,100

（日本国勢図会 2017/18より）

問３　**図１**は福岡県の地図です。2017年７月に起きた豪雨で大きな被害を受けたのは福岡県何市ですか。またその場所を**図１**の**ア**～**エ**から１つ選び，記号で答えなさい。

問４　**図１**の★は何市ですか。

問５　**問４**で答えた地域では工業が発達しています。

(1)　なぜこの地域で工業が発達したのか，以下の２つのキーワードを使って具体的に書きなさい。

筑豊　　中国

(2)　以下のグラフは**図１**中★の工業地帯，中京工業地帯，瀬戸内工業地域の製造品出荷額等の割合を示しています。**ア**～**ウ**のうち**図１**中★の工業地帯に当てはまるものを１つ選び，記号で答えなさい。

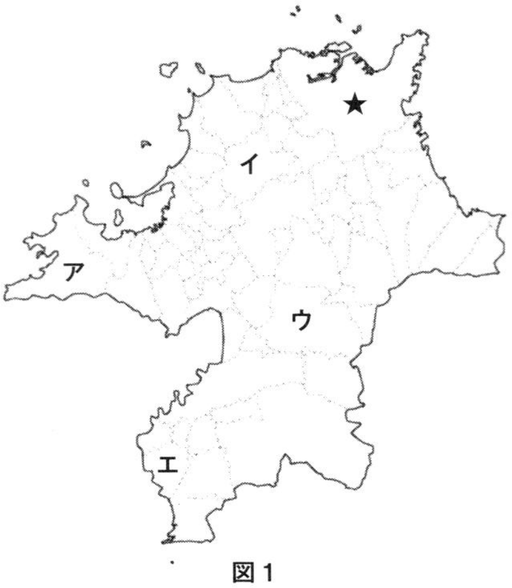

図１

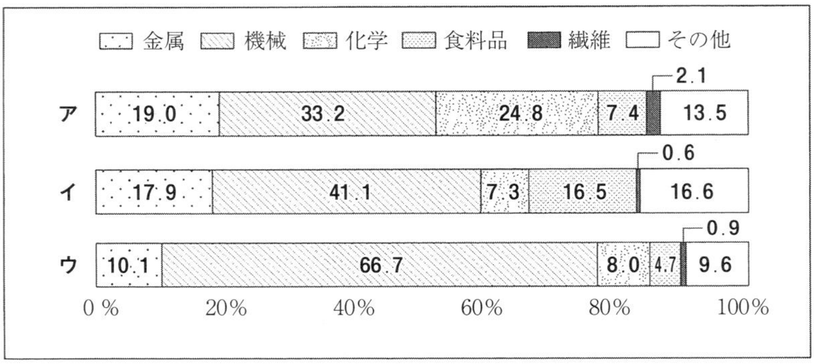

（日本国勢図会 2017/18より）

問６　福岡県の南部で，日本三大絣《がすり》の１つになっている伝統工芸品を生産している都市を次の**ア**～**エ**から１つ選び，記号で答えなさい。

ア．八女《やめ》　　　**イ**．大牟田《おおむた》
ウ．久留米《くるめ》　　**エ**．柳川《やながわ》

問７　次の文章は福岡県の2017年の出来事について述べたものです。

(1)　空欄（１）～（５）に当てはまる語句を下の**ア**～**コ**から選び，それぞれ記号で答えなさい。

> 2017年，国連教育科学文化機関の世界遺産委員会は福岡県（　１　）市にある（　２　）島を世界（　３　）遺産として登録することを決めました。（　２　）島は福岡県の沖合約60キロの（　４　）灘にあります。この島では４～９世紀に航海の安全と大陸交流の成就《じょうじゅ》を祈って奉献品《ほうけんひん》を用いた祭祀《さいし》が行われていました。その儀式の跡は現在も手つかずで残されており，発見された奉献品約８万点が国宝に指定されています。そのため，この島は「海の（　５　）」と呼ばれています。

ア．沖ノ　　**イ**．文化　　**ウ**．宝石　　**エ**．福岡　　**オ**．周防《すおう》
カ．正倉院　**キ**．宗像《むなかた》　**ク**．玄界《げんかい》　**ケ**．自然　　**コ**．志賀

(2)　上の文章中の下線部について，これをカタカナ４文字で何というか答えなさい。

3　歴史の教科書を読むと，テレビのニュースのように起こったことが断定的に述べられています。しかし，自分たちが経験したことのない昔の出来事について確かなことがどうして分かるのでしょうか。私たちが昔の出来事を知るための主な手がかりは，考古学で発掘された物と当時の文書の二種類です。ここでは，次の表のいずれかの時代の7つの文書の現代語訳を手がかりに，日本の歴史を振り返ってみましょう。

年表

縄文	弥生	古墳	飛鳥	奈良	平安	鎌倉	室町	戦国	安土桃山	江戸	明治	大正	昭和

＜**Ａ**＞は天皇から国民に道徳を説くという形で出された文書の一部です。

＜**Ａ**＞　あなたたち国民は，父母に孝行し，兄弟仲良くし，夫婦は仲むつまじく，友達とは互いに信じ合い（略）そしてもし危急の事態が生じたら，正義心から勇気を持って国のために奉仕し，それによって永遠に続く皇室の運命を助けるようにしなさい。

問１　天皇と国民の関係を手がかりに，**年表**のどの時代に出された文書か答えなさい。

問２　この文書の考え方が子どもにも行きわたるように当時の政府がとった方法として誤っているものを次の**ア**～**ウ**から１つ選び，記号で答えなさい。

ア．毎朝生徒がこの文書を書写した。

イ．学校の儀式で校長が朗読した。

ウ．教育方針の基礎とした。

問３　この文書をめぐって昨年，次の二つの意見が対立しました。

⑴　現代の教育や政治にもこの精神を活かすべき

⑵　現代の教育や政治とこの文書の考え方は矛盾する

⑴⑵の根拠を説明する文として正しいものを次の**ア**～**エ**から１つずつ選び，記号で答えなさい。

ア．平和主義の日本では，外国と戦争するような危急の事態は生じないから。

イ．戦時に天皇家を助けるよう国民に求めることは，基本的人権の尊重に反するから。

ウ．兄弟は他人のはじまりだから，兄弟仲良くしという忠告そのものが間違いだから。

エ．家族愛や愛国心は時代を超えた道徳の基本であり，それがこの文書に書かれているから。

＜**Ｂ**＞は当時の中国の皇帝に送られた手紙で中国の歴史書に記録されたものの一部です。

＜**Ｂ**＞　倭王武は，順帝の昇明２年，使いを送って（皇帝に次のような手紙を送った）。
「私の国は，中国からは遠い所に国を建てていますが，昔から私の祖先は，国土を平定するためにみずから武具を身につけて武装し，山川をかけめぐり，（略）そして東は55カ国，西は66カ国，そして海を越えて海北に進み，95カ国を征服しました…」

問４　中国との関係や国内の様子を手がかりに，**年表**のどの時代の文書か答えなさい。

問５　下線部について次の問いに答えなさい。

⑴「東は55カ国，西は66カ国（を征服し）」とあることから，当時の日本列島の政治がどのような状態であったかを簡潔に書きなさい。

(2) 「海を越えて海北に進み，95カ国を征服し」とあることから，倭王武はどのような地域を征服したと中国の皇帝に主張しているか答えなさい。

問6 倭王武がこの手紙を書いた目的として正しいものを次の**ア**～**ウ**から1つ選び，記号で答えなさい。

ア．多くの地域を征服したことを主張し，倭と中国が対等であることを主張しようとした。

イ．自国の強さを強調し，倭が中国の家来の国になるようにとの中国の要求を断ろうとした。

ウ．自分が征服した地域の王であることを中国皇帝に認めてもらおうとした。

＜**C**＞はキリスト教の宣教師が，日本のある戦国大名を描いた文の一部です。

＜**C**＞　彼は中くらいの背丈で，華奢《きゃしゃ》な体軀《たいく》であり，髯《ひげ》は少なくはなはだ声は快調で，極度に戦を好み，軍事的に修練にいそしみ，名誉心に富み，正義において厳格であった。彼は自邸においてはきわめて清潔であり，自己のあらゆることをすこぶる丹念にしあげ，対談の際，だらだらした前置きを嫌い，ごく身分の低い家来とも親しく話をした。

問7 この宣教師は，当時の日本でのキリスト教の布教のため，この戦国大名の許可を得ることが必要だと考えました。この戦国大名の氏名を答えなさい。

問8 この文の別のか所でこの戦国大名の最期を詳しく描いています。この戦国大名の最期について簡単に書きなさい。

問9 この戦国大名の後継者は晩年，キリスト教にゆかりの都市でキリスト信者を処刑しました。この後継者の氏名と，この都市の名を答えなさい。

＜**D**＞は当時の将軍の命令を集めた文書の一部です。

＜**D**＞　今年になって旗本・御家人に渡す俸禄《ほうろく》の支給もできず，（略）それで，これまで先例もない事だが，一万石以上の大名から（石高一万石について百石の割合で）米を幕府に差し出させるように命令しようとお考えになった。（略）これによって参勤交代で江戸に居住する期間を半年短縮するので，ゆっくり休憩しなさいと命ぜられた。

問10 この将軍はもともと紀州出身です。その氏名を答えなさい。

問11 この命令の名前を答えなさい。

問12 「先例もない事」とあることから，幕府と各大名の収入は原則どのようになっているか書きなさい。

問13 かわりに参勤交代で江戸に居住する期間を半年短縮する理由を簡単に書きなさい。

＜**E**＞は当時の天皇が出した命令の一部です。

＜**E**＞　この世に存在するすべての生あるものと万物を救おうという大願を立て，盧舎那《るしゃな》仏の金銅仏一体をお造りする。国中の銅をとかして，仏像をつくり，大山から木をきり出して仏殿を立てる大事業である。だから広く全世界に仏法をひろめ，人々を自分の仏道修行の同志としたい。

問14 国家と仏教の関係を手がかりに，**年表**のどの時代の文書か答えなさい。

問15 この仏像が造られた寺の名前を答えなさい。

問16 「すべての生あるものと万物を救おう」とありますが，この命令が出された当時の社会状況を簡単に書きなさい。

問17　民衆をこのような大事業に動員することができたのは，民衆に奉仕した仏教僧の影響力が大きいと言われます。この僧が誰か答えなさい。

＜**F**＞は当時の農民が領主に対して地頭を訴えた文書の一部です。

＜**F**＞　阿テ河荘園上村の百姓たちが謹んで申し上げます。領主(である寂楽寺)へ納める材木が遅れていることについてですが，地頭(である湯浅氏)が，上京のため，あるいは急な用のためだと言っては，多くの人を地頭の所で責め使われるためで，まったくひまがありません。

問18　農民が領主と地頭という両方の支配者の板ばさみになっていることを手がかりに，**年表**のどの時代の文書か答えなさい。

問19　当時，地頭を任命する権限を持っていた組織を次の**ア**～**ウ**から１つ選び，記号で答えなさい。

ア．朝廷　　**イ**．領主　　**ウ**．幕府

問20　この文書の説明として誤っているものを次の**ア**～**ウ**から１つ選び，記号で答えなさい。

ア．この農民たちは，領主に対してその場しのぎの言い訳をしているに過ぎない。

イ．領主が地頭と裁判する上で，地頭の不法の証拠として農民たちに書かせた面もある。

ウ．この荘園の農民の代表が農民たちの苦境をまとめて支配者に訴える指導力をつけてきた。

＜**G**＞は日本国憲法の前文の一部です。

＜**G**＞　日本国民は，正当に選挙された国会における代表者を通じて行動し，われらとわれらの子孫のために，諸国民との協和による成果と，わが国全土にわたって自由のもたらす恵沢を確保し，政府の行為によって再び戦争の惨禍が起ることのないようにすることを決意し，ここに主権が国民に存することを宣言し，この憲法を確定する。

問21　平和主義を述べている30字以内の部分の最初と最後の５文字を書きなさい。

問22　この憲法制定に先立ち，選挙権についてどのような大きな改革が行われたか答えなさい。

問23　今後憲法改正が行われて次のような条文が作られた場合，この前文の考え方と相いれないものを次の**ア**～**ウ**から１つ選び，記号で答えなさい。

ア．国会は，衆議院のみで構成する。

イ．天皇の元首としての地位は，主権の存する日本国民の総意に基づく。

ウ．集会，結社及び言論の自由は，政府が国の秩序を乱さないと判断する範囲で認められる。

4 次の文章を読んで，あとの各問いに答えなさい。

①東京都議会議員選挙は，42の選挙区合わせて127人の定員に対して259人が立候補しました。この選挙では，②東京都のかかえる市場移転問題，③オリンピック・パラリンピックの経費負担，④受動喫煙対策，⑤23区と多摩地区・島しょとの格差問題などが争点になりました。⑥各政党とも，国会議員をはじめ全国からの応援者を含めた態勢を組み，2017年7月2日に投開票が行われました。

問1 下線部①に関連して，

(1) 都議会（地方議会）や地方議会の議員，都知事（地方公共団体の首長）について述べた文として誤っているものを，次の**ア**～**オ**から1つ選び，記号で答えなさい。

ア．地方議会の議員の任期は4年である。

イ．地方議会は首長に対し不信任決議を提出することができ，首長は地方議会を解散することができる。

ウ．有権者は一定数の署名を集めて，首長の解職を地方議会に請求することができる。

エ．有権者は一定数の署名を集めて，地方議会議員の解職をその地方の選挙管理委員会に請求することができる。

オ．地方議会は一院制をとっている。

(2) 地方議会の議員の選挙でＡ－投票できる年齢とＢ－立候補できる年齢の組合せとして正しいものを次の**ア**～**カ**から1つ選び，記号で答えなさい。

ア．Ａ－18歳以上，Ｂ－20歳以上　**イ**．Ａ－20歳以上，Ｂ－20歳以上

ウ．Ａ－20歳以上，Ｂ－25歳以上　**エ**．Ａ－18歳以上，Ｂ－30歳以上

オ．Ａ－18歳以上，Ｂ－25歳以上　**カ**．Ａ－18歳以上，Ｂ－18歳以上

問2 下線部②について，東京都など地方公共団体の仕事を次の**ア**～**カ**からすべて選び，記号で答えなさい。

ア．ごみの処理　**イ**．郵便事業　**ウ**．電気事業

エ．ガス事業　**オ**．水道事業　**カ**．消防・警察

問3 下線部③に関連して，東京都では，2020年以降も東京が世界をリードするグローバル都市として発展を続けていくために，日本人と外国人が共に活躍し，共に支え合う社会の実現に向けた取組を進めています。わたしたちも宗教や文化の違いを認め合い，尊重する態度が必要です。イスラム教を信仰する人々の行動の規範を述べた文として，誤っているものを次の**ア**～**エ**から1つ選び，記号で答えなさい。

ア．お酒を飲まない。

イ．牛は神聖な動物とされ，牛肉を食べない。

ウ．一日5回一定の作法に従い，礼拝をする。

エ．ラマダンとよばれるイスラム暦の第9月の約1か月間，日の出から日没までの間は一切の食べ物，飲み物を口にしない。

問4 下線部④について，千代田区や中央区などでは，路上の「歩きたばこ」や「ポイ捨て」などをなくすきまりを定めています。このように，地方公共団体の議会が法律の範囲内で決めることのできるきまりを何というか，答えなさい。

問5　下線部⑤について，

(1)　東京23区では，「ふるさと納税」による税収の減収額が2017年度には，200億円を超えるともいわれています。一方で，ふるさと納税額がこれまでの税収を上回った自治体もあり，対策を検討する動きもあります。「ふるさと納税」を説明した文として誤っているものを次の**ア**～**エ**から１つ選び，記号で答えなさい。

ア．ふるさと納税とは，自分の選んだ地方公共団体への寄附金である。

イ．ふるさと納税を通じて，自分の選んだ地方公共団体を支援することができ，税収の地方間格差を是正することにもつながる。

ウ．ふるさと納税をした人は，その地方公共団体から特産品などを謝礼として受け取ることができる。

エ．ふるさと納税をした人は，自分の住む地方公共団体に住民税を納めなくてよいことになっている。

(2)　千代田区には，国会議事堂，最高裁判所，総務省や外務省などの中央官庁があります。これらが担当する国家の権力(三権)を答えなさい。

問6　下線部⑥について，政党とは同じ政治的考えを持った集団のことで都議会も国会と同じように，「政党(会派)」を中心に活動しています。2017年７月２日の投開票の結果(平成29年７月24日現在)は次のグラフで示すことができます。グラフの(**A**)と(**E**)の政党(会派)名を下の**ア**～**コ**からそれぞれ選び，記号で答えなさい。

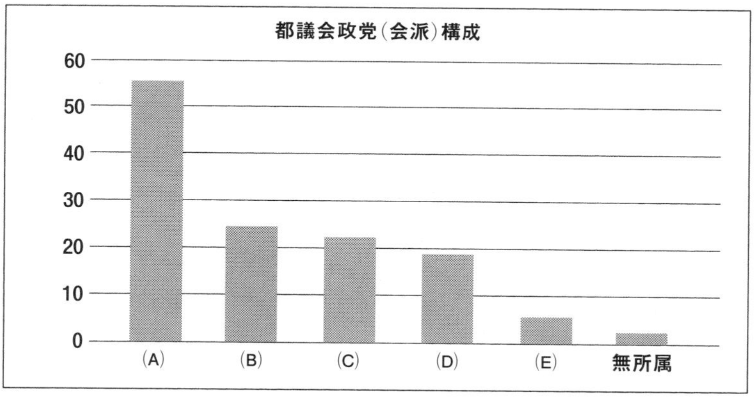

ア．みどりの党　　**イ**．自由民主党　　**ウ**．民進党

エ．日本共産党　　**オ**．公明党　　**カ**．都民ファーストの会

キ．日本維新の会　　**ク**．みんなの党　　**ケ**．日本ファーストの会

コ．希望の党

5 次の新聞の記事を読んで，あとの各問いに答えなさい。

※すべての新聞記事は，問題作成のために一部変更しています。

A

トランプ米大統領は23日(2017年１月)，ホワイトハウスで①環太平洋経済連携協定からの離脱に関する大統領令に署名した。日米など12カ国が2016年２月に署名した環太平洋経済連携協定はアメリカの参加が前提で，発効の見通しがたたなくなった。トランプ氏は記者団に「米国の労働者にとって非常に良いことだ」と述べた。

問１ 下線部①について，この協定の英字の略称表記を答えなさい。

B

アメリカ政府は４日(2017年８月)，②パリ協定の離脱方針を国連に正式に通知した。トランプ大統領が６月に表明したパリ協定から離脱する意向に沿ったものだが，アメリカ国務省は声明で「米産業や労働者，国民，納税者にとって好ましいとみなせば，トランプ氏はパリ協定に再加盟する意思がある」と含みを持たせた。

問２ 下線部②の説明で正しいものを次の**ア**～**オ**から１つ選び，記号で答えなさい。

ア．核兵器のない世界をめざした条約

イ．人権を守る条約

ウ．発展途上国を援助する国際的な取り組み

エ．教育・科学・文化を通して平和な社会を築く国際的な枠組み

オ．地球温暖化防止対策の国際的な枠組み

C

北朝鮮は29日(2017年８月)午前５時58分頃，同国西岸の首都平壌・順安から北東方向に弾道ミサイル１発を発射した。ミサイルは同６時５～７分頃，北海道の渡島半島や襟裳岬の上空を通過し，同６時12分頃に襟裳岬の東約1180キロメートルの太平洋上に落下した。

問３ 地震・津波など緊急を要する自然災害や，ミサイル攻撃・大規模テロなどの有事の際，人工衛星を介して各自治体の無線を自動的に起動し，音声で各地住民に通達する総務省の全国瞬時警報システムを何というか，答えなさい。

D

北朝鮮北東部で３日(2017年９月)，自然地震ではない地震が発生し，日本政府は北朝鮮が核実験を行ったと断定しました。北朝鮮による核実験は2016年９月９日以来６回目となります。

問４ 北朝鮮が強行した６回目の核実験の対応を協議するため，緊急会合を開催した国連の機関を何というか，答えなさい。

【理　科】（30分）〈満点：75点〉

1　池の水底にある落ち葉をとり，ビーカーの中で洗ってその水を顕微《けんび》鏡で見ると，次の①～③の生物が観察できました。生物の実際の大きさがわかるように方眼紙上にかかれていて，①の1目盛りは0.15mm，②の1目盛りは0.05mm，③の1目盛りは0.01mmを表しています。これについて，**問1**～**問9**に答えなさい。

①

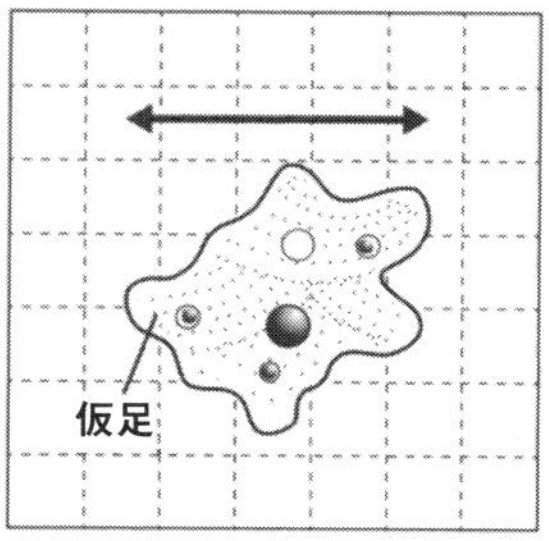

②

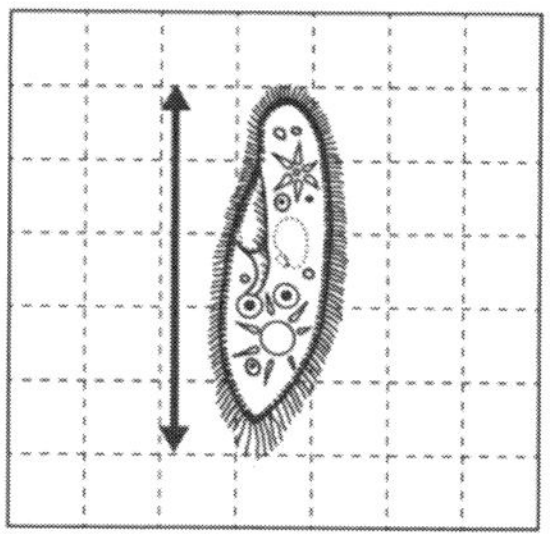

③

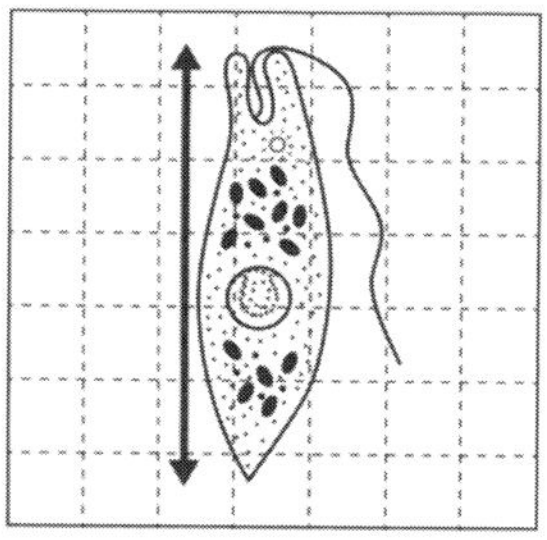

問1　右図は顕微鏡を模式的に示したものです。**A**～**E**の部分をそれぞれ何といいますか。

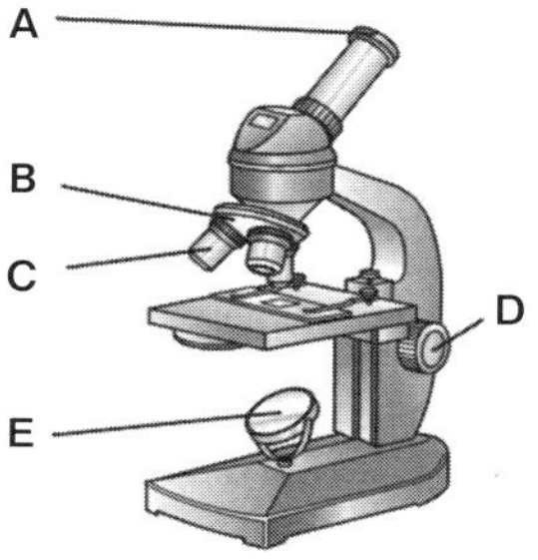

問2　次の(ア)～(キ)は，顕微鏡で観察するときの操作手順です。(ア)～(キ)を正しい順番に並べかえなさい。

(ア)　視野全体が明るくなるように**E**を調節する。

(イ)　ステージにプレパラートをセットし，クリップで固定する。

(ウ)　**A**をつける。

(エ)　**C**とプレパラートを横から見ながら近づける。

(オ)　**C**をつける。

(カ)　**C**をプレパラートから遠ざけながらピントを合わせる。

(キ)　見たい部分が視野の中央に来るようにプレパラートを動かす。

問3　顕微鏡で観察するときは低い倍率で観察してから，高い倍率に変えます。その理由は何ですか。

問4　今，接眼レンズの倍率を15倍，対物レンズの倍率を4倍で観察しています。

(1)　このとき，もとの大きさの何倍に見えていますか。

(2)　このあと，対物レンズの倍率を4倍から40倍に変えると視野の面積は何倍になりますか。

問5　生物①～③を同じ倍率の顕微鏡で観察したときに，体長が大きく見える順に並べかえなさい。なお，体長は図中にかかれている ⟷ の長さとします。

問6　生物①～③は，どれも水中で動きまわっています。生物①は，体の一部をのばし，「仮足」とよばれるつくりをつかって移動します。生物②，③が移動するのにつかうつくりの名前は何ですか。それぞれ答えなさい。

問7　生物③は，サトウキビやトウモロコシなどと同じように，自動車や航空機を動かす燃料への利用が試みられています。③やサトウキビ，トウモロコシを利用した燃料を特に何といいますか。

問8　生物③は，生物①，②とは異なり，光合成をしています。次の(ア)～(オ)は水中の小さな生き物の名前です。(ア)～(オ)の中で生物③と同じように，光合成を行っている生き物をすべて選び，記号で答えなさい。

(ア) アオミドロ　(イ) ウミホタル　(ウ) ミカヅキモ　(エ) ミジンコ　(オ) ラッパムシ

問9　生物③を小さなびんに水とともに入れ，暗い部屋でびんの上側にだけ光が当たるように下側にだけ黒い紙でおおいをしてしばらく置いておくと，生物③は光が当たる水面近くの上側にだけ集まります。これは，光に集まる習性があるためと考えられる一方，上側に集まる習性があるためとも考えられます。光に集まる習性であり，上側に集まる習性ではないと調べるためにはどのような実験をし，どのような結果が得られればよいでしょうか。なお，この２つ以外の原因による場合は考えなくてよいものとします。

2　物体の運動について，**問１～問10**に答えなさい。

問１　桜子さんは，駅から学校まで 800m の道のりを10分かけて歩いて登校しました。桜子さんの歩く速さは，秒速何mになりますか。小数第二位を四捨五入して小数第一位まで求めなさい。

問２　**【図１】**のような小球が動く**コースA，B**があるとします。このコースは，摩擦《まさつ》のない滑《なめ》らかな斜《しゃ》面と平面で構成されています。斜面右上に小球を置き，静かに手を放して滑《すべ》らせました。小球は，斜面を滑り，平面上を転がって左端《はし》にまで達しました。左端に到着したときの**A**と**B**の小球の速さの大小関係はどうなりますか。正しいものを以下の(ア)～(ウ)からひとつ選び，記号で答えなさい。

(ア)　**A**の速さ＞**B**の速さ　(イ)　**A**の速さ＝**B**の速さ　(ウ)　**A**の速さ＜**B**の速さ

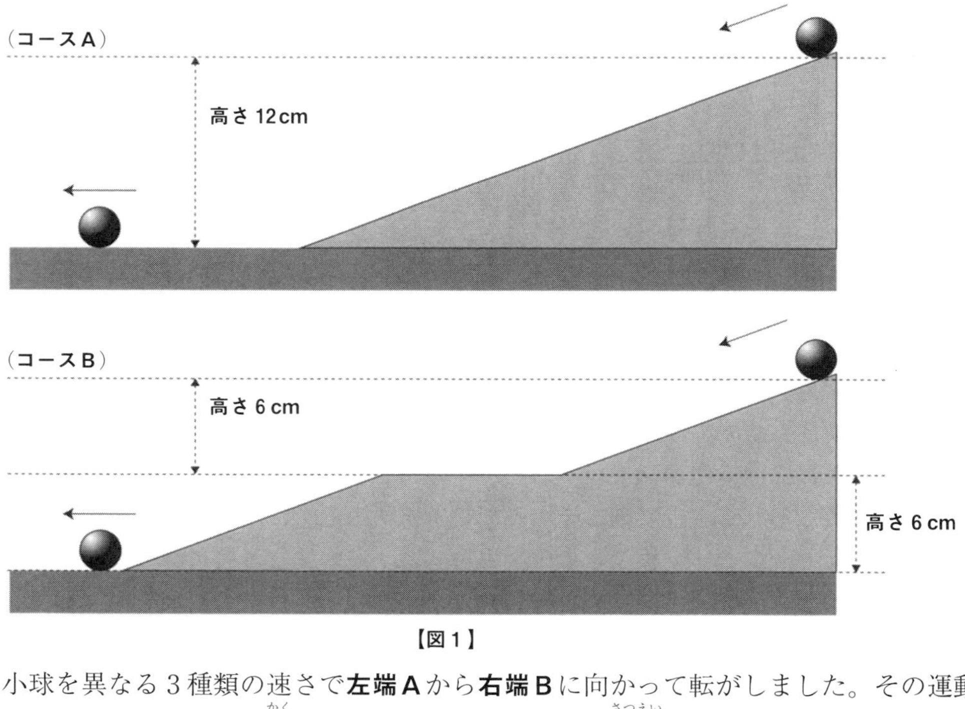

【図１】

小球を異なる３種類の速さで**左端A**から**右端B**に向かって転がしました。その運動の様子を観察するために，発光間隔《かく》が0.05秒のストロボ写真を撮影《さつえい》しました。**【図２】**(Ⅰ)～(Ⅲ)は，小球を**左端A**から転がし始めた時間を０秒として，その後，0.05秒ごとに小球の撮影を行った連続写真です。平面上の**左端A**から**右端B**までの距離は 64cm です。

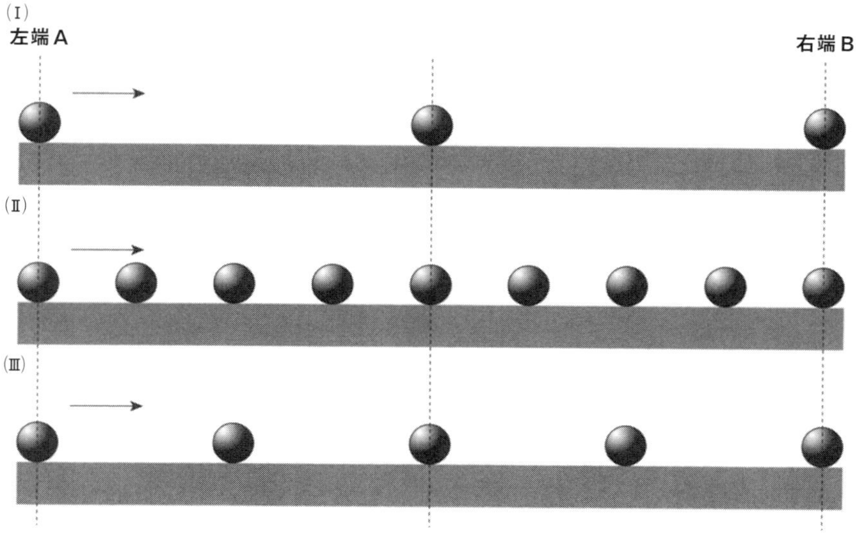

【図2】

問3　小球が**左端A**から転がり始め，**右端B**に達するまでにかかった時間を(Ⅰ)～(Ⅲ)についてそれぞれ求めなさい。

問4　**問3**の(Ⅰ)～(Ⅲ)の小球の中で最も遅いものを選び，その番号を答えなさい。
また，その速さは秒速何cmになるか，求めなさい。

【図3】は，小球に糸をつなげてふりこをつくり，**A**の位置で静かに小球を手から放してからの小球の動きを0.5秒ごとに撮影したストロボ写真です。小球は，**A⇒B⇒C⇒D⇒E⇒D⇒C⇒B⇒A**と1往復して，出発点の点**A**に戻りました。

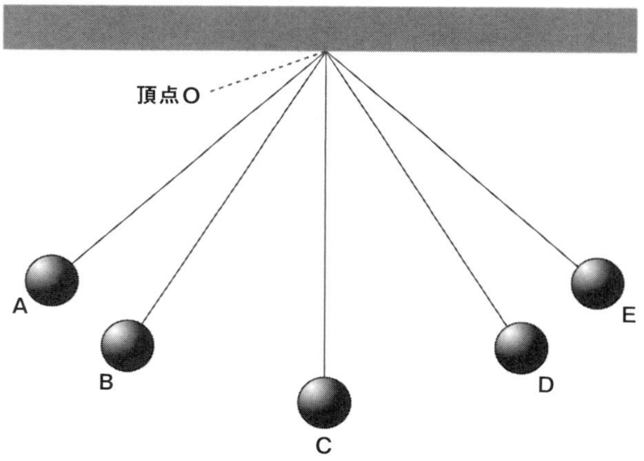

【図3】

問5　小球が最も速くなる地点はどこですか。**A～E**から選び，記号で答えなさい。

問6　ふりこの向きが変わる点**E**において小球の速さはどうなりますか。

問7　ふりこが1往復する時間を周期といいます。ふりこの周期が変わる要因となるものを以下の(ア)～(ウ)からすべて選び，記号で答えなさい。

(ア)　小球の重さ　　(イ)　振幅《しんぷく》

(ウ)　糸の長さ

問8　ふりこの運動で**A⇒B**にかかる時間が0.5秒のとき，ふりこの周期は何秒ですか。

【図4】のように，小球に糸をつけてばねばかりにつるし，2つのビーカーに入った水と食塩水の中にそれぞれ入れました。水中，食塩水中で小球に浮力がどれだけはたらき，ばねばかりが示す重さはどうなるかを調べました。

【浮力の意味】

液体中の物体は，それが押しのけた液体の重さに等しい大きさの浮力を受ける。この力は，液体中で小球に対して上向きに押し上げる力としてはたらく。

【浮力の計算式】

「浮力」は，次の式で求めることができる。

「浮力」=「液体の密度」×「小球の体積」

実験に使う小球と液体のデータ

小球の重さ	200(g)
小球の体積	80(cm^3)
水の密度	1.0(g/cm^3)
食塩水の密度	1.2(g/cm^3)

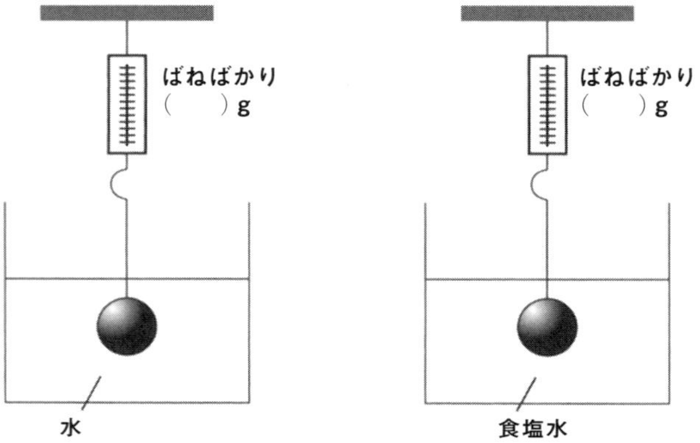

【図4】

問9　水中，食塩水中で示す小球の重さを比べて，軽くなる方はどちらですか。

問10　小球が軽くなる方の液体中のばねばかりが示す重さを答えなさい。

3　南極と地球の運動について，**問1**～**問8**に答えなさい。

2018年現在，日本は「昭和基地」と「ドームふじ基地」の2つの基地を使って南極での観測・調査を行っています。

問1　**【図1】**は南極と日本の同じ縮尺の地図です。南極は日本の面積の約何倍の広さがありますか。下の(ア)～(ウ)から選び，記号で答えなさい。

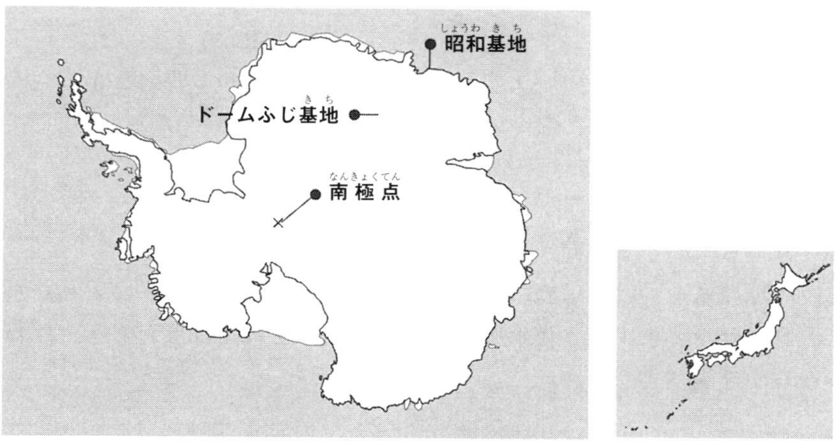

【図1】

(ア) 約５倍　　**(イ)** 約40倍　　**(ウ)** 約300倍

問２　**【図２】**は南極付近の地図です。南極点から見て日本の方角はどちらになりますか。図の**(ア)**～**(ク)**から選び，記号で答えなさい。

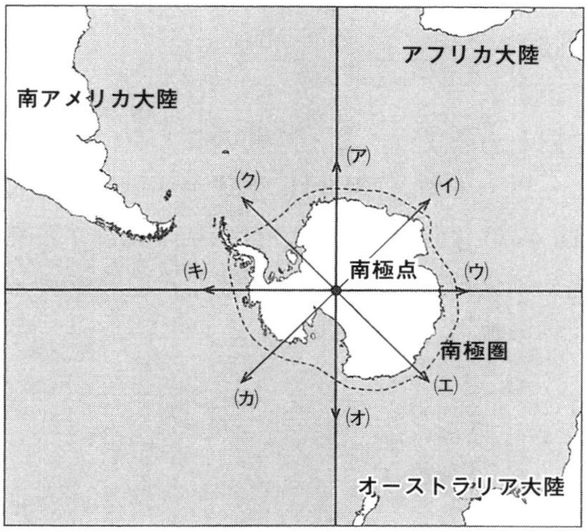

【図２】

問３　南極と北極の違《ちが》いを以下の表にまとめました。それぞれの空欄《らん》に入る最も適当な内容を下の選択肢《し》**(ア)**～**(カ)**からそれぞれ選び，記号で答えなさい。

	北極	南極
陸か海か	(1)	(2)
高度	(3)	(4)
人口	(5)	(6)

（選択肢）

(ア)　島と一部の大陸以外はほとんどが海

(イ)　ほとんどが大陸

(ウ)　数m程度

(エ)　平均 2500 m（最高 4800 m）

(オ)　約1000人（観測者のみ）

(カ)　約400万人（先住民あり）

問４　これまで地上で記録された最低気温は－89.2℃で，これは南極の内陸部（標高 3488 m）にあるロシアのボストーク基地で計測されました。ほかにこれほど寒い地域は地球上のどこにもありません。以下はこの最低気温の理由について述べた文です。文中の空欄に当てはまる最も適当な語句を下の**(ア)**～**(カ)**からそれぞれ選び，記号で答えなさい。

このように寒いのには主に３つの理由があると考えられています。

一つ目は太陽の光（日光）が当たる角度です。角度が変わると日光が当たる範《はん》囲も変わります。日光は極地に近づくほど（ ① ）に当たるため太陽からの熱が分散してしまうのです。

二つ目は氷床《ひょうしょう》（南極大陸上にある氷）の存在があります。せっかく当たった日光の80～90％を白い氷が（ ② ）してしまうのです。

そして最後の理由が，平均で約2000mという南極大陸の標高の高さです。気温は標高が100m上がるごとに約1℃ずつ(③)ことがわかっています。

これらの理由が重なって，標高がより高くなる内陸部では記録的な低温になると考えられます。

(ア) 狭《せま》い範囲　**(イ)** 広い範囲　**(ウ)** 吸収
(エ) 反射　**(オ)** 上がる　**(カ)** 下がる

問5　南極では1日中太陽が沈むことがない時期があります。この時期のことを何といいますか。

これからこの**問5**の時期について考えたいと思います。**【図3】**は地球が1年かけて太陽の周りを運動する様子を表しています。また，**【図4】**は**【図3】**を地球の自転軸の北側から見下ろしたときの図を示しており，地球のグレーの部分は夜を表しています。またそれぞれの地球の図の中の小さな円は日本付近における1日の回転の軌《き》道を表しています。

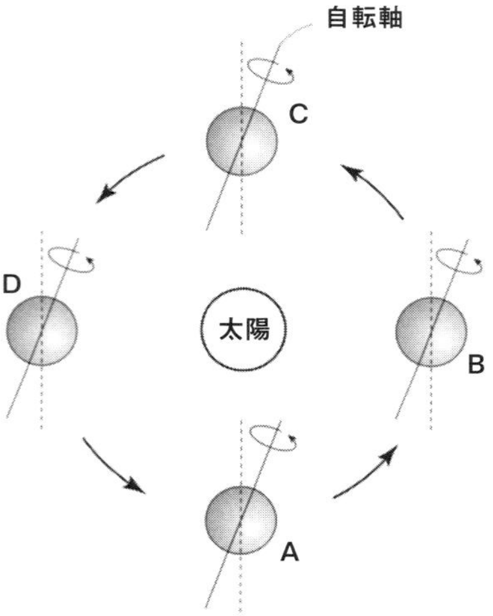

【図3】

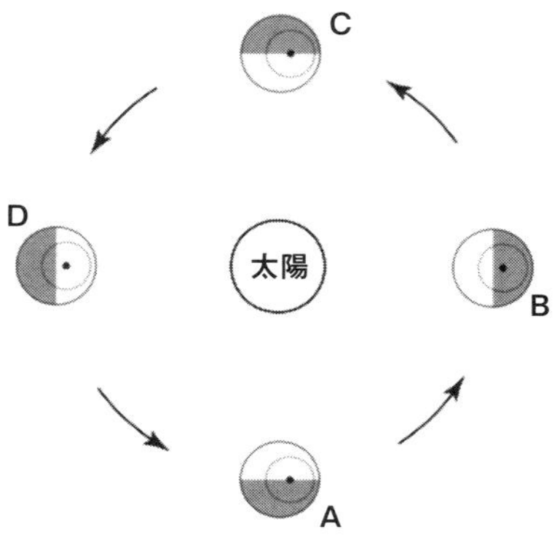

【図4】

問6　**【図4】**の地球で日本における昼の長さが最も短いものを図の**A**～**D**から選び，記号で答えなさい。また，そのような日を何といいますか。

問7　**【図3】**を地球の自転軸の南側から見た図として最も適当なものを以下の**(ア)**～**(エ)**から選び，記号で答えなさい。

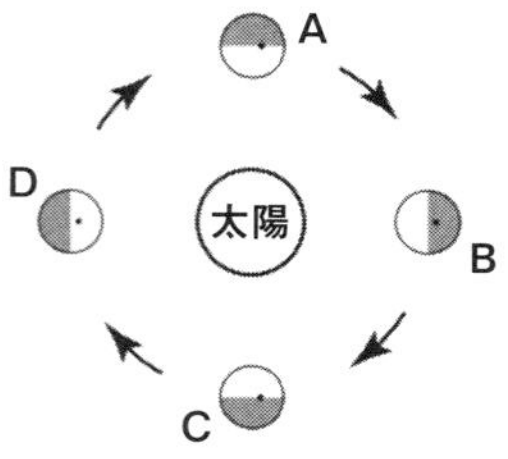

(ア)

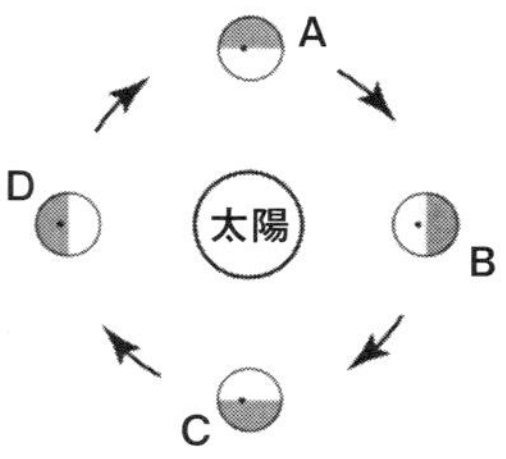

(イ)

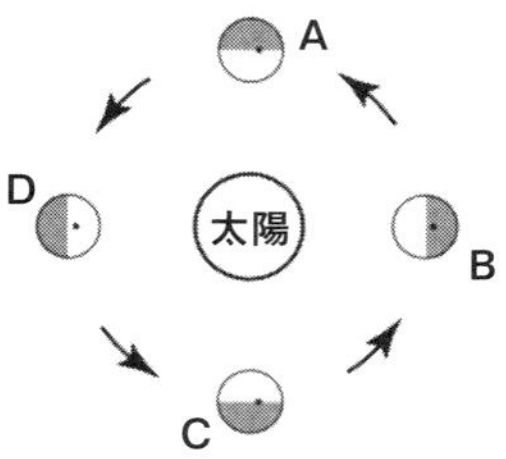

(ウ)

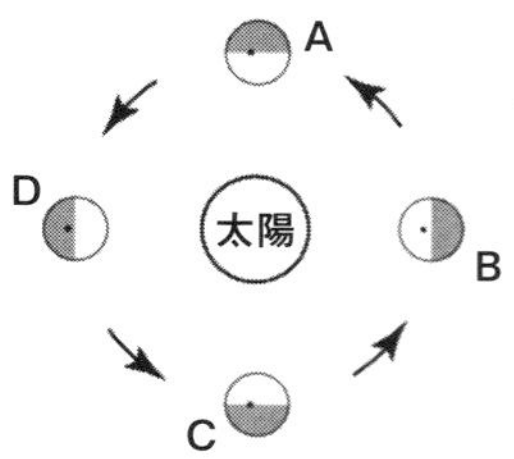

(エ)

問8　**問5**の時期に最も近い地球を**問7**で選んだ図中の**A**～**D**から1つ選び，記号で答えなさい。

4　以下の文章は，無色透《とう》明の液体について書かれたものです。これを読んで，下の**問1**～**問5**に答えなさい。

百合さんが学校から帰ると，お母さんが台所のシンクでたらいに水を張り，その中にコップを入れていました。百合さんがその水を触《さわ》ろうとすると，お母さんに「漂《ひょう》白しているから触ってはだめよ。」と言われました。目で見ただけではわかりませんが，水に漂白剤を入れたそうです。言われなければ触って危うく手が荒れてしまうところでした。思えば，身の回りには無色透明の液体でも中身が色々と異なるものが多くあります。そこで，百合さんは無色透明の液体をどうにか見分ける方法はないかと思い立ち，後日学校で次のような実験を行いました。

8本の試験管①～⑧に，以下の無色透明の液体(ア)～(ク)を1種類ずつ入れました。

(ア) 食塩水　(イ) アルコール水溶《よう》液　(ウ) 塩酸

(エ) 重曹《そう》水　(オ) アンモニア水　(カ) 水酸化ナトリウム水溶液

(キ) 酢　(ク) 石灰水

しかし，入れている途中でどの試験管にどの水溶液が入っているのかわからなくなってしまったため，次の【実験1】～【実験4】を行ったところ，それぞれ次のような結果が得られました。

【実験1】 試験管①～⑧の水溶液をそれぞれ赤色リトマス紙につけたところ，試験管②，③，⑤，⑥の水溶液では色が変わりませんでした。また，青色リトマス紙につけたところ，2本の試験管の水溶液で色が変わりました。

【実験2】 試験管①の水溶液を熱すると気体が発生し，その気体を試験管④の水溶液に入れたところ，白くにごりました。

【実験3】 水溶液に電流を通したところ，試験管③のみがほぼ電流を通しませんでした。

【実験4】 試験管⑧の水溶液60cm^3にBTB溶液を数滴加えた上で，試験管②の水溶液を120cm^3加えたところ，A<u>黄色</u>になりました。この水溶液から30cm^3だけとって試験管［　　　］の水溶液を15cm^3加えたところ緑色になり，さらに，B<u>ある操作</u>を行ったところ，試験管⑥と同じ水溶液ができていることがわかりました。

問1 試験管①～⑧にあてはまる水溶液を，無色透明の液体(ア)～(ク)からひとつずつ選び，記号で答えなさい。

問2 多くの台所用漂白剤のパッケージには「まぜるな危険」と表示があります。これはなぜですか。その理由を記した次の文の空欄をうめなさい。ただし，空欄には同じ言葉が入ります。

（　　）系漂白剤と書かれた台所用漂白剤は，ほかの洗剤などと混ぜると有害な（　　）が発生する可能性があるため。

問3 気体が溶けている水溶液が入っている試験管は，①～⑧のうちどれですか。あてはまる試験管の番号をすべて答えなさい。

問4 (1) 【実験4】の［　　］には試験管の番号②か⑧が入ります。あてはまる番号を答えなさい。

(2) 【実験4】の下線部**A**のように，一般的にBTB溶液を加えると黄色を示すものを次の(ア)～(キ)からすべて選び，記号で答えなさい。

(ア) オレンジジュース　(イ) みりん　(ウ) しょう油　(エ) セッケン水

(オ) 灰《あ》汁《く》　(カ) 胃液　(キ) にがり

(3) 【実験4】の下線部**B**の操作について説明しなさい。ただし，「なめてみる」や，薬品を使うことはしないものとします。

問5 【実験4】で使った試験管②の水溶液を60cm^3用意し，試験管⑧の水溶液を加えて混ぜ合わせるとき，水溶液が中性となるには試験管⑧の水溶液を何cm^3加えればよいですか。

情を百字以内で説明しなさい。

問六　本文中の空欄 Ⅲ にあてはまる最も適切なことわざを、次の**ア**～**カ**の中から選び、記号で答えなさい。

ア　河童《かっぱ》の川流れ　　**イ**　猫《ねこ》に小判
ウ　とらぬ狸《たぬき》の皮算用　　**エ**　井《い》の中の蛙《かわず》
オ　閑《かん》古鳥が鳴く　　**カ**　からすの行水

問七　――線④「目を丸くして」とありますが、誰がなぜ「目を丸くし」たのかを具体的な内容をふまえて説明しなさい。

問八　本文中の空欄 Ⅳ と Ⅴ にあてはまる漢字一字をそれぞれ答えなさい。

問九　――線⑤「心にもない言い方」から読み取れる、瑞穂のトーコの俳句に対する評価が最もよく表れている部分を、本文中から十字以内で抜き出して答えなさい。

別にこういう経験は初めてじゃない。

自分がすごく得意なジャンルだ、みんなに認められてるって思っていたフィールドで、気がつけば誰《だれ》にも相手にされない［Ⅲ］だったと思い知らされるのは。

かまわない。俳句を続けたいって思ったのは、俳句続けてますってアピールしたい人がいるからだ。瑞穂はその人とつながり続けるために俳句をやっているのだ。俳句甲子園なんかどうでもいい。

そう思おうとするそばから、別の自分がささやく。

——どうでもよくはないでしょ。俳句甲子園に出ますって言ったら、きっと応援《えん》してくれる、褒《ほ》めてくれる、そう期待したのも事実じゃないの。

「……だから瑞穂、お願いね」

「え？」

しばらく、トーコの言葉の意味がわからなかった。

それから、④目を丸くしてトーコを見る。

「トーコ、今何て？」

「瑞穂、五人目のメンバーになって。実際に試合での順番を決めるのはもう少しあと、実際に句がそろうまで延ばすけど。顧《こ》問の意見も聞かないといけないしね」

「ちょっと待って。じゃ、トーコは？」

瑞穂はまだトーコの提案に半［Ⅳ］半［Ⅴ］だ。だが、トーコはあっさり答える。

「私は補欠に回る」

「どうして？」

「私は創作ができない人間なの」

「そんなことないよ、みんな初心者なのは一緒《しょ》じゃない」

ちょっと⑤心にもない言い方かな。でも、全くの嘘《うそ》でもない。瑞穂も自信をなくしかけているところだ。

トーコは不思議な笑い方をした。

「酷《こく》だなあ、瑞穂」

「え？」

「瑞穂にはわからないか。世の中には、そういう才能がない人間もいるんだよ」

「俳句を作るのにそんな特別な才能なんて必要かなあ」

長編小説を書くわけではないのに。ところが、トーコの目がきびしくなった。

「できる人間にはわからないのかな。さかあがりができない人間は、自分がどうしてできないのか説明できないでしょ。それと同じだよ。音痴の人間にどうして音をはずしちゃうのよって聞くのは酷じゃない？」

瑞穂が返事を探している間に、トーコはさっさと出て行ってしまった。

（森谷明子『春や春』一部改）

【注】骨法正しい…俳句を作る際に、守るべき約束事がきちんと守られていること。

問一 ——線①「私たち」とありますが、誰のことを指していますか。本文中の名前ですべて答えなさい。

問二 本文中の空欄《らん》［Ⅰ］にあてはまることばを答えなさい。

問三 ——線②「今抱いているこのネガティブな感情」とありますが、この「感情」は、誰のどのような「感情」ですか。三十字以内で具体的に説明しなさい。

問四 本文中の空欄［Ⅱ］にあてはまる、身体の一部を表すことばを漢字で答えなさい。

問五 ——線③「複雑な気持ち」とありますが、このときの瑞穂の心面《づら》を選別できる」

「うん」

それもよく知っている。

真名は会員の句を毛筆で大きな紙に清書してくれる。それを遠くから見ると、たしかに印象が変わる句があるのだ。いつも自分のパソコンに句を作りためていた瑞穂には、これも新鮮な体験だった。

「そして最後の『D』はディベート担当、桐生夏樹《きりゅうなつき》。論理を組み立てるのが得意で人の言葉尻《じり》にも敏感。悪く言えば揚《あ》げ［Ⅱ］取りが上手なだけなんだって本人は気にしてるけど」

「ううん、しゃべれるってことはそれだけで俳句甲子園には強いと思う。彼女、この間全校集会でクラス代表としてしゃべってたけど、たしかに全然あがってなかったし」

——俳句甲子園で勝利をおさめるにはどういう戦術がいいか。

新野先生が力説していたことだ。

——ポイントの第一は、鑑賞点をもぎとること。

トーコもあれを思い出していたらしい。

「新野が言っていた通りよね。鑑賞点がものを言う本番で、とにかく話し続けられる人間は強い」

瑞穂はじっとトーコの話を聞いていた。トーコの言うとおりだと思うけど、それにしても。

——私たち、ね。

その中に瑞穂は含《ふく》まれない。茜会長とトーコは二人だけで、もう全部決めていたわけだ。

「そうだね、トーコ。私もそう思う」

③複雑な気持ちを押《お》し隠《かく》して、瑞穂は静かにうなずいた。たしかに、一年生三人は強い戦力だ。ここで、私はどうなるのよなんて見苦しくわめくのは、情けなさすぎる。瑞穂にだってプライドがある。

「それと、やっぱりうちの主軸《じく》は会長の茜でしょ」

「うん」

これもそのとおりだ。須崎《すざき》茜は、一見ふわふわしているが、俳句に関してはすごくシビアだし熱心だし、実際、王道の俳句を作り続ける。先生の言うポイントの第二、「七点の句」を。先週の練習試合でも、今日の俳句でもそうだった。

瑞穂にはそれができない。教科書通りの句を作るなんて、かえって恥《は》ずかしいと思ってしまう。自分にしか作れない、すごくとんがって、人を驚《おど》かすような句でなきゃ、作る意味がないと思う。

なのに、評価されるのは、『【注】骨法《こっぽう》正しい』と言われる須崎茜の句の方だ。

でも、いい。俳句甲子園の場でだって『骨法正しい』俳句は評価が高いんだから、須崎茜をはずすことはできない。

「これで四人。で、最後の一人なんだけど」

もういいよ、トーコ。

——こんなに丁寧《ていねい》に、外堀《ぼり》をじりじり埋《う》めるみたいにして、私がいかにいらない人間か説明してくれなくてもよかったよ。そんなこと、もう最初からわかってたから。

一年生三人の能力も、茜会長の才能も、いまさら確認してもらわなくたってわかってた。そして、このトーコ。

俳句は初心者だと言うし、たしかに句はぱっとしないが、夏樹に負けないくらいしゃべりは得意だし、頭の回転の速さは夏樹以上。対戦時間の短い俳句甲子園——鑑賞時間は一句につき、たった二分(決勝戦をのぞく)——で、一番鑑賞点獲《かく》得に貢献《こうけん》できるのはトーコに間違《ちが》いない。

つまり。

——私、井野《いの》瑞穂はいらない人間だ。

に当てはめた場合、A「表現者」・B「理解者」それぞれの「発想の出発点」を表す表現を本文中からそれぞれ五字で抜き出して答えなさい。

問五 ——線④「対象や事象に向けられる表現者の視点を正しく推し量るのは容易ではない」とありますが、それはなぜですか。本文中のことばを使って七十五字以内で説明しなさい。

問六 ＝＝線**a**～**d**のカタカナを漢字に直しなさい。送り仮名が必要な場合は、送り仮名も書きなさい。

二

次の文章を読んで、後の問いに答えなさい。

「まだ締《し》め切りには少し時間があるけど、そろそろスタメンは決定した方がいいかなって」

ほら来た。

どうしてここに、会長の茜《あかね》がいないんだろう。

——こういう話って、役つきの会員がそろって説得するものじゃないの？　落とすメンバーには。

瑞穂《みずほ》の頭の中に、いろんな声が渦《うず》まく。

——でも、あんたが落ちるとはまだ決まってないじゃない。

「うちの一年生三人のことなんだけどね」

トーコのきびきびした声で、瑞穂はまた現実に引き戻《もど》される。

「①私たち、あの三人をＡＶＤ担当って勝手に呼んでるんだけど」

「ＡＶＤ？」

「そう。『Ａ』はオーディオ、つまり音声担当。三田村理香《みたむらりか》。声に出した時の言葉の響《ひび》きにすごく敏《びん》感で、センスがあるでしょ」

「そうね」

たとえば今日の練習でも。歳《さい》時記をめくりながら、突《とつ》然理香はこんなことを言い出した。

——ねえ、『神田川祭の中を流れけり』って、この句、すごく晴れ晴れしてますよね。それ、［Ｉ］段の音がいっぱいあるからじゃないでしょうか。ほら、十七音の内九音も［Ｉ］段。だからとってもおめでたい感じなんだと思います。

——わかったわかった。理香。わかったから、実作に戻ろう。

トーコは軽くあしらったが、瑞穂には新鮮《せん》だった。音で俳句を楽しむなんて。

それを思い出しながら瑞穂は続けた。

「たしかに。それと、理香って声もすごく通って聞きやすい気がする」

「そうだね。あの子いい声してる。さすが、一人カラオケが趣《しゅ》味で、カラオケボックスにマイキーボードを持ち込《こ》んで弾《ひ》き語りするのがストレス解消法って言うだけあるわ」

「ふうん」

理香とトーコはそんな話もできているのか。瑞穂は一度も一年生とプライベートな会話ができていないことに、今気づいた。そう言えば、この間ほかの会員がカラオケに行くと言っていたっけ。でも音痴《ち》を気にしている瑞穂はことわってしまったのだ。

「マイクの使い方もうまいしね。それがカラオケのおかげっていうのは笑っちゃうけど、大事な能力よね。俳句甲《こう》子園では互《たが》いに相手校の句を鑑《かん》賞して発表するのにマイクを使うから、そこでもたもたしている学校はやっぱりパフォーマンス力が欠けると思われやすいもの」

瑞穂は無言でまたうなずいた。認めたくないが、②今抱《いだ》いていることのネガティブな感情は、嫉妬《しっと》だ。

下級生相手に。瑞穂の気も知らないトーコは、次の話を始めている。

「そして『Ｖ』はビジュアル担当北条真名《ほうじょうまな》。書道何段だったかな、とにかくそっちでも大会に出られるくらいの腕《うで》前で、視覚に訴《うった》える字在り方、一つの文化といってもいいのではないか。

『古事記』や『日本書紀』が書かれた古代の日本人は、虹《にじ》は蛇《へび》に通じて不吉《きつ》なものと感じ、なにか異変の**c**ゼンチョウと恐《おそ》れたが、現代人は「七色の虹」などと言って、その美しさを愛《め》でる。科学の発達した現代では、虹の立つ現象など少しも恐ろしくはない。いっぽう、古代ヨーロッパでは、虹が立ったらその根元を掘《ほ》れ。そうすれば宝物が出てくると喜んだそうだが、同じ対象に対しても、洋の東西・古今の時代差で、まったくその見る視点が異なってくる。このような民族ごとの文化的視点の相違《い》もあれば、もっと【注4】ミクロな、個々人ごとの視点の違《ちが》い、その折々の状況や心理的差異に左右される視点の〝ゆれ〟も、もちろんあるだろう。籠《かご》に盛られた果物《くだもの》を見て、食いしん坊《ぼう》は「うまそうだ」と感じ、商売人は「値段はいくらぐらいするか」と考え、絵描《か》きさんは「静物画の**d**ソザイとしていいな」と見て取る。味か、値段か、外見か、その見るところは人さまざまで、④対象や事象に向けられる表現者の視点を正しく推《お》し量るのは容易ではない。

（森田良行『日本人の発想、日本語の表現』一部改）

【注】
1 語彙…用いられている語の全体。
2 恣意…自分勝手な考え。
3 民俗…民間に伝承されてきた習慣。
4 ミクロ…非常に小さいこと。

問一 ――線①「示唆に富んだ」の意味として正しいものを次の**ア**～**オ**の中から選び、記号で答えなさい。

ア それとなく教えられることが多い
イ 比ゆ的に表されることが多い
ウ 感心させられることが多い
エ はっきり指し示さないことが多い
オ 面白くて相手を楽しませることが多い

問二 □で囲まれた部分に入る話は、全部で五つの文で構成されている。次の**ア**～**オ**を正しく並べ替え、その順を記号で答えなさい。

ア いっぽう大家《おおや》さんは、駅の【注】拾得定期券の掲示《けい》について話していたつもりなので、「え?」と言ったまま言葉が出ない。
イ 大家さんも、「そりゃ、めったにあることじゃないからねー」と言葉を合わせる。
ウ それを聞いた彼女も「え?」と言って、相手が何の話をしているのかわからなくなってしまう。
エ 山田荘というアパートの大家さんが借家人の女性に「よー先生、みたよ。名前出てたね」と言うと、その女性は最近なにかの雑誌に載《の》った自分の入選作品のことと勘《かん》違いして、「はじめてなんですよ。なんか恥《は》ずかしいわ」と、顔を赤らめる。
オ ここまでは実に順調に言葉のやりとりが進んだのだが、これを聞いて彼女はうれしくなって、「入選作を掲載《けいさい》してもらったんですよ」と控《ひか》えめだが、つい自慢《まん》してしまう。

【注】拾得定期券の掲示…拾われて届けられた定期券に関する情報が書かれている掲示板。

問三 ――線②「言語伝達の基本」とは、ここでは具体的にどういうことを指していますか。本文中から簡潔にまとまった一文を抜《ぬ》き出し、初めの十字を書きなさい。

問四 ――線③「表現者や理解者が抱く想念の基盤でもある発想の出発点」とありますが、これについて次の(1)・(2)の問いに答えなさい。

(1) A「表現者」・B「理解者」それぞれを、本文中で使われている別のことばに書き改めなさい。

(2) ここでいう「発想の出発点」を『朝日新聞』に載った一口話

二〇一八年度 白百合学園中学校

【国　語】（四〇分）〈満点：一〇〇点〉

※字数制限がある問題は、「、」や「。」も一字と数えます。

一

次の文章を読んで、後の問いに答えなさい。

話は少し古くなるが、かつて『朝日新聞』の朝刊に毎号「となりのやまだ君」（現在は「ののちゃん」と改題）という漫《まん》画が連載《さい》され、毎回①示《し》唆《さ》に富んだ内容で読者を楽しませていた。次に紹介《しょうかい》する話もその一つだが、言葉の伝達という面で実に面白い。

（平成九年一月十七日掲載《けいさい》）

言葉のやりとりは相互《ご》に話題や場面を共有してこそ初めて成り立つ。談話の冒《ぼう》頭は、話し手・聞き手の互《たが》いが共通の場面に立つとの了《りょう》解があるからこそ初めて正しいコミュニケーションが成り立つのであって、そこで初めて話題とする事柄《がら》も両者の一致《ち》を見るわけである。それがずれていては談話は成り立たないか、誤解の原因となる。その点、先の漫画は、私たちに②言語伝達の基本を思い出させてくれる貴重な事例を提供してくれたといえるであろう。同じ『朝日新聞』に以前「ねえねえ、きいて」という小話欄《らん》があった。そこにかつて「撮《と》らずに取ってよ」と題して、神奈川県の主婦の、次のような一口話の載《の》ったことがあった。

わが家の玄《げん》関の飾《かざ》り窓にハチが上手に巣を作った。大騒《さわ》ぎする私。「ハチの巣とって、とって」といったら、主人がカメラを持ってきた。

（平成二年八月十九日掲載）

談話においては、話し手も聞き手も、常に同じ情報を同じ視点でとらえているのだとの了解が基本にあって、それを前提とした言語の形式が文法や表現・【注1】語彙《い》の各面に色濃《こ》く現れており、日本語の一大特徴《ちょう》ともなっている。右の例でいえば、玄関に蜂《はち》が巣を掛《か》けたという情報に対し、危険だから取り a ノゾクべきという話し手の視点を、聞き手も当然持つはずだとの認識で「とって、とって」と叫《さけ》んだのであろう。「とる」が「取る」のほかにも「撮る」のような他の解釈《しゃく》が成り立つなど、とっさの折には思いも及《およ》ばない。聞き手であるご主人側は、蜂が巣を掛けたという同じ情報に、珍《めずら》しいから記念に写真をと、まったく別の視点からこれをとらえている。コミュニケーションにおける理解の成り立ち、誤解や曲解の原因はいろいろあるが、同じ「とる」がいろいろに解釈できるといった言語の形式上の問題以前に、情報や状況《きょう》に対してどのような視点からそれをとらえているか、③表現者や理解者が抱《いだ》く想念の基盤《ばん》でもある発想の出発点を正しく見定める必要があるであろう。その点どうもこれまでの言語研究や、国語教育・日本語教育といった言葉の学習では、言語の形式面での問題にばかり目を奪《うば》われて、個々の人間が自然や周囲の対象にどのような視点でそのつど向き合っているか、場面や状況から導かれる自然な b タイショの姿勢・心理状態を正しく理解するといった訓練に欠けていたように思われる。もちろんその折々の視点の有り様とか解釈のパターンには、個人的な【注2】恣《し》意性もあるだろう。が、誰《だれ》しもがそのようにとらえ、同じように考えるといった共通性、似たような傾《けい》向も見られるにちがいない。そうなればこれはもう立派《りっぱ》に日本的な【注3】民俗《ぞく》の

2018年度

白百合学園中学校 ▶解説と解答

算 数 （40分）＜満点：100点＞

解 答

$\boxed{1}$ (1) 11枚 (2) 1110円 $\boxed{2}$ 83人，167人 $\boxed{3}$ (1) 4480m (2) $1\frac{7}{8}$分後 (3) 2087.5m $\boxed{4}$ 288cm^2 $\boxed{5}$ (1) $\frac{4}{55}$倍 (2) 5：4 (3) 5：14

解 説

$\boxed{1}$ **つるかめ算，倍数算**

(1) 緑と黄の枚数は同じだから，その1枚あたりの平均の値段は，(20＋10)÷2＝15(円)である。よって，右の図1のようになり，緑と黄だけで29枚買ったとすると，15×29＝435(円)となるが，赤を1枚買うごとに，50−15＝35(円)ずつ高くなる。したがって，代金が820円のとき，赤の紙を，(820−435)÷35＝385÷35＝11(枚)買っている。

図1

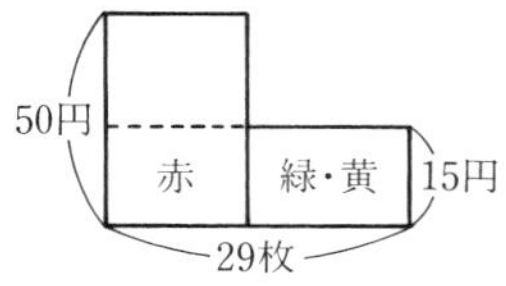

(2) 緑と黄の予定していた購入《こうにゅう》金額をそれぞれ$\boxed{5}$，$\boxed{2}$，実際に購入した金額をそれぞれ⑫，⑤とする。また，予定していた枚数より緑，黄はそれぞれ2枚，1枚少なく買ったから，$\boxed{5}$＝⑫＋20×2＝⑫＋40，$\boxed{2}$＝⑤＋10と表せる。ここで，右の図2のように，黄の代金を2.5倍すると，$\boxed{2}$×2.5＝(⑤＋10)×2.5，$\boxed{5}$＝$\textcircled{12.5}$＋25となり，$\textcircled{12.5}$−⑫＝$\textcircled{0.5}$は，40−25＝15(円)とわかる。よって，①＝15÷0.5＝30(円)，実際に購入した緑の代金は，30×12＝360(円)，黄の代金は，30×5＝150(円)である。これより，実際に購入した枚数は，緑が，360÷20＝18(枚)，黄は，150÷10＝15(枚)なので，予定していた黄の枚数は，15＋1＝16(枚)となる。さらに，予定では，赤と黄の枚数の比は3：4だから，赤の枚数は，16×$\frac{3}{4}$＝12(枚)と求められる。したがって，ゆり子さんがはらった金額は合計で，50×12＋360＋150＝600＋510＝1110(円)である。

図2

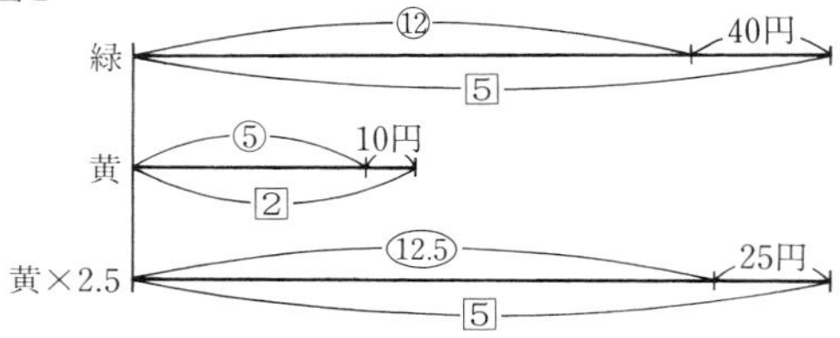

〔**ほかの考え方**〕 予定していた緑と黄の枚数の比は，$\frac{5}{20}$：$\frac{2}{10}$＝5：4，実際の購入枚数の比は，$\frac{12}{20}$：$\frac{5}{10}$＝6：5だから，予定枚数をそれぞれ⑤，④，実際の購入枚数をそれぞれ$\boxed{6}$，$\boxed{5}$とする。また，右の図3より，④×2−⑤＝③と，$\boxed{5}$×2−$\boxed{6}$＝$\boxed{4}$は等しいので，$\boxed{6}$＝③×$\frac{6}{4}$＝$\textcircled{4.5}$である。よって，⑤−$\textcircled{4.5}$＝$\textcircled{0.5}$は2枚だから，予定していた緑の枚数は，2÷0.5×5＝20(枚)，黄の枚数は，20×$\frac{4}{5}$＝16(枚)，赤は，16×$\frac{3}{4}$＝12(枚)とわかる。

図3

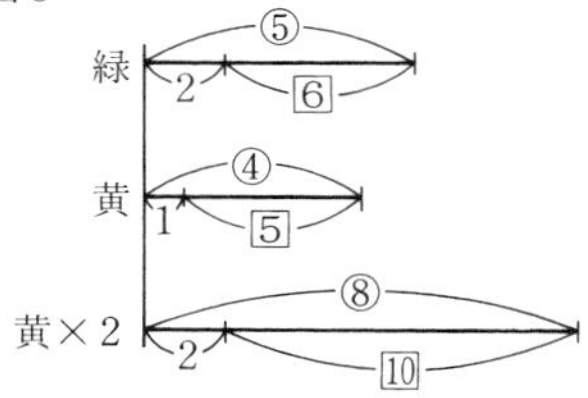

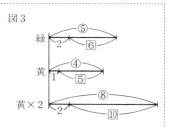

2 調べ，条件の整理

お菓子《かし》の袋《ふくろ》を６袋開けて全員に１個ずつ配ると５個不足したから，１年生の人数は６の倍数より５人多い。また，ジュースの箱を７箱開けて１本ずつ配ると１本余るので，人数は７の倍数より１人少ない。ここで，７の倍数より１だけ小さい数は，６，13，20，27，34，41，48，…で，６の倍数より５大きい数のうち，最も小さい数は41である。さらに，６と７の最小公倍数は42だから，200以下の整数のうち，条件にあてはまる数は，41から42ずつふえて，41，83，125，167とわかる。次に，41人のとき，バスは２台使うから，20人と21人でふさわしくない。83人のとき，バスは３台使うから，83÷３＝27余り２より，27人１台と28人２台となりふさわしい。同様に，125人のとき，125÷４＝31余り１より，どのバスも31人以上なのでふさわしくない。167人のとき，167÷６＝27余り５より，27人１台と28人５台になるのでふさわしい。よって，考えられる１年生の人数は，83人と167人である。

3 旅人算

(1)　Ａさんは Ｃさんとはじめて出会ってから10分後にＢさんと出会ったから，ＡさんがＣさんとはじめて出会ったとき，ＡさんとＢさんは，(90＋50)×10＝1400(m)離《はな》れている。また，ＡさんとＢさんが1400m離れるまでに，1400÷(100－50)＝28(分)かかるので，ＡさんとＣさんがはじめて出会うのは出発してから28分後である。よって，この池の周りの道の長さは１周，(100＋60)×28＝4480(m)と求められる。

(2)　ＡさんがＣさんと出会ってからＢさんと出会うまでの10分間に，ＡさんとＣさんは，(90－60)×10＝300(m)離れる。よって，Ａさんが再び向きを変えてＣさんと出会うのは，Ｂさんと出会ってから，300÷(100＋60)＝$\frac{30}{16}$＝$\frac{15}{8}$＝$1\frac{7}{8}$(分後)となる。

(3)　(2)のとき，スタートしてからの時間は，28＋10＋$1\frac{7}{8}$＝$39\frac{7}{8}$(分)だから，Ｃさんは，60×$39\frac{7}{8}$＝60×$\frac{319}{8}$＝2392.5(m)進んでいる。よって，このときＡさんとＣさんはスタート地点から，4480－2392.5＝2087.5(m)のところにいることがわかる。

4 立体図形―展開図，表面積

図①

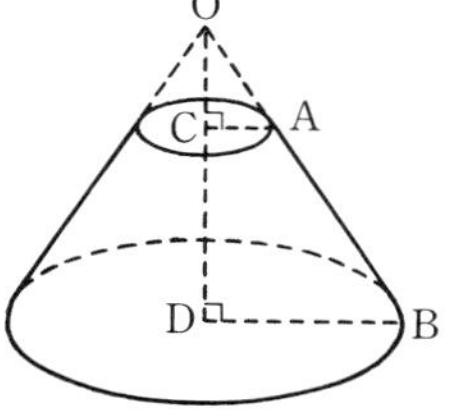

図②

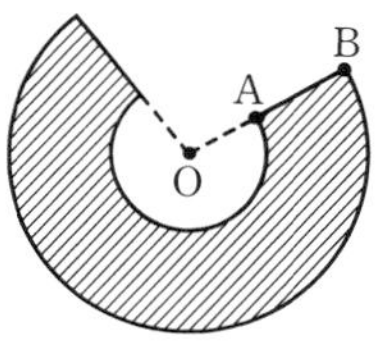

切り口の面積と底面の面積の比は１：９だから，１：９＝(１×１)：(３×３)より，切り口の円の半径と底面の円の半径の比は１：３である。また，右の図①と図②で，OA：OB＝AC：BD＝１：３なので，OA：AB＝１：(３－１)＝１：２となり，ABの長さと底面の半径は等しいから，切り口の半径を１とすると，ABの長さと底面の半径は３，OBの長さは，３×$\frac{3}{2}$＝4.5となる。さらに，OBの長さと底面の半径の比は，4.5：３＝３：２だから，側面の展開図の中心角は，360×$\frac{2}{3}$＝240(度)である。よって，切り口と底面と側面の面積の比は，(１×１)：(３×３)：$\left\{(4.5\times4.5-1.5\times1.5)\times\frac{240}{360}\right\}$＝１：９：$\left\{(20.25-2.25)\times\frac{2}{3}\right\}$＝１：９：$\left(18\times\frac{2}{3}\right)$＝１：９：12とわかる。したがって，この立体の表面積が528cm^{2}であるとき，側面の面積は，528×$\frac{12}{1+9+12}$＝528×$\frac{12}{22}$＝288(cm^2)と求められる。

5 平面図形―辺の比と面積の比，相似

図1

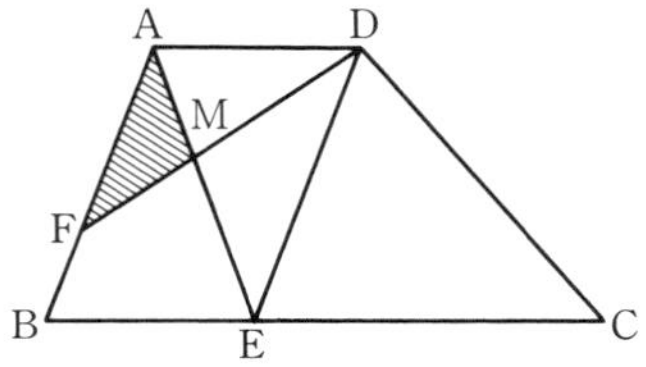

図2

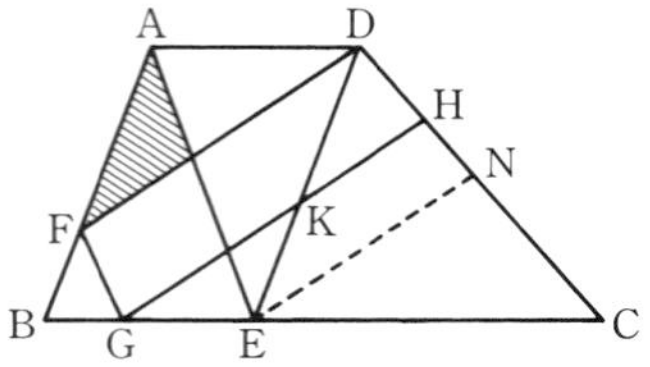

図3

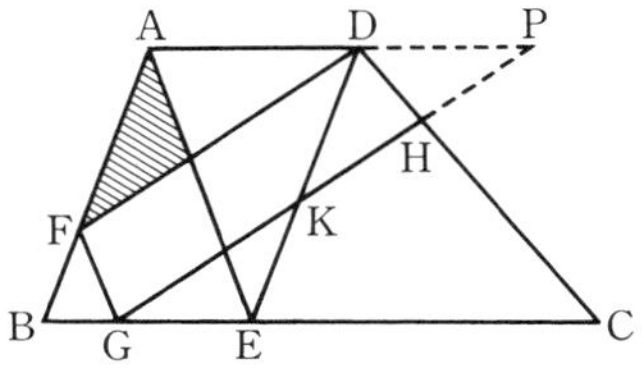

(1)　上の図1で，三角形AFMと三角形EDMの相似より，FM：DM＝AF：ED＝(9－3)：9＝6：9＝2：3だから，三角形AFMの面積は，三角形AFDの面積の，$\frac{2}{2+3}=\frac{2}{5}$になる。次に，三角形AFDの面積は，平行四辺形ABEDの面積の，$\frac{1}{2}\times\frac{6}{9}=\frac{1}{3}$であり，平行四辺形ABEDの面積は台形ABCDの面積の，$\frac{6\times2}{6+16}=\frac{6}{11}$である。よって，斜線《しゃせん》部分の面積は，台形ABCDの面積の，$\frac{6}{11}\times\frac{1}{3}\times\frac{2}{5}=\frac{4}{55}$(倍)とわかる。

(2)　上の図2で，DFとGH，ADとBCはそれぞれ平行なので，角ADF＝角EGKであり，角DAF＝角GEKである。よって，三角形ADFと三角形EGKは相似とわかり，AF＝9－3＝6(cm)で，AF＝ADだから，この2つの三角形はどちらも二等辺三角形になる。また，FGとAEは平行なので，BG：GE＝BF：FA＝3：6＝1：2より，GE＝$6\times\frac{2}{1+2}=4$(cm)である。したがって，KE＝GE＝4cm，DK＝9－4＝5(cm)だから，DK：KE＝5：4となる。

(3)　図2で，Eを通り，GHと平行な直線が辺CDと交わる点をNとすると，DH：HN＝DK：KE＝5：4である。また，HN：NC＝GE：EC＝4：(16－6)＝4：10となる。よって，DH：HN：NC＝5：4：10なので，DH：HC＝5：(4＋10)＝5：14とわかる。

〔ほかの解き方〕　上の図3のように，GHとADの延長線どうしの交点をPとすると，三角形DKPと三角形EKGの相似より，DP：DK＝EG：EK＝4：4＝1：1だから，DP＝DK＝5cmである。よって，三角形DHPと三角形CHGは相似なので，DH：HC＝DP：CG＝5：(4＋10)＝5：14と求めることができる。

社　会　(30分)＜満点：75点＞

解　答

[1] **問1**　**1**　石炭　**2**　石油　**3**　エネルギー革命　**4**　石油危機(オイルショック)　**5**　東日本大震災(東京電力福島第一原子力発電所の事故)　**問2**　**1**　ウ　**2**　ア　**3**　イ　**4**　イ　**5**　ウ　**6**　ア　**[2]** **問1**　70万(人)　**問2**　イ　**問3**　朝倉(市)，ウ　**問4**　北九州(市)　**問5**　(1)　(例)　明治時代，近くの筑豊炭田で産出する石炭と中国から輸入する鉄鉱石を利用して官営の八幡製鉄所が設立されたから。　(2)　イ　**問6**　ウ　**問7**　(1)　**1**　キ　**2**　ア　**3**　イ　**4**　ク　**5**　カ　(2)　ユネスコ　**[3]** **問1**　明治(時代)　**問2**　ア　**問3**　(1)　エ　(2)　イ　**問4**　古墳(時代)　**問5**　(1)　(例)　多くの小国が分立するなかで，大和国家による国土の統一が進んだ。　(2)　朝鮮(朝鮮半島)

問6　ウ　**問7**　織田信長　**問8**　(例)　京都の本能寺に滞在中，家臣の明智光秀に急襲され，自害に追いこまれた。　**問9**　**氏名**…豊臣秀吉　**都市**…長崎　**問10**　徳川吉宗　**問11**　上米(の制)　**問12**　(例)　幕府は幕府領の，各大名は領国の農民が納める年貢が収入の中心であった。　**問13**　(例)　江戸に滞在する期間を短くすることで，大名の経済的な負担を軽くするため。　**問14**　奈良(時代)　**問15**　東大寺　**問16**　(例)　皇族や貴族の間で争いが続くとともに，ききんや疫病の流行がしばしば起こるなど，社会不安が続いていた。　**問17**　行基　**問18**　鎌倉(時代)　**問19**　ウ　**問20**　ア　**問21**　政府の行為～ようにする　**問22**　(例)　選挙権の資格が「25歳以上のすべての男子」から「20歳以上のすべての男女」に変わった。(女性の参政権が認められるとともに，選挙権の年齢も25歳以上から20歳以上に引き下げられた。)　**問23**　ウ　**4**　**問1**　(1)　ウ　(2)　オ　**問2**　ア，オ，カ　**問3**　イ　**問4**　条例　**問5**　(1)　エ　(2)　立法権・行政権・司法権　**問6**　**A**　カ　**E**　ウ
5　**問1**　TPP　**問2**　オ　**問3**　Jアラート　**問4**　安全保障理事会

解説

1　日本の発電とエネルギー資源についての問題

問1　**1～3**　1960年代にエネルギー源の中心が石炭から，当時価格が下がり，取りあつかいも容易になった石油へと変わったことは，エネルギー革命とよばれる。　**4**　1973年，第四次中東戦争が起こったさい，アラブの産油国が原油価格の大幅《おおはば》な引き上げと生産量の削減《さくげん》を行ったことから，欧米諸国や日本といった先進工業国の経済が大きく混乱したできごとを第一次石油危機(オイルショック)という。1979年にはイラン革命(イランで王政が倒《たお》され共和制が実現したできごと)の影響《えいきょう》から同様の混乱が起こり，第二次石油危機とよばれた。　**5**　2011年3月に起きた東日本大震災と，そのさいに起こった東京電力福島第一原子力発電所の重大な事故を受け，全国にある原子力発電所はいったん操業停止とされ，その後，原子力規制委員会による審査《しんさ》に合格したものから再稼働《かどう》が認められるようになった。そのため，原子力発電の発電量は激減した。

問2　水力発電は資源を輸入する必要がなく，山がちな日本にはダムの建設に適した場所が多いことから，これまで多くの発電所がつくられてきた。その一方で，渇水《かっすい》期にはダムの水量が減り，取水制限が行われて電力の供給に影響が出る場合がある。また，ダムや発電所の多くが大都市から遠い山間部にあるため，送電のロスが大きいという欠点もある。火力発電は大都市や工業地区の近くに発電所をつくることができるが，石油や石炭などの化石燃料を大量に消費することから，多くの二酸化炭素などを排出《はいしゅつ》し，環境に大きな影響を与える。原子力発電はわずかな燃料から大きなエネルギーを得ることができるが，ウランなどの核燃料を用いるため，発電後の放射性廃棄《はいき》物の処理をどうするかという問題をかかえているほか，原発事故が起きた場合，周辺に深刻な影響をあたえるおそれがある。

2　福岡県の地理を中心とした問題

問1　政令指定都市は都道府県並みの権限が認められ，行政区が設置される都市のこと。地方自治法では人口50万人以上の都市とされているが，かつての国の基準では人口100万人以上の都市が目安だった。その後，要件が緩和《かんわ》され，2001年以降は人口70万人以上でも認められるようになった。したがって，ここでは70万人以上が正解と考えられる。

問２　米と小麦の生産量が多いアは北海道，きゃべつの生産量が多いウは群馬県，みかんの生産量が多いエは静岡県と判断できる。残るイが福岡県である。

問３　2017年７月，福岡県と大分県を中心に九州北部が集中豪雨に見舞われ，40名を超《こ》える死者・行方不明者を出す被害を受けた。「平成29年７月九州北部豪雨」と名づけられたこの災害で特に大きな被害が発生したのは，福岡県の朝倉市と東峰《とうほう》村，大分県の日田市で，なかでも最も被害が大きかったのは地図中ウの朝倉市である。

問４　地図中の★は北九州市。1963年に門司《もじ》・小倉・戸畑・八幡《やはた》・若松の５市が合併して成立した都市である。

問５　(1)　現在の北九州市周辺は，1901年に操業を開始した八幡製鉄所を中心として工業が発達し，北九州工業地帯を形成してきた。この地に製鉄所が建設されたのは，近くの筑豊《ちくほう》炭田で産出する石炭を利用できることと，鉄鉱石の輸入先である中国の大冶《たいや》鉄山に近かったからである。　(2)　北九州工業地帯は鉄鋼業を中心として発達したため，かつては金属工業の割合が高かったが，近年は機械工業が大きな割合を占《し》めるようになった。また，他の工業地帯・地域と比べると食料品工業の割合が高いことも特色となっているから，イがあてはまる。化学工業の割合が高いアは瀬戸内工業地域，機械工業の割合が60％を超えているウは中京工業地帯である。

問６　絣《かすり》は，あらかじめ染色した経《たて》糸と緯《よこ》糸を織り上げていく織物で，かすれたような模様ができることからその名がある。綿織物が多いが，麻糸や絹糸が使われることもある。日本三大絣とよばれるのは，福岡県久留米《くるめ》市周辺で生産される久留米絣，愛媛県松山市周辺で生産される伊予《いよ》絣，広島県福山市周辺で生産される備後《びんご》絣である。

問７　(1)　2017年，福岡県宗像《むなかた》市にある宗像大社を中心とする遺産群は，「『神宿る島』宗像・沖ノ島と関連遺産群」として世界文化遺産に登録された。その構成資産のなかで最も注目されるのは玄《げん》界灘《かいなだ》に浮かぶ沖ノ島で，島全体がご神体とされるこの島は，古代，大和政権により儀式《ぎしき》の場とされ，島内から出土した鏡や勾玉《まがたま》などの宝物《ほうもつ》のうち約８万点が国宝に指定されていることから，「海の正倉院」ともよばれている。　(2)　世界遺産の登録とその運営についての管理を行うのは，国際連合の専門機関である国連教育科学文化機関。教育・科学・文化の面での国際交流を通して世界平和の実現に貢献《こうけん》することを目的とした組織で，略称はUNESCO（ユネスコ）である。

3　各時代の文書を題材とした歴史についての問題

問１　＜Ａ＞の文書は，1890年（明治23年）に発布された「教育勅語《ちょくご》」。国民教育の基本方針を政府が天皇の言葉という形で発布したもので，儒教《じゅきょう》的道徳と忠君愛国の精神が示されている。

問２　「教育勅語」は紀元節（神武天皇が即位《そくい》した日にもとづき制定された祝日）や天長節（天皇の誕生日を祝う祝日）などのさい，学校長が全校生徒の前でこれを奉読《ほうどく》した。また，その写しは「御真《ごしん》影《えい》」（天皇・皇后の写真）とともに「奉安殿《ほうあんでん》」とよばれる特別な場所に置かれていた。戦時色が強まった1930年代以降，児童・生徒にこれを暗誦《あんしょう》させるようになったが，生徒がそれを書写するということは行われていなかったから，アが誤り。

問３　第二次世界大戦後，GHQ（連合国軍最高司令官総司令部）は「教育勅語」が軍国主義を助長するものだとしてこれを廃止することを日本政府に指示。日本の国会も1948年にその排除・失効を決議した。しかしながら，現在もこれを評価する声が一部にあり，園児や児童に「教育勅語」を暗誦させる私立の幼稚園や小学校も現れている。こうしたなか，2017年３月，安倍内閣は「憲法や教育基本法に反しないような形で教材として用いることまでは否定されるものではない」とする閣議決定を出した。これに対して国民の間で多くの意見が出されたが，それらは(1)のように「『教育勅語』にうたわれている道徳的規範《きはん》は普遍《ふへん》的なものであり，教育現場などでこれを活用することに問題はない」としてこれを肯定《こうてい》的にとらえる意見と，(2)のように「『教育勅語』の本質は忠君愛国の精神を育成することにあり，日本国憲法が定める国民主権や基本的人権の尊重などの原則とは相容《あいい》れないものである」としてこれを否定的にとらえる意見に集約される。したがって，ここではエが(1)に，イが(2)にあてはまる。

問4　＜B＞は，古代中国の歴史書『宋書《そうじょ》』倭国《わこく》伝にある記述の一部で，5世紀から6世紀初めに宋(中国)に使いを送った「倭(日本)の五王」のうちの「武《ぶ》」(雄略天皇のこととされる)が皇帝にあてた手紙の内容を示したものである。

問5　(1)　手紙の内容からは，それまで日本は多くの小国に分かれ，たがいに争う状態であったことがうかがえる。手紙の内容がどこまで正しいかはわからないが，大和政権が各地の小国を従え，国土を統一していった過程が見てとれる。　(2)　「海を越《こ》えて海北に進み，95カ国を征服《せいふく》し」とあることから，倭王武は朝鮮半島南部の95カ国を征服したと皇帝に主張しているのだと考えられる。

問6　「武」をはじめとする倭の王たちが宋の皇帝に使いを送ったのは，日本の統一を進めるなかで，自分たちの権力の正当性を認めてもらおうと考えたことと，朝鮮の国々との争いで優位に立つためと考えられている。

問7　＜C＞は，イエズス会の宣教師ルイス・フロイスが，著書『日本史』のなかで織田信長について述べた部分である。フロイスの『日本史』には，16世紀後半の日本におけるイエズス会の活動と当時の日本のようすがくわしく記されている。

問8　天下統一を進めていた信長は，1582年，中国地方へ出陣するため京都の本能寺に滞在《たいざい》していたところを家臣の明智光秀に急襲《きゅうしゅう》され，自害に追いこまれた(本能寺の変)。

問9　1596年，土佐(高知県)にスペイン船サン＝フェリペ号が漂着《ひょうちゃく》したとき，豊臣秀吉は部下を派遣して積荷を没収《ぼっしゅう》した。そのさい，船員が，スペインはまず宣教師を送って信者を増やし，その後に軍隊を派遣して領土を占領するのだと話していたのを聞いた。このことを知った秀吉は，京都や大阪などで布教していたフランシスコ会の宣教師や日本人の信徒らを捕《と》らえ，翌97年，長崎で26名を処刑した。1861～62年，彼らは「日本26聖人」としてローマ教皇から「聖人」の位に列せられている。

問10，問11　＜D＞は，江戸幕府の第8代将軍徳川吉宗が定めた上米《あげまい》の制について述べたもの。財政難に苦しむ幕府は上米の制を実施し，各大名に対し，石高一万石につき百石の米を差し出すことを命じた。なお，吉宗は御三家の1つである紀州藩の藩主から将軍となった人物である。

問12　幕府と各大名の収入の中心となるのは，それぞれ幕府領，大名領の農民が納める年貢《ねんぐ》であった。

問13　上米の制の実施にともない，大名が参勤交代で江戸に滞在する期間を1年から半年に縮めたのは，大名たちの経済的な負担を軽くするためである。参勤交代には多くの家臣が同行したが，物価の高い江戸で多くの家臣を養うことは，大名にとって大きな負担となっていたのである。

問14　＜E＞は，奈良時代中期の743年に聖武天皇が出した「大仏造立《ぞうりゅう》の詔《みことのり》」である。

問15　大仏が置かれたのは東大寺。聖武天皇は地方の国ごとに国分寺・国分尼《に》寺を建てることを命じ，総国分寺として都の奈良に東大寺と大仏をつくらせた。

問16　聖武天皇の時代には，皇族や貴族の間で争いがしばしば起きていたほか，ききんや疫病《えきびょう》の流行が続くなど，社会不安が広がっていた。そのため，天皇は仏教の力で世の中が安らかに治まることを願い，大仏づくりを決意したのである。

問17　8世紀前半，行基は諸国をまわって民衆に仏の教えを説くとともに，弟子たちを率いて橋をかけたり，かんがい用の池をつくったりして民衆のためにつくしたので，「行基菩薩《ぼさつ》」として尊敬を集めた。当時，寺院や僧は朝廷の管理下に置かれていたため，朝廷の許可を受けていない行基の活動は朝廷から弾圧を受けた。その後許され，大仏づくりが決まると，その土木技術と動員力を買われて最高僧位の大僧正《そうじょう》に任じられ，弟子たちと大仏づくりに力をつくした。

問18　＜F＞は，13世紀に，紀伊国(和歌山県)阿氏河《あてがわ》荘の農民たちが地頭の非道を荘園領主に訴《うった》えた手紙。ここからわかるように，鎌倉時代には荘園領主が課す年貢と地頭によって課せられる労役などの二重の負担に苦しむ農民が多かった。

問19　1185年，源頼朝は国ごとに守護を，荘園や公領(国司の支配がおよぶ地域)に地頭を置くことを朝廷に願い出て許された。以後，守護と地頭の任命権は幕府がにぎることとなった。

問20　地頭は年貢の徴収《ちょうしゅう》と治安の維持を任務としているが，なかには徴収した年貢を横取りするような者もおり，荘園領主との間で裁判となることも少なくなかった。また，このような手紙を出せるということは，農民のなかに彼らをまとめる指導的立場の者が現れたことも意味している。したがって，イとウは正しい。手紙の内容がすべて正しいかどうかはわからないが，横暴な地頭が多かったのは事実であるから，アが誤っている。

問21　＜G＞は，日本国憲法の前文の一部。特に「政府の行為によって再び戦争の惨禍《さんか》が起《おこ》ることのないようにする」という部分には，憲法の基本原則の1つとされる平和主義の精神が表されている。

問22　1945年12月，GHQの指示にもとづき衆議院議員選挙法が改正され，選挙権の資格がそれまでの「25歳以上のすべての男子」から「20歳以上のすべての男女」に変更された。

問23　国民の人権は法律の範囲内で認められるとするのは，大日本帝国憲法の考え方である。日本国憲法はその前文で「わが国全土にわたって自由のもたらす恵沢《けいたく》(めぐみという意味)を確保し」と述べ，その第11条では基本的人権を「侵《おか》すことのできない永久の権利」とも定めているから，ウはそうした考え方に反している。

4　**地方の政治についての問題**

問1　(1)　首長の解職請求は選挙管理委員会に対して行われるから，ウが誤り。　(2)　2015年の公職選挙法の改正により，国政選挙や首長選挙，地方議会議員選挙の選挙権は18歳以上の男女に認められることとなった。地方議会議員の被選挙権は25歳以上である。

問2　ごみの処理，上下水道事業，消防・警察はいずれも地方公共団体の仕事。郵便事業はかつては国営事業であったが，現在は民営化されている。電気事業とガス事業は民間企業の仕事である。

問3　牛を神聖な動物と考え，その肉を食べないのはヒンドゥー教を信仰する人々であるから，イが誤り。イスラム教を信仰する人々が口にしないのは，豚肉を用いた食品とアルコールである。

問4　法律の範囲内で，地方議会が定めるその地方公共団体のなかでしか適用されないきまりは，条例である。

問5 (1) ふるさと納税で納めることができる金額は住民税の一部(２割程度まで)であるから，エが誤り。　(2) 国家権力には，法律をつくる立法権，法律にもとづいて実際に政治を進める行政権，法律にもとづいて裁判を行う司法権がある。日本では，国会が立法権，内閣が行政権，裁判所が司法権をそれぞれ担当している。

問6 2017年７月に行われた東京都議会議員選挙における各政党の獲得議席数は，都民ファーストの会55，公明党23，自由民主党23，日本共産党19，民進党５，生活者ネットワーク１，日本維新の会１であった。

5 **2017年のできごとを題材とした問題**

問1 環太平洋経済連携《れんけい》協定(環太平洋パートナーシップ協定)の略称はTPP。環太平洋地域の12カ国の間で調印された貿易や資本などの自由化をめざす協定であるが，アメリカが離脱を表明したため，残り11カ国での発効をめざし，2018年３月，協定への署名にいたっている。

問2 パリ協定は，2015年にフランスのパリで開かれた国連気候変動枠組《わくぐみ》条約(地球温暖化防止条約)の第21回締約《ていやく》国会議(COP21)で結ばれたものであるから，オが正しい。この協定により，21世紀後半までに温室効果ガスの排出量を実質ゼロとするため，発展途上国をふくむすべての締約国が，温室効果ガスの排出の削減に向けて自主的な目標を定め，努力することとなった。

問3 全国瞬時警報システムの通称は「Ｊアラート」。Ｊアラートは，2016年から2017年にかけてたびたび北朝鮮がミサイル発射を行ったさい，各地で発動されたことで注目された。

問4 侵略《しんりゃく》行為や核実験など，国際社会の平和と安全を脅《おびや》かすできごとがあった場合，対応を協議するために緊急会合を開く国連の機関は安全保障理事会。緊急会合はいずれかの理事国からの要請があった場合に開かれるもので，議決には通常の会合と同様の手続きが必要となる。

理　科　(30分)＜満点：75点＞

解　答

1 **問1** A　接眼レンズ　B　レボルバー　C　対物レンズ　D　調節ねじ　E　反射鏡　**問2** (ウ)→(オ)→(ア)→(イ)→(エ)→(カ)→(キ)　**問3** (例) 低い倍率の方が視野が広く，観察したい部分を見つけやすいから。　**問4** (1) 60倍　(2) $\frac{1}{100}$倍　**問5** ①＞②＞③　**問6** ②　せん毛　③　べん毛　**問7** バイオ燃料　**問8** (ア)，(ウ)　**問9** (例) 生物③を水とともに入れた小さなびんの上側にだけ黒い紙でおおいをし，下側にだけ光を当てて，生物が下側にだけ集まることを確かめる。　**2** **問1** 1.3m　**問2** (イ)　**問3** (I) 0.1秒　(II) 0.4秒　(III) 0.2秒　**問4** (II)，秒速160cm　**問5** C　**問6** (例) 0になる。　**問7** (ウ)　**問8** 4秒　**問9** 食塩水中　**問10** 104g　**3** **問1** (イ)　**問2** (エ)　**問3** (1) (ア)　(2) (イ)　(3) (ウ)　(4) (エ)　(5) (カ)　(6) (オ)　**問4** ① (イ)　② (エ)　③ (カ)　**問5** 白夜　**問6** B，冬至　**問7** (イ)　**問8** B
4 **問1** ① (エ)　② (ウ)　③ (イ)　④ (ク)　⑤ (キ)　⑥ (ア)　⑦ (オ)　⑧ (カ)　**問2** 塩素　**問3** ②，⑦　**問4** (1) ⑧　(2) (ア)，(イ)，(ウ)，(カ)　(3) (例) 蒸発皿に入れて静かに加熱し水分を蒸発させ，残った粒を顕微鏡などで観察して粒が立方体のような形で

あることを見る。　**問5**　$75\mathrm{cm}^3$

解　説

1　小さな生物と顕《けん》微《び》鏡《きょう》の使い方についての問題

問1　Aは目で直接のぞくレンズで接眼レンズである。Cの対物レンズはBのレボルバーを回すことで，倍率を変えて観察することができる。Dはステージを上下させる調節ねじ，Eは視野の明るさを調節する反射鏡である。

問2　顕微鏡で観察するときには，顕微鏡を水平でじょうぶな台の上にのせ，レンズをAの接眼レンズ，Cの対物レンズの順に取りつける。次に，接眼レンズをのぞいて視野全体が明るくなるようにEの反射鏡のかたむきを調整する。そして，ステージの上にプレパラートをのせてクリップで固定し，横から見ながらDの調節ねじを回して対物レンズとプレパラートの間をできるだけ近づけた後，接眼レンズをのぞきながら対物レンズとプレパラートを少しずつ遠ざけていき，ピントを合わせる。ピントを合わせたら，観察したい部分が視野の中央にくるように，プレパラートを動かす。

問3　低い倍率のときは視野に入る範囲《はんい》が広いので，観察したい部分を探しやすい。そのため，はじめは低い倍率で観察したい部分を探し，その後観察したい部分を視野の中央に移動させてから高い倍率で細かく観察していく。

問4　(1)　顕微鏡の倍率は，(接眼レンズの倍率)×(対物レンズの倍率)で求められる。ここでの倍率は，15×4＝60(倍)で，もとの大きさの60倍で観察できる。　(2)　対物レンズを4倍から40倍に変えると，倍率は，40÷4＝10(倍)となる。倍率が10倍になると視野の中に見える長さは$\frac{1}{10}$倍となるので，面積は，$\frac{1}{10}\times\frac{1}{10}=\frac{1}{100}$(倍)になっている。

問5　生物①の体長は約4目盛りなので，実際の大きさは，0.15×4＝0.6(mm)である。同様に，生物②の実際の体長は，0.05×5＝0.25(mm)，生物③の実際の体長は，0.01×6＝0.06(mm)となる。よって，同じ倍率で観察すると，大きく見えるものから順に，生物①，生物②，生物③となる。

問6　生物②のゾウリムシは，からだのまわりに生えている細く短い毛のせん毛を動かして移動する。一方，生物③のミドリムシは，長くのびている毛のべん毛を使って移動している。

問7　ミドリムシやサトウキビ，トウモロコシなどの生物から得られるエネルギー資源をバイオマスという。このバイオマスを利用したエタノール(バイオエタノール)などの燃料は，バイオ燃料(バイオマス燃料)とよばれる。

問8　アオミドロとミカヅキモは，葉緑体をもち，光合成を行って養分をつくる。一方，ウミホタルやミジンコ，ラッパムシは葉緑体をもたないので光合成をせず，植物プランクトンなどを食べて養分を得ている。

問9　生物③を入れたびんの上側にだけ光が当たっている実験のみの場合，生物③が上側にだけ集まったのは，生物③が上側に集まる習性があるためなのか，光に集まる習性があるためなのかを確かめられない。そこで，生物③を入れたびんの下側にだけ光が当たっている実験を行い，生物③が下側にだけ集まるのを確認できれば，生物③は上側へ集まる習性ではなく，光に集まる習性があるといえる。

2　物体の運動と浮《ふ》力《りょく》についての問題

問1　10分は，60×10＝600(秒)なので，桜子さんの歩く速さは，800÷600＝1.33…より，秒速1.3

mである。

問２　小球が斜面《しゃめん》で滑《すべ》るとき，小球の速さは，滑り始めた位置から速さをはかる位置までの高さによって変化する。コースＡとコースＢはどちらも，小球を手から放して滑らせ始めた位置と速さをはかる左端《ひだりはし》までの高さが12cmなので，左端での小球の速さはどちらのコースでも同じになる。

問３　隣り合う小球と小球の間を0.05秒間で小球が転がる。(Ⅰ)は左端Ａから右端Ｂまでの間に，小球と小球との間かくが２つあるので，小球が左端Ａから右端Ｂまで進んだ時間は，0.05×２＝0.1(秒)である。同様に，小球が左端Ａから右端Ｂまで進んだ時間は，(Ⅱ)では，0.05×８＝0.4(秒)，(Ⅲ)では，0.05×４＝0.2(秒)と求められる。

問４　小球の速さが最も遅いのは，左端Ａから右端Ｂまでの移動に最も時間がかかった(Ⅱ)である。その速さは，64÷0.4＝160より，秒速160cmになる。

問５，問６　ふりこのおもり(小球)の速さは，小球がＡ⇒Ｂ⇒Ｃと移動するにつれてしだいに速くなり，最も低い位置のＣで最も速くなる。そして，小球がＣ⇒Ｄ⇒Ｅと移動するときにはしだいに遅くなり，Ｅでは小球の速さが０となり，一瞬《いっしゅん》静止する。その後，ふりこはＥ⇒Ｄ⇒…のように，ふれる向きを変える。

問７　ふりこの周期はふりこの長さ(糸の長さ)だけで決まり，おもり(小球)の重さや振幅《しんぷく》(ふれ幅《はば》)には関係しない。

問８　0.5秒ごとに撮影《さつえい》したストロボ写真で，Ａ⇒Ｂにかかる時間が0.5秒なので，ＡからＥまでふれて再びＡにもどるまでの時間，つまりふりこの周期は，0.5×８＝４(秒)となる。

問９　小球が押《お》しのける水や食塩水の体積は同じなので，押しのけた液体の重さが重く，液体から受ける浮力の大きさが大きくなるのは，密度が大きい食塩水の方である。液体中にある小球の重さをばねばかりではかると，液体から受ける浮力が大きいものほど，重さは軽くなる。

問10　食塩水中に入った小球が押しのけた食塩水の重さは，1.2×80＝96(ｇ)で，これが小球にはたらく浮力の大きさである。よって，この浮力を受けている小球がつるしてあるばねばかりは，200－96＝104(ｇ)を示す。

3　南極と地球の運動についての問題

問１　図１の南極大陸と日本は同じ縮尺なので，南極大陸は日本の面積の約５倍や約300倍には見えず，約40倍が選べる。南極大陸の面積(大陸から海にはり出した氷もふくむ)は約1400万km^2で，日本の面積約37.8万km^2の，1400万÷37.8万＝37.0…より，約37倍である。

問２　南極点からオーストラリア大陸の中央付近を通る経線上に日本が存在するため，(エ)が選べる。

問３　北極(北極圏《けん》)は，ユーラシア大陸や北アメリカ大陸に囲まれた北極海がその多くをしめ，そこにはグリーンランドなどの島がある。北極海には，おもに海水がこおってできた厚さ数ｍ程度の氷が浮《う》かんでいる。一方，南極(南極圏)は，南極大陸が大部分をしめる。大陸の表面のほとんどは氷におおわれ，その厚さが4000ｍ以上のところもある。また，北極圏にはイヌイットなどの先住民や移住者が住んでおり，観測者のみが住んでいる南極大陸に比べて人口は多い。

問４　①　太陽の光が地面に当たる角度(水平面と太陽の方向とがなす角度)は，赤道付近では90度に近く，極地方に行くほど低くなり，同じ量の太陽光が当たる範囲《はんい》が広くなる。そのため，同じ面積当たりが受ける熱の量は極地方に行くほど少なくなり，地温や気温が上がりにくくなる。　②　白い色は，黒い色などに比べて熱を反射しやすい。　③　気温は標高が高くなるほど低くなる。

気温が標高100m上がるごとに約１℃ずつ下がると，標高2000mの地点では標高０mの地点に比べて，１×2000÷100＝20(℃)ほど気温が低いことになる。

問５　冬至(12月22日ごろ)のころの南極や，夏至(６月21日ごろ)のころの北極では，太陽が１日中沈《しず》まない白夜《びゃくや》となる。これは，地球が自転軸《じく》(地軸)をかたむけたまま，太陽のまわりを公転しているために起こる。

問６　日本での昼の長さが１年のうちで最も短くなる日は，冬至である。冬至には，図４のＢのように，地球の自転軸の北側が太陽と反対側にかたむいている。

問７　図３を地球の自転軸の南側から見ると，地球の公転の向きは時計回りとなり，地球の自転軸の南側は，Ｂの冬至では太陽の方向にかたむき，Ｄの夏至では太陽と反対側にかたむいている。

問８　問５～７で述べたことより，南極で白夜となる時期の地球の位置としてＢが選べる。

4 水溶液《すいようえき》の判別についての問題

問１　実験１で赤色リトマス紙の色が変化しなかった②，③，⑤，⑥は酸性か中性の水溶液が入っていて，色が変化した①，④，⑦，⑧はアルカリ性の水溶液が入っている。実験２で，①を熱して出てきた気体を④の水溶液に通すと白くにごったのは，二酸化炭素を石灰水に通したためで，このことから①は熱すると二酸化炭素が発生する重曹《じゅうそう》水，④は石灰水が入っているとわかる。実験３でほぼ電流を通さなかった③に入っているのはアルコール水溶液である。実験４では，水酸化ナトリウム水溶液と塩酸を中和させて食塩水をつくっており，⑧にはアルカリ性の水酸化ナトリウム水溶液，②には酸性の塩酸，⑥には食塩水が入っていることになる。残る⑤は酸性の酢《す》，⑦はアルカリ性のアンモニア水が入っている。

問２　塩素には色のついたものを漂白《ひょうはく》する性質や殺菌《さっきん》する性質があり，塩素系漂白剤《ざい》として使われている。塩素系漂白剤は正しい使い方をすれば危険はないが，他の洗剤と混ぜると有毒な塩素の気体が発生する場合があり危険である。

問３　②の塩酸には気体の塩化水素，⑦のアンモニア水には気体のアンモニアがそれぞれ水に溶《と》けている。

問４　⑴　⑧の水酸化ナトリウム水溶液60cm^{3}に，②の塩酸120cm^{3}を加えるとBTB液が黄色を示したので，混合溶液は酸性になっている。この酸性の混合水溶液30cm^{3}を中和して中性にするには，アルカリ性の⑧の水酸化ナトリウム水溶液を加えればよい。　⑵　BTB液を加えると黄色を示すのは，酸性の液である。オレンジジュースにはクエン酸などがふくまれていて酸性を示す。みりんやしょう油には，乳酸や酢酸《さくさん》などの有機酸がふくまれるので弱い酸性である。胃液には塩酸がふくまれるため，強い酸性を示す。　⑶　塩酸と水酸化ナトリウム水溶液が中和して中性になると食塩水ができる。この食塩水から水を蒸発させて残った粒《つぶ》の形を観察すれば，食塩であることが確認できる。食塩の結晶《けっしょう》は立方体に近い形をしていて，表面に特有の模様が見られる。

問５　⑧の水溶液と②の水溶液を，60：120＝１：２で混ぜた混合溶液のうち，30cm^{3}をとり，そこに⑧の水溶液15cm^{3}を加えると中性になっている。このことから，⑧の水溶液，$30\times\frac{1}{1+2}+15=25$(cm^3)と②の水溶液，$30\times\frac{2}{1+2}=20$(cm^3)を混ぜ合わせると中性になるとわかる。②の水溶液60cm^{3}を中性にするためには，⑧の水溶液を，$25\times\frac{60}{20}=75$(cm^3)加えればよい。

国 語 （40分）＜満点：100点＞

解 答

一 問１ ア　問２ エ→イ→オ→ア→ウ　問３ 言葉のやりとりは相互　問４ (1) A 話し手　B 聞き手　(2) A 危険だから　B 珍しいから　問５ (例) 表現者の視点は，洋の東西・古今の時代差，民族ごとの文化的視点の相違，個々人の視点の違い，その折々の状況や心理的差異による〝ゆれ〟などにより異なるから。　問６ 下記を参照のこと。

二 問１ 茜，トーコ　問２ ア(あ)　問３ (例) 瑞穂の，トーコに評価される下級生の理香に対する嫉妬の感情。　問４ 足　問５ (例) 俳句甲子園のスタメンの人選に関するトーコの説明に納得する一方，自分がスタメンから外されるかもしれないくやしさを感じるとともに，その決定が茜とトーコの二人だけで決められていたことにさびしさを感じている。　問６ エ　問７ (例) 自分は俳句甲子園のスタメンから外されると思いこんでいた瑞穂が，トーコから「お願いね」と出場を望まれたことが意外だったから。　問８ Ⅳ 信　Ⅴ 疑　問９ 句はぱっとしない

●漢字の書き取り

一 問６ a 除く　b 対処　c 前兆　d 素材

解 説

一 **出典は森田良行《もりたよしゆき》の『日本人の発想，日本語の表現―「私」の立場がことばを決める』による。** 談話においては，話し手も聞き手も，常に同じ情報を同じ視点でとらえているのだとの了解が基本だが，対象や事象に向けられる表現者の視点を正しく推《お》し量るのは容易ではないために，誤解や曲解が生まれることを説明している。

問１ 「示唆《しさ》」は，それとなく示したり，ほのめかしたりすること。

問２ 大家さんから「名前出てたね」と言われた借家人の女性は，「雑誌に載《の》った自分の入選作品」のことだと思い，「はじめてなんですよ。なんか恥《は》ずかしいわ」とこたえている。それに対し，大家さんは「めったにあることじゃないからねー」と言ったので，「ここまでは実に順調に言葉のやりとりが進んだ」のだが，借家人の女性が「入選作品」の話題を出したとたん，「駅の拾得定期券の掲示《けいじ》」の話題だとばかり思っていた大家さんは疑問に思い，「え？」と言ったのである。そのようすを見た借家人の女性も，大家さんが「何の話をしているのかわからなくなって」同じような反応をしたという流れなので，エ→イ→オ→ア→ウの順になる。

問３ 「先の漫画《まんが》」は，お互《たが》いが異なる話題を念頭に話をしていたために，会話が成り立たなくなってしまったということを表している。これは，「言葉のやりとりは相互《そうご》に話題や場面を共有してこそ初めて成り立つ」という「言語伝達の基本」を思い出させてくれる貴重な事例だと筆者は述べているので，ここがぬき出せる。

問４ (1) 「神奈川県の主婦」の「一口話」にそって考える。　A 「表現者」は「ハチの巣とって，とって」と主人に言った「私」のこと，つまり「話し手」ということになる。　B 「私」の話を聞いた主人は，「写真」を「撮《と》る」ものと「理解」して「カメラを持って」きたのだから，主人は「聞き手」だと言える。　(2) A，B 「蜂《はち》が巣を掛《か》けたという情報」について，「話し

手」の「私」は，「危険だから」取り除くべきだという視点で「とって，とって」と叫《さけ》んだのに対し，「聞き手」側の主人は「珍《めずら》しいから」記念に写真を撮ろうと思ったことが「出発点」となって，「カメラを持ってきた」のである。

問5　同じ段落の内容を整理する。古代の日本人にとって「虹《にじ》」は「不吉《ふきつ》なもの」と恐《おそ》れられていたが，現代人にとっては美しいものとされ，「愛《め》でる」対象となっている。また，古代ヨーロッパでは虹の根元に宝物があると考えられていたことも示されている。このように，「虹」という同じ対象であっても，表現者の視点は「洋の東西・古今の時代差」や，「民族ごとの文化的視点の相違《そうい》」，「個々人ごとの視点の違《ちが》い，その折々の状況《じょうきょう》や心理的差異に左右される視点の〝ゆれ〟」などによって「さまざま」なので，「対象や事象に向けられる表現者の視点を正しく推し量るのは容易ではない」のだと言える。

問6　**a**　音読みは「ジョ」「ジ」で，「除去」「掃除《そうじ》」などの熟語がある。　**b**　問題などに対して適切な処理をすること。　**c**　あるものごとが起こる前ぶれ。　**d**　ものをつくるもとになる材料。ここでは，芸術作品のもとになるもの。

二　**出典は森谷明子《もりやあきこ》の『春や春』による。**俳句甲子園《こうしえん》への出場を願う瑞穂《みずほ》は，同じ部員のトーコからスタメンとして出てほしいと伝えられる。

問1　トーコから「私たち，あの三人をAVD担当って勝手に呼んでる」と言われた時，瑞穂は何のことかわからないようすなので，「私たち」に「瑞穂」は含《ふく》まれていないとわかる。また，一年生部員の「三田村理香《みたむらりか》」「北条真名《ほうじょうまな》」「桐生夏樹《きりゅうなつき》」も，トーコの言う「あの三人」なので含まれない。さらに，本文の中ほどに「私たち，ね。その中に瑞穂は含まれない。茜《あかね》会長とトーコは二人だけで，もう全部決めていたわけだ」とあることから，「茜」と「トーコ」の二人が「私たち」だと判断できる。

問2　理香が「音で俳句を楽しむ」タイプであることをおさえる。理香が着目した「神田川祭の中を流れけり」という俳句には，「ア(あ)段」の音が「九音」使われていることがわかる。

問3　直後に，この感情が「嫉妬《しっと》」であり，それは「下級生」の理香に向けられたものであることが示されている。前の部分からわかるように，トーコが理香の才能を高く評価していることに対して，瑞穂は嫉妬をしてしまったのである。

問4　「揚《あ》げ足取り」は，相手のちょっとした言いまちがいや言葉尻《じり》などをとらえて，からかったりすること。

問5　トーコが，一年生三人の能力を認めて俳句甲子園のスタメンに決めたという説明を，瑞穂は納得《なっとく》しながら聞く一方，自分がスタメンから外されることへの思いを強くしている。自分が落とされることに対して「私はどうなるのよなんて見苦しくわめくのは，情けなさすぎる」などと考えてしまったり，「俳句甲子園なんかどうでもいい」と思いこもうとしていることから，くやしい気持ちもあるとわかる。同時に，自分をぬきにして「茜会長とトーコ」の二人だけで「全部決めていた」ことに対するさびしさも感じていたと思われる。

問6　俳句甲子園でスタメンから外されるかもしれない瑞穂は，「自分がすごく得意」で「みんなに認められてるって思っていたフィールド」で，「気がつけば誰《だれ》にも相手にされない」存在になっていたと思い知らされる経験は初めてじゃないと思っている。つまり，自分では得意だと思っていても，実際にはほかのメンバーのほうが才能があることに気づかずにいた「井《い》の中の蛙《かわず》」だったというのである。なお，「河童《かっぱ》の川流れ」は，どんな名人も，時には失敗することもあるということ。「猫《ねこ》に小判」は，どんなに立派なものでも，価値のわからない人にはなんの値打ちもないことのたとえ。「とらぬ狸《たぬき》の皮算用」は，まだ手に入っていない収穫《しゅうかく》・収入を見越《みこ》して計画を立てること。「閑古鳥《かんこどり》が鳴く」は，不景気などのために，人が集まらないようす。「からすの行水」は，入浴を簡単にすること。

問７　瑞穂は，自分が俳句甲子園のスタメンから外されると思っていたので，トーコから「五人目のメンバーになって」ほしいとお願いされたことを意外に思い，「目を丸くし」たのだとわかる。「目を丸くする」は，意外なことに驚《おどろ》き目を大きく見開くようす。

問８　自分がスタメンから外れると思っていた瑞穂にとって，トーコが補欠に回り，自分は選手として出場するという話はにわかには信じられないことだったのだから，「半信半疑」とするのがよい。

問９　空らんⅢの少し前で，瑞穂はトーコの俳句について「たしかに句はぱっとしない」と思っている。そのため，「私は創作ができない人間なの」と言うトーコに対し，瑞穂が「そんなことないよ」と否定したのは「心にもない言い方」だったというのである。

Memo

2025年度用

中学スーパー過去問

■編集人　声の教育社・編集部
■発行所　株式会社　声の教育社
〒162-0814　東京都新宿区新小川町8-15
☎03-5261-5061(代)　FAX03-5261-5062
https://www.koenokyoikusha.co.jp

※本書の内容についての一切の責任は当社にあります。内容・解説・解答・その他は当社ホームページよりお問い合わせ下さい。

ストリーミング配信による入試問題の解説動画

2025年度用web過去問 ラインナップ

■ 男子・女子・共学（全動画）見放題
36,080円（税込）

■ 男子・共学 見放題
29,480円（税込）

■ 女子・共学 見放題
28,490円（税込）

● 中学受験「声教web過去問（過去問プラス・過去問ライブ）」（算数・社会・理科・国語）

3〜5年間 **24校**

過去問プラス

麻布中学校
女子学院中学校
早稲田中学校
渋谷教育学園幕張中学校
桜蔭中学校
筑波大学附属駒場中学校
浅野中学校
栄東中学校
開成中学校
豊島岡女子学園中学校
慶應義塾普通部
慶應義塾中等部
広尾学園中学校
聖光学院中学校
渋谷教育学園渋谷中学校
三田国際学園中学校
市川中学校

過去問ライブ

栄光学園中学校
フェリス女学院中学校
サレジオ学院中学校
法政大学第二中学校
中央大学附属横浜中学校
桐蔭学園中等教育学校
東京都市大学付属中学校

● 中学受験「オンライン過去問塾」（算数・社会・理科）

3〜5年間 **50校以上**

東京
青山学院中等部
麻布中学校
跡見学園中学校
江戸川女子中学校
桜蔭中学校
鷗友学園女子中学校
大妻中学校
海城中学校
開成中学校
開智日本橋中学校
吉祥女子中学校
共立女子中学校

東京
国学院大学久我山中学校
渋谷教育学園渋谷中学校
城北中学校
女子学院中学校
巣鴨中学校
桐朋中学校
豊島岡女子学園中学校
日本大学第三中学校
雙葉中学校
本郷中学校
三輪田学園中学校
武蔵中学校

東京
明治大学付属明治中学校
早稲田中学校
都立中高一貫校 共同作成問題
都立大泉高校附属中学校
都立白鷗高校附属中学校
都立両国高校附属中学校

神奈川
神奈川大学附属中学校
桐光学園中学校
県立相模原・平塚中等教育学校
市立南高校附属中学校

千葉
市川中学校
国府台女子学院中学部

千葉
芝浦工業大学柏中学校
渋谷教育学園幕張中学校
昭和学院秀英中学校
専修大学松戸中学校
東邦大学付属東邦中学校
千葉日本大学第一中学校
東海大学付属浦安中等部
麗澤中学校
県立千葉・東葛飾中学校
市立稲毛国際中等教育学校

埼玉
浦和明の星女子中学校
開智中学校

埼玉
栄東中学校
淑徳与野中学校
西武学園文理中学校
獨協埼玉中学校
立教新座中学校

茨城
江戸川学園取手中学校
土浦日本大学中等教育学校
茗渓学園中学校

web過去問 Q&A

過去問が動画化！
声の教育社の編集者や中高受験のプロ講師など、
過去問を知りつくしたスタッフが動画で解説します。

Q **どこで購入できますか？**
A 声の教育社のHPでお買い求めいただけます。

Q **受講にあたり、テキストは必要ですか？**
A 基本的には過去問題集がお手元にあることを前提としたコンテンツとなっております。

Q **全問解説ですか？**
A 「オンライン過去問塾」シリーズは基本的に全問解説ですが、国語の解説はございません。「声教web過去問」シリーズは合格のカギとなる問題をピックアップして解説するもので、全問解説ではございません。なお、「声教web過去問」と「オンライン過去問塾」のいずれでも取り上げられている学校がありますが、授業は別の講師によるもので、同一のコンテンツではございません。

Q **動画はいつまで視聴できますか？**
A ご購入年度2月末までご視聴いただけます。
複数年視聴するためには年度が変わるたびに購入が必要となります。

よくある解答用紙のご質問

01

実物のサイズにできない

拡大率にしたがってコピーすると，「解答欄」が実物大になります。配点などを含むため，用紙は実物よりも大きくなることがあります。

02

A3用紙に収まらない

拡大率164％以上の解答用紙は実物のサイズ（「出題傾向＆対策」をご覧ください）が大きいために，Ａ３に収まらない場合があります。

03

拡大率が書かれていない

複数ページにわたる解答用紙は，いずれかのページに拡大率を記載しています。どこにも表記がない場合は，正確な拡大率が不明です。

04

１ページに２つある

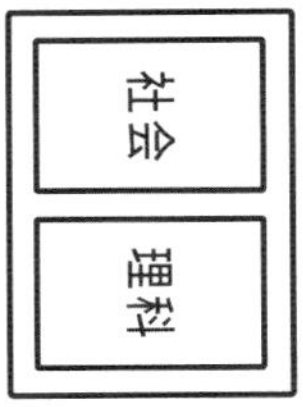

１ページに２つ解答用紙が掲載されている場合は，正確な拡大率が不明です。ほかの試験回の同じ教科をご参考になさってください。

白百合学園中学校

【別冊】入試問題解答用紙編

解答用紙は本体からていねいに抜きとり、別冊としてご使用ください。

※　実際の解答欄の大きさで練習するには、指定の倍率で拡大コピーしてください。なお、ページの上下に小社作成の見出しや配点を記載しているため、コピー後の用紙サイズが実物の解答用紙と異なる場合があります。

●入試結果表

年度	項目	国語	算数	社会	理科	4科合計	合格者
2024	配点(満点)	100	100	75	75	350	最高点
	合格者平均点	69.5	82.4	60.2	50.9	263.0	299
	受験者平均点	64.5	68.4	55.7	45.9	234.5	最低点
	キミの得点						245
2023	配点(満点)	100	100	75	75	350	最高点
	合格者平均点	68.0	53.6	56.5	57.2	235.3	275
	受験者平均点	64.3	40.8	53.0	52.2	210.3	最低点
	キミの得点						212
2022	配点(満点)	100	100	75	75	350	最高点
	合格者平均点	74.4	62.5	55.9	49.3	242.1	285
	受験者平均点	67.5	48.7	50.1	43.4	209.7	最低点
	キミの得点						222
2021	配点(満点)	100	100	75	75	350	最高点
	合格者平均点	70.4	87.8	61.9	51.4	271.5	303
	受験者平均点	64.4	75.0	57.8	46.8	244.0	最低点
	キミの得点						255
2020	配点(満点)	100	100	75	75	350	最高点
	合格者平均点	76.0	69.8	58.8	62.1	266.7	308
	受験者平均点	70.6	54.4	54.2	57.9	237.1	最低点
	キミの得点						251
2019	配点(満点)	100	100	75	75	350	最高点
	合格者平均点	70.5	57.8	56.0	52.1	236.4	296
	受験者平均点	65.1	47.0	51.7	48.0	211.8	最低点
	キミの得点						216
2018	配点(満点)	100	100	75	75	350	最高点
	合格者平均点	62.9	48.9	51.4	52.0	215.2	293
	受験者平均点	56.2	34.4	47.0	47.4	185.0	最低点
	キミの得点						184

※　表中のデータは学校公表のものです。ただし、４科合計は各教科の平均点を合計したものなので、目安としてご覧ください。

２０２４年度　白百合学園中学校

算数解答用紙

番号		氏名		評点	／100

1

(1) %

(2)

(答)　時間　分

(3) A：B：C＝

2

(1)

(2) 個

(3)

(答)

3

(1)

(答)　cm²

(2) kg

4

(1) cm²

(2) 秒後　cm²

5

(答)　km

(注) この解答用紙は実物を縮小してあります。172%拡大コピーをすると、ほぼ実物大の解答欄になります。

〔算　数〕100点(推定配点)

1 (1) 7点 (2) やり方・計算…5点，答…7点 (3) 7点 2 (1)，(2) 各7点×2 (3) やり方・計算…5点，答…7点 3 (1) やり方・計算…5点，答…7点 (2) 7点 4 (1) 7点 (2) 各5点×2 5 やり方・計算…5点，答…7点

２０２４年度　白百合学園中学校

社会解答用紙

番号		氏名		評点	／75

1

問1	あ	い	う	え
問2	A	B	C	D
問3				
問4				
問5	(1)　県	(2)　・	(3)お	か
	き	く	け	こ
問6	(1)　県	(2)　・		
問7				

2

問1		問2		問3	(1)	(2)
問4	(1)	(2)				
問5	(1)					
問5	(2)	問6		問7	→ → →	問8
問9		問10	う　金山	え　銀山	問11	
問12						
問13		問14		問15		問16
問17	→ → →					
問18		問19		問20		問21

3

問1	1	2	3	4
問2		問3		問4
問5	①	②A	B	問6
問7				

（注）この解答用紙は実物を縮小してあります。169％拡大コピーをすると、ほぼ実物大の解答欄になります。

〔社　会〕75点(推定配点)

1　問1，問2　各1点×8　問3，問4　各2点×2　問5　各1点×8＜(2)は完答＞　問6，問7　各2点×3＜問6の(2)は完答＞　2　問1～問4　各1点×6　問5～問8　各2点×5＜問7は完答＞　問9～問11　各1点×4　問12　2点　問13～問16　各1点×4　問17　2点＜完答＞　問18～問21　各1点×4　3　問1～問4　各1点×7　問5～問7　各2点×5

２０２４年度　　白百合学園中学校

理科解答用紙

番号		氏名	

評点	／75

1

問1 (1)

問1 (2)　①　②　③　④　⑤　⑥　⑦　⑧

問2 (1)　①　②　③　④　⑤　⑥　⑦

問2 (2)

問3　①　②　③　④　⑤

2

問1　問2

問3

問4　記号　式　答え

問5

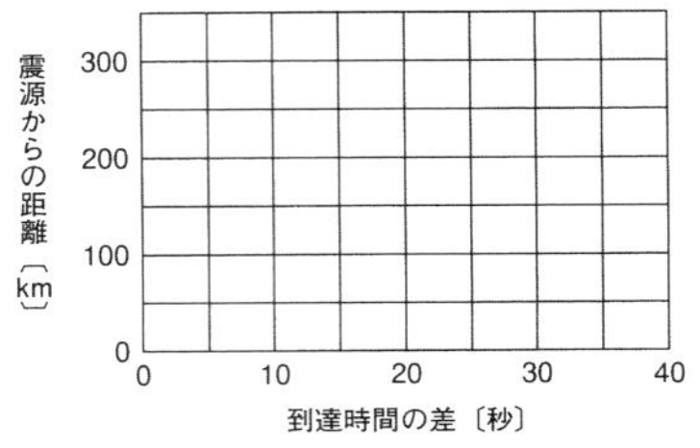

問6

3

問1　問2

問3　問4

問5

問6

4

問1　(あ)　(い)　(う)　(え)　(お)　(か)

問2 (1)　①　②　③　④　⑤

問2 (2)　問3

問4

5

問1　①　②　③　④　⑤　問2

問3　記号　記号

問4

問5 (1)　(2)　(3)　問6 (1)　(2)

（注）この解答用紙は実物を縮小してあります。167％拡大コピーをすると、ほぼ実物大の解答欄になります。

〔理　科〕75点(推定配点)

1　問１　各１点×9＜(2)の⑦は完答＞　問２　(1)　各１点×7　(2)　２点　問３　①　１点　②・③　１点　④・⑤　１点　2，3　各２点×12＜2の問３，問４，3の問６は完答＞　4　問１～問３　各１点×13　問４　２点　5　問１～問３　各１点×8＜問３は各々完答＞　問４　２点　問５，問６　各１点×5＜問５の(2)は完答＞

２０２４年度　白百合学園中学校

国語解答用紙

番号　　氏名　　評点　／100

※　字数制限がある問題は、「、」や「。」、カギカッコもすべて一字と数えます。

一

問一

問二

問三

問四　Ⅰ　Ⅱ

問五（50）

問六　(1)

(2)（70）

問七　a　b　c　d　e

二

問一　A　B

問二

問三

問四

問五（60）

問六（80）

（注）この解答用紙は実物を縮小してあります。B５→A３（163%）に拡大コピーすると、ほぼ実物大の解答欄になります。

〔国　語〕100点（推定配点）

一　問１～問４　各５点×５　問５　７点　問６　(1)　５点　(2)　９点　問７　各２点×５　二　問１～問４　各５点×５　問５　８点　問６　11点

２０２３年度　白百合学園中学校

算数解答用紙

番号		氏名		評点	／100

1

(1)　　円

(2) やり方・計算を書きなさい。

(答)　　本

2

(1)　　km

(2) やり方・計算を書きなさい。

(答)　　km

3

(1)　　倍

(2) やり方・計算を書きなさい。

(答) ＥＧ：ＧＦ＝

(3)　　倍

4

(1)　　分

(2) やり方・計算を書きなさい。

(答)　4時　　分

5

やり方・計算を書きなさい。

(答)　　cm²

(注) この解答用紙は実物を縮小してあります。175％拡大コピーをすると、ほぼ実物大の解答欄になります。

〔算　数〕100点(推定配点)

1 (1) 8点 (2) やり方・計算…5点，答…7点 2 (1) 8点 (2) やり方・計算…5点，答…7点 3 (1) 8点 (2) やり方・計算…5点，答…7点 (3) 8点 4 (1) 8点 (2) やり方・計算…5点，答…7点 5 やり方・計算…5点，答…7点

２０２３年度　白百合学園中学校

社会解答用紙

番号		氏名		評点	／75

1

問1	A 島名	都道府県名	B 島名	都道府県名			
	C 島名	都道府県名	D 島名	都道府県名			
問2	(1)	(2) 国名	場所	問3		問4	(1) (2)
問5	(1)						
	(2) 良くなった点						
	悪くなった点						
問6		問7		問8	・		
問9							

2

問1	(1)	(2)	問2	・	問3	問4	
問5		問6	氏	問7			
問8		問9		問10	(1)	(2)	
問11	(1) の戦い	(2)	(3)	(4) 人物			
	(4) 目的						
問12		問13					
問14	(1)	(2)	(3)	問15	(1)		
問15	(2) → → →	問16		問17	(1)	(2) → → →	

3

問1	(1)	(2)	問2		問3	・	
問4		問5	(1)	(2) 歳	(3)	問6	
問7	(1)	(2)	(3)				

（注）この解答用紙は実物を縮小してあります。169％拡大コピーをすると、ほぼ実物大の解答欄になります。

〔社　会〕75点（推定配点）

1　問1～問4　各1点×14　問5～問9　各2点×7＜問8は完答＞　2　問1　各1点×2　問2　2点＜完答＞　問3～問12　各1点×15　問13　2点　問14　各1点×3　問15　各2点×2＜(2)は完答＞　問16　1点　問17　各2点×2＜(2)は完答＞　3　問1，問2　各1点×3　問3，問4　各2点×2＜問3は完答＞　問5～問7　各1点×7

２０２３年度　白百合学園中学校

理科解答用紙

番号		氏名		評点	／75

1

問1			
問2	①	②	
問3			
問4	の方向に		
問5		問7	
問8			

問6

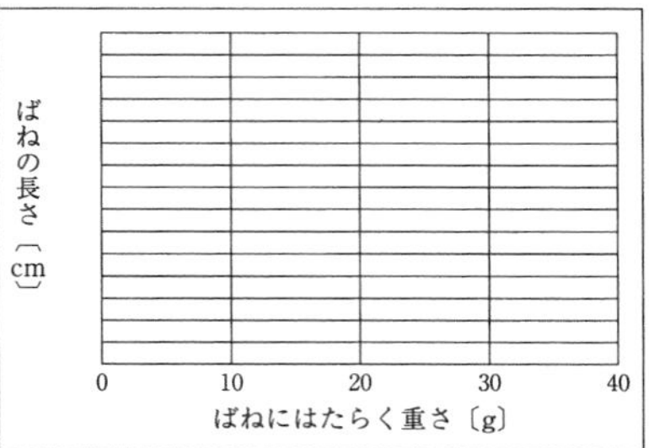

2

問1	(1)		(2)	
問2	(1)		(2)	
問3	北極付近		赤道付近	
問4		問5		
問6	(1)		(2)	
問6 (3)				

3

問1	(1)		(2)		(3)		問2
問3	(1)		(2)				
問4	(1)	①		②		③	
問4	(2)						
問5	番号		理由				

4

問1	(1)	番号		結果	
	(2)	番号		結果	
	(3)	番号		結果	
	(4)	番号		結果	
	(5)	番号		結果	
問2		番号		結果	

5

問1	①		②		③		問2		問3
問4									
問5			問6						

<参考【図3】>

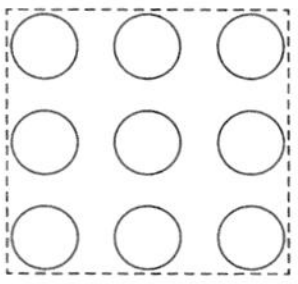

（注）この解答用紙は実物を縮小してあります。179％拡大コピーをすると、ほぼ実物大の解答欄になります。

〔理　科〕75点(推定配点)

1 問１　２点　問２　各１点×２　問３～問８　各２点×６　2 問１，問２　各２点×４　問３　各１点×２　問４～問６　各２点×５　3 問１　(1)　各１点×２　(2)，(3)　各２点×２＜(2)は完答＞　問２，問３　各２点×３　問４　(1)　各１点×３　(2)　２点　問５　２点　4 各１点×７＜問１は各々完答＞　5 問１　各１点×３　問２～問６　各２点×５

二〇二三年度　白百合学園中学校

国語解答用紙

番号　　氏名　　評点 /100

※ 字数制限がある問題は、「、」や「。」、カギカッコもすべて一字と数えます。

一

問一　a　b　c　d　e

問二　I　II　III

問三　A　B　　問四

問五　20

問六　30

問七

問八　40

二

問一　A　B　C　　問二

問三　30

問四　60

問五　40

問六

（注）この解答用紙は実物を縮小してあります。B5→A3（163%）に拡大コピーすると、ほぼ実物大の解答欄になります。

〔国　語〕100点(推定配点)

一　問1～問4　各2点×11　問5　6点　問6　8点　問7　4点　問8　10点　二　問1　各2点×3　問2　4点　問3　8点　問4　12点　問5　10点　問6　各5点×2

２０２２年度　白百合学園中学校

算数解答用紙

番号		氏名		評点	／100

1

(1) やり方・計算を書きなさい。

(答)　　個

(2)　　個

2

:

3

(1)　　g

(2)　　g

(3) やり方・計算を書きなさい。

(答) 量：　　g, 濃度：　　%

4

(1)　　倍

(2) やり方・計算を書きなさい。

(答)　　分

(3)　　人

5

(1)　　cm²

(2) やり方・計算を書きなさい。

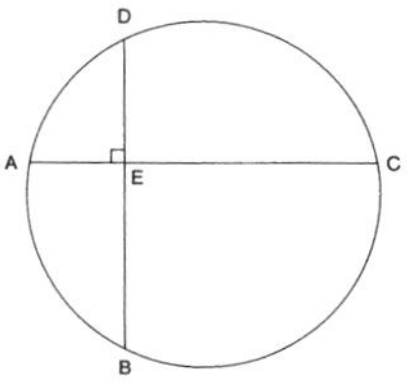

(答)　　cm²

(注) この解答用紙は実物を縮小してあります。172%拡大コピーをすると、ほぼ実物大の解答欄になります。

〔算　数〕100点(推定配点)

1 (1) やり方・計算…5点, 答…7点 (2) 8点 2 8点 3 (1), (2) 各7点×2 (3) やり方・計算…5点, 答…7点<完答> 4 (1) 7点 (2) やり方・計算…5点, 答…7点 (3) 7点 5 (1) 7点 (2) やり方・計算…5点, 答…8点

２０２２年度　白百合学園中学校

社会解答用紙

番号		氏名	

評点	／75

1

問1　問2 (1) (2) (3) (4) (5) (6) (7) (8) (9) (10)　問3

問4 (a) (b) (c) (d) (e) (f) (g) (h)　問5 ① ②

2

問1 ・　問2　問3

問4　問5　問6　問7

問8　問9　問10

問11　問12 → → → →　問13

問14　問15　問16　問17

問18 年　月　日　問19　問20 → → →

問21

3

問1 (a) (b) (c)

問2　問3　問4 (a) (b)

問5

問6　問7　問8 (a) (b)

問9 (a) (b)

（注）この解答用紙は実物を縮小してあります。167％拡大コピーをすると、ほぼ実物大の解答欄になります。

〔社　会〕75点(推定配点)

1　問1　2点　問2，問3　各1点×11　問4　（a）　2点　（b）～（d）　各1点×3　（e）　2点　（f）～（h）　各1点×3　問5　各1点×2　2　問1，問2　各1点×2＜問1は完答＞　問3　2点　問4～問8　各1点×5　問9　2点　問10，問11　各1点×2　問12　2点　問13～問19　各1点×7　問20　2点＜完答＞　問21　1点　3　問1　各1点×3　問2～問9　各2点×11

２０２２年度　白百合学園中学校

理科解答用紙

番号		氏名		評点	／75

1

問1	(1)		(2)	①		問3		
	(2)	②		③		④		
		⑤		⑥				
		⑦		問2				
問4	①		②		③			
	④		⑤		⑥			
	⑦		問5	①		②		
問6	①		②					
問7	①		②		問8			
問9	長所							
	短所							

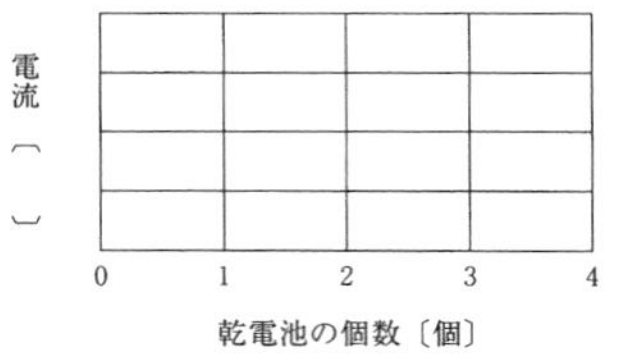

2

問1	(1)		(2)		(3)					
	(4)									
	(5)									
問2	(1)	mL	(2)	mL	問3	(1)	①		②	
問3	(2)	油汚れ	問4	(1)						
				(2)	アルコール					
					塩素系漂白剤					
					石けん					

3

問1	A		B		C		D			
	E		F		G		H			
問2	❶		❷		❸		❹		❺	
	❻		問3	(1)		(2)				
問4		問5								
問6	(1)		(2)		(3)					
問7	①		②							

4

問1	発電	長所		短所		発電	長所		短所		
	発電	長所		短所		問2	①		②	③	④
問3									問4		

5

問1	(1)	語句		火山		(2)	語句		火山	(3)	語句		火山
問2		問3		問4	①		②		問5				

（注）この解答用紙は実物を縮小してあります。185％拡大コピーすると、ほぼ実物大の解答欄になります。

〔理　科〕75点(推定配点)

1　問１　(1)　１点　(2)　①～⑤　１点<完答>　⑥・⑦　１点<完答>　問２　１点　問３　２点　問４　①・②　１点<完答>　③・④　１点<完答>　⑤～⑦　１点<完答>　問５～問８　各１点×4<各々完答>　問９　各２点×2　2　問１　(1)～(3)　各１点×3　(4)，(5)　各２点×2　問２　各１点×2　問３　(1)　１点<完答>　(2)　２点　問４　各１点×4<(2)は各々完答>　3　問１　各１点×8　問２～問４　各２点×4<問２は完答>　問５～問７　各１点×6<問６は各々完答>　4　各２点×6<問１は各々完答，問２，問４は完答>　5　各１点×8<問１は各々完答>

二〇二二年度　白百合学園中学校

国語解答用紙

番号　　氏名　　評点　／100

※　字数制限がある問題は、「、」や「。」、カギカッコもすべて一字と数えます。

一

問一　a　b　c

問二

問三

問四　　問五

問六　リママメ　ナズナ　　問七

二

問一　a　b

問二　　問三　　問四

問五

問六

問七

問八

（注）この解答用紙は実物を縮小してあります。Ｂ５→Ａ３（163％）に拡大コピーすると、ほぼ実物大の解答欄になります。

〔国　語〕100点（推定配点）

一　問１　各２点×３　問２　12点　問３　９点　問４～問７　各５点×５　二　問１　各２点×２　問２～問４　各５点×３　問５　９点　問６　６点　問７　５点　問８　９点

２０２１年度　　　白百合学園中学校

算数解答用紙

番号		氏名		評点	／100

1

(1)　　　　：

(2) やり方・計算を書きなさい。

（答）毎分　　　　m

2

やり方・計算を書きなさい。

（答）　　　　人

3

(1)　　　　cm^2　(2)　　　　cm^2

4

(1)

(2) やり方・計算を書きなさい。

（答）　　　　通り

5

(1)
角ウ：　　　　度　角エ：　　　　度

(2) やり方・計算を書きなさい。

（答）　　　：

（注）この解答用紙は実物を縮小してあります。172％拡大コピーをすると、ほぼ実物大の解答欄になります。

〔算　数〕100点(推定配点)

1 (1) 7点 (2) やり方・計算…7点，答…7点 2 やり方・計算…8点，答…8点 3 各7点×2 4 (1) 7点＜完答＞ (2) やり方・計算…7点，答…7点 5 (1) 各7点×2 (2) やり方・計算…7点，答…7点

２０２１年度　白百合学園中学校

社会解答用紙

番号		氏名		評点	／75

1

問1	①		②		③		④		⑤	
問2		問3	①		②		③		④	⑤

問4		20
		30

問5	平野	川	問6		問7	(1) (2)

2

問1		問2		問3		問4		問5	記号	方位
問6										

3

問1		問2		問3		問4		問5	
問6	考え方								
	政策								
問7		問8	→ →	問9		問10		問11	
問12		問13	→ → →	問14					
問15	→ →	問16		問17		問18			
問19		問20		問21		問22	→ → →		

4

問1	(1)	(2)	問2	(1)	(2)					
問3		問4	(1)	(2)	(3)	問5		問6		
問7		問8								

（注）この解答用紙は実物を縮小してあります。Ｂ５→Ａ３（163%）に拡大コピーすると、ほぼ実物大の解答欄になります。

〔社　会〕75点（推定配点）

1　問1～問3　各１点×11＜問２は完答＞　問４　２点　問５～問７　各１点×５　2　各２点×７　3　問1～問19　各１点×21＜問１，問８，問13，問15は完答＞　問20～問22　各２点×３＜問22は完答＞　4　問１～問４　各１点×８＜問４の(3)は完答＞　問５～問８　各２点×４

２０２１年度　白百合学園中学校

理科解答用紙

番号		氏名		評点	／75

1

問1	①		問2	問3
	②			問4
	③			問5 【図４】 【図５】
	④			

問2（　）

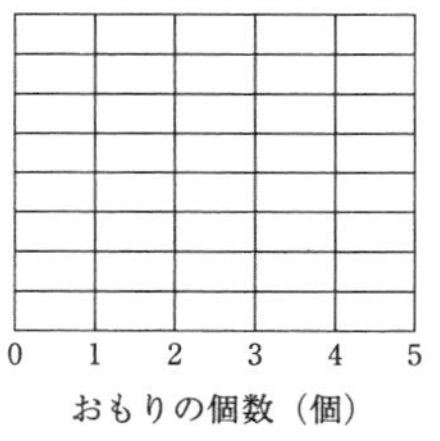

問6	⑴		⑵						
問7	①		②		③		④		⑤
問8									

2

問1		問2	㋐		㋑		㋒	
問3	気体❶		気体❷					
問4	⑴		⑵					
	⑶	記号		理由				
問5		問6	⑴	生物①	生物③	⑵	生物①	生物③
問7	⑴		⑵					
問8								

3

問1	①		意味					
	②		意味					
問2								
問3	A液		B液		問4		問5	問6

4

問1	A		B		C		D		E		F	
問2	【図１】		【図２】		【図３】							

5

問1		問2		問3				
問3	理由					問4		
問5	⑴	季節	記号	⑵	季節	記号		
	⑶	季節	記号	⑷	季節	記号		

6

問1		問2		問3		問4	

（注）この解答用紙は実物を縮小してあります。167％拡大コピーをすると、ほぼ実物大の解答欄になります。

〔理　科〕75点（推定配点）

1，2　各１点×35　3　問１　２点＜完答＞　問２～問４　各１点×４　問５，問６　各２点×２　4，5　各１点×22　6　各２点×４

二〇二二年度　白百合学園中学校

国語解答用紙

番号		氏名		評点	/100

※　字数制限がある問題は、「、」や「。」、カギカッコもすべて一字と数えます。

一

問一　a　b　c　d

問二　25

問三　50

問四　(1)　(2)

問五　15

問六　25

問七　型

二

問一

問二　問三

問四

問五　25

問六

問七　80

問八　Ⅰ　Ⅱ　問九

(注) この解答用紙は実物を縮小してあります。B5→A3(163%)に拡大コピーすると、ほぼ実物大の解答欄になります。

〔国　語〕100点(推定配点)

一　問1　各2点×4　問2　6点　問3　10点　問4，問5　各4点×4　問6　6点　問7　4点　二　問1～問4　各4点×4　問5　6点　問6　4点　問7　12点　問8，問9　各4点×3

２０２０年度　　白百合学園中学校

算数解答用紙

番号		氏名		評点	／100

1

(1)	(2)

2

計算・やり方を書きなさい。

（答）　　　　cm²

3

(1)　　　　個

(2) 計算・やり方を書きなさい。

（答）　　　　個

(3) 計算・やり方を書きなさい。

（答）　　　　か所

4

(1)	(2)
分後	分後

5

(1)

(2) 計算・やり方を書きなさい。

（答）

(3) 計算・やり方を書きなさい。

（答）　　　　cm²

（注）この解答用紙は実物を縮小してあります。172％拡大コピーすると、ほぼ実物大で使用できます。（タイトルと配点表は含みません）

〔算　数〕100点(推定配点)

1　各６点×２　2　計算・やり方…６点，答…６点　3　(1)　６点　(2)，(3)　計算・やり方…各６点×２，答…各７点×２　4　各６点×２　5　(1)　６点　(2)，(3)　計算・やり方…各６点×２，答…各７点×２

２０２０年度　白百合学園中学校

社会解答用紙

番号		氏名		評点	／75

1

問1	ア	イ	ウ	エ	
問2	A				
問2	B	C　半島	D　半島	E	F
問2	G				
問3					
問4	(i) ①	②	③		
問4	(ii)				
問4	(iii) ④	⑤	⑥		

2

問1	
問2	
問3	

3

問1		問2	
問3	(i)	(ii)	
問4			
問5		問6	
問7		問8	
問9		問10	
問11		問12	
問13	a	b	
問14		問15	一揆　人物
問16		問17	
問18		問19	
問20			
問21			
問22	(i)　条約	(ii)日本政府	被爆自治体

4

問1	(1)	(2)	
問2	(i)　・	(ii)	
問3	(i)	(ii)	
問4	ア	イ	ウ
問5		問6	
問7			

(注) この解答用紙は実物を縮小してあります。Ａ３用紙に161％拡大コピーすると、ほぼ実物大で使用できます。(タイトルと配点表は含みません)

〔社　会〕75点(推定配点)

1　各１点×19　2　問１　各１点×２　問２，問３　各２点×２　3　各１点×26＜問10，問22の(ⅱ)は完答＞　4　各２点×12＜問２の(ⅰ)は完答＞

２０２０年度　　白百合学園中学校

理科解答用紙

番号		氏名		評点	／75

1

問1							
問2							
問3	⑤	⑥		⑦		⑧	
問4	(1)		(2)		(3)		
問5							

2

問1	実験 1	実験 2	実験 3
問2	方法	性質	
問3			
問4	(1)	(2)	(3)
問5	(1)	(2)	(3)

3

問1	A		B	
	C		E	
問2	記号		気体	
問3	㎤		問4	

問5

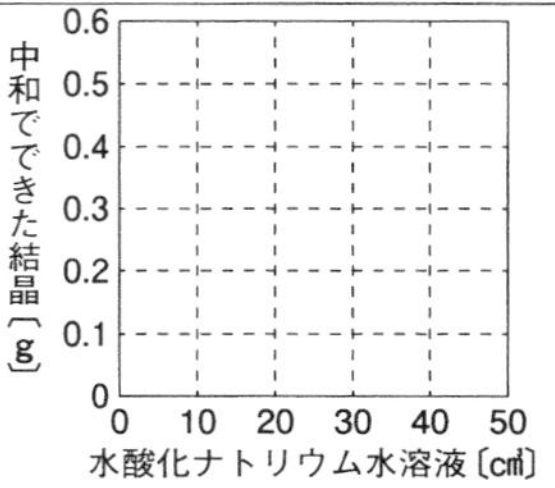

4

問1	

問2

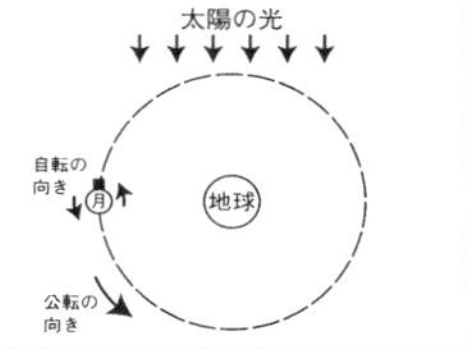

問3	位置		形	

5

問1		問2		問3					
問4	①		②		③		④	問5	
問6									

6

問1	(1)	(2)	(3)	問2	(1) ①	②	
問2	(1) ③		④		⑤		
	(2)						

問3 (1)

(2)		(3)			
(4)	(ア)		(イ)	(ウ)	
問4	℃				

(注) この解答用紙は実物を縮小してあります。Ａ３用紙に164%拡大コピーすると、ほぼ実物大で使用できます。(タイトルと配点表は含みません)

〔理　科〕75点(推定配点)

1, 2　各１点×22<1の問５は完答>　3, 4　各２点×13<3の問２の記号, 4の問２は完答>　5　問１～問５　各１点×８　問６　２点　6　問１～問３　各１点×15　問４　２点

二〇二〇年度　白百合学園中学校

国語解答用紙

番号		氏名		評点	/100

※　字数制限がある問題は、「、」や「。」、カギカッコもすべて一字と数えます。

一

問一　（15）

問二　（60）

問三

問四　（30）

問五

問六　　問七

二

問一　(X)　(Y)

問二　　問三　Ⅰ　Ⅱ

問四　(1)（25）

(2)（25）

問五

問六　（80）

問七　a　b　つく　c　d　ぎ

(注)　この解答用紙は実物を縮小してあります。A3用紙に159%拡大コピーすると、ほぼ実物大で使用できます。(タイトルと配点表は含みません)

〔国　語〕100点(推定配点)

一　問1　6点　問2　10点　問3　4点　問4　8点　問5〜問7　各4点×3　二　問1〜問3　各4点×5　問4　各8点×2　問5　4点　問6　12点　問7　各2点×4

２０１９年度　白百合学園中学校

算数解答用紙

番号		氏名		評点	／100

1

(1) 時 分	(2) 分後

2

(1)計算・やり方を書きなさい。 (答) 個	(2)計算・やり方を書きなさい。 (答) 個

3

(1)計算・やり方を書きなさい。

(答)

(2)	(3)

4

(1) 個

(3) 個

(2)計算・やり方を書きなさい。

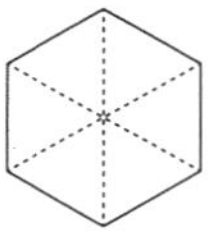

(答)

5

計算・やり方を書きなさい。

(答) cm^2

(注) この解答用紙は実物を縮小してあります。172％拡大コピーすると、ほぼ実物大で使用できます。(タイトルと配点表は含みません)

〔算　数〕100点(推定配点)

1 各６点×２　2 計算・やり方…各６点×２，答…各６点×２　3 (1) 計算・やり方…６点，答…６点　(2)，(3) 各７点×２　4 (1) ７点　(2) 計算・やり方…６点，答…６点　(3) ７点　5 計算・やり方…６点，答…６点

２０１９年度　白百合学園中学校

社会解答用紙

番号		氏名		評点	／75

1

問1	A	B	C	
問2				
問3	(1)X ＿＿＿＿郷	Y ＿＿＿＿づくり		
問3	(2)			
問4				
問5	(1)	(2)	(3)	(4)
	(5)	(6)	(7)	(8)
	(9)	Z		

2

問1	(1)	(2)	(3) ＿＿＿＿天皇
問2			
問3			
問4	＿＿＿＿天皇		
問5			

3

問1				
問2	(1)	(2)		
問3				
問4	(1)	(2)		
問5	(1)	(2)	(3)	(4)
	(5)	(6)	(7)	(8)
	(9)			
	(10) ＿＿→＿＿→＿＿→＿＿			
問6				
問7	記号	正しい語		

4

問1			
問2	(1) ＿＿→＿＿→＿＿	(2)	
問3	(1)		
問3	(2)		
	(3)	(4)	
問4	(1)		
問4	(2) ３つの国		
	(2) 合意	(3)	

（注）この解答用紙は実物を縮小してあります。185％拡大コピーすると、ほぼ実物大で使用できます。（タイトルと配点表は含みません）

〔社　会〕75点（推定配点）

1　問1，問2　各1点×4　問3　(1)　各1点×2　(2)　2点　問4　2点　問5　(1)〜(9)　各1点×9　Z　2点　2　各2点×7　3　問1〜問4　各1点×6　問5　(1)〜(8)　各1点×8　(9)，(10)　各2点×2＜(10)は完答＞　問6，問7　各2点×2＜問7は完答＞　4　問1　1点　問2　各2点×2＜各々完答＞　問3　(1)，(2)　各2点×2　(3)　1点　(4)　2点＜完答＞　問4　(1)　1点　(2)　各2点×2　(3)　1点

２０１９年度　白百合学園中学校

理科解答用紙

番号		氏名		評点	／75

1

問1	(1)		(2)		(3)		問2 (1)
問2 (2)	あ	い	う	え	お	か	
	き	問3 (2)					
問3 (1)							
問4							
問5		問6					

2

問1

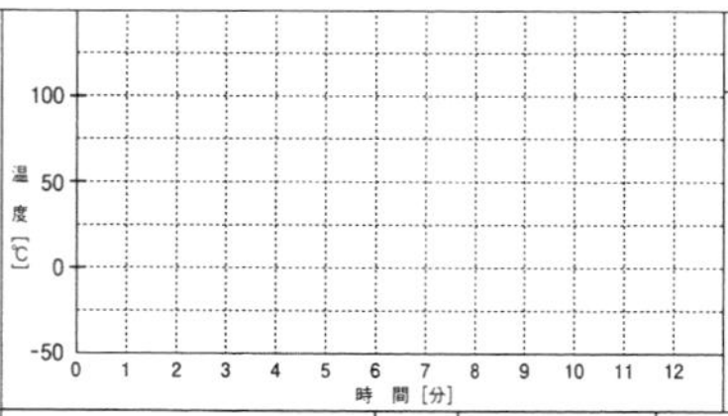

問2							
問3	(1)	①		②			
	(2)						
問4		問5		問6		問7	
問8							

3

問1		問2		問3		問4	
問5	(　　　)g　(　　　)る						

4

問1	

問2

②	③	⑤
東　南　地平線　西	東　南　地平線　西	東　南　地平線　西

問3	②	③	⑤	問4	②	⑤

5

問1		問2		問3	①	②	③	④	問4	

6

問1	①	②	③	④	⑤	問2	

問3

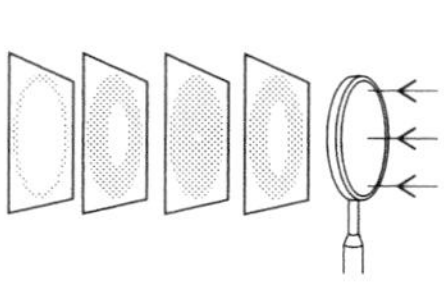

問4

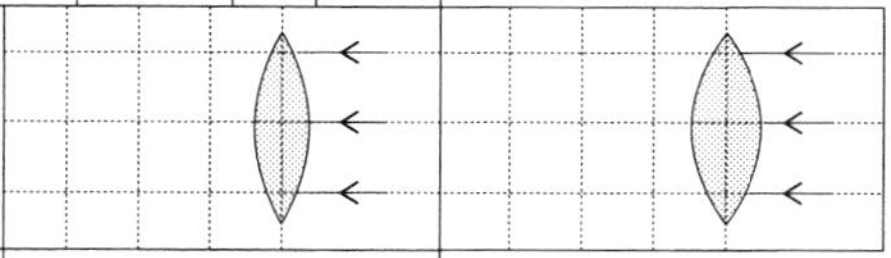

問5							
問6							
問7		問8		問9		問10	

（注）この解答用紙は実物を縮小してあります。182％拡大コピーすると、ほぼ実物大で使用できます。（タイトルと配点表は含みません）

〔理　科〕75点(推定配点)

1　問１，問２　各１点×11＜問１の(3)，問２の(1)は完答＞　問３　(1)　１点　(2)　２点　問４，問５　各１点×２＜各々完答＞　問６　２点　2　問１，問２　各２点×２　問３〜問７　各１点×７　問８　２点　3　各２点×５　4，5　各１点×16　6　問１，問２　各１点×６　問３　２点　問４　各１点×２　問５，問６　各２点×２＜問５は完答＞　問７〜問10　各１点×４

二〇一九年度　白百合学園中学校

国語解答用紙

番号		氏名	

評点　／100

❖字数制限がある問題は、「、」や「。」も一字と数えます。

一

問一　〔　　　　　〕～〔　　　　　〕

問二

問三　（45字）

問四　Ⅰ　Ⅱ　Ⅲ

問五　(1) A　B　(2) C　(3) D

問六　（90字）

問七　a　b　c　d　らして

二

問一　a　b　c

問二　Ⅰ　Ⅱ　Ⅲ

問三　（40字）

問四

問五　（80字）

問六

（注）この解答用紙は実物を縮小してあります。A3用紙に161%拡大コピーすると、ほぼ実物大で使用できます。(タイトルと配点表は含みません)

〔国　語〕100点(推定配点)

一　問1，問2　各4点×2　問3　8点　問4，問5　各3点×7　問6　11点　問7　各2点×4　二　問1，問2　各3点×6　問3　8点　問4　4点　問5　10点　問6　4点

2018年度　白百合学園中学校

算数解答用紙

番号		氏名		評点	／100

1

(1)　　　　枚

(2)計算・やり方を書きなさい。

(答)　　　　円

2

計算・やり方を書きなさい。

(答)

3

(1)　　　　m

(2)計算・やり方を書きなさい。

(答)　　　　分後

(3)　　　　m

4

計算・やり方を書きなさい。

(答)　　　　cm^2

5

(1)　　倍	(2)	(3)

(注) この解答用紙は実物を縮小してあります。175%拡大コピーすると、ほぼ実物大で使用できます。(タイトルと配点表は含みません)

〔算　数〕100点(推定配点)

1 (1) 8点 (2) 計算・やり方…7点，答…7点 2 計算・やり方…7点，答…7点<完答> 3 (1) 7点 (2) 計算・やり方…7点，答…7点 (3) 7点 4 計算・やり方…7点，答…7点 5 (1) 8点 (2)，(3) 各7点×2

２０１８年度　白百合学園中学校

社会解答用紙

番号		氏名		評点	／75

1
- 問1　1　2　3　4　5
- 問2　1　2　3　4　5　6

2
- 問1　人　問2　問3　市　問4　市
- 問5　(1)
- 問5　(2)　問6　問7　(1)1　2　3　4　5　(2)

3
- 問1　時代　問2　問3　(1)　(2)　問4　時代
- 問5　(1)
- (2)　問6　問7
- 問8
- 問9　氏名　都市　問10　問11
- 問12
- 問13
- 問14　時代　問15　問16
- 問17　問18　時代　問19　問20　問21　～
- 問22　問23

4
- 問1　(1)　(2)　問2　問3　問4　問5　(1)
- 問5　(2)　問6　A　E

5
- 問1　問2　問3　問4

〔社　会〕75点(推定配点)

1 各1点×11　2 問1～問4　各1点×5　問5　(1)　2点　(2)　1点　問6, 問7　各1点×7　3 問1～問4　各1点×5　問5　(1)　2点　(2)　1点　問6, 問7　各1点×2　問8　2点　問9～問11　各1点×4　問12, 問13　各2点×2　問14, 問15　各1点×2　問16　2点　問17～問20　各1点×4　問21, 問22　各2点×2　問23　1点　4 問1　各1点×2　問2　2点<完答>　問3～問6　各1点×8　5 各1点×4

２０１８年度　白百合学園中学校

理科解答用紙

番号		氏名		評点	／75

1
- 問1　A　B　C　D　E
- 問2　→　→　→　→　→　→
- 問3
- 問4　(1)　(2)　問5　>　>
- 問6　②　③　問7　問8
- 問9

2
- 問1　問2
- 問3　(Ⅰ)　(Ⅱ)　(Ⅲ)
- 問4　番号　問5　問6
- 問7　問8
- 問9　問10

3
- 問1　問2
- 問3　1　2　3　4　5　6
- 問4　①　②　③　問5
- 問6　記号　問7　問8

4
- 問1　①　②　③　④　⑤　⑥　⑦　⑧
- 問2　問3
- 問4　(1)　(2)　(3)
- 問5

〔理　科〕75点(推定配点)

1 問1　各1点×5　問2, 問3　各2点×2<問2は完答>　問4　各1点×2　問5　2点<完答>　問6　各1点×2　問7～問9　各2点×3<問8は完答>　2 問1　2点　問2, 問3　各1点×4　問4　2点<完答>　問5　1点　問6～問8　各2点×3<問7は完答>　問9　1点　問10　2点　3 問1～問5　各1点×12　問6　2点<完答>　問7, 問8　各1点×2　4 問1　各1点×8　問2～問5　各2点×6<問3, 問4の(2)は完答>

二〇一八年度　　白百合学園中学校

国語解答用紙

番号		氏名		評点	／100

❖字数制限がある問題は、「、」や「。」も一字と数えます。

一

問一

問二　→　→　→　→

問三

問四　(1) A　B　(2) A　B

問五　75

問六　a　b　c　d

二

問一

問二

問三　30

問四

問五　100

問六

問七

問八　Ⅳ　Ⅴ

問九

(注) この解答用紙は実物を縮小してあります。A３用紙に161%拡大コピーすると、ほぼ実物大で使用できます。(タイトルと配点表は含みません)

〔国　語〕100点(推定配点)

一　問１～問３　各５点×３＜問２は完答＞　問４　各３点×４　問５　９点　問６　各２点×４　二　問１，問２　各５点×２＜問１は完答＞　問３　６点　問４　５点　問５　12点　問６　５点　問７　７点　問８　各３点×２　問９　５点

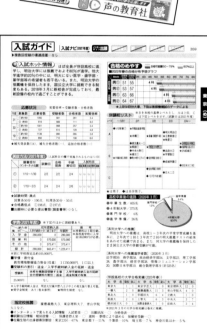

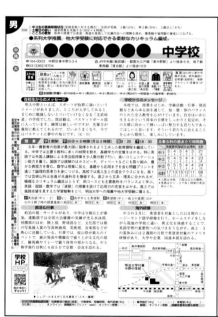